Inkoop

Ook verschenen bij Pearson Benelux:
Walther Ploos van Amstel, *Logistiek*
Joris Leeman, *Supply chain management*
Jan Schulp, *Operationeel management*

Inkoop

Peter Streefkerk en Walther Ploos van Amstel

ISBN: 978-90-430-1597-4
NUR: 163
Trefw: Inkoop

Dit is een uitgave van Pearson Benelux BV, Amsterdam
Website: www.pearson.nl – e-mail: amsterdam@pearson.com

Opmaak: Coco Bookmedia, Amersfoort
Omslag: Kok Korpershoek, Amsterdam

Eerste druk, mei 2009
Tweede druk, september 2014
Derde druk, november 2015
Vierde druk, september 2017

Dit boek is gedrukt op een papiersoort die niet met chloorhoudende chemicaliën is gebleekt. Hierdoor is de productie van dit boek minder belastend voor het milieu.

© Copyright 2009 Pearson Benelux

Alle rechten voorbehouden. Niets uit deze uitgave mag worden verveelvoudigd, opge-slagen in een geautomatiseerd gegevensbestand, of openbaar gemaakt, in enige vorm of op enige wijze, hetzij elektronisch, mechanisch, door fotokopieën, opnamen, of enige andere manier, zonder voorafgaande toestemming van de uitgever.

Voor zover het maken van kopieën uit deze uitgave is toegestaan op grond van artikel 16B Auteurswet 1912 j° het Besluit van 20 juni 1974, St.b. 351, zoals gewijzigd bij Besluit van 23 augustus 1985, St.b. 471 en artikel 17 Auteurswet 1912, dient men de daarvoor wettelijk verschuldigde vergoedingen te voldoen aan de Stichting Repro-recht. Voor het overnemen van gedeelte(n) uit deze uitgave in bloemlezingen, readers en andere compilatie- of andere werken (artikel 16 Auteurswet 1912), in welke vorm dan ook, dient men zich tot de uitgever te wenden.

Ondanks alle aan de samenstelling van dit boek bestede zorg kan noch de redactie, noch de auteur, noch de uitgever aansprakelijkheid aanvaarden voor schade die het gevolg is van enige fout in deze uitgave.

Inhoudsopgave

	Voorwoord	IX
	Over de auteurs	X
	Inleiding	XII

Deel 1 De strategische plaats van inkoop in het universum   1

Hoofdstuk 1 Inkoop, spin in het web   3

1.1	Inleiding	4
1.2	Waardeketen van Porter	4
1.3	Rendement van inkoop: wat levert het op?	7
1.4	Inkoopactieplan	20
1.5	Werkwijze	23
1.6	Ervaringen maken wijzer	31
1.7	Samenvatting	32
	Toetsvragen	32
	Eindcase	33

Hoofdstuk 2 Inkoopbeleid en -strategie   35

2.1	Inleiding	36
2.2	Inkoopmanagementproces	36
2.3	Het ontwikkelen van inkoopbeleid	39
2.4	Praktische uitwerking inkoopbeleid	44
2.5	Van beleid naar implementatie	49
2.6	Inkoopontwikkelingsmodel	54
2.7	Samenvatting	58
	Toetsvragen	59
	Eindcase	59

Hoofdstuk 3 Inkoopportfolio   63

3.1	Inleiding	64
3.2	Uitgangspunten inkoopportfolio	64
3.3	Producten/dienstenportfolio	66
3.4	Strategisch inkoopbeleid	68
3.5	Klantportfolio of accountportfolio	69
3.6	In vijf stappen naar een inkoopportfolio	74
3.7	Samenwerking met leveranciers	79
3.8	Samenvatting	83
	Toetsvragen	84
	Eindcase	84

Deel 2 Het tactische inkoopproces en de praktische toepassing — 87

Hoofdstuk 4 De rol van de interne klant in de inkoop — 89
- 4.1 Inleiding — 90
- 4.2 Klantmanagement — 90
- 4.3 Planmatig benaderen van klanten — 95
- 4.4 Typen koopsituaties — 98
- 4.5 Inkoopmarktonderzoek — 98
- 4.6 Uitgangspunten specificatiefase — 101
- 4.7 Selectie- en gunningscriteria — 103
- 4.8 Offerteaanvraag — 106
- 4.9 Samenvatting — 114
- Toetsvragen — 114
- Eindcase — 115

Hoofdstuk 5 Selecteren en onderhandelen — 117
- 5.1 Inleiding — 118
- 5.2 Voorwaarden voor een goede offerte — 118
- 5.3 Beoordelen is oordelen — 121
- 5.4 Onderhandelen — 125
- 5.5 Alleen het resultaat telt — 131
- 5.6 Samenvatting — 134
- Toetsvragen — 134
- Eindcase — 135

Hoofdstuk 6 De kleine letters van het inkoopproces — 137
- 6.1 Inleiding — 138
- 6.2 Precontractuele fase — 138
- 6.3 Van niets tot een overeenkomst — 142
- 6.4 Inhoud van de overeenkomst — 144
- 6.5 Contractvoorwaarden à la carte — 153
- 6.6 Samenvatting — 157
- Toetsvragen — 158
- Eindcase — 158

Deel 3 Het tactische en operationele inkoopproces verder uitgewerkt — 161

Hoofdstuk 7 Europees aanbesteden — 163
- 7.1 Inleiding — 164
- 7.2 Aanbestedingsrecht — 164
- 7.3 Werkingsfeer — 166

7.4	Algemene aanbestedingsprocedures	171
7.5	Bijzondere aanbestedingsprocedures	173
7.6	Uitvoering aanbestedingsprocedure	174
7.7	Samenvatting	180
	Toetsvragen	181
	Eindcase	181

Hoofdstuk 8	**Bestellen, bewaken en nazorg**	**185**
8.1	Inleiding	186
8.2	Het belang van de operationele inkoopfunctie	186
8.3	Bestellen is niet alleen maar bellen	189
8.4	Inkoper als cipier	196
8.5	Aftersales maar dan omgekeerd	200
8.6	Leveranciersassessment	202
8.7	Toegevoegde waarde operationele inkoper	206
8.8	Samenvatting	207
	Toetsvragen	207
	Eindcase	207

Hoofdstuk 9	**Leveranciers- en contractmanagement**	**211**
9.1	Inleiding	212
9.2	Contractmanagementproces	212
9.3	Leveranciersmanagement	219
9.4	Prestatie-indicatoren voor inkoop	222
9.5	Benchmarking	225
9.6	Six Sigma en Lean Thinking	227
9.7	Inkoopsamenwerking met leveranciers	230
9.8	Samenvatting	239
	Toetsvragen	240
	Eindcase	240

Deel 4	**Een aantal strategische keuzes in de inkoop**	**243**

Hoofdstuk 10	**Ict voor inkoop**	**245**
10.1	Inleiding	246
10.2	Behoefte aan inkoopinformatie	246
10.3	Enterprise Resource Planning	247
10.4	Electronic Data Interchange (EDI)	251
10.5	E-procurement	252
10.6	Samenvatting	264
	Toetsvragen	265
	Eindcase	265

Inleiding | VII

Hoofdstuk 11	Inkooporganisatie	267
11.1	Inleiding	268
11.2	Inkoopactiviteiten en inkooporganisatie	268
11.3	Organisatievormen inkoop	270
11.4	Functieprofielen inkoop	276
11.5	Inkoopprocedures en -methoden	280
11.6	Inkoop en HRM	282
11.7	Inkoop en ethiek	286
11.8	Samenvatting	287
	Toetsvragen	288
	Eindcase	288

Hoofdstuk 12	Uitbesteden, offshoring, samenwerken en duurzaam inkopen: andere vormen van inkopen	291
12.1	Inleiding	292
12.2	Outsourcing	292
12.3	Globalisering van de inkoop	303
12.4	Inkoopsamenwerking	306
12.5	Duurzaam inkopen	314
12.6	Samenvatting	317
	Toetsvragen	318
	Eindcase	318
	Lijst met afkortingen	321
	Literatuur	323
	Index	325

Voorwoord

Sinds een jaar of twee is het vakblad Inkoop & Logistiek opgesplitst in een vakblad voor inkopers (*Deal!*) en een vakblad voor logistici (*IN Logistiek*). Een keuze die waarschijnlijk gemaakt werd omdat de twee vakgebieden weliswaar in elkaars verlengde liggen en nauw verbonden zijn, maar zo'n grote hoeveelheid nieuwsfeiten opleverde dat het niet meer in één blad paste. Bij de uitwerking van dit boek is die samenwerking door ons weer (gedeeltelijk) in ere hersteld, omdat we als auteur ieder voor zich deskundig zijn binnen ons eigen vakgebied (inkoop respectievelijk logistiek/supply chain management).

We zijn al een aardig eind opgeschoten met de ontwikkeling van het inkoopvak binnen organisaties, maar dit wordt nog lang niet overal breed toegepast en we zijn nog niet uitgeleerd. Met dit boek willen wij in eerste instantie ons enthousiasme voor het veelzijdige vak inkoop op jullie overbrengen. Als je kijkt waar je als inkoper verstand van moet hebben om goed te kunnen functioneren, kun je bedenken dat iedere dag voor een inkoper weer op een andere manier wordt ingevuld. Die veelzijdigheid merk je ook op als je kijkt naar welke hoger onderwijsinstellingen het vak inkoop hebben opgenomen in hun opleiding.

Behalve dat het vak inkoop zo ontzettend veelzijdig is, levert het ook een fundamentele bijdrage aan het bedrijfsresultaat van een organisatie. Het verschil tussen goed en slecht inkopen vertaalt zich voor een groot deel in een goed of een slecht rendement. Hoewel veel organisaties geneigd zijn in eerste instantie naar de verkoopzijde te kijken als de resultaten verbetering behoeven, zal de aandacht die men aan inkoop schenkt zich dubbel en dwars terug betalen in een betere prestatie.

Het zijn maar twee van de vele redenen waarom we jullie aanraden om bij het kiezen van een beroep na je hoger onderwijsopleiding het vak inkoop serieus in overweging te nemen. Je zult er absoluut geen spijt van krijgen! Zeker als je bedenkt dat inkopers die een volgende carrièrestap willen maken door de veelzijdigheid van de kennis en de uitgebreidheid van hun interne en externe netwerk meer keuzemogelijkheden hebben, zowel binnen als buiten hun eigen organisatie.

Dit boek had in eerste instantie niet tot stand kunnen komen zonder de bereidheid van de medewerkers van Pearson Education om mee te denken bij het creatieve proces dat aan ieder boek ten grondslag ligt. Verder willen wij onze partners bedanken voor de steun op de achtergrond en de bereidheid om wat van het gezellige gezinsleven gedurende de afgelopen maanden op te offeren. Ten slotte is er ook een woord van dank op zijn plaats voor onze collega's die met het delen van hun kennis aan het begin hebben gestaan van de keten die uiteindelijk heeft geleid tot het studieboek *Inkoop*. Op dat wij met dit boek een volgende schakel mogen zijn bij de verdere ontwikkeling van het inkoopvak binnen Nederland in het algemeen en het hoger onderwijs in het bijzonder.

Peter Streefkerk
Walther Ploos van Amstel
Naarden en Amsterdam, februari 2009

Over de auteurs

De auteurs van dit boek hebben een totaal verschillende achtergrond maar wel dezelfde passie voor hun vak: Peter Streefkerk werkt al zijn hele arbeidszame leven in inkoop en Walther Ploos van Amstel in logistiek en supply chain management. Bij het tot stand komen van dit boek over inkoop hebben zij voor het eerst samengewerkt en hun kennis gebundeld. Het boek gaat daarmee verder dan een gewoon boek over inkoop en legt, verbindingen met logistiek en supply chain management. Als de samenwerking tussen beide auteurs synoniem staat voor de samenwerking tussen de drie vakgebieden in de komende jaren, komt het in de toekomst helemaal goed.

Peter Streefkerk

Na de Hogere Economische School – Commerciële Economie in Rotterdam begon Peter Streefkerk in 1984 zijn inkoopcarrière bij de toenmalige NMB Bank, die later overging in de ING Groep. Binnen de bank ontwikkelde hij zijn inkoopkennis in diverse functies en maakte in 1995 de overstap naar het adviesvak. Na ruim 3,5 jaar bij een inkoopadviesbureau gewerkt te hebben in verschillende (commerciële) functies, vestigde Peter zich eind 1998 als zelfstandig consultant en interim manager onder de bedrijfsnaam Respect Inkoopconsultancy, een bureau dat zich bezig houdt met interim management, detachering, consultancy, coaching en training.

Peter is lid van de NEVI, NEVI-CPD en een groot aantal internet-netwerken op inkoopgebied.

Hij is auteur van het boek "Inkopen voor dummies". Verder is hij mede-auteur van de boeken "Inkoopmanagement in gemeenten, op weg naar professionalisering" (Nederland) en "Aankopen & openbare besturen, de organisatie van overheidsopdrachten" (België). Sinds hij het consultancyvak instapte, heeft hij een groot aantal andere publicaties over het onderwerp inkoop in diverse vakbladen geschreven.

Walther Ploos van Amstel

Walther Ploos van Amstel is afgestudeerd als bedrijfseconoom aan de Katholieke Universiteit Brabant in Tilburg. Daarna heeft hij gewerkt voor een producent van toiletpapier, een producent van was- en reinigingsmiddelen en is al meer dan 15 jaar werkzaam als adviseur op het gebied van inkoop, logistiek en supply chain management.

Walther is verbonden aan TNO Mobiliteit & Logistiek in Delft. Hij ondersteunt organisaties bij procesverbetering en kostenverlaging, het vertalen van logistieke theorieën naar de praktijk, samenwerking in inkoopketens en netwerken en duurzame supply chains. Hij is deeltijds hoogleraar Logistiek aan de Nederlandse Defensie Academie in Breda en Den Helder. Tevens doceert hij aan Universiteit Nyenrode, Universiteit van Tilburg, Universiteit van Amsterdam, Universiteit Maastricht, IBO, Technische Universiteit Eindhoven, Universiteit van Gent/Vlerick School of Management en Vrije Universiteit in Amsterdam.

Walther is auteur van onder meer: 'Werken Met supply Chain Management' en 'Logistiek'. In 2002 is hij gepromoveerd op het functioneren van logistiek managers aan de Vrije Universiteit in Amsterdam. Verder is hij onder andere voorzitter van de jury van de Nederlandse Logistiek Prijs van de vereniging Logistiek management, de redactieraad van Managementsite, de Expertisegroep Raad voor Verkeer en Waterstaat en de Kennisraad van EVO.

Inleiding

Inkoop is van alle tijden. Al in de tijd van de Perzische zijderoutes rond 300 v.Chr. en in de tijd van de bloeiende VOC-handel was het belang van een goede inkoop bekend. Juist in onze tijd van steeds veranderende klanteneisen, elke keer weer nieuwe producten die steeds sneller op de markt worden gelanceerd en de noodzaak om de kosten zo laag mogelijk te houden is inkoop een krachtig wapen om de positie van een organisatie of bedrijf in de markt te versterken.

De afgelopen jaren zijn er op het gebied van inkoop wereldwijd grote verschillen ontstaan tussen de koplopers en de organisaties die in de achterhoede verkeren. Inkoop staat steeds meer in de belangstelling. De markt waarin organisaties opereren is radicaal veranderd. De veranderingen waarop managers en organisaties de komende tien jaar moeten anticiperen zijn te herleiden tot drie revoluties: de globalisering van de wereldhandel, de voortschrijdende ontwikkeling in de informatie- en communicatietechnologie en de toenemende macht van de consument.

De wereldeconomie van vandaag is zo goed als grenzeloos. Informatie, kapitaal, mensen en innovaties stromen dankzij moderne technologie op topsnelheid over de hele wereld en worden aangewakkerd door het verlangen van consumenten naar de beste en goedkoopste producten.

Het streven naar grote organisaties die gebaseerd zijn op schaalgrootte, wordt vervangen door een voorkeur voor gestroomlijnde, flexibele organisaties, gericht op kernactiviteiten die in steeds wisselende netwerken functioneren. Alle activiteiten waarbij topprestaties niet kunnen worden bereikt, worden uitbesteed aan externe organisaties. Dit verklaart de stijgende inkoop-omzetratio (verhouding tussen beïnvloedbaar inkoopvolume en totale omzet) bij grote organisaties. Een steeds groter deel van de waarde van eindproducenten wordt ingekocht. Dit vergroot de afhankelijkheid van leveranciers en maakt het management van best-in-class-leveranciers of -leveranciersnetwerken tot een succesfactor. Hiervoor is de inkoop binnen een organisatie verantwoordelijk.

Inkoop bij IKEA: niet tegen elke prijs

De doelstelling van IKEA is het vinden van leveranciers die functionele en esthetische producten kunnen maken tegen de laagst mogelijke prijs. De inkopers bij IKEA werken samen met 1500 leveranciers in 55 landen. De meerderheid van de IKEA-producten (66 procent) wordt gekocht bij Europese leveranciers. 31 procent van de IKEA-producten wordt in Azië gemaakt. De resterende 3 procent komt uit Noord-Amerika. Maar waar de leverancier zich ook bevindt, IKEA zet zich altijd in voor samenwerking op lange termijn en doet zijn best om goede relaties te onderhouden.

De inkoop wordt geregeld via 4 inkoopcentrales die worden ondersteund door 43 kantoren in 33 landen. Omdat IKEA zo dicht bij de leveranciers zit, kan het ook goede handelsrelaties onderhouden. De inkopers gaan regelmatig naar de leveranciers en volgen het productieproces van nabij. Daardoor is het mogelijk om nieuwe ideeën te testen en de kwaliteit regelmatig te controleren.

Optimalisatie van het productiepotentieel en grote volumes zijn essentieel voor lage prijzen. Dankzij een identiek assortiment in de hele wereld kan IKEA grote volumes inkopen.

IKEA sluit langetermijncontracten met leveranciers. Dit stelt de leveranciers in staat de nodige investeringen te doen en de bevoorrading van grondstoffen over een lange periode te garanderen. In sommige gevallen ondersteunt IKEA leveranciers financieel. IKEA koopt ook grondstoffen en onderdelen in grote hoeveelheden in en verkoopt deze vervolgens aan zijn leveranciers, die daarmee de producten voor IKEA maken. IKEA koopt eigenlijk productiecapaciteit, in plaats van een hoeveelheid producten.
Grotere volumes betekenen lagere prijzen. Zo ontstaan unieke commerciële mogelijkheden waardoor IKEA een breed assortiment van esthetische en functionele artikelen voor de woninginrichting kan aanbieden, tegen zulke lage prijzen dat de meeste mensen ze kunnen kopen.

De inkopers zijn ook verantwoordelijk voor het controleren van de sociale en arbeidsomstandigheden en ze moeten erop toezien dat de fabriek geen schade toebrengt aan het milieu. De inkopers houden in de gaten dat deze punten voortdurend verbeterd worden, in overeenstemming met de IWAY-gedragscode oftewel The IKEA Way on Purchasing Home Furnishing Products. Deze gedragscode bevat strenge eisen op het gebied van arbeidsomstandigheden en milieubescherming.

Bron: www.ikea.nl, november 2008.

De opzet van dit boek

Dit boek leert je hoe je een succesvol inkoopproces kunt opzetten. Een succesvolle inkoop vraagt om een interne klantgerichtheid, een goede organisatie, de juiste selectie van leveranciers, de samenwerking met leveranciers, een goed inzicht in de kosten, een moderne informatie- en communicatietechnologie (ict) en, niet in de laatste plaats, slimme medewerkers. Een aanpak op alle fronten dus, die je terugvindt in dit boek.

Dit boek helpt bij inkoopvragen als:
- Wat is voor een organisatie een goede inkoopstrategie?
- Hoe stem je de inkoop af met andere afdelingen binnen de organisatie zoals marketing, verkoop, productie, logistiek en financiën?
- Hoe stem je de inkoop af met interne klanten?
- Hoe vertaal je de strategie van een organisatie naar duidelijke inkoopdoelstellingen?
- Is de huidige inkoop goed geregeld?
- Hoe kun je de inkoop verder verbeteren?
- Hoe voer je verbeteringen snel in?
- Hoe stel je prioriteiten bij investeringen in inkoop?
- Wie zijn de beste partners voor inkoopsamenwerking?

Dit boek is bedoeld om je de veelzijdigheid van het vakgebied en het belang van inkoop voor een organisatie te laten zien. Waarom is dit ook van belang voor jou als student?

Iedereen krijgt straks in zijn werk te maken met inkoop. Of je nu kantoorartikelen of een nieuwe computer nodig hebt, gaat samenwerken met externe medewerkers die worden ingehuurd, betrokken wordt bij een project van organisatieverandering of verantwoordelijk wordt voor een budget als manager. In alle gevallen zal inkoop er een rol in spelen. Inkoop is alomtegenwoordig binnen een organisatie en dan is het handig en verstandig als je weet hoe inkoop functioneert en hoe je daar de voordelen van kunt benutten.

Begrippen en definities

Allerlei definities van inkoop worden door elkaar gebruikt. Ze hebben allemaal als uitgangspunt dat de inkoopfunctie de organisatie voorziet van de benodigde goederen en diensten op de daarvoor bedoelde tijdstippen, uitgevoerd op de meest efficiënte en effectieve manier. Het nadeel van de meeste van deze definities is dat ze te uitgebreid zijn en dus moeilijk te onthouden zijn.

Basisdefinitie inkoop

Voor de dagelijkse inkooppraktijk is daarom de meest handige definitie: *inkoop is alles waar een externe factuur tegenover staat*. Deze definitie is gemakkelijk te onthouden en geeft bovendien een goede afbakening van het onderwerp 'inkoop'.

Bij deze definitie willen we drie opmerkingen plaatsen. Door deze definitie bekijk je de inkoop over de volle breedte en maak je onderscheid op basis van wie je de factuur ontvangt. De definitie benoemt geen 'goederen of diensten', maar 'alles'. Dat betekent dat niet alleen zaken als kantoorartikelen, grondstoffen, verpakkingsmaterialen, gas, water en licht, accountants, adviseurs, maar ook bijvoorbeeld belastingen tot de inkoop worden gerekend. Ook de Belastingdienst stuurt namelijk een 'factuur', die je moet betalen. Deze 'ruis' kan worden voorkomen door uitgaven die onder inkoop vallen, maar de inkoopfunctie niet echt beïnvloeden, later bewust buiten beschouwing te laten.

In de tweede plaats ontvangt een organisatie externe facturen voor bewuste inkopen, maar ook voor onbewuste inkopen, gebaseerd op min of meer logische voortzettingen van bestaande activiteiten. Denk aan het stilzwijgend laten verlengen van een contract. Je hoeft dus niet iets bewust te ondernemen om van inkoop te kunnen spreken.

Ten slotte wordt er geen onderscheid gemaakt naar de tijdsperiode waarvoor je een product of dienst koopt. Ook al betreft het een investering voor vele jaren waarvoor de organisatie een factuur ontvangt, de inkoop doe je en de factuur betaal je op enig moment. Ook investeringen vallen dus onder inkoop; het feit dat de organisatie deze investeringen over meerdere jaren afschrijft, doet niet ter zake.

Primaire en secundaire inkoop

Het belang van primaire inkoop (de naam verraadt het al) is groter dan het belang van secundaire inkoop. Bij primaire inkoop gaat het om de inkoop voor de primaire activiteiten, zoals voor de productie en verkoop. Bij secundaire inkoop gaat het over de inkoop voor de ondersteunende activiteiten. Bij dienstverlenende organisaties en bij de overheid wordt dit vaak facilitaire inkoop genoemd.

Tactische en operationele inkoop

In het Nederlandse taalgebruik verdeelt men de inkoopactiviteiten over het algemeen over de begrippen tactische en operationele inkoop. Zie figuur 0.1.

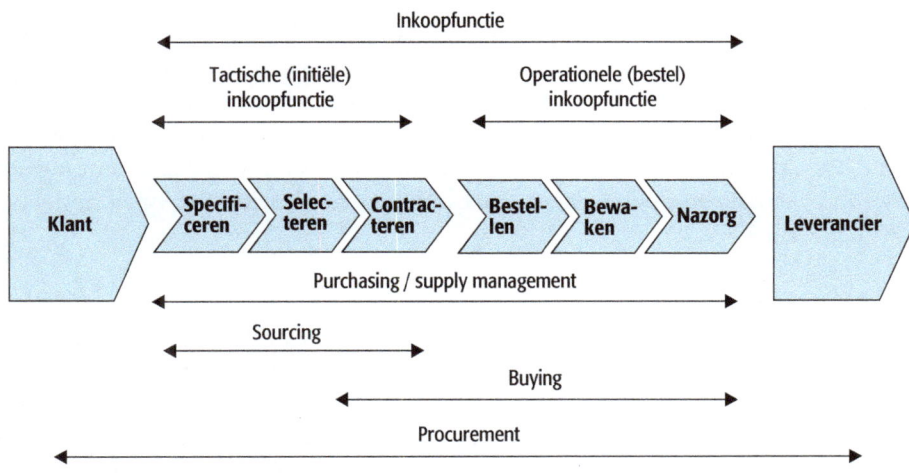

Figuur 0.1 Overzicht veelgebruikte begrippen inkoopproces (Van Weele, 1984)

Tactische inkoop
De tactische inkoop houdt zich bezig met de eerste drie stappen van het inkoopproces en wordt ook wel initiële inkoop genoemd:
1. Specificeren van wat er precies nodig is voor een organisatie.
2. Selecteren van een of meerdere leveranciers.
3. Contracteren van geselecteerde leverancier(s).

Operationele inkoop
Na de tactische inkoop komen de drie fasen van de operationele inkoop:
1. Bestellen of afroepen van goederen of diensten.
2. Bewaken van levertijden, accorderen van facturen en corrigeren van foutieve bestellingen, leveringen en/of facturen.
3. Nazorg betreft afhandelen van claims en creditfacturen, archiveren van besteldocumenten en evalueren van leveranciersprestaties.

Engelse inkoopbegrippen

We kunnen ons goed voorstellen dat je af en toe door de bomen het bos niet meer ziet met al die inkoopdefinities. Het vak inkoop vindt zijn oorsprong in de Verenigde Staten en Groot-Brittannië. Het is dan ook niet zo gek dat je in de inkoopliteratuur veel Engelse inkoopbegrippen aantreffen.

Purchasing
Het Engelstalige werkwoord *purchase* betekent aankopen, inkopen, verwerven en komt het best overeen met het Nederlandse begrip inkopen. Het begint bij het specificeren en eindigt bij het uitvoeren van de nazorg. Activiteiten die hier niet onder vallen zijn het plannen van materiaalbehoeften, het uitvoeren van ingangscontroles, het keuren van kwaliteit bij het magazijn of de productie en het beheren van voorraden.

Supply management
In de Engelse inkoopliteratuur wordt het begrip supply management gelijkgeschakeld met het woord purchasing en dus met inkopen. Als je kijkt naar de letterlijke vertaling van het woord supply, heeft het in het Nederlands meer betrekking op het verzorgen van de voorraden en het bevoorraden van de afnemers. Let goed op als je een functie in supply management tegenkomt. Het kan alleen operationeel, maar ook een combinatie van operationeel en tactisch zijn.

Sourcing
Het werkwoord sourcing is afgeleid van het zelfstandig naamwoord *source*, dat in het Nederlands bron of oorsprong betekent. Het omvat de volgende activiteiten:
- Beoordelen inkoopvolume van een organisatie (wat wordt waar gekocht).
- Beoordelen mogelijke leveringsbronnen (wie levert wat).

- Ontwikkelen strategie om de leveringen op continue basis te garanderen (wat kunnen we waar kopen, tegen minimale kosten en risico's).
- Identificeren en selecteren geschikte leveranciers.
- Contracteren geselecteerde leverancier(s) en het implementeren van deze contracten binnen de organisatie.
- Up-to-date houden van kennis over markten, leveranciers en leveranciersprestaties.

Sourcing is vergelijkbaar met het Nederlandse begrip tactisch inkopen.

Buying
Buying begint pas in de selectiefase en eindigt in de bestelfase. Sommige auteurs van inkoopboeken laten buying zelfs eindigen in de fase van bewaken. Het beperkt zich voornamelijk tot de commerciële aspecten van het inkoopproces. In deze fase is de invloed op kwaliteit en het prijsniveau van de te leveren goederen of diensten namelijk minder dan in de specificatiefase.

Procurement
Als je in een Engels woordenboek het begrip *procure* opzoekt (waarvan het woord procurement is afgeleid), vind je de betekenissen aanschaffen, bezorgen, krijgen en koppelen. Procurement is van alle genoemde inkoopbegrippen het uitgebreidste begrip, omdat het begint bij de behoeftevaststelling van de klant, het uitvoeren van het tactische en operationele inkoopproces en doorloopt tot en met de afhandeling van activiteiten zoals voorraadbeheer, ontvangst goederen, transportdocumenten, transport en magazijnbeheer.

Inkoopfunctie breder dan inkoopafdeling
De uitgebreide definitie van de inkoopfunctie luidt: *het van externe bronnen betrekken van alle goederen of diensten die noodzakelijk zijn voor de bedrijfsuitoefening, de bedrijfsvoering en de instandhouding van de organisatie tegen de voor de organisatie gunstigste voorwaarden.* (Van Weele, 1988)

Het uitvoeren van het inkoopproces vormt het hart van de inkoopfunctie, maar de inkoopfunctie omvat meer dan het inkoopproces alleen. De keuzes die je in verschillende fasen van het inkoopproces maakt (Welke specificaties? Welke leveranciers om offertes vragen? Welke selectiecriteria bij de keuze uit de offertes? Wat regelen in het contract?) zijn afhankelijk van de strategie en het beleid van je organisatie.

Bovendien is het noodzakelijk het inkoopproces zelf goed te ondersteunen door informatie over het budget van de interne klant en de financiële middelen van de inkoopfunctie te krijgen, het personeel en de organisatie goed neer te zetten, standaardmethoden en -procedures te gebruiken (bijvoorbeeld offertebeoordelingsmethoden en aanbestedingsprocedures) en de informatievoorziening te organiseren voor de inkopers zelf, interne klanten en leveranciers.

Verder kunnen regelmatige controles door prestatiemetingen van de totale inkoopfunctie nuttige informatie opleveren waarmee je eventueel op de genoemde onderdelen kunt bijsturen. De inkoopfunctie omvat dus meer dan alleen de inkoopafdeling en het inkoopproces. Het betreft de gehele organisatie, die zich bezighoudt met alle aspecten van het inkopen (zie figuur 0.2).

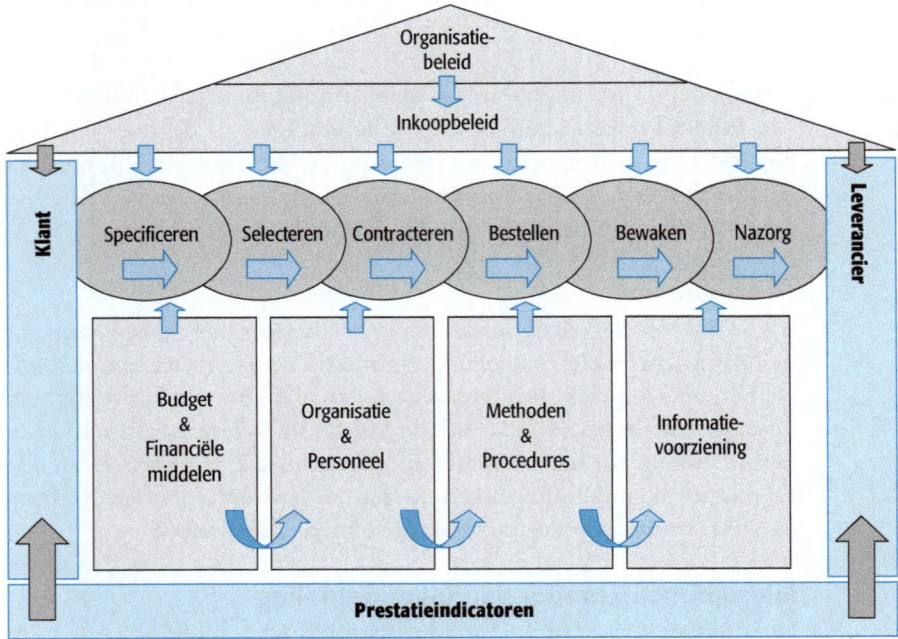

Figuur 0.2 Model inkoopfunctie

Iedere inkoper moet beschikken over bepaalde eigenschappen die passen bij het niveau waarop hij moet functioneren. Of nog beter gezegd: een bepaalde combinatie van kennis, vaardigheden en houdingen, die aansluit bij de eisen die je aan de functie van inkoper stelt. Dit worden ook wel inkoopcompetenties genoemd.

De beroepsvereniging van inkopers, NEVI (Nederlandse Vereniging voor Inkoopmanagement), gaat uit van 29 mogelijke competenties voor een inkoper. Als je bedenkt dat een 'gemiddeld' mens zijn aandacht kan richten op 4 of 5 competenties, maakt dat de uitdaging meteen duidelijk. We moesten voor het plaatje van de ideale inkoper een keuze maken uit die 29 competenties en dat was niet gemakkelijk.

De functie van inkoper is nu eenmaal een veelzijdige functie. De inkoper fungeert als de spreekwoordelijke duizendpoot binnen zijn organisatie.

De eigenschappen die we verderop in het boek beschrijven, vormen naar ons idee samen de eigenschappen van de ideale inkoper:
- integraal denken;
- communiceren;
- klantgerichtheid;
- planning- en organisatietalent;
- samenwerken;
- sensitiviteit;
- probleemoplossend vermogen;
- overtuigingskracht;
- onderhandelen;
- juridisch inzicht.

Waarom we hier aandacht aan schenken, heeft ermee te maken dat het vak van inkoper volop in ontwikkeling is en steeds meer op waarde wordt geschat. Met het uitwerken van de competenties laten we ook zien dat inkoopmanagement door zijn veelzijdigheid voldoende aanknopingspunten en uitdagingen biedt voor hbo-studenten.

Trends in inkoop

Naast de trends in de wereld buiten de inkoop kennen we ook binnen het vakgebied zelf een aantal trends waar je als inkoper rekening mee moet houden.

Allereerst is er de afstemming van de inkoopstrategie met de strategische doelen van de gehele organisatie. Aanhaken bij de doelen die een raad van bestuur of directie zich gesteld heeft, is essentieel voor de continuïteit van de inkoopafdeling en de inkoopfunctie binnen een organisatie. Dit wordt ook wel *boardroom alignment* genoemd. Onderwerpen die daarbij aan de orde kunnen komen, zijn:
- expansie;
- flexibilisering;
- innovatie;
- internationalisering;
- kerncompetenties;
- kostenreductie;
- Maatschappelijk Verantwoord Ondernemen (MVO);
- risicomanagement;
- servicegerichtheid.

De prioriteitstelling binnen een organisatie is niet alleen afhankelijk van de eigen situatie, maar ook van de omstandigheden in de rest van de wereld. In tijden van recessie kun je je voorstellen dat het onderwerp kostenreductie prioriteit krijgt boven andere onderwerpen.

Voor het verbinden van de inkoopdoelstellingen met de algemene doelstellingen van een organisatie moeten er wel eerst enige voorbereidende werkzaamheden worden uitgevoerd. Zonder informatie over de inkoopprestatie van een organisatie kunnen er geen gesprekken plaatsvinden met raad van bestuur of directie. Hierbij krijg je te maken met Business Intelligence of Purchase Intelligence als instrumenten om die informatie uit de verschillende systemen van een organisatie naar boven te halen. Business Intelligence is een breder begrip dan Purchase Intelligence en bevat naast inkoopgerelateerde informatie andere bedrijfseconomische informatie. Business of Purchase Intelligence is de tweede trend waar je als inkoper mee te maken krijgt.

De derde trend is Maatschappelijk Verantwoord Inkopen (MVI) of Corporate Social Responsibility (CSR). Dit maakt deel uit van de strategische doelstelling van een organisatie om maatschappelijk verantwoord te ondernemen. Dit laatste begrip is een containerbegrip waar veel onderwerpen in terugkomen, zoals duurzaam inkopen, verantwoord handelen, duurzame ontwikkeling en maatschappelijk verantwoord besturen. Omdat deze opsomming te lang en niet praktisch is, maken we voor het gemak gebruik van de volgende definitie: *het handelen van een organisatie waarbij rekening wordt gehouden met de maatschappelijke gevolgen op sociaal, milieu- en economisch gebied.*

Wat er niet in staat

Vakgebieden zoals inkoop kennen hun grenzen, maar die zijn doorgaans niet zo scherp te stellen. Een aantal van de aangrenzende vakgebieden van inkoop zijn facility management, logistiek en supply chain management. Deze beschrijven we hier kort en we geven aan waar de mogelijke overlap zit met het onderwerp inkoop. De aangrenzende vakgebieden bespreken we verder in dit boek als er relevante raakvlakken zijn.

Facility management
Facility management is de beheersing van en dienstverlening in en om organisatiehuisvesting en -huishouding. Dit dient als ondersteuning van de gebruikers met ruimte, middelen, diensten en bescherming, resulterend in een optimale productiviteit tegen verantwoorde kosten.
Als je dit bekijkt, dan zie je zo op het eerste gezicht een enkele overeenkomst met inkoop en daarnaast veel verschillen.

Ook bij facility management komt het kostenaspect naar voren, al wordt dat hier benoemd als verantwoorde kosten. Dat is het eerste verschil tussen de twee vakgebieden. Inkoop gaat uit van het minimaliseren van de kosten tegen een zeker minimum aan gewenst kwaliteitsniveau. Of dat op het gebied van inkoop resulteert in een optimale productiviteit, zou best kunnen, maar zeker weten doen we het niet.

Verder concentreert facility management zich op de beheersing van en dienstverlening in en om organisatiehuisvesting en -huishouding. Dat is een vakgebied waar inkoop natuurlijk niet verantwoordelijk voor is, maar wel indirect een bijdrage aan levert. Inkoop ondersteunt in veel organisaties van oudsher ook de facilitaire afdeling bij het inkoopproces van leveranciers op het gebied van onder meer beveiliging, catering, schoonmaak en het onderhoud van technische installaties.

Behalve de inkoopondersteuning kent de relatie tussen de facilitaire afdeling en de inkoopafdeling nog een ander aspect dat voor gefronste wenkbrauwen zorgt. Bij veel organisaties in de non-profitsector en overheid valt de inkoopafdeling namelijk hiërarchisch vaak onder de facilitaire afdeling. Dit brengt een tweedeling met zich mee, waarbij de facilitaire afdeling enerzijds leidinggevend en richtingbepalend is voor de inkoopafdeling en anderzijds klant is van diezelfde inkoopafdeling. Dat is een vorm van belangenverstrengeling die hindert als de belangen van beide afdelingen uit elkaar lopen.

Logistiek
In de waardeketen van Porter behoort logistiek op twee onderdelen bij de primaire activiteiten van een organisatie, namelijk de binnenkomende logistiek en de uitgaande logistiek. Het eerste betreft onder meer de ontvangst, opslag en interne distributie van grondstoffen, halffabricaten en eindproducten (*materials management*). Het tweede gaat onder meer om verpakking, opslag en distributie van eindproduct (ook bekend onder de naam fysieke distributie). In alle gevallen betreft het activiteiten die direct en indirect van invloed zijn op het werk van de inkopers.

Ook de logistiek kent een groot aantal definities, maar in de meeste definities komen de volgende elementen wel terug. De verschillen met inkoop zijn goed te benoemen, maar een enkele overlap is wel terug te vinden. In dat kader is het misschien leuk om aan te geven dat het vakblad voor beide beroepen tot voor kort onder één titel werd uitgegeven: *Tijdschrift voor Inkoop en Logistiek*, vaak *I&L* genoemd.

Logistiek is de organisatie, planning, besturing en uitvoering van de goederenstroom vanaf de ontwikkeling en inkoop, via productie en distributie naar de eindafnemer met het doel om tegen lage kosten en kapitaalgebruik te voldoen aan de behoeften van de markt. Het gemeenschappelijke aspect met inkoop is dat ook hier het lage-kostenaspect genoemd wordt.

Voor de logistiek verzorgt de inkoopafdeling vanzelfsprekend de inkoop van producten en diensten, zoals magazijnstellingen, weeginstallaties, transportmiddelen en tijdelijk personeel. Omdat de afdelingen over het algemeen eerder naast elkaar dan in een hiërarchische verhouding zijn geplaatst, tref je geen belangenverstrengeling aan. Binnen de keten hebben ze elkaar namelijk hard nodig. Wel kunnen communicatiestoornissen optreden, omdat logistiek en inkoop twee gescheiden afdelingen zijn die, ERP-systemen buiten beschouwing gelaten, meestal gebruikmaken van verschillende systemen, die niet altijd goed op elkaar aansluiten.

Als je meer wilt weten over dit onderwerp, verwijzen we je naar het boek *Logistiek* van Walther Ploos van Amstel.

Supply Chain Management

Supply Chain Management (SCM) is een overkoepelend begrip waarbinnen inkoop en logistiek samen hun plaats vinden. In feite is supply chain management pas de laatste jaren in opkomst, terwijl de onderliggende waardetheorie van Porter al dateert uit de jaren tachtig van de vorig eeuw.
SCM is een principe waarbij door het verbeteren van processen en samenwerking met leveranciers en afnemers een betere prestatie en dus concurrentievoordeel voor de deelnemende organisatie in de keten ontstaat.

Het beheersen van de keten staat voorop. Dat kan betrekking hebben op de interne keten, maar heeft dat de laatste jaren zeker ook op de externe keten. Dat maakt Supply Chain Management bij uitstek tot een instrument om de winstgevendheid van de organisatie op de lange termijn structureel op een hoger niveau te brengen. Is het voor veel organisaties al een uitdaging de interne keten te optimaliseren, de externe keten biedt een veelvoud aan uitdagingen, omdat je daar geen directe invloed op hebt.

Logistieke dienstverleners bieden tegenwoordig vaak diensten aan onder de noemer Supply Chain Management. Zij bedoelen hiermee dat ze een klant de verantwoordelijkheid voor een deel van zijn goederenstroom uit handen kunnen nemen. De logistieke dienstverlener beschikt hiervoor vaak over eigen distributiecentra, waar het de producten van de klant kan opslaan en ervoor zorgt dat de goederen op tijd naar de klant worden gedistribueerd.

Binnen het inkoopontwikkelingsmodel spreek je in de laatste fase van mate van professionalisering over strategische of ketengerichte oriëntatie. Het kan dus best zo zijn dat de inkoopafdeling over een aantal jaren samen met de logistieke afdeling opgaat in de afdeling supply chain management.

Als je meer wilt weten over dit onderwerp verwijzen we je naar het boek *Supply Chain Management, Integrale ketenaansturing* van Joris Leeman.

De indeling van dit boek

Dit boek kent vier delen die onafhankelijk van elkaar gelezen kunnen worden, maar wel een logisch verband vormen.

Deel 1: de strategische plaats van inkoop in het universum

Organisaties die hun inkoop goed op orde hebben, liggen een stap voor op hun concurrenten. Deze organisaties hebben minder inkoopkosten, zijn winstgevender en zijn in staat op het juiste moment succesvolle innovaties door te voeren in hun assortiment en dienstverlening.

Het eerste deel gaat over de strategische betekenis van inkoop voor een organisatie. Hoofdstuk 1 gaat over wat inkoop is en de rol die inkoop speelt in organisaties. Het hoofdstuk geeft daarnaast uitleg over het inkoopmanagementproces en de ontwikkeling die een inkoopfunctie kan doormaken naar het realiseren van toegevoegde waarde voor de organisatie. Hoofdstuk 2 legt uit hoe je de relatie tussen strategie van een organisatie en inkoop moet leggen; het formuleren en implementeren van een inkoopbeleid. De rol van de leveranciers in de inkoopstrategie wordt uitgewerkt in hoofdstuk 3; het inkoopportfolio. Dit vormt het fundament waarop de inkoopprocessen verder worden ingericht.

Deel 2: het tactische inkoopproces en de praktische toepassing

De inkoopstrategie en het inkoopbeleid moeten worden vertaald naar concrete activiteiten. Het tweede deel van dit boek levert de bouwstenen hiervoor. Hoofdstuk 4 gaat in op het bepalen van de (interne) klantenbehoefte, waarbij de inkoper vanaf dit moment de regie over het inkoopproces op zich neemt. Vervolgens selecteert de inkoper samen met zijn interne klanten de leveranciers en onderhandelt hij met de leveranciers over prijzen en leveringscondities. Dit bespreken we in hoofdstuk 5. Met het sluiten van contracten met leveranciers krijgt de organisatie allerlei plichten en rechten. De 'kleine lettertjes' staan centraal in hoofdstuk 6.

Deel 3: het tactische en operationele inkoopproces verder uitgewerkt

Aan het begin van het derde deel staan we in hoofdstuk 7 stil bij een bijzondere vorm van tactisch inkopen: Europees aanbesteden. Voor de overheden binnen de Europese Gemeenschap is er speciale regelgeving, waarvan we de spelregels samenvatten. Vervolgens stappen we over naar het operationele inkoopproces en laten we zien hoe je deze dagelijkse processen goed kunt inrichten. De effectiviteit en efficiency van deze processen worden besproken in hoofdstuk 8. Bijzondere aandacht krijgt het managen van contracten en de relaties met leveranciers in hoofdstuk 9. De contracten vormen het eind van het tactische inkoopproces en tegelijkertijd het begin van het operationele inkoopproces. Als je het contract- en leveranciersmanagement niet goed inricht, loop je het risico dat de leverancier minder goed presteert en de organisatie daar last van krijgt.

Deel 4: een aantal strategische keuzes in de inkoop

Bij het vaststellen van het (inkoop)beleid van een organisatie kom je als inkoopdirecteur of inkoopmanager vaak genoeg voor strategische keuzes te staan. In het vierde en laatste deel beginnen we in hoofdstuk 10 met de informatie- en communicatietechnologie die de inkoop ondersteunt. Vaak zijn hier grote investeringen mee gemoeid en kunnen de gevolgen van inkoopautomatisering ingrijpend en omvangrijk zijn. Zodoende zijn de (strategische) keuzes meestal niet exclusief voorbehouden aan de inkoopafdeling. Hoofdstuk 11 laat zien welke mogelijkheden je hebt voor het inrichten van je inkoopfunctie binnen de organisatie, welke functieprofielen daarbij horen en hoe je via het inrichten van je processen de basis legt voor een professionele inkooporganisatie. In hoofdstuk 12 staan we stil bij twee strategische inkoopkeuzes die een grote externe component kennen: het uitbesteden van organisatieonderdelen, bedrijfsprocessen en hun bijbehorende werkzaamheden en het opzetten van inkoopsamenwerking met andere organisaties. Voor deze twee vraagstukken leggen we uit wat er onder wordt verstaan en hoe je zoiets aanpakt. Ten slotte staan we in dit laatste hoofdstuk stil bij duurzaam inkopen en het feit dat dit structureel aandacht verdient binnen een organisatie.

Meer leren over inkoop

Dit boek geeft een eerste indruk van het vakgebied inkoop. Als je je verder wilt verdiepen in een bepaald onderwerp dat we in dit boek behandelen, verwijzen we je naar de literatuurlijst achterin.

Verder vind je veel informatie over actuele ontwikkelingen in het vakblad voor de inkoper *Deal!* In combinatie met het lidmaatschap van de beroepsvereniging NEVI biedt het tegelijkertijd toegang tot een uitgebreide database van artikelen over de inkoopprofessie.

Ten slotte is er ook een aantal sites waar je nuttige informatie over inkoop kunt vinden:
- http://inkoop.startpagina.nl/
- www.ipsera.com/ (Engelstalig)
- www.capsresearch.org/ (Engelstalig)
- www.purchasing.com/ (Engelstalig)
- www.nevi.nl/
- www.pianoo.nl/
- www.ted.europa.eu/
- www.europeseaanbestedingen.eu/
- www.europadecentraal.nl/menu/100/Voorpagina.html
- www.outsourcing.com/ (Engelstalig)
- www.arjanvanweele.com (Engelstalig)

Deel 1

De strategische plaats van inkoop in het universum

In dit eerste deel laten we zien hoe inkoop een centrale rol vervult bij de vele bedrijfsprocessen en hoe je dat praktisch kunt invullen. Hoofdstuk 1 gaat over wat inkoop precies inhoudt in relatie tot de andere bedrijfsprocessen binnen een organisatie en de rol die het daarbij speelt. Het hoofdstuk gaat verder in op het inkoopmanagementproces en de ontwikkeling die een inkoopfunctie kan doormaken naar het realiseren van toegevoegde waarde voor een organisatie. Hoofdstuk 2 legt de dwarsverbanden tussen de strategie van een organisatie en die van inkoop; het formuleren en implementeren van een inkoopbeleid. In hoofdstuk 3 werken we de rol van de leveranciers in de inkoopstrategie verder uit door gebruik te maken van het inkoopportfolio. De matrix die het fundament vormt waarop de inkoopprocessen verder worden ingericht.

Hoofdstuk 1

Inkoop, spin in het web

Leerdoelen
- Het kennen van het begrip inkoop, het belang van een goede inkoop en de doelstellingen van inkoop.
- Het begrijpen van de waardeketen van een organisatie en de inkoopaspecten van de waardeketen en daarmee een overzicht krijgen van de samenhang tussen inkoop en de andere functies binnen een organisatie.
- Het onderkennen van de relatie tussen het inkoopbeleid en een inkoopactieplan, de elementen die daarvan deel uitmaken en het belang van een inkoopactieplan voor een organisatie.
- Het kunnen opstellen van een inkoopactieplan en de mogelijke valkuilen bij de uitvoering ervan weten te vermijden.

1.1 Inleiding

Inkopen wordt tot de ondersteunende processen gerekend. Iedere managementgoeroe zal je dit vertellen, of je nu een boek van Michael Porter openslaat of het inkoopvolwassenheidsmodel van Robert Monchka gaat toepassen. Het beroep is de laatste decennia aan een opmars begonnen. Dat is niet voor niets gebeurd. Inkoop kan vanuit de ondersteunende of secundaire processen een belangrijke bijdrage leveren aan het succes van een organisatie.

In dit hoofdstuk gaan we eerst in paragraaf 1.2 in op de positie van de inkoopfunctie binnen het grotere geheel van de waardeketen. We staan stil bij het rendement van inkoop in organisaties in paragraaf 1.3. Paragraaf 1.4 legt het verband tussen theorie en praktijk via een inkoopactieplan en de elementen die daarin terug horen te komen. In paragraaf 1.5 geven we een toelichting hoe je een inkoopactieplan uitwerkt en in paragraaf 1.6 staan we stil bij de mogelijke valkuilen en de voordelen van een inkoopactieplan.

1.2 Waardeketen van Porter

In het boek *Concurrentievoordeel: de beste bedrijfsresultaten behalen en behouden* introduceert Michael Porter een theorie over de waardeketen en de plaats van de inkoopfunctie daarbinnen. Het model is oorspronkelijk bedoeld voor industriële ondernemingen, maar wordt ook toegepast bij bank- en verzekeringsbedrijven, de non-profitsector en overheidsorganisaties. We houden het hier bij een uitleg over hoe de waardeketen werkt bij een industriële organisatie.

1.2.1 Uitgangspunten

Wat zegt Porter over de waardeketen en het concurrentievoordeel? Het formuleren van algemene ondernemingstrategieën alleen is onvoldoende om een voorsprong op de concurrentie te behalen. Om dit te illustreren maakt hij gebruik van de waardeketen. Deze verdeelt de organisatie in afzonderlijke activiteiten op het gebied van ontwerp, productie, verkoop, levering en onderhoud van producten.

Door deze verdeling krijgt de organisatie inzicht in de kostenstructuur en kan men activiteiten zichtbaar maken die van strategisch belang zijn. Concurrentievoordeel ontstaat wanneer de organisatie deze belangrijke activiteiten goedkoper of beter kan uitvoeren dan de concurrenten. Essentieel daarbij is dat de waarde van de activiteiten de kosten ervan overstijgt.

De waardeketen geeft een overzicht van de waardeactiviteiten verdeeld over primaire en secundaire activiteiten en de marge die daarbij hoort. De marge is het verschil tussen de totale waarde (opbrengst) en de gezamenlijke kosten voor het uitvoeren van alle waardeactiviteiten. De marge vormt de beloning voor het ondernemersrisico. Om concurrentievoordeel inzichtelijk te maken, verdeel je

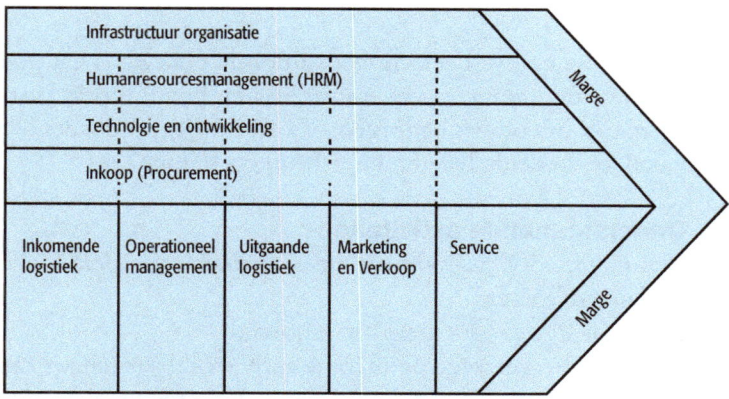

Figuur 1.1 Waardeketen van Porter

iedere hoofdactiviteit weer verder in afzonderlijke activiteiten. De activiteiten die waarde toevoegen, kun je op die manier in kaart brengen. Verder zijn de onderlinge relaties tussen de activiteiten en die van anderen (aangeduid als verbindingen) een aanjager van concurrentievoordeel.

Ondernemingen die erin slagen hoge marges te behalen op de waardeactiviteiten en daarnaast aanwezige verbindingen zo optimaal mogelijk benutten, kunnen een langdurig concurrentievoordeel opbouwen.

1.2.2 Primaire activiteiten

Porter maakt een onderverdeling in vijf typen primaire activiteiten:

1. **Inkomende logistiek**
   Deze activiteit omvat ontvangst, ingangscontrole, kwaliteitscontrole, opslag en voorraadcontrole.
2. **Operationeel management**
   Hieronder vallen alle activiteiten die erop gericht zijn van grondstoffen, halffabricaten en componenten eindproducten te maken in het productieproces, door bewerken, assembleren, verpakken en testen.
3. **Uitgaande logistiek**
   Deze activiteiten zijn erop gericht de producten ter beschikking te stellen aan de afnemers. Dit kunnen consumenten zijn, maar ook tussenhandel en andere productiebedrijven. Voorbeelden van deze activiteiten zijn opslaan, voorzien van transportverpakkingen, verzendklaar maken en transporteren.
4. **Marketing en verkoop**
   De activiteiten die zijn bedoeld om de producten aan de afnemers te verkopen. Ook hier weer een grote variëteit aan activiteiten, zoals adverteren, persoonlijke verkoop, direct mail, vaststellen van prijzen en distributiekanalen en opstellen van offertes.

5. **Service**
De activiteit die nog wel eens in het verdomhoekje zit, is het onderhouden van de geleverde producten. Hieronder vallen bijvoorbeeld garantie verlenen, reparaties uitvoeren, bedorven of verkeerd geproduceerde producten terughalen, onderdelen leveren en gebruikers trainen.

1.2.3 Ondersteunende activiteiten
De ondersteunende, ook wel secundaire activiteiten genoemd, zijn verdeeld over vier typen activiteiten:
1. **Inkoop** (door Porter procurement genoemd)
De inkoopfunctie verzorgt de inkoop en beschikbaarstelling van alle goederen en diensten voor zowel de primaire als de secundaire activiteiten.
2. **Technologie en ontwikkeling**
Technologie omvat zowel productie, producten, processen als informatie en de verbetering hiervan ten dienste van het primaire en secundaire proces.
3. **Humanresourcesmanagement (HRM)**
Vroeger ook wel bekend als Personeel & Organisatie (P&O), dat verantwoordelijk is voor alle activiteiten die te maken hebben met werven, selecteren, in dienst nemen, betalen, opleiden en trainen en uit dienst laten gaan.
4. **Infrastructuur organisatie**
Dit zijn activiteiten die zich richten op de gehele onderneming en niet op een speciale primaire activiteit. Voorbeelden zijn financiële administratie, facilitair bedrijf, juridische zaken en de interne accountantsdienst.

Binnen het model van Porter is de inkoopfunctie een van de vier ondersteunende activiteiten, waarbij de inkoop voor het primaire proces verschilt van de inkoop voor het ondersteunende proces. Dit komt omdat het belang van het primaire proces vele malen groter is dan dat van het secundaire proces. Dat uit zich in een omvangrijke omzet en een complexe besluitvorming.

Inkoopfunctie ondersteunende activiteiten	Inkoopfunctie primaire activiteiten
Heel veel leveranciers	Weinig leveranciers
Heel veel orders	Veel orders
Heel omvangrijk assortiment	Omvangrijk tot beperkt assortiment
Beheersbaarheid: meestal goed in te plannen op basis van contracteinde	Beheersbaarheid: afhankelijk van productieplanning
Decision Making Unit: onderdelen secundaire activiteiten (verschilt per inkoopsegment)	Decision Making Unit: onderdelen primaire activiteiten (logistiek, productie, marketing en verkoop)
Besluitvorming eenvoudig	Besluitvorming complex
Gemiddeld orderbedrag klein	Gemiddeld orderbedrag groot
Omzet relatief weinig	Omzet zeer omvangrijk

Figuur 1.2 Verschillen inkoopfunctie primaire activiteiten en secundaire activiteiten

Op basis van de waardeketen van Porter mogen we concluderen dat de inkoopfunctie een belangrijke rol vervult binnen een organisatie en in veel gevallen rechtstreeks onder de supervisie van de hoogste managementlaag dient te vallen.

1.3 Rendement van inkoop: wat levert het op?

Het rendement van een onderneming bepaalt de levensvatbaarheid. Hoe hoger het rendement, hoe tevredener de aandeelhouders zijn en hoe groter de overlevingskansen van een organisatie zijn. Verbetering van het rendement verdient daarom alle aandacht en daarbij komen ook de inkoopgebonden kosten om de hoek kijken. Aan de hand van de DuPont-chart laten we zien wat het effect is van besparingen in de inkoopgebonden kosten.

Verschil in rendement

Elke organisatie heeft een bepaald volume van producten en diensten dat wordt ingekocht. De omvang van dat inkoopvolume in relatie tot de totale kosten van een organisatie verschilt van branche tot branche. In de consumer products industrie (Philips) komt het percentage uit op 60 tot 70 procent, in de automotive industrie (Volvo Cars) op ongeveer 50 tot 60 procent en in de dienstverlenende bedrijven (Getronics PinkRoccade) op 10 tot 40 procent. Gemiddeld genomen bestaat 60 procent van de kosten bij een organisatie uit inkoopgebonden kosten. Voor overheidsorganisaties liggen dat soort percentages weliswaar gemiddeld lager, maar is er nog steeds sprake van aanzienlijke bedragen.

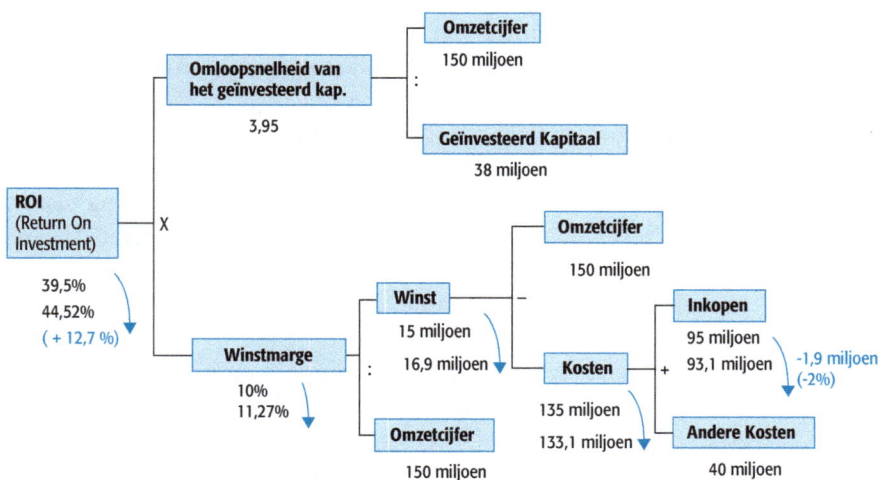

Figuur 1.3 DuPont-analyse

De DuPont-analyse uit figuur 1.3 maakt duidelijk dat een besparing van 2 procent op de inkoopgebonden kosten leidt tot een verbetering van het rendement op het netto werkzame vermogen van 12,7 procent. Een inkoopbesparing van 2 procent kan men zonder veel moeite realiseren. Om te illustreren hoe gemakkelijk men soms inkoopbesparingen kan realiseren, volgt hier het voorbeeld van Parker Hannifin, een Amerikaanse multinational die op een totaal jaarlijks inkoopvolume van € 4.1 miljoen in Nederland een besparing realiseerde van ongeveer € 300.000 door het aantal leveranciers voor werving en selectie terug te brengen tot één leverancier. Naast deze besparingen op de uitgaven realiseerde men tegelijkertijd een efficiëntieverbetering in het werving- en selectieproces.

Het werkt natuurlijk ook de andere kant op. Slechte inkoop kan veel geld kosten en een verslechtering van het rendement betekenen. Dat risico neemt toe als het aandeel van de inkoopgebonden kosten in een eindproduct hoger is.

Uitgaande van de DuPont-analyse kunnen inkoopbeslissingen twee richtingen uitgaan. De ene richting gaat ervan uit dat je de marges kunt vergroten door het realiseren van inkoopbesparingen. De andere richting zoekt het in het verbeteren van de omloopsnelheid van het netto geïnvesteerde vermogen door vermindering van het werkkapitaal. Beide richtingen zijn goed. Nog beter is het als je beide richtingen combineert.

De maatregelen daarvoor lijken voor de hand te liggen:
- Verleng de betalingstermijn met je leveranciers. Een grote non-profitorganisatie in Nederland met een jaarlijks inkoopvolume van 150 miljoen euro verlengde haar termijn van 30 dagen naar bijna 60 dagen. Het betekende bijna een maand extra geld zonder naar de bank te gaan. En dan maar hopen dat de leveranciers daarom geen hogere prijzen gaan vragen.
- Schenk extra aandacht aan de kwaliteit van de leveringen (*zero defects*), waardoor de organisatie in staat is de buffervoorraden terug te dringen. Ga daarnaast eens na wat het kost als er een foutieve levering plaatsvindt.
- Laat de leveranciers vaker leveren, waardoor de organisatie in staat is de voorraden omlaag te brengen. Maak natuurlijk wel een kosten-batenanalyse op basis van de kosten die de leverancier in rekening brengt voor het vaker leveren.
- Besteed kernactiviteiten die de organisatie nu in eigen beheer doet niet uit aan een derde. Een organisatie besteedt alleen uit als ze zelf de activiteiten goed beheerst en de activiteiten goed zijn beschreven. Maak ook hiervoor een kosten-batenanalyse. Een van 's werelds grootste verzekeraars besteedde in 2005 een deel van de schadeafhandeling uit aan een gerenommeerde zakelijke dienstverlener. Twee jaar later nam de verzekeraar de werkzaamheden weer terug, omdat een aantal activiteiten niet goed was beschreven en de dienstverlener niet meer uitkwam met zijn kosten.

Professioneel inkopen biedt elke organisatie genoeg mogelijkheden om het rendement snel en met relatief weinig investeringen te verbeteren. Inkoop vormt een (potentiële) winstbron, maar heeft nog niet altijd de prioriteit van het hoger management. Men investeert liever aan de verkoopzijde door extra reclamecampagnes, acties of het inzetten van meer verkopers. Dat heeft lang niet altijd het beoogde resultaat, zoals is gebleken uit de voorbeelden.

Daarnaast blijkt inkoop ook een barometer voor de economie te kunnen zijn aan de hand van de Purchasing Managers Index (PMI). De PMI komt oorspronkelijk uit de Verenigde Staten. Hij verschijnt elke eerste werkdag van de maand en is in het leven geroepen om een beeld te geven van de staat waarin de industrie van een land verkeert.

Een selectie van industriële inkoopmanagers in de deelnemende landen vult maandelijks een enquête in voor NTC Research, de uitgeverij in Engeland die diverse PMI's verzorgt. Deze samengestelde PMI-index bestaat uit de volgende indices:
- productie;
- nieuwe orders;
- exportorders;
- ingekocht materiaal;
- inkoopprijs;
- werkgelegenheid;
- levertijden;
- voorraad ingekocht materiaal;
- voorraad gereed product.

Een score van een PMI onder de 50,0 geeft een daling van de economische activiteiten aan, een score boven het omslagpunt van 50,0 duidt op een groeiende economie. Hoe groter de afwijking van 50,0 hoe slechter of beter het gaat met de economie.

De recessie die de hele wereld in september 2008 verraste werd op 1 augustus van datzelfde jaar al voorspeld via de PMI-index, zoals blijkt uit het persbericht van de NEVI:

PMI zakt door kritische 50 puntengrens. Daling van de industriële activiteit, voor het eerst in 3 jaar
Zoetermeer, 1 augustus 2008 – De NEVI DPA PMI® bereikte in juli een laagterecord sinds ruim drie jaar en daalde van 51.1 in juni naar 48.0. Daarmee is de kritische grens van 50 punten, de nullijn voor groei, overschreden.

1.3.1 Wat kost de inkoop?

Om te weten wat de theoretische besparingsmogelijkheden zijn binnen een organisatie, moet je eerst achterhalen welke bedragen onder de inkoopgebonden kosten vallen. De meting die men daarvoor uitvoert, een zogenaamde spendanalyse, is gebaseerd op kwantitatieve informatie. De inkoper voert de analyse uit voor de verschillende producten en diensten die de organisatie inkoopt. We kennen daarbij een aantal hoofdgroepen.

Investeringsgoederen
Investerings- of kapitaalgoederen zijn goederen die de organisatie niet in één keer afschrijft. Het kan hier gaan om bouwwerken als bruggen, dijken, wegen, maar ook schepen, booreilanden, auto's, productiemachines en computers vallen onder investeringsgoederen. Omdat het hier gaat om forse bedragen, zijn het langdurige inkoopprojecten waar veel mensen bij betrokken zijn.

Grondstoffen
Onder grondstoffen worden materialen verstaan die men uit de natuur haalt om er in een productieproces iets van te maken of te fabriceren. Grondstoffen worden meestal op termijnmarkten verhandeld en zijn dus gevoelig voor prijsschommelingen. Het inkopen van grondstoffen vereist veel marktkennis en snelheid van handelen. Het gaat om fysieke grondstoffen (ijzer, steenkool, olie) en natuurlijke grondstoffen (koffiebonen, granen, soja).

Hulpstoffen
Hulpstoffen maken geen fysiek onderdeel uit van een eindproduct, maar worden gebruikt of verbruikt tijdens een productieproces. Voorbeelden van hulpstoffen zijn smeermiddelen, industriële gassen, koelvloeistoffen en zuren. Hulpstoffen bestaan weliswaar uit verschillende grondstoffen, maar zijn niet te koop via termijnmarkten. Omdat bij een deel van die grondstoffen schaarste kan optreden, zijn er hier ook prijsschommelingen.

Halffabricaten
Halffabricaten zijn producten die wel fysiek onderdeel uitmaken van eindproducten. Ze hebben één of meer bewerkingen ondergaan en worden in een latere fase verder bewerkt. Voorbeelden van halffabricaten zijn beton, plaatstaal en plastic korrels. Halffabricaten zijn bij meerdere leveranciers verkrijgbaar en dus via concurrentiestelling in te kopen.

Componenten
Componenten zijn producten die geen fysieke verandering meer ondergaan, maar onderdeel uitmaken van een ander product. Een auto is een voorbeeld van een eindproduct dat is opgebouwd uit vele componenten: dashboards, koplampen, bumpers, ruitenwissers, stoelen, veiligheidsgordels. Eindproducten die voor een groot deel bestaan uit componenten kennen veel logistieke aspecten in combinatie met inkoopaspecten, zoals concurrentiestelling en tijdig leveren.

Gereed product
Bij gereed product hebben we het over fysieke eindproducten, die men inkoopt om weer door te verkopen, al dan niet in combinatie met andere eindproducten. Handelsgoederen en producten die je in winkels kunt kopen, zoals kleding, vallen onder deze categorie.

Maintenance, Repair and Operating supplies (MRO)
MRO-artikelen noemt men in goed Nederlands ook wel indirecte of verbruiksgoederen, terwijl een Engelse term Non Product Related (NPR) luidt. Ze zijn noodzakelijk voor het functioneren van organisaties in het algemeen en voor reparatie en onderhoud van productiemiddelen in het bijzonder. Voorbeelden van de eerste categorie zijn kantoorartikelen, meubilair, schoonmaakartikelen, beplanting. Tot de tweede categorie behoren onder meer onderhoudsmaterialen, reserveonderdelen, gereedschap.

Diensten
Diensten maken een steeds groter deel uit van het inkoopvolume van organisaties en nemen daarin een steeds belangrijker plaats in. Diensten zijn heel divers en variëren van schoonmaak tot architectuur en accountancy. Inkopers beschouwen de inkoop van diensten als wezenlijk anders en complexer dan de inkoop van producten. Omdat een dienst pas bestaat bij levering, kun je geen diensten op voorraad hebben. Dit maakt een voortdurende afstemming van vraag en productiecapaciteit tussen klant en leverancier noodzakelijk. Geen voorraadmogelijkheden en voortdurende afstemming maken dat verschillende stappen uit het inkoopproces belangrijker worden, moeilijker zijn of gewoonweg meer tijd kosten in vergelijking met het inkoopproces voor producten.

Gouden bergen beloven werkt niet

Binnen de inkoopfunctie kunnen structurele besparingen worden gerealiseerd als aan een aantal voorwaarden is voldaan. Gebeurt dat niet, dan ligt teleurstelling op de loer en loopt de inkoopafdeling het risico de zwarte piet toegespeeld te krijgen. Het volgende voorbeeld illustreert hoe het niet moet.

Een bierbrouwer voelde zich door de toenemende concurrentie gedwongen naast het thema 'verkoop' ook het thema 'inkoop' onder de loep te nemen. Een kleine projectgroep werd aan het werk gezet om besparingen te identificeren en te realiseren. Met ondersteuning van een extern bureau werd op basis van een inkoopanalyse vastgesteld wat het beïnvloedbare inkoopvolume was en hoe dit verdeeld was over de verschillende inkoopsegmenten; van huishoudelijk materiaal tot grootschalige bouwprojecten.

Aan de hand van een aantal uitgangspunten werden per inkoopsegment de mogelijke besparingsbedragen vastgesteld en bij elkaar opgeteld. De controller bekeek het overzicht en besloot in overleg met de directie van de bierbrouwer voor de komende drie jaren ieder jaar een deel van de besparingen in te boeken als bezuinigingsbedrag op de budgetten.

Je kunt wel raden wat er toen gebeurde: de Franse revolutie was er niets bij. In ieder managementteamoverleg stond het onderwerp op de agenda. De bezuiniging moest namelijk ook nog verdeeld worden over de verschillende deelbudgetten. Uren werden besteed aan discussies over mogelijke verdeelsleutels en menige vergadering eindigde in mineur vanwege de hoogoplopende meningsverschillen.

Maar dat was nog niet alles. De projectgroep had zich niet gerealiseerd dat je besparingspotentieel wel kunt identificeren volgens een theoretisch model, maar dat je daarbij ook rekening moet houden met langlopende verplichtingen en doorlooptijden van offertetrajecten. Een doorlopend contract levert de eerstkomende jaren namelijk geen enkele besparing op als je de contracten niet open kunt breken. Het is een mogelijkheid, maar niet een die de organisatie een goede en betrouwbare naam bezorgt in de markt.

Als een contract wel opnieuw in de markt kan worden gezet, moet het management goed beseffen dat een offertetraject inclusief voorbereiding toch minimaal een paar maanden in beslag neemt. Een theoretische besparing kan men dus pas omzetten in een daadwerkelijke besparing als het nieuwe contract ingaat. Pas na het eerste volledige contractjaar kan men de balans opmaken. Een theoretische berekening kan in de praktijk dus tegenvallen.

Boekhouding: bron van alle financiële gegevens
Op basis van de operationele definitie van inkoop (alles waar een externe factuur tegenover staat), is de bron voor de kwantitatieve informatie snel gevonden: de boekhouding. De facturen geven bijna alle informatie die nodig is voor verdere analyse: de leveranciers (naam, bankrekeningnummer, btw-nummer), het aantal facturen per leverancier, de facturen (aantal bestelregels op de factuur), het bedrag per factuur(regel), de aard van het ingekochte product of dienst (kostensoort) en het organisatieonderdeel waarvoor is ingekocht (kostenplaats).

De analyse gaat eenvoudig met een elektronische download van de boekhouding in een spreadsheetprogramma (MS Excel) of in een databaseprogramma (MS Access). Hierdoor kunnen de gegevens gemakkelijk geselecteerd, bewerkt en gesorteerd worden.

Een goede voorbereiding is het voornaamste werk
Ter voorbereiding op de analyse van de boekhouding is het noodzakelijk de kostensoorten te koppelen aan inkoopsegmenten. Inkoopsegmenten zijn samenhangende groepen van kostensoorten: gelijksoortige producten en diensten die men bij dezelfde leverancier zou kunnen inkopen. De wijze van bundeling van kostensoorten tot inkoopsegmenten is – binnen de definitie van een

inkoopsegment – geheel vrij. De kostensoorten geven geen exact beeld van de marktsituatie. Boekhoudregels zijn meestal zo opgesteld, dat er alleen rekening wordt gehouden met elementen die van toepassing zijn op de boekhouding. Een voorbeeld van een indeling van inkoopsegmenten zie je in figuur 1.4.

Cluster	Inkoopsegment
Personeel	Salarissen en sociale lasten
	Reis en verblijf
	Studie en opleiding
	(Bedrijfs)kleding
	Representatie (van personeel of afdeling)
	Werving, selectie en outplacement
Automatisering en telecommunicatie	Hardware (inclusief randapparatuur) inclusief onderhoud
	Software inclusief onderhoud
	Diensten van automatiseringsbedrijven
	Telecommunicatieinstallaties/-middelen inclusief onderhoud
	Diensten van telecommunicatiebedrijven
Financiële diensten	Financiële diensten (leningen, beleggingen, bankverrichtingen)
	Verzekeringen - Premies
	Verzekeringen - Uitkeringen
Installaties, machines en apparatuur	Cateringapparatuur
	Gebouwinstallaties (liften, airco, etcetera)
	Kantoorapparatuur
Materiaal voor onderhoud	Gereedschappen
	Materiaal
	Onderhoudsinstallaties, -machines en -apparatuur
Huur	Gebouwen, accommodatie en opslag
	Grond
Nieuwbouw en onderhoud	Bouwrijp maken
	Bouwkundig (nieuwbouw, verbouw, afbouw)
	Elektrotechnisch
	Werktuigbouwkundig (installaties, machines, apparatuur)
	Schoonmaak (van gebouwen)
Verwerking van afval	Afvalophaling
	Afvalverwerking
	Schoonmaakdiensten

Cluster	Inkoopsegment
Flexibele arbeid & advies	Uitzendkrachten
	Adviseurs
	Accountants
	Juristen
	Onderzoek- en ontwikkelingsdiensten
	Diensten voor marktonderzoek
Energie	Gas
	Water
	Elektriciteit
	Brandstof
Kantoorinrichting en -artikelen	Kantoorinrichting (vloerbedekking, raamdecoratie, verlichting)
	Kantoormeubilair (tafels, stoelen)
	Kantoorartikelen (pennen, schrijfblokken)
	Boeken, tijdschriftabonnementen
Niet-beinvloedbare inkopen	Belastingen
	Heffingen
	Subsidies
	Lidmaatschappen
Vervoersdiensten en transportmiddelen	Personenvervoer
	Goederenvervoer (onder andere koeriersdiensten, postvervoer)
	Transportmiddelen
	Containers
	Bromfietsen, motoren, auto's, fietsen
Papierproducten	Drukwerk (incl. promotiemateriaal)
	Reprografie (kopiëren)
	Aanschaf papier
	Advertentie- en reclamediensten
Groendiensten	Planten, bomen, bloemen, etcetera
	Tuinarchitecten
	Groenonderhoud

Figuur 1.4 Voorbeeldindeling inkoopsegmenten en clusters

Na vaststelling van de inkoopsegmenten voegt men deze op hun beurt weer samen in zogenaamde clusters (zie figuur 1.4 voor een voorbeeldindeling). Een cluster is een verzameling van inkoopsegmenten van vergelijkbare (maar niet gelijke)aard. Het proces van clusteren is schematisch weergegeven in figuur 1.5.

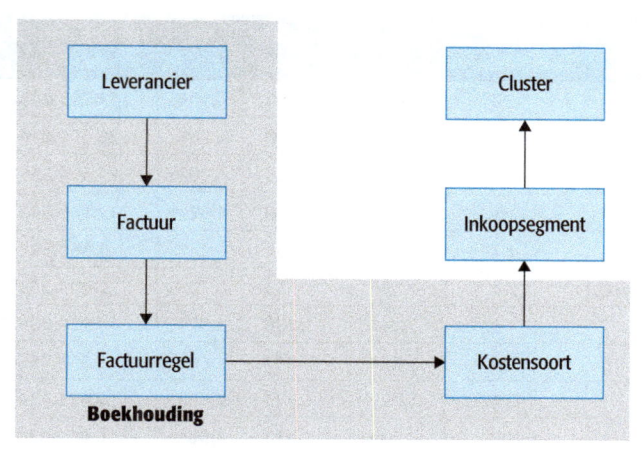

Figuur 1.5 Processchema voor conversie kostensoorten naar inkoopsegmenten en clusters

Werken met inkoopsegmenten maakt het analyseren van de boekhouding voor inkoopdoeleinden een stuk eenvoudiger. Men bekijkt de kostensoorten (soms wel een paar honderd) niet apart, maar bundelt vergelijkbare kostensoorten en beschouwt ze als een geheel. Wanneer men deze analyse voor de eerste keer uitvoert, zal deze voor een organisatie van een gemiddelde grootte (150 miljoen euro inkoopvolume) zes tot acht weken in beslag nemen.

ABC-analyse
Zodra de gegevens uit de boekhouding beschikbaar zijn, kan men met de echte spend-analyse beginnen. De drie belangrijkste parameters zijn het inkoopvolume, het aantal leveranciers en het aantal facturen. Uitgaande van deze parameters kan men verschillende overzichten maken. In de literatuur wordt dit ook wel ABC-analyse genoemd en in grafiekvorm weergegeven heet het een Pareto-curve. Een voorbeeld van een ABC-analyse van inkoopsegmenten verdeeld naar hun aandeel in het totale inkoopvolume, ziet er als volgt uit:

- **A-segmenten**
  20 procent van de inkoopsegmenten, verantwoordelijk voor 80 procent van het inkoopvolume (20-80 regel).
- **B-segmenten**
  30 procent van de inkoopsegmenten, verantwoordelijk voor minder dan 20 procent van het inkoopvolume.
- **C-segmenten**
  50 procent van de inkoopsegmenten, verantwoordelijk voor een zeer klein deel (2 procent) van het inkoopvolume.

In figuur 1.6 is een voorbeeld van een ABC-analyse uitgewerkt.

Inkoopsegment	Aantal leveranciers	%	Aantal facturen	%	Inkoopvolume (euro's)	%
aannemer	126	3,03%	2.386	7,19%	42.095.245	22,48%
afval	11	0,26%	758	2,28%	26.499.874	14,15%
advies	444	10,67%	2.226	6,70%	21.574.558	11,52%
flexibele arbeid	61	1,47%	1.600	4,82%	12.140.643	6,48%
automatisering	187	4,50%	1.365	4,11%	9.860.895	5,27%
huur onroerend doed	15	0,36%	33	0,10%	9.004.249	4,81%
energie	6	0,14%	1.286	3,87%	8.976.984	4,79%
vervoer	134	3,22%	1.847	5,56%	8.358.756	4,46%
groen	134	3,22%	1.623	4,89%	6.471.434	3,46%
installatie	147	3,53%	1.513	4,56%	6.464.074	3,45%
drukwerk	213	5,12%	1.712	5,16%	5.043.449	2,69%
bouwmaterialen	67	1,61%	932	2,81%	4.499.657	2,40%
verzekeringen	16	0,38%	236	0,71%	4.452.527	2,38%
opleiding	343	8,25%	1.345	4,05%	3.312.843	1,77%
schoonmaak	68	1,63%	1.218	3,67%	2.702.515	1,44%
telecom	21	0,50%	1.512	4,55%	2.049.647	1,09%
meubilair	78	1,88%	422	1,27%	2.036.061	1,09%
gereedschap	245	5,89%	2.170	6,53%	1.860.451	0,99%
horeca	178	4,28%	1.648	4,96%	1.820.993	0,97%
onbekend	206	4,95%	296	0,89%	1.735.392	0,93%
aangenomen factuur	765	18,39%	1.889	5,69%	1.318.172	0,70%
straatmeubilair	15	0,36%	195	0,59%	991.963	0,53%
post	12	0,29%	173	0,52%	941.208	0,50%
kantoorartikelen	65	1,56%	1.077	3,24%	819.796	0,44%
lectuur	422	10,14%	2.769	8,34%	742.173	0,40%
kunst/cultuur	88	2,12%	215	0,65%	502.205	0,27%
advertentie	25	0,60%	203	0,61%	462.495	0,25%
kleding	59	1,42%	398	1,20%	395.223	0,21%
beveiliging	5	0,12%	151	0,45%	138.921	0,07%
vervoer	4	0,10%	10	0,03%	6.046	0,00%
TOTAAL	4.160	100 %	31.560	100%	187.278.449	100 %

Figuur 1.6 Voorbeeld ABC-analyse

Inkoopvolume
Het totale inkoopvolume is de optelsom van alle factuurbedragen in een jaar. Het management wordt vaak onaangenaam verrast door de omvang van het totale inkoopvolume. De volgende vraag is dan natuurlijk waaraan dat geld wordt uitgegeven. Net als bij het totale inkoopvolume kun je het inkoopvo-

lume per inkoopsegment bepalen (de som van alle factuurbedragen met een kostensoort in een bepaald inkoopsegment).

De ABC-analyse maakt in ieder geval duidelijk hoeveel geld de organisatie uitgeeft, voor wie dat gebeurt en aan welke leveranciers dat wordt uitgegeven. Daarnaast biedt de analyse op basis van de financiële omvang een eerste inzicht in de mate van invloed van inkoopsegmenten op de kosten en de winst. Ten slotte kan men, uitgaande van die financiële omvang, nagaan welke inkoopsegmenten in het vervolgtraject de meeste aandacht verdienen (A-segmenten) en welke inkoopsegmenten de minste (C-segmenten).

Hiermee onderbouwt men het belang van de inkoopfunctie in eerste instantie voldoende, maar het verschaft nog geen inzicht hoe men besparingen van inkoopgebonden kosten kan realiseren. Daarvoor is een portfolioanalyse nodig, die we bespreken in hoofdstuk 3.

1.3.2 Inkoopaandeel

Het inkoopaandeel is dat deel van de kosten van een organisatie, dat betrekking heeft op de inkoopgebonden activiteiten. Dat percentage varieert van 70 procent bij consumerelectronicsbedrijven tot 10 procent bij overheden. Dit percentage zal in de toekomst nog stijgen, omdat – als gevolg van de bezuinigingen – organisaties behoefte hebben aan het zo veel mogelijk flexibiliseren van het vaste deel van de kosten. Ook willen organisaties zich meer en meer concentreren op hun kernactiviteiten.

Beide doelstellingen kan men onder meer bereiken door het uitbesteden van activiteiten. Door uitbesteding nemen het variabele deel van de kosten en het inkoopaandeel toe. Bij een toenemend inkoopaandeel is de keuze van de juiste leveranciers van nog groter belang vanwege de impact die leveranciers dan hebben op de prestaties van een organisatie.

Naast het relatieve belang is ook het absolute belang van inkoop een factor om rekening mee te houden. Kijk naar de kosten van een willekeurige organisatie en je kunt met de percentages voor het inkoopaandeel zelf berekenen dat het om tientallen en in sommige gevallen zelfs om honderden miljoenen euro's inkoopvolume per organisatie gaat.

Hoe past de inkoopafdeling in dat plaatje? Als men het inkoopvolume tot op inkoopsegment bepaalt, kan men aan de hand van de inkooporders en inkoopcontracten bepalen hoeveel van dit volume de inkoopafdeling afhandelt. Is dat percentage laag (minder dan 25 procent), dan heeft de inkoopafdeling haar bestaansrecht binnen de organisatie (nog) niet voldoende aangetoond. Komt het percentage fors hoger uit (boven 75 procent), dan mag je zeggen dat de organisatie op de goede weg is richting Purchasing Excellence.

1.3.3 Purchasing Excellence

Naast kwantitatieve gegevens die de positie van de inkoopfunctie binnen een organisatie bepalen, zijn er kwalitatieve gegevens om dit te beoordelen. Sinds een aantal jaren gebruikt men hiervoor vooral het Purchasing Excellence-programma, dat door de beroepsvereniging van inkopers, de NEVI is opgezet. Binnen dit programma gebruiken organisaties het MSU-inkoopmodel van Robert Monchka, dat is ontwikkeld op de Michigan State University (vandaar de afkorting MSU).

Het doel van het Purchasing Excellence-programma is via verbeterde inkoopprocessen de inkoopfunctie te professionaliseren en aantoonbare kostenbesparingen te realiseren. Benchmarking, oftewel het vergelijken van (inkoop)processen met de 'besten' en onderling met andere deelnemers, vormt een integraal onderdeel van het programma.

Met het MSU-model kan het volwassenheidsniveau van de inkoopfunctie binnen een organisatie, organisatieonderdeel of geheel van samenwerkende organisaties worden vastgesteld. Verder kunnen organisaties zich vergelijken met het niveau van de besten ter wereld: het 'Purchasing Excellence Niveau'. Op basis van deze meting worden verbeteringstrajecten gedefinieerd om de inkoopfunctie verder te professionaliseren. Het model stimuleert bovendien tot het uitwisselen van *best practices* (praktijkervaringen) binnen de eigen organisatie of daarbuiten.

De volwassenheidsmeting wordt uitgevoerd op acht strategische processen en zes ondersteunende processen op het gebied van inkoop en supply management. Dit onderscheid kent Porter ook in zijn waardetheorie. Ook binnen de inkoopfunctie zelf is er dus sprake van primaire en ondersteunende processen. Voor elk van deze veertien processen zijn beoordelingscriteria ontwikkeld en niveaus van volwassenheid beschreven (niveau 1 tot niveau 10, waarbij 10 het hoogste niveau is. Een proces dat niet van toepassing is scoort een 0). Met de scores van de eigen organisatie kan een vergelijking worden gemaakt met de *best in class* uit de eigen branche en voor het betreffende proces.

De acht strategische processen zijn het:
1. nemen van een besluit over inbesteden (intern) of uitbesteden;
2. ontwikkelen van een strategisch inkooppakket;
3. optimaliseren van het leveranciersbestand;
4. ontwikkelen en managen van de leveranciersrelatie;
5. optimaliseren van product-/procesinnovatie en -ontwikkeling;
6. integreren van leveranciers in het orderproces;
7. verbeteren van leveranciersprestaties en het bewaken en vergroten van kwaliteit;
8. uitvoeren van strategisch kostenmanagement.

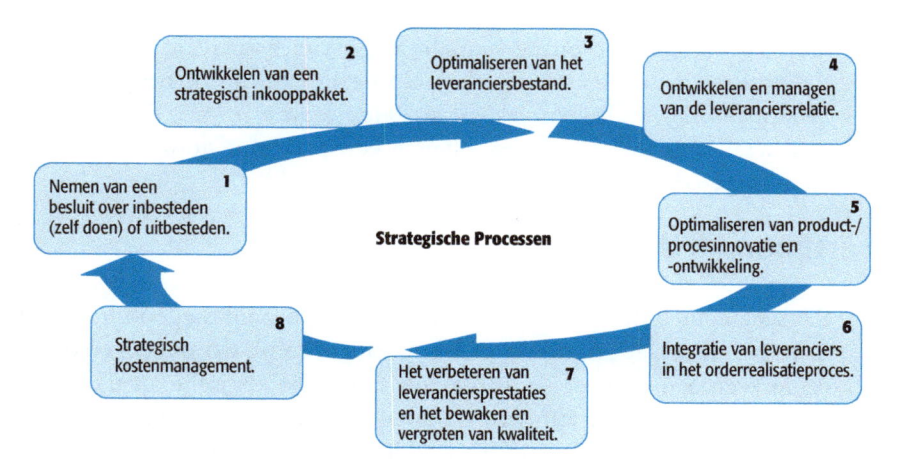

Figuur 1.7 Strategische processen (www.nevi.nl)

De zes ondersteunende processen zijn het:
1. vaststellen van plannen en beleid voor inkoop;
2. inrichten van inkooporganisaties;
3. ontwikkelen van inkoopprocedures;
4. ontwikkelen van prestatie-indicatoren voor inkoop;
5. ontwikkelen van informatietechnologie voor inkoop;
6. ontwikkelen van humanresourcesmanagement voor inkoop.

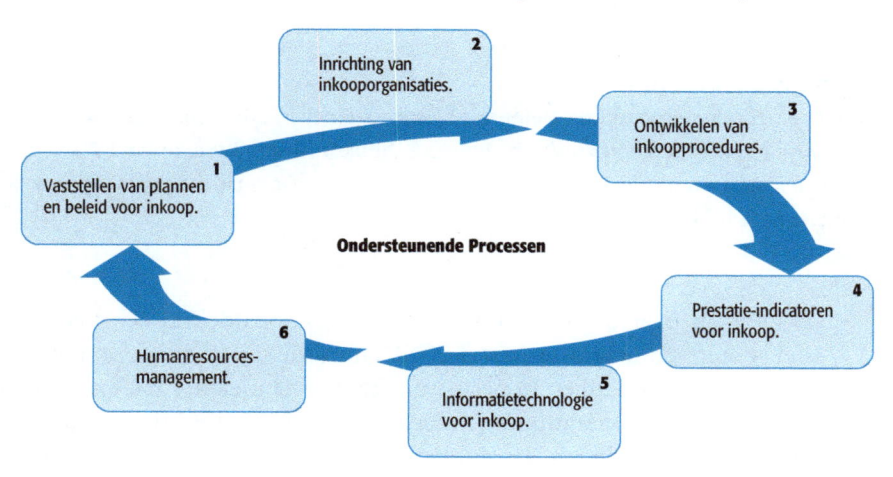

Figuur 1.8 Ondersteunende processen (www.nevi.nl)

Dit getal is geen rapportcijfer. De organisatie moet zelf beslissen in welke mate een volwassenheidsniveau voldoende is. Voor de ene organisatie kan het cijfer 6 voor een bepaald proces voldoende zijn, terwijl voor een andere organisatie het cijfer 2 voor hetzelfde proces acceptabel is. Dit hangt onder meer af van het type organisatie en de branche of sector, waarin de organisatie opereert. De meeste bedrijven die al vele jaren bezig zijn hun inkoopprocessen te professionaliseren, realiseren een gemiddelde score van 4-5. Dit geeft aan dat het realiseren van Purchasing Excellence een zaak van doorzettingsvermogen en een 'lange adem' is.

1.4 Inkoopactieplan

De aandacht voor de inkoopfunctie is de laatste jaren toegenomen en dat brengt met zich mee dat een inkoopafdeling nadrukkelijk wordt gevraagd een bijdrage te leveren aan de professionalisering van de strategische, tactische en operationele inkoopfunctie van een organisatie. Dit betekent dat de inkoopafdeling niet meer kan volstaan met een 'todo'-lijstje of alleen maar ad hoc reageren. Het inkoopactieplan doet zijn intrede. Het inkoopactieplan is een middel waarmee een inkoopafdeling aandacht kan claimen voor de doelstellingen van de inkoopfunctie in relatie tot de algemene organisatiedoelstellingen. Verder kan men met het inkoopactieplan de inkoopfunctie structureel op een hoger niveau brengen aan de hand van het MSU-inkoopmodel.

In een nog niet zo grijs verleden werd binnen de inkoopafdeling vooral transactiegericht gewerkt. Na de toegenomen aandacht voor de inkoopfunctie als toegevoegde waarde voor een organisatie, krijgt de inkoopafdeling daarmee een andere rol. Ze wordt gedwongen na te denken over de strategische rol die ze kan spelen binnen het grotere geheel.

Green Procurement Plan

In de Verenigde Staten heeft de Defense Logistics Agency in 2006 een inkoopactieplan uitgebracht voor het inkopen van groene producten. Dit plan (Green Procurement Plan) is bedoeld als een leidraad voor alle organisatieonderdelen bij de Defense Logistics Agency voor het inrichten van hun duurzame inkoop.

Nadenken over die rol betekent dat de inkoopafdeling een beeld vormt van het strategisch beleid, en van de visie en missie die de inkoopfunctie voor ogen heeft. Proactief denken in plaats van reactief handelen; strategische inkoop versus tactische en operationele inkoop. Met een inkoopactieplan kan de inkoopafdeling doelstellingen formuleren, op een objectieve wijze duidelijk maken aan het hoger management welke bijdrage ze kan leveren aan de organisatiedoelstellingen en daarvan de strategische meerwaarde aantonen. Het opstellen van een inkoopactieplan biedt geen garantie op succes, maar verhoogt wel de kans op een professionelere inkoopfunctie.

1.4.1 Relatie inkoopactieplan en inkoopbeleid

De doelstelling van een inkoopactieplan moet zijn dat met inzet van alle denkbare middelen op alle onderdelen van de inkoopfunctie een structurele verbetering van het inkoopresultaat mogelijk wordt. Het verbeterde inkoopresultaat levert weer een duidelijke bijdrage aan het totaalresultaat van de organisatie. Het inkoopactieplan is van groot belang voor een inkoopafdeling en de rest van de organisatie. Het zal dan ook geen verbazing wekken dat een inkoopmanager of Chief Purchasing Officer (CPO) een groot deel van zijn tijd bezig is met het (laten) opstellen en (laten) uitvoeren van het inkoopactieplan.

> **Chief Procurement Officer: a new kid in town**
>
> Bij een chief denk je al snel aan de boeken van Arendsoog en Winnetou. De chief was de aanvoerder bij de indianen in het Wilde Westen en stond duidelijk boven de groep. De chief was zo gezegd 'in control', al heette dat toen nog niet zo. Tegenwoordig komt het woord chief in vele soorten en smaken terug in het bedrijfsleven.
>
> De meest voorkomende chiefafkortingen zijn:
> - Chief Executive Officer (CEO): de hoogste uitvoerende baas van een onderneming.
> - Chief Financial Officer (CFO): de verantwoordelijke voor het financiële reilen en zeilen van een onderneming.
> - Chief Operating Officer (COO): degene die de dagelijkse gang van zaken binnen een onderneming organiseert en daarover direct rapporteert aan de CEO en/of de Raad van Bestuur.
> - Chief Marketing Officer (CMO): is niet alleen verantwoordelijk voor alle marketinggerelateerde onderwerpen, maar ook voor productontwikkeling.
> - Chief Information Officer (CIO): de verantwoordelijke voor alles wat met informatie- en communicatietechnologie te maken heeft.
> - Chief Procurement Officer (CPO): is verantwoordelijk voor alles wat met inkoop binnen een onderneming te maken heeft. Je ziet ze de laatste jaren in rap tempo opkomen (zelfs bij de rijksoverheid) en ze vervangen de traditionelere benamingen als directeur inkoop of inkoopmanager.
>
> CPO: wat betekent het nog meer?
> Nu weten we allemaal dat de letter P veel gebruikt wordt en in een afkorting in feite nietszeggend is. De letters CPO intikken op Google levert een indrukwekkende lijst op van functies en organisaties die gebruikmaken van dezelfde afkorting. De 'echt serieuze' bedreiging voor de inkoopmanager komt uit de hoek van de productie (Chief Production Officer) en uit het projectmanagement (Chief Project Officer). Het enige wat dan echt helpt, is de functie voluit schrijven en op iedere bijeenkomst vertellen wat voor werk je doet. Het verkopen van het merk CPO dus.

Onderwerpen die terugkomen in het inkoopactieplan zijn:
- **Strategie**
  De inkoopdoelen die het management formuleert, de weg die naar die doelen leidt en de relatie met het algemene organisatiebeleid.
- **Structuur**
  De inrichting van de inkooporganisatie met daarbij behorende taken, verantwoordelijkheden en bevoegdheden.
- **Cultuur**
  De waarden en normen binnen een organisatie in relatie tot de geformuleerde doelstellingen.
- **Personeel en vaardigheden**
  De vakkennis, opleidingen en eigenschappen die men nodig heeft om de inkoopfunctie op een hoger plan te brengen.
- **Systemen en hulpmiddelen**
  De formele en informele procedures, processen en hulpmiddelen die men vastlegt en doorloopt om de gewenste inkoop- en organisatieresultaten te bereiken.

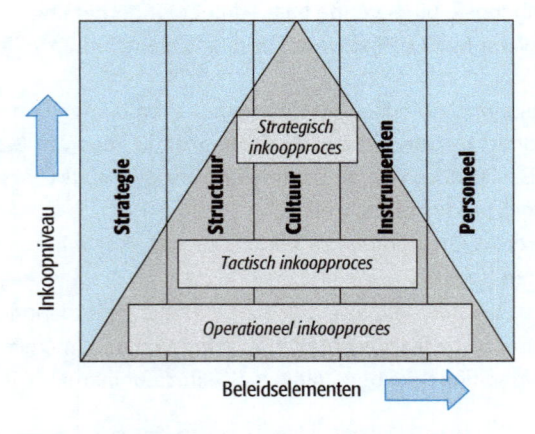

Figuur 1.9 Elementen van het inkoopactieplan

1.4.2 Concrete uitwerking

Het inkoopbeleid bevat doelstellingen en uitgangspunten voor de (middel)-lange termijn en het inkoopactieplan vormt de concrete uitwerking hiervan voor de korte termijn (een tot drie jaar):
- Wat wil de inkoopafdeling realiseren? Dit verwoordt het management in de uitgangspunten, de concrete doelstellingen en de te bereiken resultaten.
- Hoe gaat de inkoopafdeling dit tot stand brengen? Langs welke route en via welke tussenstations wil men de uiteindelijke doelen en resultaten bereiken?

- Waarmee gaat de inkoopafdeling dit realiseren? Welke mensen en middelen heeft men nodig om de activiteiten uit te voeren en de gestelde doelen te realiseren?
- Wanneer zal de inkoopafdeling deze doelen bereiken? Het opstellen van een planning en een prioriteitenlijst vormen de basis van dit onderdeel.
- Wie moeten deze resultaten tot stand brengen? De uitvoering van het inkoopactieplan zal de taak en verantwoordelijkheid worden van verschillende inkoopteams, die ieder aangesproken kunnen worden op de tijdige uitvoering en realisatie van de doelstellingen. Aan de hand van planningen kan het management periodiek controleren in hoeverre men op koers ligt.

1.5 Werkwijze

Het opstellen van een inkoopactieplan en het bewaken van de uitvoering vallen onder de verantwoordelijkheid van de inkoopmanager. Hij heeft het onderwerp inkoopactieplan hoog op zijn prioriteitenlijst staan en bespreekt dit regelmatig binnen het algemeen managementteam. De totstandkoming van het plan verloopt volgens een vast stramien.

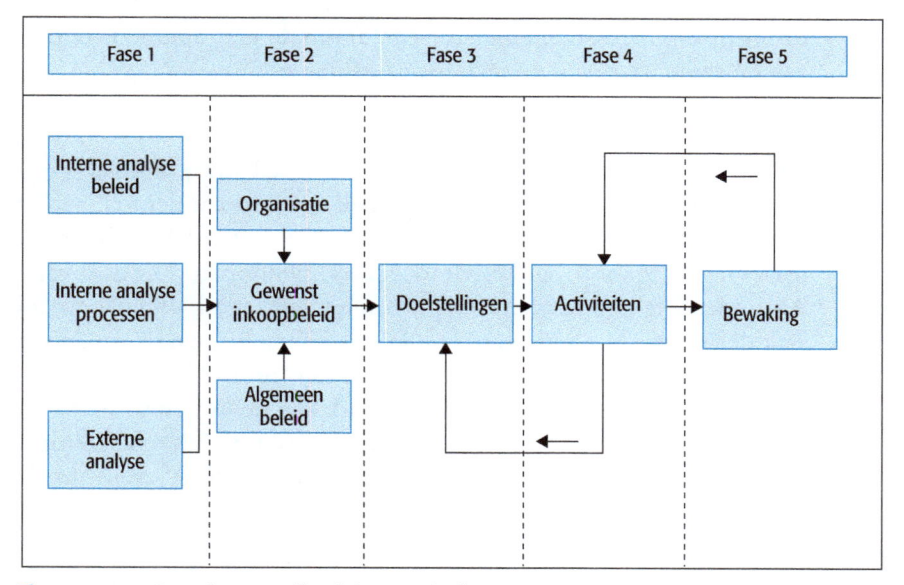

Figuur 1.10 Stramien opstellen inkoopactieplan

1.5.1 Analyseer de huidige situatie

In het verleden was het vaak zo dat een afdeling inkoop ad hoc reageerde op gebeurtenissen in haar directe omgeving of binnen de afdeling. Met het opstellen van inkoopactieplannen zet men die werkwijze voor een groot deel overboord en dat moet de inkopers toch wat rust en houvast geven.

Ieder actieplan begint met een analyse van de huidige situatie (meten is weten). Dit betekent dat men feitenmateriaal moet verzamelen. De analyse bestaat uit twee hoofdonderdelen:
- Interne analyse:
  - interne klanten;
  - beleid en processen van gehele organisatie en inkoop;
  - wisselwerking en relatie tussen ondernemings- en inkoopbeleidsprocessen.
- Externe analyse:
  - omgevingstrends;
  - leveranciers.

Het management moet de analyses periodiek (bijvoorbeeld jaarlijks) herhalen. Alleen dan kan men een goed antwoord geven op de vraag of de gewenste verbeteringen ook daadwerkelijk tot stand zijn gebracht. Het herhaaldelijk uitvoeren van de analyses maakt het mogelijk het inkoopactieplan te actualiseren. Het feitenmateriaal dat uit deze analyses naar voren komt, gebruikt het management om prioriteiten te stellen en vast te stellen welke capaciteit noodzakelijk is (in de vorm van mensen, middelen en geld) om de inkoopfunctie te transformeren van de oude naar de gewenste nieuwe situatie.

Interne analyse
De gewenste informatie verkrijgt men vooral door middel van interviews met medewerkers, maar ook het opzoeken van documenten, het zogenaamde bronnenonderzoek (bijvoorbeeld contracten, beoordelingsformulieren, offerteaanvragen, inkoop- en bestelprocedures) behoort tot dit deel van de analyse. Als onderdeel van de interviews kan men gelijktijdig onderzoek doen naar de waardering en de positie van de inkoopafdeling binnen de organisatie.
- **Wie zijn mijn klanten en wat geven ze uit?**
  Zonder klanten heeft een inkoopafdeling geen bestaansrecht. Dus je verzamelt eerst informatie over de klanten van de inkoopafdeling. Dat doe je aan de hand van een kwantitatieve analyse van gegevens uit de crediteurenadministratie en door het maken van een organisatieschema met een overzicht van alle onderdelen.
- **Strategie**
  Bij dit onderdeel schenk je aandacht aan het algemene beleid en het inkoopbeleid. Als van allebei documenten bestaan, kijk je naar de relatie en de consistentie tussen beide documenten.
- **Structuur**
  Is de inkooporganisatie zodanig ingericht dat deze in staat is de in het

inkoopbeleid geformuleerde doelstellingen te realiseren? Zit de inkoopafdeling op de juiste plek in de organisatie en sluiten de inkoopprocessen en -procedures daarop aan? Het inzichtelijk maken van de inkoopprocessen kan het beste met stroomschema's. Daarmee wordt gelijk duidelijk of er omslachtige werkwijzen zijn en waar efficiëntieverbeteringen mogelijk zijn.

- **Cultuur**
  Inkoopactieplannen beogen veranderingen in de kwaliteit van de inkoopfunctie tot stand te brengen en veranderingen brengen weerstanden met zich mee. Daarom is het belangrijk je te verdiepen in de cultuur van de organisatie. De uitvoering van veel inkoopactieplannen loopt stuk op dit onderdeel.
- **Personeel en vaardigheden**
  Uiteindelijk zijn het de mensen die de plannen moeten gaan uitvoeren. Breng in kaart in hoeverre de huidige capaciteiten van de medewerkers toereikend zijn om in de nieuwe situatie een kans van slagen te hebben. Het management beschrijft duidelijk welke specialismen in de toekomst noodzakelijk zijn om invulling te gaan geven aan een professionelere inkoop.
- **Systemen en hulpmiddelen**
  Ten slotte beschrijf je welke systemen en hulpmiddelen de inkoopafdeling tot haar beschikking heeft voor de uitvoering van haar taken.

Externe analyse
Omgevingstrends zijn de ontwikkelingen in de omgeving van de inkoopafdeling, zowel binnen als buiten de organisatie. Daarbij valt te denken aan duurzaam inkopen, aanstaande reorganisaties, uitbesteden van activiteiten en Europees aanbesteden.
Maar ook vragen als welke leveranciersmarkten belangrijk zijn, welke ontwikkelingen daar plaatsvinden en hoe die markten in elkaar zitten. Welke leveranciers acteren in die markten, welke leveranciers leveren aan de organisatie (cijfers uit de financiële analyse) en hoe presteren ze? Het management moet een deel van deze analyse met objectieve cijfers en technieken onderbouwen.
Voorbeelden van die technieken zijn: de portfolio-analyse (de zogenaamde Kraljic-matrix), de ABC-analyse, de commodityanalyse en de inkoopperformance van leveranciers door te kijken naar prestatie-indicatoren als betrouwbaarheid van levering en de kwaliteit van de geleverde goederen of diensten.

SWOT-analyse
De verzamelde gegevens maken het mogelijk een sterkte-zwakteanalyse (ook wel SWOT-analyse genaamd) van de inkoopfunctie neer te zetten, waarbij de sterke en zwakke punten voortkomen uit de interne analyse en de kansen en bedreigingen uit de gegevens van de externe analyse. De uitkomst van de SWOT-analyse is een risico-inschatting van de uitvoering en een eerste prioriteitenstelling op hoofdpunten.

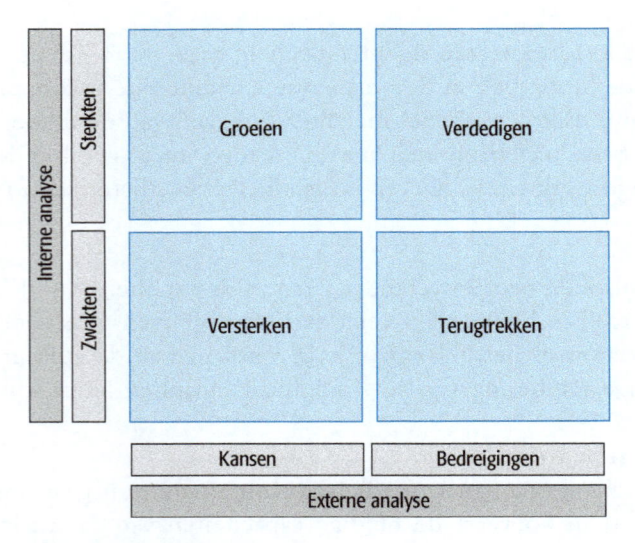

Figuur 1.11 SWOT-analyse

De mate van detailniveau bij de analyse is afhankelijk van de grootte van de organisatie, de complexiteit van het inkoopproces en de al aanwezige kennis en inzichten. Een te gedetailleerde analyse kan de implementatie van het inkoopactieplan frustreren.

1.5.2 Stel het gewenste inkoopbeleid vast

Deze activiteit wordt alleen bij het eerste inkoopactieplan op alle punten uitgevoerd. Bij vervolgplannen onderneemt men alleen op onderdelen actie, omdat er al een inkoopbeleid is. Het kan wel zijn dat op bepaalde punten in het algemene beleid geen standpunt is bepaald. Het is dan aan de inkoopmanager om uitsluitsel te vragen over bepaalde onderwerpen en die alsnog op te nemen in het inkoopbeleid:

- **Centraal of decentraal inkopen of een tussenvorm**
  Kijk naar welk inkooporganisatiemodel het beste aansluit bij de bestaande en in sommige gevallen toekomstige organisatie.
- **Internationale of nationale leveranciers**
  Een kwestie die vooral speelt bij multinationals. Is global sourcing aantrekkelijk of niet?
- **Uitbesteden of zelf doen**
  Steeds meer (onderdelen van) organisaties worden geprivatiseerd of uitbesteed, omdat organisaties zich willen concentreren op hun kerntaken. Uitbesteden betekent dat het beïnvloedbaar inkoopvolume toeneemt. De consequenties daarvan voor de inkoopfunctie moeten goed worden bekeken, omdat de gevolgen van zulke projecten aanzienlijk kunnen zijn.

- **Inkoopbesparingen verwerken in budgetten of niet**
  Als professionaliseringsprojecten goed worden ingezet, levert dat meestal aanzienlijke besparingen op. Het kan geen kwaad vooraf goede afspraken te maken over wat er met die besparingen gedaan gaat worden.
  - Gebruikt men die besparingen om gaten in de begroting of in het budget te dichten?
  - Vallen de besparingen toe aan de onderdelen van de organisatie waarvoor men inkoopt?
  - Gebruikt men de besparingen om aanvullende investeringen en/of uitgaven te doen?
  - Kiest men ervoor een betere kwaliteit producten of diensten in te kopen?
- **Europees aanbesteden in relatie tot het algemene inkoopbeleid**
  Dit speelt alleen bij overheidsorganisaties. Hoe zorgt men dat de Europese aanbestedingsregels passen in het geldende aanbestedingsbeleid? Hoe zorgt men ervoor dat iedereen op de hoogte is van deze regels en dat ze ook juist worden toegepast?

Het inkoopbeleid geeft het strategische kader van de inkoopfunctie. Hiermee kan het management de activiteiten en doelstellingen van het inkoopactieplan invullen. Het is van groot belang dat het management hier vooraf goed over nadenkt.

1.5.3 Bepaal de doelstellingen

Als de kaders zijn vastgesteld, kunnen de doelstellingen worden bepaald en kan het inkoopactieplan concreet worden. De doelstellingen kunnen betrekking hebben op de interne situatie (inkoopfunctie en inkoopafdeling) en op de externe situatie (leveranciers, politiek, wetgeving). De doelstellingen moeten afgeleid zijn van de strategie en moeten SMART zijn. SMART staat voor Specifiek (de doelstelling moet eenduidig zijn), Meetbaar (onder welke meetbare voorwaarden of vorm het doel is bereikt), Acceptabel (gaat de doelgroep en/of management deze doelstelling accepteren?), Realistisch (de doelstelling moet haalbaar zijn) en Tijdgebonden (wanneer moet het doel bereikt zijn?). Dan kan men de voortgang van de realisatie van doelstellingen bewaken.

Voorbeelden van goed gekwantificeerde doelstellingen zijn:
- Breng het aantal leveranciers terug van 2200 naar 1500.
- Reduceer de facturenstroom van 25.000 naar 15.000 facturen per jaar.
- Verminder het grote aantal kleine facturen van de 10 grootste leveranciers met 10 procent.
- Realiseer een budgetverlaging met 5 procent via betere condities.
- Sluit mantelcontracten af voor de top 30–inkoopsegmenten.
- Ontwikkel 15 inkooptools.
- Neem 3 senior inkopers met minimaal 5 jaar inkoopervaring in dienst.

- Vergroot het beïnvloedbaar inkoopvolume dat onder de reikwijdte van (nieuwe) mantelcontracten valt van 35 procent naar 50 procent.

En zo zijn er nog vele te bedenken. Als de doelstellingen niet gehaald worden, kan het management met deze doelstellingen veel eenvoudiger concreet en objectief aangeven waarom ze niet gehaald zijn en met welk percentage men is achtergebleven.

Doelstellingen moeten bij iedereen in de organisatie bekend zijn en door het management worden ondersteund. Het management kan ervoor kiezen de doelstellingen op te nemen in een brochure of te plaatsen op het intranet voor alle medewerkers. Zo worden het inkoopbeleid en de daaraan gekoppelde doelstellingen bekend binnen de hele organisatie. De informatie kan ook worden gedeeld met leveranciers, zodat zij weten hoe het inkoopbeleid in elkaar zit en beter rekening houden met de uitgangspunten van de organisatie.

1.5.4 Vertaal doelen naar activiteiten

Als de doelstellingen zijn geformuleerd, bepaalt het management de activiteiten die nodig zijn om de doelen te realiseren. Iedere doelstelling gaat, op basis van de eerder vastgestelde prioriteit, deel uitmaken van een activiteitenplanning. Aan iedere doelstelling koppelt het management een aantal activiteiten, mijlpalen en verantwoordelijke mensen of projectteams.

Met een planning maakt men inzichtelijk welke activiteiten voor welke doelstelling door wie worden uitgevoerd en binnen welke tijdsperiode. Dit geeft precies aan wat essentieel is voor het welslagen van een inkoopactieplan. Zonder planning ontbreekt de route die je wilt volgen en heb je ook geen controlemogelijkheden. Van belang is verder een reële tijdsplanning. Daarmee wordt voorkomen dat de organisatie en het project zelf vastlopen. Realistische doorlooptijden en een juiste inschatting van de benodigde kwaliteit en capaciteit van menskracht en hulpmiddelen moeten ervoor zorgen dat het inkoopactieplan daadwerkelijk kan worden uitgevoerd en dat het de gewenste resultaten oplevert.

Het is zinvol de projectteamleden vanaf het begin te betrekken bij het opstellen van de planning, zodat er meteen toewijding bestaat voor de uitvoering. Een planning volledig van bovenaf opleggen aan de medewerkers resulteert vaak in weerstanden.

Bij de activiteitenplanning hoort een kosten- en capaciteitsoverzicht. Daarmee maakt men duidelijk welke kwantitatieve middelen nodig zijn om de doelstellingen te realiseren. Het personeels- en kostenplaatje zijn belangrijk voor de besluitvorming in het managementteam. 'Wat gaat het kosten?', 'wat is daarvoor nodig?' en 'wie gaan het doen?' zijn de vragen die daarbij horen.

Projectteamleden voeren het inkoopactieplan meestal uit naast hun reguliere werkzaamheden. Het is echter raadzaam de leden van de projectteams vrij te maken om een goed inkoopactieplan te kunnen maken. Na akkoord van directie of management kan men het inkoopactieplan gaan uitvoeren.

1.5.5 Bewaak doelstellingen en activiteiten

Als het complete inkoopactieplan af is, is de vraag hoe het nu verder moet. Denk van tevoren goed na over het managen van de uitvoering. Vragen die daarbij aan de orde komen, zijn: Wie gaat de projectteams controleren op de uitvoering? Op welke reguliere basis gaat dat gebeuren? Hoe ga je bijsturen als de resultaten afwijken van de doelstellingen?

Als meerdere projectteams aan de slag gaan met de activiteiten uit het inkoopactieplan, is het raadzaam boven de *overall* projectleider een stuurgroep in het leven te roepen. Deze bewaakt via geregelde bijeenkomsten de voortgang. Dit is niet nodig als de uitvoering van het actieplan deel uitmaakt van de lopende werkzaamheden. Aansturing en controle kunnen dan via een directie- of managementteamoverleg plaatsvinden.

Het spreekt vanzelf dat de verantwoordelijke projectleider (in veel gevallen de inkoopmanager) de projectteams aanspreekt op hun voortgang. De inkoopmanager spreekt zijn projectgroepleden op geregelde basis, al dan niet in overleg. Een belangrijk onderdeel van deze activiteitenbewaking is de terugkoppeling van de tussenresultaten naar de stuurgroep. Ook de overheid, en in het volgende geval de centrale overheid, koppelt resultaten van haar inkoopactieplan terug.

Ook de overheid koppelt haar resultaten terug

Op 1 januari 2006 eindigt het project Professioneel Inkopen en Aanbesteden (PIA), dat in 2001 is gestart om het Actieplan PIA uit te voeren. Daarmee eindigt de eerste fase in de professionalisering van inkopen en aanbesteden bij de overheid. Met deze inleidende tekst informeert staatssecretaris Van Gennip de Tweede Kamer over het (inhoudelijke en organisatorische) vervolg op het PIA-project bij de rijksoverheid. In de rest van de rapportage meldt zij verder het volgende:

Het Actieplan Professioneel Inkopen en Aanbesteden heeft in de afgelopen jaren een enorme cultuurverandering op gang gebracht, zowel bij de rijksoverheid als bij de overige overheden. De ministeries hebben op allerlei manieren de professionaliteit van hun inkoop- en aanbestedingsbeleid en -praktijk verhoogd. Bovendien zijn, zowel in het kader van de inkooptaakstellingen als daarbuiten, met professioneel inkopen en aanbesteden forse besparingen gerealiseerd. In de komende maanden zal de omvang van deze besparingen nader in beeld worden gebracht.

Belangrijke resultaten van het PIA-project
- Door interdepartementaal gecoördineerde inkoop per productgroep realiseren de ministeries grotere professionaliteit, meer efficiëntie én besparingen.
- Het overleg van de Coördinerend Directeuren Inkoop (CDI-overleg) heeft zich ontwikkeld tot hét strategisch overleg over inkopen en aanbesteden bij de rijksoverheid.
- Het programma Purchasing Excellence Publiek (PEP) biedt overheidsorganisaties de mogelijkheid hun inkooporganisatie te meten, te benchmarken en te verbeteren.
- Op het gebied van elektronisch inkopen en aanbesteden zijn stapsgewijs ict-instrumenten ontwikkeld, om het inkoop- en aanbestedingsproces te ondersteunen.
- Elektronisch kennis delen en samenwerken gebeurt via de internetportal ovia.nl, waarop naast documenten en nieuws ook de Gemeentelijke Inkooptoolkit (GIT), de Toolkit Inkoopcompetenties Publieke Sector (TIPS) en het interdepartementaal contractenregister zijn ondergebracht.
- Daarnaast is het aan ovia.nl gekoppelde PIANOdesk (www.pianodesk.info), een besloten discussie- en samenwerkingsplatform op internet voor alle inkopers en aanbesteders in de publieke sector met al ruim 1600 deelnemers.
- NEVI Publiek ontwikkelt zich tot dé beroepsvereniging voor inkopers en aanbesteders in de publieke sector. Door de koppeling aan de Nederlandse Vereniging voor Inkoopmanagement (NEVI) kunnen de leden ook kennis en ervaring uitwisselen met inkopers uit de private sector.

Bron: PIA, december 2005

Periodieke terugkoppeling heeft een positieve uitwerking op projectteamleden. Het kan ze net dat zetje geven dat ze nodig hebben en een stimulans zijn om nog een tandje bij te schakelen. Behalve waardering van het hogere management voor hun werk, is het ook een vorm van public relations richting andere collega's. Men moet de tussenresultaten (uiteraard na goedkeuring door de stuurgroep of directie- of managementoverleg) via bijvoorbeeld een intranet melden. Daarmee maakt men nogmaals duidelijk wat een professionele inkoopfunctie inhoudt en welke bijdrage dit kan leveren aan het ondernemingsresultaat.

Een belangrijke waarschuwing tot slot die betrekking heeft op het presenteren van de resultaten zelf. Het management van de inkoopafdeling moet zich ervan bewust zijn en ook melden dat een inkoopafdeling nooit in haar eentje een inkoopresultaat tot stand brengt. Vaak is de inkoopafdeling de verbindende schakel met andere afdelingen. Besparingen of kwalitatieve positieve resultaten zijn in samenwerking met andere afdelingen tot stand gekomen. De melding van deze boodschap verschaft veel goodwill bij die afdelingen en dat kan een solide fundament bieden voor de verdere uitvoering.

1.6 Ervaringen maken wijzer

Wanneer het inkoopactieplan is afgerond, kan men de inkoopfunctie op een hoger niveau brengen. Daarbij kun je op problemen stuiten die andere organisaties al eerder zijn tegengekomen. Het is belangrijk om de ervaringen te delen en te leren van de fouten van anderen. Inkoopactieplannen worden steeds gebruikelijker en dit betekent dat een groot aantal organisaties waardevolle ervaringen heeft opgedaan met het opstellen en uitvoeren van inkoopactieplannen.

Wat kan er fout gaan bij de uitvoering van een inkoopactieplan en welke remedie hoort daarbij:

- Het inkoopactieplan is te ambitieus en daarmee te hoog gegrepen voor de medewerkers die het project moeten gaan uitvoeren. Dat gaat leiden tot fricties binnen het projectteam of de inkoopafdeling en in de relatie met de andere afdelingen. Daarop kun je inspelen door keer op keer expliciet te vragen of de beschreven doelstellingen realistisch zijn en of ze haalbaar zijn voor de medewerkers.
- Het inkoopactieplan richt zich te veel op de kortetermijnoplossingen en te weinig op de langetermijnoplossingen of omgekeerd. In het eerste geval scoor je een aantal *quick wins*, maar kom je verder in het project in de problemen als je voor structurele problemen geen oplossing biedt. In het tweede geval sla je een aantal ontwikkelingsfasen over door te kiezen voor een structurele oplossing, en word je overvallen door een groot aantal ad hoc problemen die te maken heeft met de dagelijkse gang van zaken. Het is van belang het evenwicht tussen lange- en kortetermijndoelstellingen te bewaren en het inkoopactieplan op dit punt goed door te lichten.
- Het inkoopactieplan ontbeert draagvlak, omdat je bijvoorbeeld wat betreft besluitvorming te kort door de bocht bent gegaan en geen medestanders hebt gevonden voor de uitvoering van het plan. Het is beter om in de beginfase alles goed voor te bereiden en veel relevante informatie te verstrekken. Vraag direct betrokkenen om commentaar. Dit kan eveneens voorkomen dat er een gebrek aan draagvlak is en de uitvoering van het inkoopactieplan voortijdig strandt.
- Het inkoopactieplan loopt uit qua planning en de realisatie van de doelstellingen wordt uitgesteld. Deze valkuil ontstaat doordat je overschrijdingen van mijlpalen goedkeurt en geen passende maatregelen neemt om die mijlpalen alsnog te realiseren door bijvoorbeeld extra capaciteit te regelen. Het gevaar is dat de inkoopafdeling op den duur niet meer geloofwaardig overkomt en dat de uitvoering meer gaat kosten dan oorspronkelijk was begroot.
- Het inkoopactieplan krijgt last van een gebrek aan capaciteit. Enerzijds omdat de lijnorganisatie de beloofde capaciteit niet vrijmaakt, anderzijds omdat je onvoldoende rekening houdt met lopende zaken zoals het vertrek van medewerkers naar andere functies of buiten de organisatie. Deze

valkuilen kun je vermijden door duidelijke afspraken te maken over de taken en verantwoordelijkheden van project- en lijnorganisatie, vooraf na te denken over de projectrisico's en door reservecapaciteit in te bouwen om tegenslagen op te vangen.

Het opzetten en uitvoeren van een inkoopactieplan vraagt een andere, meer projectmatige manier van denken en werken binnen de inkoopafdeling en biedt juist daardoor vele voordelen:
- Het inkoopbeleid op een systematische wijze invoeren en uitdragen.
- De inkoopfunctie op de kaart zetten binnen de organisatie en inzichtelijk maken welke toegevoegde waarde zij biedt.
- De voortgang van de inkoopprofessionalisering monitoren aan de hand van een activiteitenplanning en waar nodig bijsturen.
- De motivatie en verantwoordelijkheid van medewerkers binnen de inkoopafdeling ontwikkelen, omdat zij betrokken worden bij de daadwerkelijke uitvoering van het inkoopbeleid.

1.7 Samenvatting

Via de waardeketentheorie van Porter hebben we gezien dat inkoop een elementair onderdeel is van een organisatie en ook als eerste wordt genoemd bij de ondersteunende processen. Het verdelen van de waardeketen in deelactiviteiten maakt het voor een organisatie inzichtelijk hoe de kostenstructuur eruitziet en welke activiteiten een strategische bijdrage kunnen leveren. Het verbeteren van de inkoopprestatie is een van de activiteiten die een belangrijke bijdrage kan leveren aan het rendement van een organisatie. Door verlaging van de inkoopgebonden kosten met een minimaal percentage verbetert het rendement met een veelvoud.

Hoe die verbeteringen tot stand komen leg je vast in een inkoopactieplan, dat tegelijkertijd de verbinding vormt tussen het algemeen organisatiebeleid en het inkoopbeleid. Beide beleidsdocumenten dienen met elkaar in overeenstemming te zijn en de acties die daaruit voortkomen zie je terug in het inkoopactieplan. Voordat je een inkoopactieplan kunt maken, heb je informatie nodig over de inkoopprestaties van de organisatie. Dit betreft enerzijds kwantitatieve informatie, die je krijgt door de uitvoering van een financiële inkoopanalyse en anderzijds kwalitatieve informatie, die je verzamelt aan de hand van het MSU-model. Samen vormt dit de input voor een inkoopactieplan.

Toetsvragen

1. Geef in eigen woorden de definitie van inkoop.
2. Wat is de bijdrage van inkoop aan de waardeketen van een organisatie?
3. Wat is het verschil tussen primaire en secundaire inkoop?

4. Wat is de impact van inkoop op het financiële resultaat van een organisatie?
5. Noem vijf maatregelen die hier een bijdrage aan kunnen leveren.
6. Waarom is de financiële administratie zo belangrijk voor een inkoopanalyse?
7. Waarom vergroot het uitbesteden van bepaalde activiteiten het belang van de inkoopfunctie binnen een organisatie?
8. Noem de acht strategische processen en de zes ondersteunende processen bij 'Purchasing Excellence'.
9. Welke vijf doelstellingen en uitgangspunten dienen terug te komen in een inkoopactieplan?
10. Hoe voorkom je de meest voorkomende fouten die gemaakt worden bij het opstellen en uitvoeren van een inkoopactieplan?

Eindcase

Chief procurement officer (CPO) van het jaar

De inkoopprofessional kan veel waarde hebben voor een onderneming. Dat betekent wel dat de inkoper serieus moet worden genomen. Dat vergt veel kennis van de business, transparantie van de eigen processen, kortom professionalisering van het vak. Elk jaar wordt een prijs uitgereikt aan de beste CPO van het jaar door Alfa Delta Compendium en de Nederlandse Vereniging voor Inkoopmanagement (NEVI).

Ton Geurts, CPO van het Nederlandse multinationale chemie- en verfconcern AkzoNobel, kreeg de CPO Award 2008 uit handen van Erik de Bruine, inkoopbaas van de Rabobank en de winnende CPO van het jaar 2007. De CPO Award is een erkenning voor zijn enorme drive en de indrukwekkende prestaties die hij in korte tijd neerzette. In twee jaar liet De Bruine zien dat je als inkoop invloedrijk kunt zijn, ook als je niet in de Raad van Bestuur zit.

De CPO van KPN, Willem van Oppen, werd verkozen tot CPO van het jaar 2006. Van Oppen, die in 2003 aantrad als eerste CPO in de geschiedenis van KPN, wist inkoop binnen dit grote telecombedrijf niet alleen in korte tijd op de kaart te krijgen, maar leverde tevens door een aantal opvallende inkoopinnovaties een grote bijdrage aan het herstel van KPN na de diepe crisis.

De hoogste onderscheiding in inkoopland ontving Geurts voor de indrukwekkende prestaties die hij in korte tijd met inkoop voor AkzoNobel wist te boeken. Journalist Freek Andriesse deed verslag van de uitreiking. 'No guts, no glory', luidde de aanvalskreet van Geurts. 'In het ingrijpende en veelomvattende inkoopveranderingsproces dat AkzoNobel doormaakt, moeten oude structuren en vaste gewoontes worden doorbroken. Dat is niet altijd eenvoudig, maar wel bijzonder lonend. Tenminste, als de route niet alleen consequent wordt bewandeld, maar ook bij tegenslagen de handdoek niet in de ring wordt gegooid.'

Geurts verdiende zijn sporen in inkoop bij het Limburgse chemieconcern DSM. December 2006 ging hij als eerste CPO in de geschiedenis van AkzoNobel met meer dan 14 miljard euro omzet, 8 miljard euro inkoopwaarde en 550 mensen in inkoop van start. Hij was daar nog maar nauwelijks aan begonnen, of AkzoNobel nam het Engelse ICI over. Aan Geurts de taak de inkoopactiviteiten van ICI snel te integreren en een substantiële financiële bijdrage te leveren aan de synergie door het samengaan. Bovendien moest inkoop bijdragen aan meer duurzaamheid. Geen wonder als wordt bedacht dat de organisatie een inkoopaandeel van 60 procent heeft en dus voor haar streven naar duurzaamheid sterk afhankelijk is van toeleveranciers.

Onder het motto 'OneProcurement' is door Geurts een compleet nieuwe en wereldwijde coördinerende inkooporganisatie ingevoerd. Een kritische succesfactor hierbij is de door Geurts ontwikkelde *strategic sourcing*-methodologie. Al binnen één jaar was het gelukt honderd miljoen euro te besparen. De integratie van de inkoopactiviteiten van ICI met AkzoNobel verliep voorspoedig. Wat duurzaamheid betreft, hebben Geurts en zijn collega's inmiddels een 80 procent van het inkoopvolume afgedekt met leveranciersbeleid ten aanzien van duurzaamheid.

Bron: *www.cpo-dag.nl, november 2008*

Vragen

1. Wat is de strategische bijdrage van inkoop voor AkzoNobel?
2. Wat maakt de 'CPO van het jaar' tot beste CPO?
3. Als je deze succesverhalen leest (en je leest interviews met de winnende CPO's op internet), wat zijn dan de zaken die dit inkoopboek een inkoopmanager zouden moeten leren?
4. Is een prijs als de 'CPO van het jaar' een nuttige prijs voor de ontwikkeling van het inkoopvak?

Hoofdstuk 2

Inkoopbeleid en -strategie

Leerdoelen
- Het formuleren van de vragen die moeten worden beantwoord bij het ontwikkelen van een inkoopmissie, inkoopvisie en inkoopbeleid.
- Het begrijpen van de samenhang tussen diverse maatregelen bij het ontwikkelen van de inkoopstrategie en het inkoopbeleid voor een organisatie.
- Het communiceren over inkoop in strategische termen.
- Het onderkennen van de zaken die het management moet regelen bij het invoeren van het inkoopbeleid.

2.1 Inleiding

Voor elk vakgebied binnen organisaties moet het management beleid maken en vaststellen op het gebied van productie, marketing, personeel of informatie- en communicatietechnologie. Het vakgebied inkoop vormt daarop geen uitzondering. De groei naar volwassenheid van inkoop voltrekt zich de laatste jaren in hoog tempo. Een goed geformuleerde strategie biedt geen garantie voor een succesvolle implementatie, maar is wel een noodzakelijke basisvoorwaarde. Ook inkoop ontkomt niet aan deze wetmatigheid en maakt daarbij gebruik van het inkoopmanagementprocesmodel van Van Weele (1988).

Een geslaagde inkoopstrategie is het resultaat van de kwaliteit van de strategie, de wijze waarop het management deze strategie ontwikkelt en deze vervolgens implementeert. En daar zit hem nu net de kneep: veel organisaties denken met het formuleren van een inkoopstrategie klaar te zijn voor de toekomst, maar de praktijk is weerbarstiger. Het succes van een goede inkoopstrategie is afhankelijk van hard werken, een goed strategievormingsproces en de wil en het vermogen de inkoopstrategie ook daadwerkelijk uit te gaan voeren.

Bijna alle middelgrote en grotere organisaties hebben een inkoopmissie en een inkoopvisie. De soorten missies en visies lopen uiteen, omdat niet altijd helder is wat erin moet staan. Ook is niet altijd duidelijk waar de inkoopmissie en inkoopvisie eigenlijk voor dienen, en hoe duidelijk ze moeten zijn. Het gevolg van deze onduidelijkheden is dat een inkoopmissie en een inkoopvisie zonder een nadere toelichting vaak onbegrijpelijk zijn. Of opgesteld zijn in de vorm van een slogan, waardoor je het gevoel hebt naar een reclamespotje te luisteren. Dit hoofdstuk gaat over de onderdelen die je goed moet formuleren in het inkoopbeleid, zodat een organisatie de juiste uitgangspunten heeft voor inkoopverbeteringen.

Het formuleren van de vragen die moeten worden beantwoord bij het ontwikkelen van een inkoopmissie, inkoopvisie en inkoopbeleid staat centraal in paragraaf 2.2. Paragraaf 2.3 gaat over de samenhang tussen diverse maatregelen bij het ontwikkelen van de inkoopstrategie en het inkoopbeleid van een organisatie. Vervolgens behandelen we in paragraaf 2.4 de onderdelen van het inkoopbeleid. Ten slotte staan we stil bij de aandachtspunten bij het invoeren van inkoopbeleid in paragraaf 2.5.

2.2 Inkoopmanagementproces

Bij de invulling van het inkoopbeleid is het organisatiebeleid richtinggevend. De doelstellingen van het inkoopbeleid moeten consistent zijn met de organisatiedoelstellingen. Dat is logisch, maar organisatiebeleid wordt ook gevormd door bijvoorbeeld het productie- en verkoopbeleid, met hun afhankelijkheden en eventuele tegenstrijdige belangen. Philip Kotler heeft in 1984 het proces van marketingbeleid neergezet. Het inkoopbeleidsproces is hiervan afgeleid. Van Weele heeft dit proces vervolgens uitgewerkt en er de naam inkoopmanagementproces aan gegeven.

2.2.1 Activiteiten inkoopmanagementproces
Het inkoopmanagementproces omvat de volgende activiteiten:
- Uitvoeren van een inkoopmarktonderzoek.
- Vaststellen van de inkoopdoelstellingen.
- Bepalen op welke manier de inkoopdoelstellingen moeten worden gerealiseerd (inkoopstrategie).
- Uitwerken van de inkoopstrategie in concrete activiteiten.
- Uitvoeren van het tactisch en operationeel inkopen.
- Controleren en evalueren of de inkoopdoelstellingen zijn gerealiseerd.

In figuur 2.1 zie je een schematische weergave van het inkoopmanagementproces.

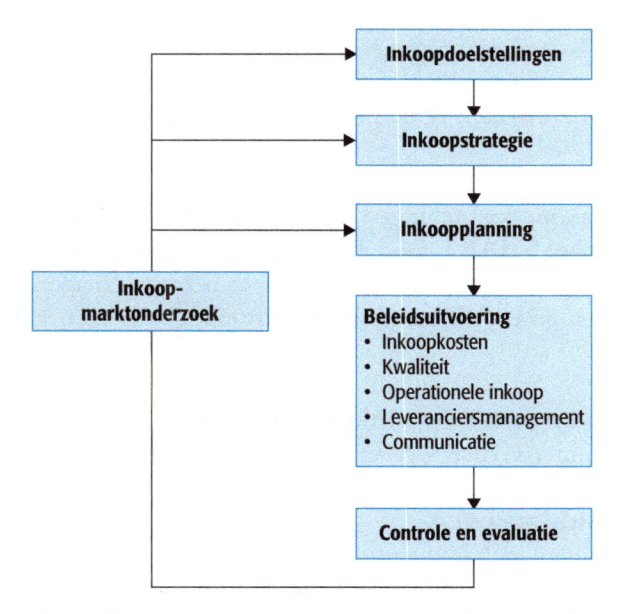

Figuur 2.1 Inkoopmanagementproces (Van Weele, 1988)

2.2.2 Inkoopmarktonderzoek legt fundament
Onder inkoopmarktonderzoek verstaan we het aanwenden van subjectieve en objectieve onderzoeksmethoden voor het verzamelen en analyseren van informatie over de inkoop van producten of diensten. Deze informatie vormt de basis voor het definiëren en evalueren van een inkoopstrategie.

Het inkoopmarktonderzoek speelt zich af op drie verschillende niveaus:
1. Macro-economisch niveau
   Dit betreft onderzoek van de algemene economie zoals wereldwijde conjuncturele ontwikkelingen, prijsontwikkelingen per markt, economische groei en werkgelegenheid per land.
2. Meso-economisch niveau
   Dit heeft betrekking op het onderzoek van bepaalde bedrijfstakken, waarvan je gegevens wilt inwinnen over werkgelegenheid, winstgevendheid en investeringsmogelijkheden.
3. Micro-economisch niveau
   Dit concentreert zich op individuele leveranciers of producten/diensten. Het opvragen van gegevens bij de Kamer van Koophandel over de financiële positie van een leverancier of de kostprijsanalyse van een bepaald product zijn hier voorbeelden van.

2.2.3 Van doelstellingen via strategie naar activiteiten

De resultaten van het marktonderzoek vormen de basis van de te formuleren inkoopdoelstellingen en inkoopstrategie. Per organisatie of bedrijf kun je dat op een andere manier uitwerken. Zelfs binnen dezelfde bedrijfstak kunnen er verschillen zijn. Dit komt door meerdere factoren, zoals de fase van ontwikkeling waarin een bedrijf of organisatie zich bevindt, welke producten of diensten ze leveren op bepaalde markten of de positie van de inkoopfunctie binnen het bedrijf of de organisatie.

Het is belangrijk inkoopdoelstellingen zo concreet mogelijk te maken. Ze moeten voldoen aan het SMART-model waarover je in hoofdstuk 1 las. Zonder concrete formulering kun je aan het eind van het inkoopmanagementproces niet goed controleren en evalueren of je de inkoopdoelstellingen hebt gerealiseerd.

2.2.4 Mogelijke onderwerpen inkoopstrategie

Je kunt heel veel onderwerpen opnemen in een inkoopstrategie. Hier wat voorbeelden:
- **Zelf doen of uitbesteden**
  Veel bedrijven willen zich concentreren op hun kernactiviteiten en voeren hierover discussie. Belangrijke vraag hierbij is dan wel of het kosten/baten-technisch aantrekkelijk (genoeg) is.
- **Organisatorische inrichting**
  Centraal, decentraal, gecoördineerd of een variant daarop. Dit hangt van veel factoren af en is in hoge mate bepalend voor de richting van de inkoopstrategie.
- **Elektronisch inkopen**
  Nu de markt van elektronische inkoopoplossingen tot rust is gekomen, kunnen bedrijven en organisaties op basis van een goede businesscase

besluiten nemen over de toepassing van dit soort oplossingen binnen hun organisatie.
- **Duurzaam inkopen**
Uitwerken van de uitgangspunten voor een duurzaam inkoopbeleid op hoofdlijnen is noodzakelijk om de detailuitwerking uit te kunnen voeren. Hierbij is de vraag actueel of je dit op basis van de huidige praktijkkennis (al) kunt toepassen.
- **Inkoopethiek**
Neem je de algemene gedragsregels van je organisatie of bedrijf over of formuleer je specifieke inkoopgedragsregels, die je voor de gehele organisatie van toepassing verklaart.

2.2.5 Planning inkoopactiviteiten

Ook bij inkoopactiviteiten heb je te maken met een korte, middellange en langetermijnplanning. Afhankelijk van de urgentie en aard van het onderwerp stel je vast in welke planningstermijn een bepaalde activiteit hoort. Het is niet zo belangrijk welke naam je de activiteitenplanning geeft. Inkoopactieplan, inkoopjaarplan, inkoopplan van aanpak of inkoopmeerjarenplan. Alle termen worden door elkaar gebruikt in bedrijfsleven, non-profit en bij de overheid. Wat wel belangrijk is, is dat je duidelijk maakt wat de reikwijdte is van je plan qua doorlooptijd, zodat daarover geen misverstanden kunnen ontstaan binnen je organisatie.

2.3 Het ontwikkelen van inkoopbeleid

Om een goed inkoopbeleid te maken en vast te stellen is een stappenplan een nuttige methode. De methodiek 'strategische dialoog' voor het maken van inkoopbeleid, is afkomstig van De Vaan e.a. (1998) en kent zeven stappen:

1. **Uitgangspunten en randvoorwaarden**
   Het inrichten van het proces van inkoopstrategievorming en een eerste verkenning van een inkoopmissie, inkoopvisie en ambitieniveau van de inkoopfunctie.
2. **Externe analyse**
   Een analyse van ontwikkelingen in de directe en indirecte omgeving van de inkoopfunctie.
3. **Interne analyse**
   Een analyse van de kwaliteit en kwantiteit van de inkoop binnen de eigen organisatie.
4. **Uitwerking van strategische opties**
   Het vertalen van de resultaten van zowel de externe als de interne analyse in inzichten en van daaruit het genereren van strategische inkoopopties.

5. **Waardering en strategiekeuze**
   Het opstellen van een risicoanalyse en het inschatten van de haalbaarheid van realisatie, op basis waarvan strategische keuzes voor de inkoop worden bepaald.
6. **Uitwerking en planning**
   Het vertalen van de strategiekeuze in een samenhangend geheel van maatregelen en doelstellingen voor de inkoop.
7. **Implementatie en bewaken van de voortgang**
   Het invoeren van de nieuwe inkoopstrategie en het bijsturen aan de hand van bereikte resultaten.

Bij elke stap is goede communicatie binnen de organisatie een essentiële factor voor succes. Het management moet steeds opnieuw beoordelen of de gemaakte keuzes in het strategievormingsproces juist zijn geweest en moet deze, indien noodzakelijk, bijstellen. Dit draagt bij aan een goed en doortimmerd strategisch inkoopbeleid.

Succesvoorwaarden bij beleidsontwikkeling zijn:
- participatie: betrokkenheid van medewerkers;
- draagvlak: duidelijkheid over waarom en waarvoor je inkoopbeleid moet definiëren;
- analyse: feiten zijn onmisbaar en meten is weten;
- creativiteit: zowel in stap 1 als in stap 4 moet de creativiteit tot uiting kunnen komen;
- keuze: het is belangrijk om keuzes te maken op basis van voortschrijdend inzicht, zowel in stap 1 als in stap 5. Beter een verkeerde keuze maken, dan helemaal geen keuze maken.

Het is belangrijk een inkoopmissie en een inkoopvisie te formuleren. De inkoopafdeling heeft immers een missie en visie voor het bepalen van de richting en doelstellingen nodig, die aansluiten op de strategie van de organisatie. Een belangrijk aspect van een missie en visie is dat het management wordt gedwongen fundamentele, vanzelfsprekend geachte uitgangspunten expliciet onder woorden te brengen. Dat is meestal niet eenvoudig, omdat iedereen binnen de organisatie daarover uiteenlopende opvattingen heeft en iedereen over inkoop wil meepraten. Wat voor de een vanzelfsprekend is, hoeft voor anderen niet zo vanzelfsprekend te zijn.

> **Inkoopvisie en -missie**
> Het formuleren van een inkoopvisie en -missie dwingt het management om grondig na te denken over principes en uitgangspunten, die als leidraad fungeren voor het inkoopbeleid en het handelen binnen de organisatie. Dit moet eenduidig, beknopt en voor alle belanghebbenden begrijpelijk zijn beschreven.

> Een inkoopmissie verleent identiteit aan de inkoopfunctie en heeft een richtinggevende werking. Het stuurt de inkoopactiviteiten, omdat je vastlegt wat het werkterrein is en wat de kernactiviteiten van de inkoopfunctie zijn. Uit de inkoopvisie komen vervolgens de koers en de marsroute naar een gewenste toekomstige positie.
> Een pakkende missie en bevlogen visie inspireren alle betrokkenen, niet alleen de medewerkers van de inkoopafdeling, maar ook de stakeholders (belanghebbenden) binnen en buiten een organisatie.

2.3.1 Begrip en acceptatie van missie en visie

Missie en visie komen alleen dan tot hun recht, als je ze duidelijk communiceert binnen en buiten de organisatie. Communicatie is bij dit alles essentieel. Voor medewerkers geldt dat zij de inkoopmissie en inkoopvisie niet alleen moeten begrijpen, maar ook accepteren. Simpelweg bekendmaken is dus niet voldoende. Inkoopmissie en inkoopvisie vereisen uitleg en toelichting. Betrek de hogere managementlagen bij de totstandkoming en stel voor de overige medewerkers een intern en extern communicatieprogramma op om de introductie van een missie en visie te ondersteunen.

2.3.2 Onderdelen van een inkoopmissie

Een goede inkoopmissie is opgebouwd uit vijf onderdelen:

1. **Werkterrein**
   Wie zijn we en wat doen we? Een beschrijving van de kernactiviteiten van de inkoopafdeling. Doen we alleen de tactische inkoop of doen we ook de operationele inkoop?
2. **Bestaansrecht**
   Wie zijn onze klanten en in welke behoeften van die klanten voorziet de inkoopdienstverlening? Wat is het bestaansrecht van de inkoopafdeling, wat doen we wel en wat doen we niet? De behoeften zijn vooral functioneel en emotioneel en je formuleert ze vrij algemeen.
3. **Betekenis voor stakeholders**
   Wie zijn de betrokkenen of belanghebbenden bij een organisatie of onderneming? Klanten, medewerkers, leveranciers, aandeelhouders, bestuur. Wat willen we voor ze betekenen? Gaat het management voor het verhogen van het rendement van de aandeelhouder of werkt men aan de continuïteit voor de interne klanten?
4. **Normen, waarden en overtuigingen**
   Welke normen, waarden en overtuigingen staan centraal bij de inkoopactiviteiten? Het expliciet maken van normen en waarden is een eerste stap om tot gewenst gedrag te komen. Voorbeelden zijn: professionaliteit, klantgerichtheid, prestatiegedrevenheid, innovatie, integriteit en maatschappelijke verantwoordelijkheid.

5. **Intenties en ambities**
   Wat is de opdracht waar we voor staan met de inkoopafdeling en de inkoopfunctie? Wat willen we graag bereiken in de toekomst?

Het formuleren van een inkoopvisie en -missie is niet eenvoudig. De woorden op papier zien te krijgen zonder dat het een nietszeggend geheel wordt, is een uitdaging en daarin slagen niet alle organisaties even goed.

2.3.3 Ontwikkelen van een inkoopvisie

Bij een inkoopvisie is het belangrijk dat het management expliciet een gezamenlijk toekomstbeeld schetst. Het is een collectief beeld, dat alle betrokkenen delen en dat een verwachting geeft van de voor de inkoopfunctie van de organisatie relevante toekomst.

Een inkoopvisie bestaat uit drie onderdelen:
1. **Omgevingsbeeld**
   Hoe ziet de omgeving van de inkoopfunctie er in de toekomst uit? Dat is geen resultaat van analyses of observaties, eerder een collectief gevoel. Het toekomstbeeld heeft betrekking op koopgedrag en klantbehoeften, maar ook op technologieontwikkeling, wetgeving, sociale en economische factoren en concurrentieverhoudingen.
2. **Gewenste positie**
   Waar willen we staan en wat willen we bereikt hebben in de toekomst? Dit onderdeel van de visie komt grotendeels overeen met het onderdeel 'intenties en ambities' uit de missie.
3. **Succesformule**
   Hoe bereiken we onze gewenste positie? Dit kan een beschrijving zijn van de kritische succesfactoren of de zogenoemde USP's (Unique Selling Points) waarmee de inkoopafdeling zich onderscheidt van andere afdelingen die ook een deel van de inkoopactiviteiten voor hun rekening nemen.

Inkoopvisie Rabobank

De kernelementen van de inkoopvisie van de Rabobank zijn:
- inkoop is niet van inkoop (maar van de business);
- inkopen is een gezamenlijke verantwoordelijkheid (van lijnmanagement, het CFO-domein en Inkoop);
- altijd outside in benadering (inkoopjaarplan);
- excelleren in transparantie, meten, procesoptimalisatie & innovatie (PI);
- 'people drive high performance': talentscouting & -recrutering, voorbeeldgedrag is van primair belang;
- ontwikkeling van early adopter naar frontrunner.

Bron: Presentatie Erik de Bruine, CPO Rabobank tijdens CPO-dag 2007.

2.3.4 Relatie tussen inkoopmissie en inkoopvisie

In een inkoopmissie verwoordt het management alle eerder genoemde onderdelen in enkele zinnen. Een inkoopvisie heeft meer een verhalend en beeldend karakter. Ze bestaat al snel uit enkele alinea's tot een half A4'tje. Wat 'relevant' is voor een inkoopfunctie of -afdeling blijkt uit de missie. Daarin legt het management het werkterrein en de kernactiviteiten vast. Natuurlijk kan het management de inkoopmissie altijd aanpassen als de inkoopvisie er niet op aansluit en omgekeerd. Het verdient dus aanbeveling om ze gezamenlijk te ontwikkelen.
In het algemeen heeft een missie een wat duurzamer karakter dan een visie. In een inkoopmissie leg je het werkterrein en het bestaansrecht van een inkoopafdeling voor een langere periode vast. Een inkoopvisie is ook voor langere tijd bedoeld, maar die stel je vaker bij aan de hand van voortschrijdende inzichten.

2.3.5 Relatie organisatiestrategie en inkoopbeleid

Een goede inkoop ondersteunt de strategie van de organisatie. Het management bepaalt een strategie op het niveau van de totale organisatie en vervolgens op het niveau van elke businessunit binnen de organisatie. De businessunit is een zelfstandig onderdeel van een organisatie en heeft een eigen strategie (kleinere bedrijven hebben vaak maar één businessunit en dus maar één strategie). Philips heeft drie productdivisies met hun eigen strategie, namelijk de divisies Licht, Consumentenproducten en Medische Systemen. De strategie bepaalt hoe de businessunit moet concurreren in de markten waarin het actief is en daarmee uiteindelijk ook de bijdrage die inkoop daaraan moet leveren.

Een businessunit moet eerst weten wat zijn concurrentievoordeel is. Concurrentievoordeel is datgene waarmee de businessunit zich onderscheidt van de businessunits van andere bedrijven. De unit doet iets wat anderen, de concurrenten, niet kunnen, of doet het gewoon beter. Dat is een belangrijke voorwaarde voor continuïteit. Het geavanceerde informatiesysteem van de Amerikaanse winkelketen Wal-Mart stelt het bedrijf in staat de voorraden en de inkoop veel beter te beheersen. Dit heeft Wal-Mart weer in een prijsvoordeel voor de klant omgezet. EasyJet heeft een concurrentievoordeel, omdat deze luchtvaartmaatschappij passagiers geeft wat ze willen, namelijk goedkoop en ongecompliceerd vliegen. Zonder gratis snacks, frequent flyer miles of favoriete stoelen aan boord.

Elke organisatie heeft klanten nodig om te overleven en winst te maken. Organisaties moeten waarde bieden om klanten te trekken en te houden. Organisaties proberen via drie generieke strategieën flexibel in te spelen op de steeds sneller veranderende concurrentieomgeving:

1. **Focusstrategie**
   Organisaties concentreren zich op hun kernactiviteiten en besteden zo veel mogelijk ondersteunende activiteiten uit aan derden. Hierdoor stijgt het inkoopvolume en neemt het belang van een goede inkoopfunctie toe.

2. **Optimalisatiestrategie**
   Organisaties richten zich op het verbeteren van hun structuren en werkprocessen door bijvoorbeeld kostenverlaging, kwaliteitsverbetering en flexibilisering van de factor arbeid. Hierbij kan een professionele inkoopfunctie van toegevoegde waarde zijn.
3. **Expansiestrategie**
   Door fusies en overnames breiden organisaties hun macht en daarmee ook hun inkoopmacht uit. Door bundeling van inkoopvolumes ontstaan betere onderhandelingsposities, die over het algemeen leiden tot betere inkoopcondities.

2.4 Praktische uitwerking inkoopbeleid

De praktische uitwerking van het inkoopbeleid bespreken we in deze paragraaf. Steeds meer organisaties onderkennen dat het inkoopresultaat in hoge mate het bedrijfsresultaat beïnvloedt. Voor overheden geldt dat de doelstelling is om gemeenschapsgelden zo doelmatig en integer mogelijk te besteden en dat hierover verantwoording moet worden afgelegd.

De hoofdstukken van een inkoopbeleid zijn: inleiding, missie, visie en doelstellingen, wie doet wat bij inkoop, strategische uitgangspunten, economische uitgangspunten en juridische, ethische en ideële uitgangspunten. Deze onderdelen bespreken we in de volgende hoofdstukken van dit boek meer in detail, zodat je zelf in staat bent een inkoopbeleid voor een organisatie te schrijven.

2.4.1 Inleiding bij het inkoopbeleid

Een goed inkoopbeleid is de verantwoordelijkheid van de gehele organisatie, omdat iedereen op de een of andere manier wel bij het inkopen betrokken is. Inkoop raakt de manager, de medewerker, de leverancier en indirect ook de klant van de organisatie. In de inleiding bij het inkoopbeleid wordt aangegeven dat de verantwoordelijkheden voor de inkoopfunctie deels bij de inkoopafdeling en deels bij de budgethouders zijn neergelegd. De organisatieonderdelen, met name de betrokken budgethouders, zijn integraal verantwoordelijk voor het op professionele wijze inkopen. De inkoopafdeling is verantwoordelijk voor het inkoopbeleid van de gehele organisatie, adviseert de organisatieonderdelen hierover en is betrokken bij het uitvoeren van de daaraan gerelateerde inkooptaken.

Geef ten slotte in de inleiding ook aan voor wie dit inkoopbeleid van toepassing is; benoem de uitzonderingen. Wees hier zuinig mee, want iedere uitzondering zorgt voor ongelijkheid en mogelijke weerstanden.

2.4.2 Inkoopmissie, -visie en -doelstellingen

Begin het deel over inkoopmissie, inkoopvisie en inkoopdoelstellingen met een samenvatting van de missie, visie en doelstellingen van de organisatie. Van daaruit kun je gemakkelijker aangeven wat het strategische belang van inkoop is.

Inkoopmissie
De missie geeft aan dat de inkoopafdeling dicht op het primaire proces van de eigen organisatie wil acteren. Probeer te begrijpen welke belangen en doelstellingen de interne klant heeft, waardoor je de continuïteit van de bedrijfsprocessen beter kunt waarborgen.

Inkoopvisie
Dit beschrijft hoe de organisatie het beoogde hogere niveau van de inkoopfunctie binnen de eigen organisatie gaat bewerkstelligen. Dit doet het management door concrete activiteiten te benoemen, die naar hun idee essentieel zijn. Bijvoorbeeld door de juiste mensen met de juiste kwaliteiten op de juiste positie binnen de inkoop te laten werken.

Inkoopdoelstellingen
De hoofddoelstelling die het management heeft verwoord in de inkoopmissie kan men weer onderverdelen in concrete inkoopdoelstellingen. De doelstellingen moeten afgeleid zijn van de strategie en moeten voldoen aan het SMART-model, dat we in hoofdstuk 1 bespraken.

2.4.3 Wie doet wat bij inkoop?

Dit hoofdstuk van het inkoopbeleid geeft op de eerste plaats een beschrijving van de wijze waarop de inkoopprocessen worden georganiseerd. Op de tweede plaats worden alle taken en verantwoordelijkheden van de inkoopfunctie, de verschillende organisatieonderdelen, die nauw betrokken zijn bij de inkoopfunctie, en de inkoopprocessen benoemd.

Hoofdverantwoordelijken
Organisatiemodellen voor de inkoopfunctie spreken van een 'centraal' organisatieonderdeel (inkoopafdeling) en de 'decentrale' organisatieonderdelen (budgethouders). De plaats en structuur van de inkoopfunctie hangen sterk af van de inrichting en fysieke locatie van een organisatie. In het inkoopbeleid maakt men dit duidelijk met een organisatieschema, waarin de verschillende hoofdrolspelers binnen de inkoopfunctie herkenbaar zijn. Hierop komen we in hoofdstuk 11 terug.

De hoofdrolspelers bij de inkoop zijn bijvoorbeeld: directie en management, organisatieonderdelen, afdelingen, budgethouders, de inkoopafdeling, ondersteunende organisatieonderdelen of afdelingen en interne of externe accountants.

2.4.4 Strategische uitgangspunten

De strategische uitgangspunten besteden in het eerste deel aandacht aan de uitgangspunten en spelregels voor het interne klantbeleid en in het tweede deel voor het leveranciersbeleid.

Het inkoopproces verloopt als een treinrit van klant tot leverancier, waarbij de inkoopafdeling of inkoopfunctie meerdere keren als Centraal Station fungeert. Om ervoor te zorgen dat het treinverkeer ongestoord kan plaatsvinden, is er behoefte aan een spoorboekje met uitgangspunten en spelregels.

De interne klanten (budgethouders) hebben direct en indirect grote invloed op de kwaliteit en de kosten van de organisatie. Bij het onderhouden van de klantrelatie vanuit de inkoopafdeling is het belangrijk dat er duidelijke afspraken worden gemaakt. Daarbij dient een medewerker van de inkoopafdeling zich goed te realiseren dat hij zonder een interne klant die bij hem aanklopt voor inkoopondersteuning geen enkel bestaansrecht heeft. Een reden te meer om de interne klant goed te leren kennen en de uitgangspunten en spelregels expliciet vast te leggen.

Leveranciers hebben direct en indirect grote invloed op de kwaliteit van dienstverlening en op de kosten van de organisatie. Bij het aantrekken en afstoten van leveranciers is het belangrijk dat je eenduidige criteria hanteert. Daarom is een leveranciersbeleid onderdeel van het inkoopbeleid. Het is dus zaak de leveranciersmarkt goed in kaart te brengen en de afspraken hierover vast te leggen in contracten (extern gericht) of strategieplannen (intern gericht).

2.4.5 Economische uitgangspunten

De economische uitgangspunten hebben betrekking op het inkopen van goederen en/of diensten.

Concurrentie houdt leveranciers scherp
De standaardregel is dat men voor de inkoop zo veel mogelijk gebruikmaakt van concurrentiestelling. De organisatie nodigt vanaf een bepaald aanschafbedrag minimaal drie leveranciers uit om een offerte uit te brengen. Om een goede concurrentie blijvend te kunnen waarborgen, is het verstandig niet altijd dezelfde leveranciers uit te nodigen een offerte uit te brengen.

Onderhandelen is leuk, besparen is beter
De belangrijkste fasen van het inkoopproces zijn de inventarisatiefase en de specificatiefase en niet, zoals vaak gedacht wordt, de onderhandelingen in de contractfase. Met de inventarisatie stelt de organisatie de werkelijke behoefte vast. Bij het specificeren bepaalt de organisatie welke eisen en wensen men heeft voor de leverancier en voor de behoefte (programma van eisen). In figuur 2.2 is de relatie weergegeven tussen de besparingsmogelijkheden en de mate waarin specificaties vastliggen. Hoe meer de specificaties vooraf vastliggen, des

te geringer is de speelruimte voor inkoop om met leveranciers aan de slag te gaan en uiteindelijk besparingen te behalen.

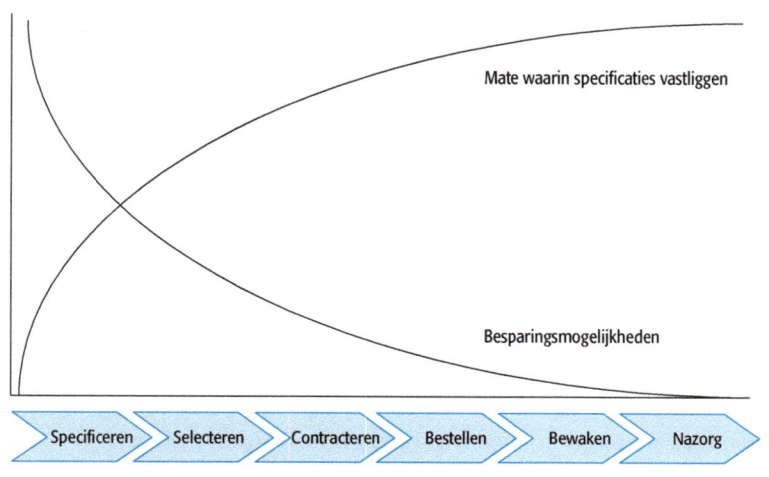

Figuur 2.2 Mate van besparing tijdens inkoopproces

Aanschafprijs is slechts deel van totale prijs
Uitgangspunt is dat de organisatie bij het inkopen gebruikmaakt van een vastgesteld programma van eisen. Een programma van eisen is altijd noodzakelijk als men een offerte vraagt.

Inkoopbeslissingen baseer je op integrale kostenbeheersing (zogenoemde Total Cost of Ownership, TCO). Hierbij is niet alleen de aanschafprijs van belang. Een Citroën C5 1.8 16V Ligne Séduction kost bijvoorbeeld € 27.990. Boven op deze aanschafprijs komen allerlei andere levensduurkosten, onder meer reparatiekosten. Wanneer de motor van deze Citroën het na de garantieperiode begeeft, dient de eigenaar zelf voor deze kosten op te draaien. De eigenaar kan er echter ook voor kiezen om de Citroën te leasen bij DirectLease. Per maand kost de Citroën C5 in 2009 (vanaf) € 574. Een andere optie is leasen. DirectLease.nl biedt één product aan, namelijk 'full operational lease' voor personenauto's. Dit is een leasevorm waarbij een auto wordt geleaset tegen een vaste kilometervergoeding. Alle kosten, zoals reparatie, onderhoud, banden, verzekering en vervangende auto, zijn inbegrepen. Dit betekent een volledige service waarbij continuïteit van het vervoer voorop staat. De C5-rijder is nu geen eigenaar van de auto, hij draait niet op voor de kapotte motor, verzekering of andere levensduurkosten. Alles is inbegrepen in een vast bedrag per gereden kilometer.

Bij integrale kostenbeheersing houdt de organisatie rekening met alle kosten gedurende de levensduur van het product. Veel organisaties hebben grote investeringen gedaan in kapitaalgoederen als voertuigen, bedrijfsinstallaties en onroerend goed. Deze productiemiddelen dienen door regelmatig onderhoud in optimale toestand te worden gehouden. Onderhoudslogistiek dient de gewenste beschikbaarheid van de productiemiddelen te realiseren tegen de laagst mogelijke kosten van gebruik.

Dit kan betekenen dat bepaalde producten in de aanschaf veel goedkoper zijn, maar in het onderhoud veel duurder uitkomen. Omdat het onderhoud voor meerdere jaren meetelt, kan het beter zijn deze producten ondanks een lage aanschafprijs niet te selecteren.

Kostenreductie in plaats van kostenvermijding
Kostenvermijding realiseer je door (extra) druk op de leverancier uit te oefenen in de onderhandelingen, grote hoeveelheden te bestellen of gebruik te maken van eenmalig door de leverancier aangeboden kortingen. Deze vermijding heeft meestal geen duurzaam karakter. Bij kostenreductie gaat het om een blijvende verlaging van de kosten. Kostenreductie is extern of intern.

Externe kostenreductie wordt verkregen door onder meer:
- andere leverancierskeuze;
- betere specificaties;
- wijziging in productsamenstelling;
- vermindering overbodige producteisen;
- concurrerende marktwerking;
- minder leveranciers door bundeling omzet bij een beperkt aantal leveranciers.

Interne kostenreductie wordt verkregen door onder meer:
- verbeterde interne organisatie (extern oogsten vereist intern organiseren);
- waar mogelijk efficiënt werken in de administratieve processen;
- strategische beslissingen als in- of uitbesteden.

2.4.6 Juridische uitgangspunten

Onderdeel van het inkoopbeleid zijn ook de juridische uitgangspunten. Ten eerste het naleven van wet- en regelgeving. Ten tweede de toepassing van de eigen contractvoorwaarden. Ten slotte is er ook aandacht voor de wijze van contracteren en de looptijd van contracten. In hoofdstuk 6 besteden we meer aandacht aan het contracteren.

2.4.7 Ethische en ideële uitgangspunten

Als laatste onderdeel van het inkoopbeleid neemt het management ethische en ideële uitgangspunten mee. Het gaat daarbij om de inkoopethiek en integriteit. Instrumenten daarvoor zijn een integriteitsbeleid met als onderdelen een gedragscode, inkoop en functiescheiding bij het inkoopproces. Verder speelt bij steeds meer organisaties het duurzaam inkopen een voorname rol. In het programma van eisen stelt men verschillende duurzaamheidseisen aan de leveranciers, de producten en het productie- en/of afleveringsproces. Ook kan het management arbocriteria meenemen bij het inkopen van producten. Onder druk van wetgeving en opkomende welvaartsziektes als RSI en burn-out komen arbo-aspecten steeds vaker terug in het programma van eisen.

> **Inkoopethos: een gedragscode alleen is niet voldoende**
> Als je denkt dat je door een gedragscode op te leggen garandeert dat er in je inkoopafdeling ethisch verantwoord zaken wordt gedaan, dan heb je het mis. Onderzoek heeft uitgewezen dat er verschillende manieren zijn om bij de inkoop ethisch verantwoord te werk te gaan. Een standaard (inkoop)gedragscode opstellen is niet de enige methode en is op zich zeker niet voldoende. Welke praktische stappen je allemaal moet ondernemen om ervoor te zorgen dat de inkoopprocessen op ethisch verantwoorde wijze verlopen, is terug te vinden in de thesis *Ethics in purchasing, more than just a code of conduct* van Vicky W. M. Jansen uit 2003.

Organisaties moeten steeds meer rekening houden met de maatschappelijke consequenties van hun inkoopbeslissingen. Effectiviteit en efficiëntie zijn niet meer voldoende om een keuze te beargumenteren. Ook de zorg voor de wereld van morgen vraagt meer aandacht. Er is meer aandacht voor duurzaamheid bij het retour nemen en hergebruiken van producten, onderdelen en verpakkingen en bij de uitwerking van diensten. Dit is merkbaar in de opkomst van retourlogistiek (reverse logistics) en levenscyclusconcepten (cradle-to-cradle). Dat is de logistiek van retoursystemen voor het volledige hergebruik van materialen, producten en verpakkingen. Dit kan gaan om producten die na reparatie weer worden verkocht, maar ook om goederen die om milieutechnische redenen na gebruik teruggaan naar de bron. Niet alleen overheden stellen meer eisen aan productverantwoordelijkheid en milieubeheersing, ook commerciële bedrijven nemen hierin hun verantwoordelijkheid. Tenslotte wil een organisatie niet geassocieerd worden met kinderarbeid of uitbuiting bij uitbesteding aan landen met lage lonen. Hierop komen we in hoofdstuk 12 uitgebreid terug.

2.5 Van beleid naar implementatie

Nu is inkoopbeleid maken één, maar inkoopbeleid implementeren twee. Je zou mogen verwachten dat iedereen binnen een organisatie wel overtuigd is van de voordelen van een professionele inkoop, maar dat is niet vanzelfsprekend. Medewerkers accepteren het nieuwe inkoopbeleid niet altijd. Wat zijn nu voorbeelden van 'verkeerd inkoopgedrag' en weerstanden bij het invoeren van inkoopbeleid?

Leuk, dat inkopen
Medewerkers vinden het zelf erg leuk om in te kopen. Ze vinden het een kick om te onderhandelen met de autodealer over de korting en de extraatjes als vloermatten of een cd-speler. Of met de verkoper van keukens, aan wie ze vertellen dat ze al drie verschillende offertes in huis hebben, maar voor wat extra korting graag met hem in zee gaan.

Lange halen, snel thuis
Voorafgaand aan de onderhandelings- en contractfase zitten nog twee belangrijke fasen van het inkoopproces, en dat wordt heel vaak vergeten. De keuze is allang gemaakt en er hoeft alleen nog een handtekening onder het contract. Het maakt zelfs niet uit of het een intern contract is of een contract van de leverancier. Die kleine lettertjes kunnen ze toch niet lezen, laat staan begrijpen.

Opzij, opzij, wij hebben ongelooflijke haast
Budgetten stellen organisaties meestal vast in oktober en november van het jaar voorafgaand aan het jaar van de uitgaven. Je zou denken dat iedereen dus weet wanneer ze iets nodig hebben. Maar vaak bedenken ze dit te laat en moet alles 'gisteren' geleverd worden, met alle negatieve gevolgen van dien voor een goede doorloop van het inkoopproces.

Op de golfbaan is een deal snel gemaakt
Een van de directeuren heeft in het weekend een rondje op de golfbaan gespeeld en meldt zich maandag bij zijn medewerker met een korte boodschap: 'Regel dit met die en die leverancier, dat heb ik dit weekend zo afgesproken.' Gaat het dan om kleine bedragen? Nee, het gaat vaak zelfs om grote aankopen en de organisatie zit vervolgens met de kwalijke gevolgen van een informele deal.

Achter een boom kun je je mooi verschuilen
'Nee, dit heb ik niet zelf bedacht. Het hoofdkantoor heeft een nieuw product ontwikkeld en daarvoor hebben we dat en dat reclamebureau nodig.' Of een ander mooi excuus: 'De concurrentie heeft vorige week een callcenter geopend en dat gaan wij nu ook doen. Kun je dertig medewerkers regelen op korte termijn?' Of zoals het bij de overheid gaat. De minister wil zijn nieuwe beleid verkopen. Daarvoor heb je wel een organisatiebureau nodig dat binnen nu en twee maanden een grote bijeenkomst moet organiseren om het beleid te 'verkopen'.

2.5.1 Onprofessioneel inkoopgedrag
Er zijn legio redenen om niet op een professionele manier in te kopen. Hier is in feite sprake van inkoopontwijkend gedrag. Inkopers noemen sommige organisaties en de mensen die daar werken daarom wel eens kostenbewusteloos. Daarbij gaat het dan om organisaties die geen benul hebben van de consequenties van onprofessioneel inkoopgedrag. Wat zijn de oorzaken van dit gedrag? Laten inkopers de hand eerst maar eens in eigen boezem steken. Er zijn nog veel organisaties waar de ontwikkeling van de inkoopfunctie op een laag peil staat. Dan kan men de medewerkers weinig verwijten, aangezien niemand hen

vertelt wat professioneel inkopen is. Door onbekendheid met de inkoopfunctie zijn veel mensen bang dat inkooptrajecten heel veel tijd in beslag nemen en dat ze gebonden zijn aan allerlei regels en het invullen van formulieren.

Vriendjespolitiek is niet altijd meteen zichtbaar als er om onduidelijke redenen een contract moet worden afgesloten met een leverancier van wie men nog nooit heeft gehoord. Meestal komt de organisatie daar wel achter als de leverancier echt moet gaan leveren en het niet blijkt te kunnen.

Natuurlijk zijn de bestaande leveranciers goed ingespeeld op de situatie binnen de organisatie. De vraag is of de leverancier wel marktconform levert en of er inmiddels geen andere producten of diensten op de markt zijn die beter functioneren en ook nog eens beter zijn voor het milieu.

2.5.2 Kenmerken veranderingsproces

Het implementeren van nieuw inkoopbeleid is een veranderingsproces. Daarbij gaat het om een 'plotselinge' gebeurtenis die vaak van bovenaf is opgelegd. Je kunt je voorstellen dat mensen, die hun werk heel anders moeten gaan doen dan ze voorheen gewend zijn, daar niet blij mee zijn.

De basis van iedere beslissing is de oplossing van een probleem. In dit geval is het probleem dat de eigen organisatie niet professioneel inkoopt. Daarmee komen we aan bij de eerste fase van de probleemoplossing.

Onderkenning van het probleem:
- definitie van het probleem;
- oplossing van het probleem;
- regeling om de oplossing te realiseren;
- maatregelen om de regeling effectief te maken.

Deze opsomming wordt ook wel de ideële fase genoemd, die gevolgd wordt door de reële fase:
- controle of de maatregelen worden uitgevoerd;
- controle of de maatregelen ook daadwerkelijk toegevoegde waarde hebben.

De eerste fase wordt door de denkers uitgevoerd (de inkoopmanager met zijn medewerkers) en de tweede fase door de controleurs. Daar zit meteen al een spanningsveld omdat het verschillende groepen zijn met verschillende belangen. En we zouden de belangrijkste groep bijna vergeten: de medewerkers die het inkoopbeleid in de praktijk moeten uitvoeren. Als zij dat niet goed doen, is er een serieus probleem.

2.5.3 Verandering werkelijk laten plaatsvinden

Wanneer een organisatie het inkoopbeleid succesvol wil implementeren, dient het management de hele veranderomgeving nauwkeurig in kaart te brengen. Een veranderomgeving bestaat uit: het management (denkers), dat het nieuwe inkoopbeleid lanceert, de gewone medewerkers, die het beleid moeten uitvoeren (doeners) en het middle management (controleurs), dat bekijkt of het beleid voldoet. Voor iedere groep betrokkenen onderzoekt het management welke rol ze precies in het veranderproces vervullen, waarbij het management de meeste aandacht schenkt aan de werkvloer.

Succesvolle veranderingsprocessen beginnen op tijd en verlopen in overleg met de betrokken medewerkers. Hieronder vind je praktische suggesties om veranderingen binnen de organisatie te communiceren.

Tien manieren om de inkoopfunctie te verkopen

Een goede communicatie is essentieel bij het verkopen van de inkoopfunctie binnen je organisatie. Hier volgen tien manieren waarop je als eindverantwoordelijke voor de inkoop op een goede en efficiënte manier binnen en buiten je eigen organisatie over de inkoopfunctie communiceert.

1. Mailing naar medewerkers en leveranciers

De eerste stap in de communicatie is een mailing per brief of e-mail naar medewerkers en leveranciers. Zorg dan wel dat je iets belangrijks of bijzonders te vertellen hebt, bijvoorbeeld over een nieuw beleid, gewijzigde werkwijze, gerealiseerde besparingen of de invoering van een elektronisch inkoopsysteem. De tekst van de mailing naar beide doelgroepen is verschillend, omdat de boodschap en de achterliggende doelstellingen niet gelijk zijn.

2. Internet en intranet

De snelste manier van communiceren verloopt via het internet en intranet. Het internet omdat het vrij toegankelijk is voor leveranciers en het intranet omdat het bij veel organisaties als startscherm is ingesteld voor de medewerkers. Let wel op dat je goed nadenkt over wat je erop zet. Voer desnoods vooraf een marktonderzoek uit en vraag naar de informatiebehoefte van medewerkers en leveranciers. Maak de bezoekers erop attent door een mailing en verwijzing in offerte- of aanbestedingsdocumenten.

3. Brochures, leaflets of andere schriftelijke uitingen

Hoewel digitale communicatie hand over hand toeneemt, willen veel mensen toch graag iets concreets in handen krijgen. Brochures (meerdere pagina's, soms ingebonden), leaflets (één blaadje, meervoudig gevouwen) of andere schriftelijke uitingen geven je de kans iets achter te laten bij een interne klant of leverancier. Die schriftelijke uitingen kunnen ook worden verstuurd met een mailing.

4. Weggevertjes
In combinatie met een van de genoemde schriftelijke uitingen zorg je voor een nog hogere attentiewaarde van je boodschap door een kleine attentie weg te geven. Pennen, sleutelhangers, doosjes met snoepjes, memoblokjes zijn maar enkele van de mogelijkheden. Wees daarbij wel creatief en zorg voor een verbinding tussen je boodschap en je weggevertje.

5. Interne klanten- en leveranciersbezoeken
Het bezoeken van je klanten en je leveranciers is een basiselement in je pakket van communicatiemiddelen. Je kunt zowel luisteren naar wat er speelt en kijken hoe men daar werkt als een boodschap over de inkoop communiceren. Zorg dat je dit soort bezoeken schriftelijk vastlegt in een kort bezoekverslag, eventuele afgesproken acties uitvoert en deze ook weer terugkoppelt naar de betrokkenen. Niets is zo erg als beloftes niet nakomen.

6. Interne klanten- en leveranciersbijeenkomsten
Hoewel digitaal communiceren vele voordelen kent (onder meer snel, direct, na te lezen), gaat er in een aantal gevallen niets boven een fysieke ontmoeting met je interne klanten en leveranciers. Het verschil met de hiervoor genoemde bezoeken zit hem in de locatie. In dit geval laat je de mensen naar je toekomen en zorg je voor een programma dat voor iedereen iets interessants te bieden heeft. Er zijn organisaties die de interne klanten en leveranciers samen uitnodigen.

7. Managementbijeenkomsten
Behalve de bezoeken aan de individuele interne klanten, kun je er ook voor kiezen om op geregelde basis aanwezig te zijn bij de managementbijeenkomsten van je klanten. Dat is een stuk efficiënter omdat je meerdere mensen tegelijkertijd ontmoet. Als het gaat om managementoverleg, is het wel verstandig dat je vooraf aangeeft welke onderwerpen jij zou willen bespreken.

8. Workshops voor medewerkers
Inkopen is samenwerken en gaat om het meeste rendement halen uit de combinatie van inhoudelijke en inkoopspecifieke kennis. Het vergroten van je rendement kun je deels realiseren door het verzorgen van workshops voor de medewerkers. Je kunt bijvoorbeeld workshops geven over de volgende onderwerpen: Hoe functioneert de inkoopfunctie? Wat doe je zelf aan inkoop? Hoe stel je een programma van eisen op? Hoe beoordelen we leveranciers? Welke risico's lopen we bij contractering? Hoe zit de Europese regelgeving in elkaar?

9. Belonen van medewerkers
Een andere manier waarop je veranderingen kunt communiceren is medewerkers persoonlijk stimuleren en belonen voor hun inkoopprestaties. Dat hoeft niet altijd in geld te zijn, maar kan ook gebeuren door een dinerbon of een bloemetje. Ook een publicatie in een organisatiemagazine voorzien van een foto kan een stimulerende werking hebben. Door aandacht te schenken aan uitblinkers, geef je een duidelijke boodschap naar alle medewerkers dat je organisatie degenen beloont die de veranderingen steunen en eraan meewerken.

10. Weblog
Een weblog is een recente ontwikkeling en een zeer effectief middel om veranderingen binnen de inkoopfunctie te communiceren, vorderingen en resultaten te bespreken en de betrokkenheid van de medewerkers te verhogen. Na afloop van een managementoverleg of afdelingsbezoek kun je bijvoorbeeld de belangrijkste uitkomsten op je weblog zetten. De communicatie komt het beste tot zijn recht als je de medewerkers ook de gelegenheid geeft om te reageren.

2.6 Inkoopontwikkelingsmodel

Vele auteurs en adviesbureaus hebben in de loop van de jaren invulling gegeven aan het onderwerp inkoopontwikkelingsmodel. Het model dat Van Weele presenteert in zijn boek *Grondslagen van inkoopmanagement* is op dit moment het meest toegepaste model en we lichten het hier dan ook toe. De ontwikkeling in dit model verloopt via zes fasen, waarin altijd de volgende vier aspecten aan de orde komen:

1. **Integratie**
   In de laatste ontwikkelingsfase van een inkoopfunctie is de inkoop volledig geïntegreerd met alle andere primaire en secundaire bedrijfsactiviteiten. De inkoopfunctie kent een vertegenwoordiger op het hoogste bestuursniveau en maakt onderdeel uit van het proces van strategische beleids- en besluitvorming.
2. **Positie van inkoop binnen de organisatie**
   Aan het begin van de ontwikkeling zit de inkoopfunctie laag in de hiërarchie, klimt daarna langzaam naar boven, en wordt ze meer centraal georganiseerd. De inkoopmanager krijgt tegelijkertijd een hogere positie.
3. **Leveranciersmanagement**
   In de eerste fase vul je leveranciersmanagement op een ad hoc en passieve manier in. Naarmate dit onderdeel zich verder ontwikkelt, verandert het karakter van leveranciersmanagement naar een meer proactieve houding en is het meer gericht op verbetering van leveranciersprestaties.
4. **De relatie met de leveranciers**
   In eerste instantie beschikt een organisatie over een groot aantal leveranciers, dat afneemt naarmate de inkoopfunctie zich ontwikkelt. De relatie met minder leveranciers wordt intensiever en ontwikkelt zich in sommige gevallen tot partnerships, waarbij je de leverancier betrekt bij Research en Development (R&D).

De volgende factoren bepalen de snelheid van ontwikkeling van de inkoopfunctie:
- **Concurrentieomgeving**
  De inkoopfunctie verwerft sneller een belangrijke positie, naarmate er meer concurrentie in de markt is en de technologie meer uitontwikkeld is.

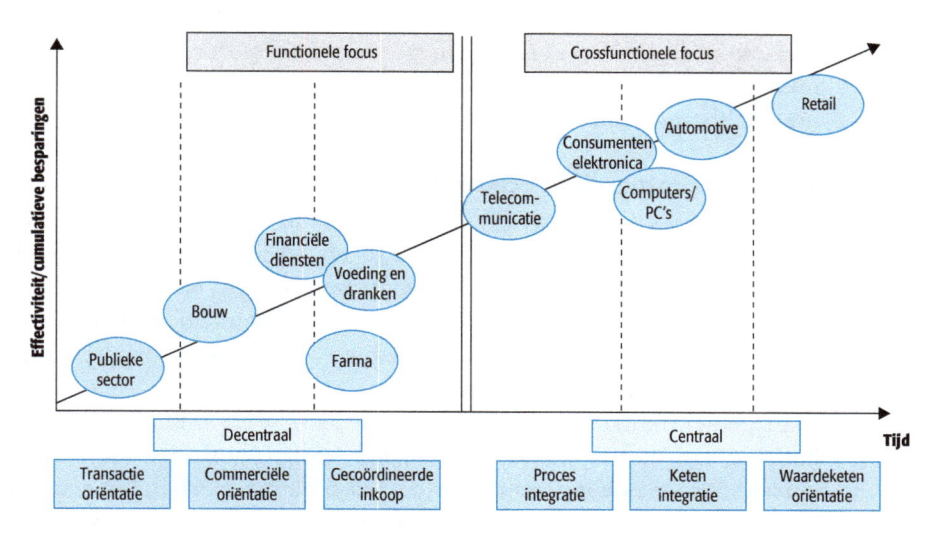

Figuur 2.3 Inkoopontwikkelingsmodel (Van Weele, 2007)

- **De strategie van de organisatie**
  Als de organisatiestrategie en -doelstellingen meer in detail zijn uitgewerkt, zal dit sneller bijdragen aan de uitwerking van een belangrijke rol voor de inkoopfunctie.
- **Inkoopautomatisering**
  Door de ontwikkeling van geautomatiseerde inkoopsystemen en koppelingen met voorraad, planning en productiesystemen kunnen de bestel- en transactiekosten omlaag en beschikt de inkoopmanager sneller over de gewenste managementinformatie voor het aansturen van leveranciers.
- **Betrokkenheid topmanagement**
  Als de top van een organisatie het belang erkent van een professionele inkoopfunctie, zal deze zich sneller ontwikkelen tot een strategische bedrijfsfunctie.
- **Leiderschap**
  Als de inkoopmanager over voldoende capaciteit beschikt om de inkoopvisie, -missie en -strategie op een heldere en duidelijke manier uit te dragen, resulteert dat over het algemeen sneller in een hogere positie binnen de organisatiehiërarchie.

2.6.1 Transactie-oriëntatie

In deze eerste fase ontleent de inkoopfunctie haar toegevoegde waarde aan het tijdig beschikbaar stellen van producten of diensten voor de primaire en secundaire bedrijfsactiviteiten. De focus is daarbij voornamelijk gericht op operationele en administratieve werkzaamheden. De inkoopafdeling bevindt zich decentraal in de organisatie en rapporteert aan een manager productie, manager logistiek of manager facilitair bedrijf. Managementinformatie over wat je precies inkoopt, ontbreekt en de manager inkoop acteert reactief. De medewerkers inkoop zijn operationeel en administratief geschoold. Ook de informatiesystemen hebben een administratief karakter.

2.6.2. Commerciële oriëntatie

Deze fase kenmerkt zich door een oriëntatie op de laagste prijs. De manager inkoop handelt redelijk autonoom en rapporteert over inkoopbesparingen rechtstreeks aan een van de directeuren. Hij maakt geen deel uit van het managementteam. De marktwerking komt tot stand door het aanvragen van offertes. Afspraken met leveranciers leg je vast in contracten, die samen met de offerte het inkoopdossier vormen.

Managementinformatie rapporteert met name over inkoopbesparingen en de bijdrage van de inkoopafdeling aan het bedrijfs- of organisatieresultaat. Binnen de inkoopafdeling kent men de tactische inkopers, die een specialistische inkoopopleiding hebben genoten en verantwoordelijk zijn voor het afsluiten van contracten. De operationele inkopers ondersteunen de tactisch inkoper, zijn van huis uit administratief en ondersteunend opgeleid en houden zich verder bezig met het behandelen van bestelaanvragen, het oplossen van operationele problemen bij leveringen en het controleren van facturen.

2.6.3 Gecoördineerde inkoop

Bij een gecoördineerde inkoop is er sprake van een centrale inkoopafdeling en een aantal decentrale inkoop- of bestelafdelingen. De centrale inkoopafdeling schaft de producten en diensten aan die van strategisch belang zijn of gemeenschappelijk nodig zijn. Producten of diensten, die specifiek toebehoren aan bepaalde organisatieonderdelen, kopen de decentrale onderdelen zelf in. Door deze bundeling ontstaat een groter inkoopvolume, wat leidt tot aanzienlijke inkoopbesparingen. Waar je bij dit model van inkoopcoördinatie rekening mee moet houden, is dat je hiermee bureaucratie creëert en de autonomie van de decentrale inkoopafdelingen afbreekt. Dit kan leiden tot weerstanden en tegenwerking bij die afdelingen. Weerstand en tegenwerking kun je voor zijn door een goede uitwerking van het inkoopbeleid en -procedures en door een heldere communicatie. Ook de standaardisering van werkmethoden en inkoopsystemen levert een bijdrage aan de acceptatie van dit model. Uitwisseling van informatie levert dan minder problemen op, omdat je van dezelfde inkoopsystemen gebruik gaat maken. De voorafgaande drie fasen kennen een functionele oriëntatie en de inkopers voeren de inkoopwerkzaamheden uit. In de volgende drie fasen is sprake van een crossfunctionele benadering, waarbij je de samenwerking tussen inkopers en budgethouders als kritische succesfactor kunt beschouwen. Inkoop is nu een lijnverantwoordelijkheid. De centrale inkoopafdeling stelt de kaders vast en schept de voorwaarden voor een professionele inkoopfunctie.

2.6.4 Procesoriëntatie

In deze fase vindt de organisatie de beheersing van inkoopprocessen belangrijker dan de vraag of de inkoopafdeling de leiding moet hebben over de inkoopprojecten. Crossfunctionele teams starten inkoopprojecten en bestaan uit alle betrokken disciplines van de organisatie. De focus ligt op Total Cost of Ownership, waarbij je alle relevante kosten meeneemt bij de beoordeling. Je ziet leveranciers als mogelijke partners, die je op hun creativiteit en innovatievermogen kunt aanspreken. Het management erkent het strategisch belang van inkoop en betrekt de inkoopafdeling bij strategische ondernemings- of organisatievraagstukken, zoals uitbesteding en strategische samenwerkingsverbanden met leveranciers. Inkoop wordt centraal geleid: je stelt het inkoopbeleid en de wijze waarop je de inkoopprocessen doorloopt centraal vast. De tactische en operationele processen laat je decentraal uitvoeren. Inkoopinformatiesystemen zijn volledig geïntegreerd met andere bedrijfssystemen, maar nog niet met de systemen van de leveranciers. Performancemetingen hebben betrekking op de klanttevredenheid en op de prestaties van leveranciers. De inkoopmedewerkers hebben met name bedrijfskundige opleidingen en stromen meestal vanuit andere bedrijfsfuncties in.

2.6.5 Ketenoriëntatie

Uitbesteding van zo veel mogelijk activiteiten vormt in deze fase de strategie. De invloed van de inkoopfunctie neemt toe. Leveranciers daag je in deze fase uit nog sneller en preciezer te leveren. Verder nodig je de leveranciers uit mee te denken over verbeteringen in het operationele proces, met als doel zo veel mogelijk kosten uit de keten te halen. Productinnovatie wordt meer en meer een samenwerkingsverband tussen leverancier en bedrijf. Voor ieder inkoopsegment bestaat een gedetailleerd commodityplan, waarin je vermeldt welke plannen je hebt met dat betreffende inkoopsegment.

De organisatieonderdelen zijn verplicht gebruik te maken van concernbreed afgesloten contracten. Niet-productiegebonden producten of diensten kunnen gebruikers rechtstreeks bestellen via elektronische catalogi, die de leveranciers zelf onderhouden. De informatiesystemen van het bedrijf zijn gekoppeld aan de informatiesystemen van de leveranciers. Er is sprake van een open communicatie tussen het management en de verantwoordelijke inkoopteams. Resultaten staan voorop, maar er is ook ruimte voor ontwikkeling van deskundigheden en vaardigheden. Het kunnen toepassen van de principes van ketenbeheer is een van de belangrijkste competenties van de inkopers.

2.6.6 Waardeketenoriëntatie

In deze laatste ontwikkelingsfase is de inkoopstrategie volledig geïntegreerd in de ondernemingsstrategie. Inkoop en marketing vormen een geheel. Leveranciers handelen bestelorders zelf af zonder tussenkomst van het bedrijf.

De belangrijkste leveranciers leveren steeds meer ideeën en oplossingen, die de waardeketen verder optimaliseren. Je daagt de leveranciers uit:

- mee te denken over het verbeteren van de winstgevendheid van je producten;
- hun producten of diensten nog beter te laten aansluiten op de behoeften van jouw klanten;
- mee te helpen aan het realiseren van product- en marktstrategieën;
- nog meer kosten uit de keten te halen door het optimaliseren en waar mogelijk vereenvoudigen van logistieke ketens en productieprocessen.

Je wisselt als leverancier en opdrachtgever specialisten uit, waardoor de grenzen tussen bedrijf en leveranciers vervagen en de organisatie een virtuele structuur aanneemt.

Zoals met elk model doet ook dit model de waarheid wel een beetje geweld aan. Het veronderstelt dat de ontwikkeling van een inkoopfunctie een gestaag opgaande lijn vormt. In de praktijk blijkt dat de ontwikkeling met horten en stoten verloopt, af en toe op weerstanden stuit en soms zelfs helemaal tot stilstand komt of, nog erger, achteruitgang vertoont. Het model verdient dus nader (wetenschappelijk) onderzoek, maar biedt het management voor dit moment alvast voldoende houvast bij de ontwikkeling van een toekomstvisie voor de inkoopfunctie.

2.7 Samenvatting

Een goede inkoop ondersteunt de strategie van een organisatie. De inkoopvisie- en -missie moeten dus op die strategie aansluiten. Een geslaagde inkoopstrategie is het resultaat van de kwaliteit van de strategie, de wijze waarop het management deze strategie ontwikkelt en deze vervolgens implementeert.
Het formuleren van een inkoopvisie en -missie dwingt het management grondig na te denken over principes en uitgangspunten die als leidraad fungeren voor het inkoopbeleid en het handelen binnen de organisatie. Het gaat bij een inkoopvisie om een gezamenlijk toekomstbeeld, dat door het management expliciet wordt beschreven. Het is een collectief beeld, dat alle betrokkenen delen en dat een verwachting geeft van de voor de inkoopfunctie van de onderneming of organisatie relevante toekomst.
De onderdelen van een inkoopbeleid zijn: inleiding, missie, visie en doelstellingen, wie doet wat bij inkoop, strategische uitgangspunten, economische uitgangspunten en juridische, ethische en ideële uitgangspunten.
Het implementeren van nieuw inkoopbeleid is een veranderingsproces. Aandacht voor veranderingsmanagement is daarom van groot belang.

Toetsvragen

1. Waarom moet het inkoopbeleid aansluiten bij de strategie van de organisatie?
2. Wat zijn de activiteiten bij het formuleren van inkoopbeleid?
3. Wat is het verschil tussen een inkoopmissie en een inkoopvisie?
4. Noem de vijf elementen van een inkoopvisie.
5. Welke soorten uitgangspunten moet het management meenemen bij het bepalen van de inkoopmissie?
6. Geef ten minste drie voorbeelden van strategische uitgangspunten bij het bepalen van de inkoopmissie?
7. Noem ten minste drie voorbeelden van economische uitgangspunten bij het bepalen van de inkoopmissie.
8. Total Cost of Ownership is een belangrijk criterium bij inkoopbeslissingen. Noem ten minste zes onderdelen van de Total Cost of Ownership.
9. Noem ten minste drie voorbeelden van juridische uitgangspunten bij het bepalen van de inkoopmissie.
10. Waarom zijn inkoopethiek, integriteit en duurzaamheid uitgangspunten voor de inkoop?

Eindcase

Gemeente Hellendoorn: inkoopbeleid en -missie

Het inkoopbeleid van de gemeente Hellendoorn is erop gericht om met een zo effectief en efficiënt mogelijke inzet van middelen een zo groot mogelijk deel van haar gemeentelijke doelstellingen te realiseren. Mede door de in het raadsprogramma vastgestelde 'minimale' verhoging van de kosten voor de burger zal er naast het verbeteren van de proceskwaliteit een focus op concrete inkoopbesparingen moeten zijn.

Op basis van een periodiek uit te voeren inkoopscan en de actuele marktontwikkelingen zal er per inkoopcategorie een inkoopstrategie moeten worden ontwikkeld danwel worden bijgesteld. Hierdoor kan inkoop een blijvende bijdrage leveren aan het verhogen van de gemeentelijke prestaties.

De gemeente Hellendoorn conformeert zich aan alle Europese en landelijke wetgeving die bij het zakendoen met private partijen van toepassing is. Zij streeft daarbij naar een respectvolle – en waar zinvol – langdurige samenwerking met (potentiële) leveranciers ter verbetering van de kwaliteit, productiviteit, flexibiliteit en prijs-resultaatverhouding van de geleverde producten, diensten en werken.

Vanuit haar maatschappelijke voorbeeldfunctie zal de gemeente daar waar mogelijk duurzaam en milieubewust inkopen. Producten vervaardigd door inzet van kinderarbeid of uit landen waar nog kinderarbeid voorkomt, zullen niet door de gemeente worden gekocht.

Inkoopvisie
Hellendoorn wil een innovatief beleid voeren voor wat betreft haar inkoopactiviteiten. Zij volgt actief de ontwikkelingen op inkoopgebied en implementeert deze waar zinvol. Uitgangspunt is hier steeds het verbeteren van de inkoopprocessen en het inkoopresultaat.

Inkoopmissie
Het op professionele wijze ondersteunen van alle inkoop- en aanbestedingstrajecten, het onderhouden van een effectief en efficiënt inkoopproces, het voeren van een adequaat leveranciersbeleid en contractbeheer om zo te komen tot een zo laag mogelijke integrale kostprijs voor de in te kopen goederen, diensten of werken.

Het inkoopactieplan is de basis van waaruit de inkoopdoelstellingen worden bepaald. Op basis van een inkoopscan, marktontwikkelingen en behoeftes van de gemeentelijke organisatie zal er per jaar een aantal acties worden vastgesteld om de inkoopmissie en inkoopvisie op langere termijn waar te kunnen maken.

Europese en Nederlandse wetgeving, maar ook interne statuten en richtlijnen bepalen de kaders en randvoorwaarden waarbinnen het inkoopproces zich afspeelt. Verder conformeert de gemeente zich aan de binnen de Nederlandse wetgeving van toepassing zijnde artikelen bij zakelijke transacties met private partijen en de algemene wet bestuursrecht met betrekking tot beginselen van behoorlijk bestuur zoals daar onder meer is het gelijkheidsbeginsel.

Inkoopethiek
Naast de wettelijke kaders wil de gemeente Hellendoorn zich altijd kwijten van goed opdrachtgeverschap waarbij de in haar naam handelende personen loyaal zijn ten opzichte van de gemeente en er dus geen persoonlijke belangenverstrengeling is. Bestuurders en ambtenaren conformeren zich aan het integriteitsbeleid van de gemeente.

De gemeente streeft naar een positieve en zakelijke relatie met haar huidige en potentiële leveranciers en houdt daarbij ook de belangen van de leverancier in het oog door:
- de leverancier altijd van correcte en niet-misleidende informatie te voorzien;

- de leverancier niet onder druk te zetten door informatie van of over concurrenten te verstrekken;
- de leverancier te wijzen op mogelijke consequenties wanneer deze voor een onverantwoord groot deel van zijn omzet afhankelijk wordt van de gemeente (maximaal 20 procent).

De gemeente zal eerlijke concurrentie ondersteunen door:
- informatie die tijdens gesprekken met de leveranciers is verkregen vertrouwelijk te behandelen;
- alle (potentiële) leveranciers van gelijke informatie te voorzien;
- leveranciersselecties uit te voeren op basis van relevante en objectieve criteria en daarbij op geen enkele wijze te discrimineren.

De gemeente streeft naar een langdurige samenwerking met leveranciers. Daartoe zal zij de prestaties van de leveranciers meten en vastleggen. Vanuit deze gegevens worden daar waar nodig gespreken met leveranciers gevoerd ter verbetering van hun prestaties. Als de prestaties onvoldoende blijven wordt de leverancier uit het leveranciersbestand van de gemeente verwijderd. Wanneer aanbiedingen van leveranciers zijn afgewezen of niet zijn gegund zal, als de leveranciers hierom verzoeken, de gemeente motiveren waarom een bepaalde aanbieding is afgewezen of aan een andere partij is gegund.

Bron: *website Gemeente Hellendoorn.*

Vragen

1. Vind je dat dit een goed uitgewerkte inkoopmissie en -visie is? Geef aan wat er eventueel nodig is om te komen tot een complete inkoopmissie en -visie.
2. Wat zijn mogelijk de verschillen tussen een inkoopmissie en -visie bij een overheid en een commerciële organisatie?
3. Hoe heeft de gemeente Hellendoorn de vijf elementen van een inkoopvisie ingevuld?
4. Noem ten minste twee voorbeelden van juridische uitgangspunten bij het bepalen van de inkoopmissie door de Gemeente Hellendoorn.
5. Noem ten minste twee voorbeelden van inkoopethiek-, integriteits- en duurzaamheidsuitgangspunten voor de inkoop bij de gemeente Hellendoorn.

Hoofdstuk 3

Inkoopportfolio

Leerdoelen
- Het kiezen van een inkoopstrategie en het vertalen naar een inkoopbeleid voor verschillende inkoopcategorieën op basis van de kenmerken van de inkoopmarkt en de organisatie.
- Het onderkennen van de invloed van macht op het inkoopbeleid.
- Het bepalen van de gevolgen van de inkoopstrategie voor de invulling van de inkoopprocessen.
- Het bepalen van de aard van de relatie met leveranciers.

3.1 Inleiding

Niet alle producten en diensten worden op dezelfde manier ingekocht. Een inkoper gaat anders om met kantoorartikelen en uitzendkrachten dan met kostbare machines of grondstoffen voor de productie. Door het toepassen van het inkoopportfolio kan de inkoper gedifferentieerde inkoop- en leverancierstrategieën ontwikkelen. Gedifferentieerd, omdat niet alle leveranciers en productcategorieën met dezelfde benadering het maximale rendement behalen. Kraljic introduceerde in 1983 het inkoopportfolio. Met de ontwikkeling van dit inkoopportfolio (ook wel Kraljic-matrix genoemd) kreeg de inkoper een instrument in handen om de overstap te maken van het bestellen op verzoek van de klant (reactief) naar het echt managen van de inkoop (proactief).

Dit inkoopportfolio vormt ook nu nog de basis voor het opzetten van een inkoopbeleid en een leveranciersbeleid. Daarmee is dit een strategisch hoofdstuk.
De uitgangspunten van het inkoopportfolio bespreken we in paragraaf 3.2. Vanuit deze uitgangspunten wordt het producten/dienstenportfolio samengesteld in paragraaf 3.3. Vervolgens bespreken we in paragraaf 3.4 de verschillende strategieën die bij elk van de segmenten van het producten/dienstenportfolio horen. De machtsverhoudingen hebben ook effect op het inkoopbeleid. In paragraaf 3.5 bespreken we hoe de leveranciers tegen de opdrachtgever aankijken en wat dit betekent voor de inkoopstrategie. De stappen om te komen tot een inkoopportfolio staan in paragraaf 3.6. We sluiten af met de bespreking van de mogelijkheden voor samenwerking met leveranciers in paragraaf 3.7.

3.2 Uitgangspunten inkoopportfolio

Kraljic ontwikkelde een model voor het analyseren van de inkoopsituatie van een organisatie en voor het doen van strategische aanbevelingen voor uiteenlopende inkoopsituaties.
Zijn doel was het aanpakken van problemen en risico's (*supply risk*) en het zo optimaal mogelijk gebruiken van bundeling van inkoopvolumes en de inkoopmogelijkheden van de organisatie (*profit impact*). Deze differentiatie vinden we vervolgens terug in de inkoopdoelstellingen, -processen en -organisatie.

3.2.1 Analyse van gegevens
De inkoper analyseert de inkoopgegevens op basis van twee aspecten:
1. *Mate van invloed op het financiële resultaat (profit impact)*
   Hier worden de uitgaven voor een bepaald product vergeleken met de totale inkoopuitgaven van de organisatie en welke producten een grote invloed hebben op het financiële resultaat van de organisatie. Naarmate de financiële impact van een product of dienst voor de organisatie groter

is, vereist dit product of dienst meer aandacht van het management. Deze invloed neemt bijvoorbeeld toe als het:
- inkoopvolume groot is;
- aandeel in de kostprijs van het eindproduct groot is;
- aandeel in de marge van het eindproduct groot is;
- prijsniveau beïnvloedbaar is door concurrentiestelling en volumeafspraken.
2. *Het risico dat voor de organisatie verbonden is aan de inkoop van het product of de dienst (supply risk)*
Naarmate dit risico groter is, is de kans op verstoringen in de aanvoer groter. Daarom rechtvaardigen deze producten en diensten ook meer aandacht van het management. Dit risico neemt bijvoorbeeld toe als:
- de organisatie van één leverancier afhankelijk is;
- één leverancier in hoge mate van de organisatie afhankelijk is;
- het schaarse producten of diensten zijn (verkopers- in plaats van inkopersmarkt);
- de omschakeling van de ene naar de andere leverancier veel kosten met zich meebrengt;
- de bezettingsgraad van een leverancier hoog is;
- de leverancier in financiële problemen verkeert;
- de leverancier of zijn producten worden voorgeschreven door de interne klant;
- er een licentie of patent rust op de producten of diensten;
- er substituten beschikbaar zijn.

De opsomming is niet volledig, maar geeft een idee van wat van invloed kan zijn op het financiële resultaat en het toeleveringsrisico.

Als de 'mate van invloed op het financiële resultaat' en 'mate van toeleveringsrisico' tegenover elkaar staan, ontstaat een basismodelmatrix met vier producten- of dienstencategorieën:

1. routineproducten of -diensten;
2. hefboomproducten of -diensten;
3. knelpuntproducten of -diensten;
4. strategische producten of -diensten.

Voor het opzetten van een inkoopportfolio zijn gegevens nodig uit spendanalyses:
- **Crediteurenanalyse**
Welke leveranciers leveren aan de organisatie (ABC-analyse)? 20 procent van het leveranciersbestand is verantwoordelijk voor 80 procent van het inkoopvolume.
- **Inkoopsegmentanalyse**
Welke producten en diensten koopt de organisatie in? Ook hier geldt de

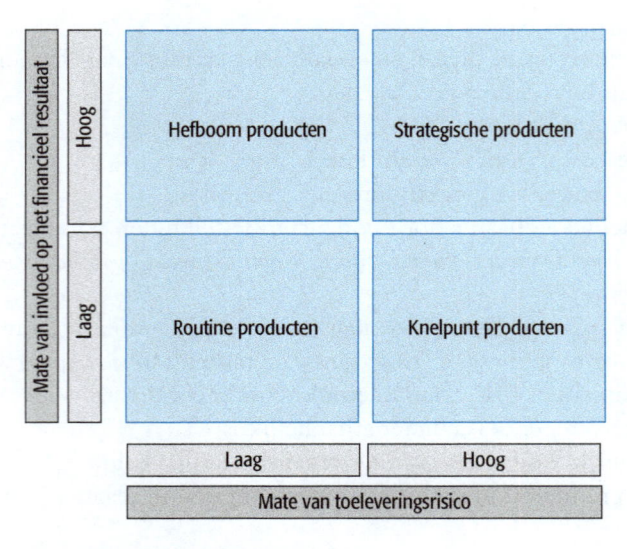

Figuur 3.1 Inkoopportfolio Kraljic

80/20-regel: 20 procent van de producten of diensten is verantwoordelijk voor 80 procent van het inkoopvolume.
- **Commodityanalyse**
Welke producten en diensten kopen de verschillende afdelingen binnen de organisatie in? Hiermee gaat de inkoper op zoek naar de zogenoemde *big spenders* binnen de organisatie en kijkt hij waar er inkoopvolume kan worden gebundeld.

3.3 Producten/dienstenportfolio

Aan de hand van de criteria 'mate van invloed op het financiële resultaat' en 'mate van toeleveringsrisico' ontstaat het inkoopportfolio, maar een betere benaming is het producten/dienstenportfolio. Vaak gaat de inkoper alleen uit van producten, maar ook diensten kunnen natuurlijk van strategisch belang zijn of een knelpunt opleveren. Voor het gemak noemen we deze verder producten, maar houd in gedachten dat het ook diensten kunnen zijn. Kraljic noemt voor routine-, hefboom- en knelpuntproducten slechts één strategische aanbeveling per categorie ('efficiënte afhandeling' voor routine, 'veiligstelling' voor knelpunt). Hij werkt alleen het strategische kwadrant helemaal uit. Wij bespreken elk kwadrant.

3.3.1 Routineproducten

Routineproducten leveren meestal de minste kopzorgen op voor een inkoper. Het toeleveringsrisico is laag en de invloed op het financiële resultaat gering. Bij routineproducten kun je denken aan kantoorartikelen, schoonmaakartikelen of gereedschap. Omdat de waarde gering is en het aantal alternatieve leveranciers groot, dien je hier als inkoper ook de minste aandacht aan te besteden. Kom je een inkoopafdeling tegen waar dit niet het geval is, dan heb je hoogstwaarschijnlijk te maken met een afdeling die nog niet zo ver ontwikkeld is. Daar komt nog eens bij dat de transactiekosten per product (bestellen, bewaken en nazorg) ruimschoots uitkomen boven de waarde per product. Het is dus van belang dat de inkoper ervoor zorgt dat dit proces van afhandeling zo efficiënt mogelijk verloopt.

3.3.2   Hefboomproducten

Voor hefboomproducten geldt min of meer hetzelfde als voor routineproducten. Ze zouden de inkoper geen kopzorgen moeten bezorgen, omdat deze producten zich doorgaans in een markt bevinden waar voldoende leveranciers acteren en de switchingskosten (overstapkosten van ene leverancier naar andere leverancier) relatief gering zijn.

Waar hefboomproducten wel afwijken van routineproducten is hun belang voor het financiële resultaat. In tegenstelling tot routineproducten, die slechts een klein deel uitmaken van de kostprijs, gaat het bij hefboomproducten om grote inkoopvolumes die een groot aandeel in de kostprijs van een eindproduct vertegenwoordigen. De inkoper dient hiervoor voldoende tijd vrij te maken. Personal computers voor een bank- of verzekeringsbedrijf of transportcapaciteit voor een distributiebedrijf zijn voorbeelden van hefboomproducten.

3.3.3   Knelpuntproducten

Knelpuntproducten, ook wel bottleneckproducten genoemd, kunnen een knelpunt of een bottleneck vormen voor de bedrijfsvoering. Hun aandeel in de bijdrage aan het financiële resultaat is gering vanwege het kleinere inkoopvolume, maar het toeleveringsrisico is juist weer groot.

Je moet hiervoor denken aan specifieke grondstoffen of onderdelen voor een eindproduct, dienstverlening die slechts één organisatie of persoon kan uitvoeren of onderdelen voor een productiemachine die je alleen maar bij de leverancier van de machine kunt bestellen. Deze categorie biedt de inkoper een grote uitdaging, omdat je hiervoor geen standaardoplossingen kunt bedenken.

3.3.4   Strategische producten

Op de hoogste sport van de inkoopladder staan de strategische producten. Zoals met alles waar het woord *strategisch* voor staat, vormt deze categorie producten een belangrijke categorie. Het inkoopvolume is aanzienlijk en daarmee ook de invloed op het financiële resultaat. Ook het toeleveringsrisico is aanzienlijk, omdat bijvoorbeeld het aantal leveranciers beperkt is.

Voorbeelden hiervan zijn motoren voor autofabrikanten, computermainframes voor verzekeringsbedrijven of radarsystemen voor Defensie. In nagenoeg alle gevallen zijn het producten die op specificatie worden gecontracteerd en geproduceerd. In tijdsbesteding gezien zou de inkoper hier het grootste deel van zijn tijd aan moeten besteden, omdat het belang voor de organisatie aanzienlijk is.

3.4 Strategisch inkoopbeleid

Het hanteren van een inkoopbeleid per categorie is afhankelijk van het karakter van de categorie en de aard van de problemen die bij die categorie spelen. Het is dus niet vanzelfsprekend dat de inkoper zich alleen maar richt op de strategische en knelpuntproducten. Als de inkoper bij de levering van bepaalde routineproducten veel problemen constateert, waar de eigen organisatie veel tijd en dus geld aan kwijt is, dan is daarvoor zeker aandacht nodig. Het gaat er per slot van rekening om de bedrijfsvoering zo efficiënt mogelijk te laten verlopen tegen zo laag mogelijke integrale kosten.

3.4.1 Routineproducten en marginale leveranciers

Omdat in dit segment de waarde per product over het algemeen lager is dan de proceskosten voor het inkopen, zal de inkoper zich hier moeten richten op:
- het vereenvoudigen van de bestelprocedures, logistieke en administratieve procedures. Daarbij kan de toepassing van e-procurementoplossingen een rol spelen;
- het standaardiseren van het productassortiment, voor zover als dat mogelijk is, tot een kernassortiment;
- het bundelen van inkoopvolumes, waardoor de inkoper in staat is het aantal marginale leveranciers en het aantal facturen te verminderen.

3.4.2 Hefboomproducten en hefboomleveranciers

De keuze uit leveranciers binnen dit segment is groot en daar kan de inkoper, omdat hij over een groot inkoopvolume beschikt, met de volgende activiteiten op inspelen:
- Het uitvoeren van breed opgezette tenderprocedures (*competitive bidding*).
- Het afsluiten van relatief kortlopende contracten.
- Het uitvoeren van continu markt- en leveranciersonderzoek inclusief leveranciersevaluaties.
- Het toepassen van elektronische tenderprocedures in de vorm van e-auction (elektronische veilingen).
- Het inkopen tegen de laagste prijs met behoud van leveringszekerheid, kwaliteit van leveringen en kwaliteit van de serviceverlening.

3.4.3 Knelpuntproducten en kritieke leveranciers

Dit is de lastigste van de vier segmenten, omdat de macht hier bij de kritieke leverancier ligt en de inkoper veel tijd en energie kwijt is om alleen al de leveringen veilig te stellen, soms zelfs tegen hogere prijzen. Toch liggen ook hier mogelijkheden:
- Het uitvoeren van een waardeanalyseonderzoek, waarbij een team van verschillende deskundigen bekijkt of de specificaties van de producten voldoen of aangepast kunnen worden.

- Het ontwikkelen van alternatieve producten en leveranciers, waarbij het nog maar de vraag is of de kosten hiervan opwegen tegen de prijsvoordelen.
- Het zelf gaan produceren van de benodigde producten, waarbij de inkoper een grondige kosten-batenanalyse moet maken, omdat het hier meestal gaat om omvangrijke investeringen.
- Het afsluiten van langetermijncontracten, zodat de inkoper de leveringen zeker kan stellen.
- Het aanleggen van buffervoorraden, zodat de kans op misgrijpen klein is.
- Het uitbesteden van de voorraadpositie aan leveranciers op basis van consignatiecontracten.

3.4.4 Strategische producten en strategische leveranciers

De houding naar leveranciers wordt in dit segment bepaald door gedwongen of vrije winkelnering. Bij gedwongen winkelnering kan de inkoper bijvoorbeeld door patenten of kritische specificaties niet of niet gemakkelijk naar andere leveranciers overstappen. Deze strategische leverancier lijkt daarmee qua karakter veel op een knelpuntleverancier. Bij vrije winkelnering is er de keuze om de samenwerking uit te bouwen of juist af te bouwen, al naargelang de organisatie tevreden is over een leverancier.

Daarbij heeft inkoper als mogelijkheden:
- Het intensiveren van de samenwerking door het gezamenlijk opzetten van programma's voor:
  - kostenreductie;
  - kwaliteitsverbetering;
  - procesverbetering;
  - productontwikkeling.
- Het afbouwen biedt volgende mogelijkheden:
  - Doen van een waardeanalyseonderzoek.
  - Ontwikkelen van alternatieve producten en leveranciers.
  - Zelf gaan produceren van de benodigde producten.

3.5 Klantportfolio of accountportfolio

Vanuit een inkoopportfolio kijkt de inkoper vanuit de eigen organisatie naar de producten, leveranciers en markten; inkoop versus verkoop. Dat is een eenzijdige blik. Hoe zit het met de andere kant? Hoe kijken de leveranciers eigenlijk tegen de opdrachtgever aan? Daarvoor gebruiken de leveranciers het accountportfolio of in goed Nederlands het klantportfolio. Dit klantportfolio is gebaseerd op de volgende dimensies: de mate van aantrekkelijkheid van de klant en de mate van concurrentiepositie waarin de leverancier handelt.

De aantrekkelijke klant
De mate van aantrekkelijkheid van de klant wordt bepaald aan de hand van:
- het (verwachte) verkoopvolume;
- de (verwachte) winstbijdrage;
- de toegang tot nieuwe markten of technologieën;
- het prestigieuze karakter of de aantrekkelijkheid;
- het betaalgedrag;
- de bijzondere eisen of wensen.

De aantrekkelijke leverancier
De concurrentiepositie bepaalt een leverancier aan de hand van het vijfkrachtenmodel van Porter:
- Barrières voor toetreding van nieuwe concurrenten op de markt: Hoe gemakkelijk of moeilijk is het voor nieuwkomers om te gaan concurreren? Welke barrières zijn er?
- Bedreiging van substituten die het eigen product kunnen vervangen: hoe gemakkelijk kun je een product of dienst vervangen, of vooral goedkoper produceren?
- Onderhandelingspositie van afnemers: Hoe sterk is de positie van inkopers? Kunnen zij samenwerken bij het bestellen van grote volumes?
- Onderhandelingspositie van leveranciers: Hoe sterk is de positie van de leveranciers? Zijn er veel of weinig potentiële leveranciers? Is er sprake van een monopolie?
- De hevigheid en aard van de rivaliteit onder bestaande leveranciers: Bestaat er sterke concurrentie tussen de huidige leveranciers? Is er één dominant in sterkte en grootte?

Eerste resultaat samenwerking BMW en Mercedes
BMW en Mercedes hebben de eerste resultaten geboekt in de samenwerkingsonderhandelingen, die nu meer dan een jaar duren. Beide autoproducenten gaan een inkoopsamenwerking aan om kosten te besparen.
Dat meldt het Duitse vakblad *Auto Motor und Sport* zaterdag. Het gaat om de inkoop van basisonderdelen zoals start- en ventilatiesystemen.
Tot een gemeenschappelijke zelfstandige inkooporganisatie zal het echter nog niet komen, meldt het vakblad.

Bron: Auto Motor und Sport, augustus 2008.

3.5.1 Indeling van klanten naar kwadranten
Met de klantportfolio kan de leverancier zijn strategie richting klanten bepalen in de vier kwadranten of segmenten. In figuur 3.2 worden die vier segmenten weergegeven. De inkoper moet ook weten hoe de leverancier tegen zijn organisatie aankijkt.

	Ontwikkelsegment	Kernsegment
Mate van aantrekkelijkheid klant — Hoog / Laag		
	Lastpaksegment	Exploitatiesegment
	Laag	Hoog
	Mate van concurrentiepositie	

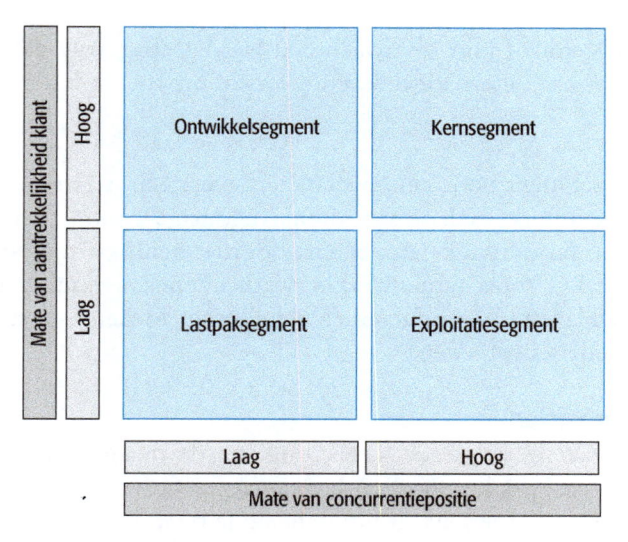

Figuur 3.2 Klantportfolio (Carter, 1995; Van Weele en Rozemeijer, 1999)

Lastpaksegment
Klantenbinding binnen dit segment is moeilijk, omdat de opdrachtgever gemakkelijk en zonder al te veel kosten kan overstappen naar een andere leverancier. Leveranciers richten zich met hun boodschap op het aanbieden van een totaaloplossing en het verbeteren van de bestel-, logistieke en administratieve routines. Klanten stemmen hier hun interne procedures op af en zo ontstaat na verloop van tijd alsnog de door de leverancier gewenste afhankelijkheid.

Ontwikkelsegment
Binnen dit moeilijke en belangrijke segment heeft de leverancier de keuze uit twee richtingen om de hevige concurrentie het hoofd te bieden. Hij kan zijn producten verplaatsen naar het kernsegment. Hij doet dit door waarde toe te voegen aan zijn product door:
- levering van een volledig productassortiment;
- levering van een goede productservice;
- goede leverbetrouwbaarheid en kwaliteit;
- productie uit de keten voor hem over te hevelen naar zijn eigen productieproces.

Bij de tweede richting merkt de leverancier dat hij de concurrentiestrijd verliest en/of te weinig marge maakt, waardoor hij zich genoodzaakt voelt zich terug te trekken en op zoek te gaan naar andere klanten/markten.

Exploitatiesegment
In het exploitatiesegment heeft de leverancier een zekere machtspositie ten opzichte van zijn klant. Met relatief weinig verkoopinspanningen realiseert hij een maximaal resultaat. Het gevaar ligt echter op de loer dat hij zijn machts-

positie te veel uitbreidt of juist te afwachtend is. Met als gevolg dat de klant sneller op zoek gaat naar alternatieve leveranciers of producten.

Kernsegment
Het belangrijkste segment voor een leverancier levert een maximale bijdrage aan de winst en kenmerkt zich verder door langdurige contractuele relaties. Relaties opbouwen en ontwikkelen gebeurt doordat beide partijen er tijd en geld in investeren. Dit soort samenwerkingsverbanden kan resulteren in het gezamenlijk ontwikkelen van producten en het continu zoeken naar efficiency-verbeteringen op allerlei gebieden.

3.5.2 Machtsposities

Op basis van de analyses volgt een inschatting van de relatieve machtspositie van de organisatie ten opzichte van haar leveranciers. Dit wordt bepaald aan de hand van de mate waarin men elkaar nodig heeft. Je bent de zwakkere partij in de relatie met de leverancier als je sterk afhankelijk van hem bent en de sterkere partij als je onafhankelijk bent. Zowel de leverancier als de eigen organisatie kent drie soorten machtsposities, die elk een andere inkoopstrategie vereisen. In figuur 3.3 is dat weergegeven.

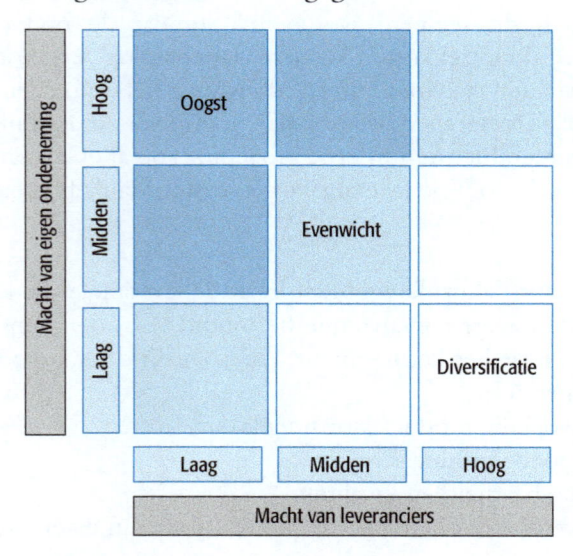

Figuur 3.3 Portfolio strategische producten

Kraljic benoemt drie strategieën, die we hierna uitwerken.

Oogststrategie
Omdat de eigen positie sterker is dan die van de leverancier, kan de inkoper de leverancier steviger benaderen, bijvoorbeeld door:

- het voeren van prijsonderhandelingen op het scherpst van de snede. Veel inkopers smullen van deze strategie;
- het spreiden van inkoopvolume over meerdere leveranciers. Dit betekent wel dat je meer leveranciers moet aansturen;
- het uitbesteden van de voorraad aan de leveranciers en bestellen op afroep. Dat scheelt in de kosten, maar let goed op dat de leverancier adequate voorraadrapportages aanlevert. Anders is het middel erger dan de kwaal.

Evenwichtsstrategie
Bij een machtsevenwicht tussen inkopende en verkopende partij moet de inkoper het zoeken in de samenwerkingsgedachte, bijvoorbeeld op de volgende gebieden:
- het verbeteren van de kwaliteit door bijvoorbeeld:
  - het terugbrengen van het aantal verkeerde leveringen;
  - het terugdringen van het aantal foutieve facturen;
  - het verminderen van het aantal producten dat moet worden afgekeurd.
- het verkorten van de doorlooptijd. Sneller de bestelling bij de leverancier krijgen via een elektronisch bestelsysteem of snellere leveringen, door bijvoorbeeld te werken met een voorspelling van de behoeften.
- meer aandacht schenken aan proces- of productinnovatie, waarvoor de organisatie niet een paar weken, maar zeker een paar maanden of jaren moet uittrekken.

Op deze strategie komen we in paragraaf 3.7 nog terug.

Diversificatiestrategie
Dit is de strategie die de inkoper moet volgen als de organisatie sterk afhankelijk is van de leverancier, bijvoorbeeld in een markt met slechts enkele aanbieders of in een monopolie. De aandacht moet uitgaan naar het ontwikkelen van een goede relatie met de leverancier. Dit kan men realiseren door bijvoorbeeld:
- het houden van strategische voorraden op de eigen locatie, waardoor de organisatie niet zo snel mis zal grijpen;
- het afsluiten van jaarcontracten, waardoor de organisatie minimaal een jaar verzekerd is van leveringen;
- het zoeken naar nieuwe leveranciers en/of producenten die dezelfde producten kunnen leveren, waardoor mogelijk de afhankelijkheid vermindert;
- het zoeken naar alternatieve leveranciers, vervangende producten en/of vervangende materialen, waarbij absoluut de hulp nodig is van interne klanten. Zij beschikken over de inhoudelijke kennis van de producten. Het is een mooi aanknopingspunt voor interne samenwerking en voor verbetering van de positie van de inkoopfunctie;
- het zelf fabriceren van de gewenste producten. Dit is de meest ingrijpende maatregel, omdat het over het algemeen nogal wat investeringen vergt. Omdat het hier strategische beslissingen betreft, is het zeker de moeite waard dit te overwegen.

3.6 In vijf stappen naar een inkoopportfolio

Verschillende analysegegevens zijn nodig voor de opzet en de invulling van een inkoopportfolio. Een spend-analyse is alleen een weergave van feiten en geeft geen richting voor product- of leverancierstrategie. Juist daarvoor is de portfoliobenadering nodig. De drie meest voorkomende inkoopportfolio's zijn: het inkoopportfolio, ook wel producten/dienstenportfolio genoemd, het leveranciersportfolio en het klantenportfolio (accountportfolio).

Strategisch leveranciersbeleid vereist structuur en ook het opzetten van een inkoopportfolio kan niet zonder. In het stappenplan van Gelderman (2003) worden de benodigde activiteiten beschreven:
1. voorbereiding;
2. ontwerp en vullingsmatrix;
3. interpretatie van de resultaten;
4. strategische acties;
5. evaluatie en vervolgacties.

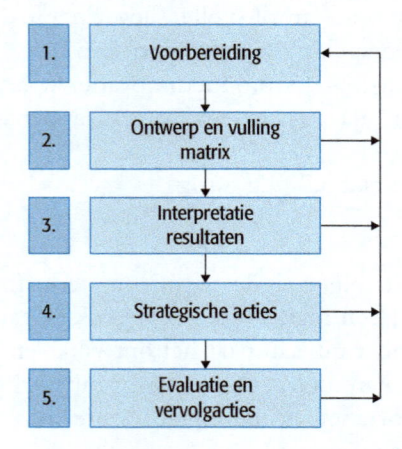

Figuur 3.4 Stappenplan voor een inkoopportfolio (Gelderman, 2003)

3.6.1 Voorbereiding

Het opzetten van een portfolio lukt niet in een verloren halfuurtje. Het is belangrijk een grondige voorbereiding en planning te hebben. Dit voorkomt dat overbodige informatie wordt verzameld en/of dat er geen draagvlak is voor het uitvoeren van de acties.

In de voorbereiding dienen in ieder geval de volgende vragen aan de orde te komen: Wat wil het management bereiken met de portfolioanalyse? Waarom voert men de analyse uit en voor wie doet de inkoopmanager het? Welke informatie is nodig voor de portfolioanalyse en waar haalt men die informatie vandaan? Welk budget en welke capaciteit zijn beschikbaar voor het uitvoeren van de portfolioanalyse? Pas als die gegevens bekend zijn, kan men de diepgang van de analyse bepalen. Welke personen gaan het uitvoeren en welke personen gaat men erbij betrekken, omdat zij te maken krijgen met de consequenties van de uitvoering?

Voor het creëren van draagvlak is het belangrijk dat de analyse niet alleen door inkopers wordt uitgevoerd. Verder is het verstandig om met een 'veilige' proefanalyse te beginnen, zoals een voor kantoorartikelen.

3.6.2 Ontwerp en vullen matrix

Na de voorbereiding begint het eigenlijke werk: het opzetten en het vullen van een matrix. Dit vindt plaats aan de hand van drie vragen:
1. Wat is het aggregatieniveau van de analyse?
2. Welke variabelen worden gebruikt?
3. Hoe worden de gegevens gemeten en geanalyseerd?

Aggregatieniveau
De belangrijkste vraag in de ontwerpfase gaat over het aggregatieniveau van de matrix. Het aggregatieniveau bepaalt het type en de mate van detailniveau van de analyse. Analyses kunnen op de volgende niveaus worden uitgevoerd:
- leveranciers;
- productgroepen;
- artikelgroepen;
- artikelnummers;
- grondstoffen of halffabricaten;
- externe klanten;
- interne klanten (landen, locaties binnen een land, businessunits, afdelingen);
- uitbestede diensten (logistiek, transport, distributie).

De mogelijkheden zijn eindeloos en de werkzaamheden dus ook. Er zal een keuze gemaakt moeten worden, wil men niet ten ondergaan aan de portfolioanalyse.

Uitgaande van de doelstellingen, de randvoorwaarden en de beschikbare tijd en middelen van de mensen, moeten de volgende vragen aan de orde komen om het gewenste detailniveau te bepalen:
- Is de analyse nog werkbaar? Als men op artikelniveau aan de slag gaat, moet men misschien wel honderd artikelen in een portfolio plaatsen. Dat is heel veel werk, kost heel veel tijd en gaat ten koste van het inzicht.
- Is de analyse qua tijd en kosten nog haalbaar? Een verregaande detailanalyse kost veel tijd en geld.
- Zijn de verkregen inzichten nog relevant? Als de inkoper groepen gaat samenvoegen (bijvoorbeeld alle onderdelen bij elkaar in één artikelgroep), dan verliest de inkoper misschien relevantie, omdat hij eigenlijk geen uitgewerkt oordeel kan geven over de grote groep onderdelen.

Variabelen
Geen enkele organisatie heeft dezelfde portfolio-indeling en zelfs binnen een organisatie kunnen er verschillen optreden, omdat niet iedereen dezelfde definitie hanteert voor 'invloed op het resultaat' of 'toeleveringsrisico'. Het is daarom nodig om iedereen op één lijn te krijgen. Kraljic hanteerde zelf een aantal factoren die van invloed is op beide dimensies:

- Mate van invloed op het financieel resultaat (profit impact):
  - inkoopvolume;
  - percentage van het totale inkoopvolume;
  - de kwaliteit van het product;
  - de marktgroei.
- Mate van toeleveringsrisico (supply risk):
  - beschikbaarheid/schaarste;
  - aantal mogelijke leveranciers;
  - substitutiemogelijkheden aanwezig;
  - uitbestedingsoptie realiseerbaar.

In de praktijk blijken veel analyses op de verticale as (invloed op financieel resultaat) voor het gemak niet verder te gaan dan het inkoopvolume. Deze gegevens zijn eenvoudig beschikbaar. Daar is niets op tegen, zeker niet als men net begint. De horizontale as (toeleveringsrisico) levert wat meer moeilijkheden op, omdat het begrip risico van meer factoren afhankelijk is.

Meetmethoden
Na het bepalen van de variabelen stelt de inkoper vast welke meetmethode hij gaat hanteren. In de praktijk komt dat neer op een keuze uit een van de volgende veelgebruikte methoden, zoals beschreven door Gelderman (2003):
- De een-op-eenmethode: als je snel wilt werken, kies je voor deze methode. Voor elke dimensie kies je één bepalende factor. Inkoopvolume verticaal en het aantal leverende leveranciers horizontaal. Beter nog: het aantal mogelijke leveranciers, omdat dit een betere weergave is van de werkelijkheid.
- De consensusmethode: je bereikt overeenstemming over welke variabelen je neemt en hoe je deze gaat meten, door het houden van een groepsdiscussie. Zo kun je inzichten delen en op basis van hoor en wederhoor uiteindelijk een gezamenlijke keuze maken. Voor de inkoopstrategievorming is dit keuzeproces een logisch onderdeel.
- De gewogen factorscoremethode: de inkoper maakt per dimensie gebruik van twee of meer onderliggende factoren en je kent als individu en als groep aan iedere factor een score toe, bijvoorbeeld van 1 tot 5. Deze scores geef je vervolgens een wegingsfactor, waardoor men deze ook ten opzichte van elkaar kan meten. Ook deze wegingsfactoren komen tot stand door gezamenlijke afstemming. Het gevaar van deze methode is de complexiteit. Hierdoor zou je het overzicht kunnen verliezen.

Een lastig onderdeel van de portfolioanalyse is dat je moet aangeven of iets laag of hoog scoort. Waar ligt de grens? Eén ding staat vast: deze grens zal altijd arbitrair en subjectief zijn. Is voor het definiëren van het toeleveringsrisico een aantal van twee leveranciers hoog of ligt die grens bij vier of vijf leveranciers?

3.6.3 Interpretatie van resultaten

Het interpreteren van de resultaten is van doorslaggevend belang voor het succes van het opzetten van de portfolio.

Portfolio verbeteren
De eerste stap die de inkoper maakt is het bezinnen op de gevonden resultaten en daar dient iedereen die zijn steentje heeft bijgedragen aan het invullen van de matrix bij betrokken te zijn. Subjectiviteit is een van de beperkingen van de portfoliobenadering, net als het gegeven dat je vooraf niet alle factoren goed kunt inschatten. De inkoper moet alle resultaten nog eens kritisch bekijken. Klopt het beeld dat hij had met de verwachtingen? Wat is daarvan de reden? Kan of moet er bijgesteld worden of niet? Vragen die allemaal aan de orde moeten komen bij deze stap. Daarbij is het geen kwestie van goed of fout, maar meer de vraag hoe de organisatie het portfolio kan verbeteren door het voeren van een goede discussie. Deze fase is dus een belangrijke bij de portfolioanalyse. De strategische discussies leiden tot het uitwisselen van inzichten en uiteindelijk op basis van consensus tot het aanpassen van de resultaten.

Portfoliogegevens relateren aan de markt
Vervolgens relateert de inkoper de portfoliogegevens aan de situaties op de verkoopmarkt van de organisatie. Uitzondering hierop vormen de non-profitorganisaties en de overheden, die minder te maken hebben met marktwerking en concurrentie.

> Albert Heijn heeft te maken met een commoditymarkt. Dit betekent lage marges, grote volumes en een vechtersmarkt. Wie herinnert zich niet de 'meningsverschillen' van Albert Heijn met Coca-Cola en Peijnenburg over de prijs van producten op het schap? Dit vloeit voort uit het karakter van de commoditymarkt. Voor de inkopers van Albert Heijn resulteert dit in concurrentiestelling, competitive bidding en stevige onderhandelingen over prijzen en marges.

Nu alle posities in de matrix goed zijn ingevuld, kan de inkoper door naar de volgende stap: de consequenties bepalen van de scores. En ook dat doet men weer aan de hand van een aantal vragen. Zijn de gescoorde posities positief of nadelig voor onze organisatie? Welke risico's zijn voor de organisatie wel of niet aanvaardbaar? En als ze onaanvaardbaar zijn, hoe kun je de risico's beperken? Vooral deze laatste activiteit biedt vele mogelijkheden, omdat elk risico weer op een andere manier moet worden aangepakt. Meer uitbesteding en samenwerking leiden tot meer onderlinge afhankelijkheid. Dit betekent dat een verstoring op één plek in de keten sneller doorwerkt in de rest van de logistieke keten. Maar organiseert men dit goed en is de samenwerking efficiënt, dan creëert de organisatie juist een zeer robuust netwerk.

3.6.4 Strategische acties

Strategische acties volgen uit een portfoliobenadering. De inkoper koppelt de resultaten aan (inkoop)doelstellingen, strategische (inkoop)keuzes en concrete (inkoop)acties. Het woord 'inkoop' staat hier tussen haakjes, omdat inkoop niet alleen verantwoordelijk is voor de uitvoering van strategische acties. Het is de gezamenlijke verantwoordelijkheid van de gehele organisatie.

Voorbeelden van concrete inkoopdoelstellingen die voortkomen uit de portfolioanalyse:
- Het aantal artikelen in de kwadranten strategisch en knelpunt dient binnen 1,5 jaar met 10 procent te worden verminderd.
- Hefboomproduct A moet binnen 1 jaar terug te vinden zijn in de categorie strategisch.
- Knelpuntproduct B dient binnen 2 maanden een routineproduct te zijn.
- Het aantal strategische producten dient qua inkoopvolume minimaal 20 procent van het totaal inkoopvolume uit te maken.

Let wel: men hoeft niet altijd van het ene kwadrant naar het andere kwadrant te verhuizen om een resultaat tot stand te brengen. Dezelfde positie in het huidige kwadrant consolideren kan ook als doelstelling worden afgesproken.

Het inkoopactieplan moet niet alleen volgens het SMART-model zijn opgesteld, ook moeten de doelstellingen erin terugkomen. Vanzelfsprekend geeft de inkoopmanager ook aan hoe men die doelstellingen denkt te gaan realiseren.

Daarbij moet het management rekening houden met de vraag of omstandigheden deze strategische reacties mogelijk maken en of verbeteringen al dan niet nodig zijn. De inkoopmanager moet in ieder geval rekening houden met de bedrijfsstrategie, de ontwikkelingen op de leveranciersmarkten en de prestaties, mogelijkheden en intenties van de leveranciers.

3.6.5 Evaluatie en vervolgacties

De laatste fase van het stappenplan is zeker niet het eind van het portfoliotraject. Integendeel, het is eigenlijk het begin, want gedurende de analyse van verschillende categorieën stelt de inkoopmanager tussentijdse rapportages op en vindt er voortgangsbewaking plaats. Duidelijk is in ieder geval dat het eenmalig uitvoeren van de portfolioanalyse een momentopname is. De analyse wint echt aan waarde als deze regelmatig herhaald wordt. Pas dan is het mogelijk om effecten en resultaten te zien van de strategische acties die zijn uitgezet. De eerste keer kost het uitvoeren van een portfolioanalyse veel tijd en energie.

Voor een betere toepassing van de analyse is het belangrijk deze te integreren in het proces van planning en control. Dit betekent minimaal één keer per jaar de analyse herhalen, maar ook bij belangrijke ontwikkelingen of beslissingen binnen of buiten de eigen organisatie. De strategische discussies binnen de organisatie over de inkoopstrategie leiden tot het uitwisselen van inzichten en uiteindelijk op basis van consensus tot betere inkoopprestaties.

3.7 Samenwerking met leveranciers

Betere inkoopprestaties worden steeds vaker in nauwe samenwerking met leveranciers geregeld. Dat geldt bij hefboomproducten en hefboomleveranciers, maar ook bij knelpuntproducten en kritieke leveranciers. Dan moet het management wel eerst goed nadenken over met welke leveranciers die samenwerking het beste kan starten. Vragen bij de samenwerking met leveranciers zijn bijvoorbeeld: Voor welke producten moet het aantal leveranciers worden uitgebreid of verminderd? Welke verbeteringen kunnen we bereiken met welke leveranciers? Het gaat hierbij om de inkoopstrategie en de contractstrategie.

3.7.1 Inkoopstrategie

Bij de inkoopstrategie spelen keuzes over:
- **Globale of lokale inkoop**
  Moet de organisatie voor een product een internationale oriëntatie bij het selecteren van leveranciers nastreven of volstaat een nationale oriëntatie waarbij alleen lokale leveranciers worden bekeken? Dit is afhankelijk van het soort product. Factoren die voor lokale inkoop pleiten, zijn de wijzigingsgevoeligheid van het product, logistieke flexibiliteit en persoonlijke communicatie. Factoren die voor globale inkoop pleiten zijn prijsverschillen, volumes en de arbeidskosten als onderdeel van de kostprijs. Naarmate een product of dienst een grotere invloed heeft op het financieel resultaat van de organisatie kan het lonen om globaal in te kopen en daarmee een betere inkoopprijs te realiseren.
- **Inkoop bij één of meerdere leveranciers**
  Wil men het product van één leverancier betrekken (zogenoemde *single sourcing*) of wil men altijd over meer dan één leverancier beschikken? Wellicht betrekt de organisatie een bepaald product van één leverancier en is er hierdoor een grote afhankelijkheid, die men wil verminderen. Een voordeel van inkoop bij één leverancier is de grotere betrokkenheid van de leverancier, die dan geneigd is zijn klant met grotere openheid tegemoet te treden. Omdat de klant vaak afhankelijk is van een enkele leverancier wil hij deze leverancier intensief bij zijn eigen inkoop betrekken. Nadelen zijn dat er op den duur verlies aan scherpte kan optreden bij de leverancier, men langzaam het contact met de leveranciersmarkt verliest en dat het gevaar van een te grote afhankelijkheid optreedt. In geval van calamiteiten in de aanvoer is de continuïteit van de productie in gevaar. Het concentreren van

de inkoop bij één of slechts enkele leveranciers past goed bij strategische producten, routineproducten en bottleneckproducten. Bij hefboomproducten loont het de moeite te 'shoppen' bij vele leveranciers.
- **Samenwerking of concurrentiestelling**
Wil men het product kopen bij een leverancier met wie men een samenwerkingsrelatie nastreeft of wil men de leverancier wat meer op afstand houden en regelmatig door het aanvragen van concurrerende offertes scherp houden? Juist bij hefboomproducten is concurrentiestelling belangrijk vanwege de grote invloed van de inkoopprijs op het financiële resultaat van de organisatie. Vooral bij bottleneckproducten en strategische producten is samenwerking nodig om de risico's verbonden aan de inkoop te beheersen.

3.7.2 Contractstrategie

De samenwerkingsrelatie heeft gevolgen voor de wijze van samenwerking, de benodigde informatie en de contractafspraken. Een contractstrategie vraagt van het management een afweging van:

- **Contractaankopen of aankopen op spot-basis**
Bepaald moet worden of het totale volume onder contract moet worden gebracht of dat een deel van het volume op spot-basis (tegen de dan geldende marktprijzen) zal worden gekocht. Kopen onder contract heeft als voordeel dat het volume tegen een vooraf bepaalde prijs gekocht wordt. Voordeel is ook dat men zeker is van levering. Het nadeel van het afdekken van het totale volume onder een contract is dat men het gevoel en contact met de markt kwijtraakt. In geval van te verwachten prijsstijgingen is het beter zo veel mogelijk van het volume met een contract in te dekken. In geval van te verwachten prijsdalingen geldt het omgekeerde. In de regel kiezen organisaties voor een combinatie van beide, afhankelijk van de kenmerken van het in te kopen product of dienst. Contractaankopen passen goed bij strategische producten, routineproducten en bottleneckproducten. Bij hefboomproducten loont het de moeite te 'shoppen' bij vele leveranciers en op spot-basis te kopen.
- **Prijsovereenkomst of prestatiegericht contract**
Wat voor een contract wil je afsluiten? Gaat het alleen om een prijsovereenkomst op basis van de algemene inkoopvoorwaarden? Dit kan het geval zijn als een grondstof tegen standaardkwaliteiten moet worden gekocht. Of wil men juist een gedetailleerd contract afsluiten met afspraken over ingebruikneming, testen, leveringstijd, garanties en dergelijke? Het laatste geldt voor de inkoop van specifieke technische apparatuur. Bij inkoop van installatie- en onderhoudsdiensten gaat men steeds vaker over tot het afsluiten van zogenoemde Service Level Agreements, waarbij met de leverancier afspraken worden gemaakt over de beschikbaarheid van capaciteiten en functies. Vooral bij bottleneckproducten en strategische producten is samenwerking

nodig om de risico's verbonden aan de aankoop te beheersen; prestatiegerichte contracten ondersteunen dat.

Er zijn drie manieren om verbeteringen te bereiken in de inkoop, namelijk het aanscherpen van contractafspraken, het concurrentie stellen onder bestaande en nieuwe leveranciers en het stroomlijnen van de relatie met leveranciers door samenwerking. Hierbij worden doelstellingen met de leverancier afgesproken over kostprijsverlaging, kwaliteitsverbetering, doorlooptijdverkorting, voorraadniveaus, uitwisseling van planningsgegevens en verbetering van de servicegraad. Vaak worden deze doelstellingen voorbereid door teams die samengesteld zijn uit specialisten van de diverse disciplines. Ook de leverancier benoemt een dergelijk team. Het doel is door het uitwisselen van ideeën tot verbeteringen te komen. Ook kunnen verbeteringen worden bereikt door vroegtijdig afspraken te maken over en weer over de kwaliteitseisen die moeten leiden tot *zero defects*-leveringen, wat leidt tot minder ingangscontrole en kwaliteitskeuring bij de klant. Door kennis en ervaring van de leverancier vroegtijdig in het productontwikkelingstraject te gebruiken, kan de tijd om producten op te markt te introduceren worden verkort en kunnen fouten en kosten verbonden aan wijzigingen worden verminderd. Slimme inkoopmanagers zien leveranciers als het verlengstuk van hun eigen organisatie en die even goed, zo niet beter, moeten worden aangestuurd.

Afstemming van de logistieke processen
Het gaat erom goed na te denken wie in de logistieke keten het beste een bepaald proces kan uitvoeren. In de automobielindustrie werken sommige leveranciers in de fabriek van de klant om hun eigen onderdelen in de auto te zetten. Of een computerleverancier besteedt de assemblage van de pc's uit aan een logistieke dienstverlener.

Afstemming van de planning
Bij afstemming van de planning delen klant en leverancier hun planningsinformatie. Bij het concept Collaborative Planning Forecasting and Replenishment (CPFR) delen de partners gegevens over de vraagvoorspelling, verkopen en voorraden waardoor ze in staat zijn werkzaamheden op elkaar af te stemmen. 'Collaborative' betekent dat de partners in de logistieke keten het samen doen. 'Planning' omvat het ontwikkelen van een gezamenlijke overeenkomst en jaarplannen waarin de uitgangspunten, reikwijdte en doelstellingen van CPFR worden vastgelegd, de prestatie-indicatoren voor het volgen en evalueren van de handelsrelatie, ondernemingsplannen, marketingplannen, promotieplannen en informatie over het introduceren van nieuwe producten. Verder worden het assortiment, processtappen, taken, verantwoordelijkheden en bevoegdheden vastgelegd. 'Forecasting' omvat het gezamenlijk voorspellen van klantvraag op het niveau van de logistieke keten. 'Replenishment' is de afstemming van de logische uitvoering op afdelingsniveau. Dat is het gezamenlijk vaststellen van

de te produceren en te leveren orders en het opstellen van de planning voor transport en distributie. Door de beperkte magazijnruimte, korte levertijden en hoge transportkosten leidt samenwerking en afstemming ook in distributie en transport tot verbeteringen. Informatie wordt uitgewisseld tussen de handelspartners over voorraadgegevens, scangegevens en voorspellingen, productie- en capaciteitsplannen en levertijden.

Afstemming van de ict
Intensieve samenwerking tussen leveranciers en klanten stelt hoge eisen aan de communicatie. De hoeveelheid uit te wisselen informatie neemt toe en de eisen ten aanzien van snelheid en nauwkeurigheid van communicatie en de verwerkingssnelheid zijn veel hoger. Te langzame verwerking van JIT (*just in time*)-afroepen of onnauwkeurigheid in de orderafhandeling leidt bijvoorbeeld direct tot productiestilstand bij de klant of lege schappen in de winkels.

Intensieve samenwerking is praktisch gesproken alleen mogelijk met ict. De vereiste externe communicatie kan niet handmatig worden verwerkt. De hoge frequentie en het grote volume van de communicatie is alleen snel en foutloos te verwerken wanneer dit geautomatiseerd gebeurt. EDI maakt een versnelling van de processen in de keten en een efficiënte en effectieve beheersing van goederenstromen mogelijk. Een bijzondere vorm van EDI is Electronic Fund Transfer (EFT). Dat is het elektronisch verzamelen, consolideren en communiceren van financiële gegevens tussen bedrijven in de keten en hun banken. Zo kan ook de afhandeling van facturen efficiënter plaatsvinden. Een mogelijkheid is het zogenoemde *reversed invoicing* of *self billing*, waarbij de klant een bon stuurt naar de leverancier met daarop de producten die daadwerkelijk ontvangen zijn, samen met de betaling.

Afstemming van de logistieke organisatie
Een belangrijke vraag is wie welke beslissingen in de logistieke keten neemt. Een veel toegepast concept is Vendor Managed Inventories (VMI). VMI betekent dat de leverancier verantwoordelijk is voor het voorraadbeheer bij de klanten en dus zelf beslist welke producten op welk moment aan de klant worden geleverd. VMI vindt toepassing onder meer bij winkelorganisaties, de elektronica-industrie en de automobielindustrie waar de 'just in time'-levering van onderdelen met VMI gaat. Na invoering van EDI is de technische realisatie van VMI eenvoudig. De inspanningen voor VMI liggen vooral in het opbouwen van de relatie tussen de leverancier en de klant. De klant vertrouwt de leverancier belangrijke verkoopgegevens toe en verwacht dat de leverancier deze gegevens alleen gebruikt voor logistieke samenwerking en niet voor andere doeleinden. Bij VMI gaat de klant ervan uit dat de leverancier beter in staat is de voorraadaanvulling te regelen dan de klant zelf.

3.7.3. Vormen van samenwerking

Relaties met leveranciers ontwikkelen zich in de loop van de tijd van incidentele leverancier tot een relatie als toeleverings- of ontwikkelingspartner. De kenmerken van de contractvorm, de tijdshorizon en de logistiek van de diverse relaties staan in figuur 3.5. Vooral bij bottleneckproducten en strategische producten is een meer intensieve samenwerking nodig om de risico's verbonden aan de inkoop te beheersen en om samen te werken aan het beste financiële resultaat voor de partners.

	Leverancier	Voorkeurs-leverancier	Toeleverings-partner	Ontwikkelings-partner
Typering relatie	– Operationeel	– Operationeel	– Tactisch	– Strategisch
Tijdshorizon	– Korte termijn	– Een jaar	– Middellang	– Lange termijn – Afstemming en instemming
Kwaliteit	– Conform eisen uitbesteder	– Conform eisen uitbesteder	– Afstemming + check	– QA bij leverancier (ontwerpkwaliteit)
	– QC bij uitbesteder	– QC bij uitbesteder en leverancier	– QA bij leverancier (proceskwaliteit)	– Gekoppelde systemen
Logistiek	– Orders	– Raamcontracten en oproeporders	– Afgestemde logistieke systemen	– EDI
Contractvorm	– Order tot order	– Raamcontracten (éénjarig)	– Raamcontracten (meerjarig)	– Ontwikkelings-contracten – 'Life of type'-verantwoordelijkheid
Prijs	– Prijs	– Prijs + kortings-staffel	– Prijs + kosten-reductie-programma	– Open kostprijs-calculatie

Figuur 3.5 Ontwikkeling van leveranciersrelaties: van leverancier naar ontwikkelingspartner

3.8 Samenvatting

Klanten delen hun leveranciers in met de zogenoemde Kraljic-matrix en bepalen vervolgens hun inkoopstrategie. Die strategie bepaalt weer de logistieke service die klanten verwachten. De matrix onderscheidt vier productsegmenten. Het inkooppakket wordt naar productgroepen gesegmenteerd op basis van twee criteria, te weten mate van invloed op het financiële resultaat (profit impact) en het risico dat voor de organisatie verbonden is aan de aankoop van het product of de dienst (supply risk). Dit resulteert in vier groepen, te weten hefboomproducten, strategische producten, routineproducten en bottleneckproducten met elk hun eigen inkoopstrategie.

De toepassing van inkoopportfolio's brengt de niet-inkoopspecialisten vanuit verschillende disciplines binnen een organisatie tot elkaar. De drie meest voorkomende inkoopportfolio's zijn: het inkoopportfolio, ook wel producten/-

dienstenportfolio genoemd, het leveranciersportfolio en het klantenportfolio (accountportfolio).

Met inkoopportfolio's hebben de verschillende disciplines een gemeenschappelijk uitgangspunt bij advisering over de huidige situatie en mogelijke verbeteringen. Een bijkomend positief effect is dat het inkoop- en leveranciersmanagement hoger op de agenda wordt geplaatst en dat je kunt aantonen welke bijdrage het levert aan het resultaat en de concurrentiepositie van de organisatie.

Toetsvragen

1. Wat is het nut van het gebruiken van een inkoopportfolio?
2. Wat waren de twee doelstellingen die Kraljic hanteerde bij het opbouwen van zijn inkoopportfolio?
3. Noem ten minste vier aspecten van de mate van invloed op het financieel resultaat die een productcategorie heeft.
4. Noem ten minste vier aspecten van de mate van toeleveringsrisico van een productcategorie.
5. Welke vier productcategorieën beschrijft Kraljic? Geef in eigen woorden een korte beschrijving van elk van deze categorieën.
6. Wat is het verschil tussen een oogststrategie, een evenwichtsstrategie en een diversificatiestrategie?
7. Welke kenmerken heeft het inkoopbeleid bij hefboomproducten?
8. Welke kenmerken heeft het inkoopbeleid bij routineproducten?
9. Hoe gaat een organisatie om met kritieke leveranciers bij knelpuntproducten?
10. Hoe deelt de leverancier zijn klanten in op basis van het klantportfolio?

Eindcase

Inkoop in de gezondheidszorg

De oorsprong van We Care Groep gaat terug naar 1993. Een aantal stichtingen die het beheer voerde over voorzieningen voor mensen met een lichamelijke en verstandelijke handicap fuseerden in 1993 tot de nieuwe organisatie We Care. Het betrof kleine woonvormen, dagactiviteitencentra en gezinsvervangende tehuizen. We Care is tegenwoordig een zorginstelling die, vanuit 53 locaties verspreid over Nederland, zorg en dienstverlening biedt aan kinderen, jongeren en volwassenen met een lichamelijke, verstandelijke of een meervoudige handicap of met niet-aangeboren hersenletsel. Het aanbod van We Care loopt uiteen van ondersteuning bij het wonen in de thuissituatie tot 24-uurs zorg in een woonvoorziening.

De missie van We Care is:
We Care levert op basis van de persoonlijke vraag van mensen met een handicap een zo goed mogelijk aanbod van zorg- en dienstverlening. Omdat niemand hetzelfde is... Essentieel is: wederzijds respect tussen cliënten en medewerkers.

Na de fusie heeft de Raad van Bestuur Integraal Management als managementfilosofie gekozen. Integraal Management is van toepassing op het operationele niveau in de persoon van de locatiemanager op elk van de 53 locaties. De locatiemanager draagt de verantwoordelijkheid voor de organisatie van het operationele proces, voor de middelen en de personeelszorg. Dit houdt in dat de directie niet of minder betrokken is bij beslissingen op operationeel niveau. Het wenselijke resultaat van deze managementfilosofie is dat de zorg zo effectief en efficiënt mogelijk wordt verleend.

Uit een analyse van het budget van We Care blijkt dat 79 procent wordt besteed aan personeelskosten en overige kosten, namelijk 81 miljoen euro. De overige kosten bestaan uit kosten voor de inkoop van goederen en diensten. Tabel 3.2 geeft de onderverdeling van de inkoopkosten van We Care weer.

Het procentuele aandeel van de goederen bedraagt 28 procent van de totale inkoopwaarde. Voeding neemt in de inkoopwaarde een dominante positie in. De groep hulpmiddelen kenmerkt zich door een sterk op de cliënt gericht karakter. Deze producten worden hoofdzakelijk op order besteld voor individuele cliënten.

Soort goederen	Procentueel aandeel	Aantal leveranciers
Voedingskosten	36,2 %	83
Hulpmiddelen	26,9 %	49
Inrichting en meubilair	10,1 %	37
Medicijnen, verbandmiddelen	8,8 %	32
Linnenvoorziening	4,8 %	10
Disposables	4,4 %	2
Kantoorartikelen	4,0 %	24
Uitzendkrachten	1,7 %	28
Bloemen en planten	1,2 %	25
Tijdschriften	0,9 %	4
Drukwerk	0,6 %	6
Boeken	0,4 %	15
Totaal	100 %	

Tabel 3.1 Inkoopwaarde per productgroep gespecificeerd

Analyse huidige inkoop en logistieke proces
Op dit moment heeft We Care nog geen expliciete doelstellingen voor inkoop en logistiek. In het Strategisch Plan van het management van We Care worden wel aanwijzingen gegeven welke richting We Care met inkoop uit wil.
De organisatie moet slagvaardiger en transparanter worden om de consument een kwalitatief hoogwaardige (maat)dienst te kunnen leveren tegen een concurrerende prijs. De doelmatigheid en de efficiency dienen dus opgevoerd te worden.

Relevante doelstellingen voor de inkoop van We Care zijn volgens het management van We Care:
- goedkoper inkopen;
- benodigde tijd en moeite voor inkoop, goederenontvangsten en bijbehorende administratieve processen verminderen;
- service naar cliënten vergroten;
- betere informatievoorziening voor de betrokkenen;
- verhogen kostenbewustzijn en bewustmaking van besparingspotentieel in de organisatie
- meer expertise op gebied van inkoop en logistiek binnenhalen of ontwikkelen.

Vragen

1. Over inkoop en logistiek in de gezondheidszorg is enkele jaren geleden het 'rapport Bakker' verschenen. Zoek dit rapport op internet op. Welke boodschappen geeft dit rapport voor het management van We Care?
2. Welke gegevens moet We Care eerst verzamelen om de producten en diensten die We Care inkoopt in te kunnen delen in het producten/dienstenportfolio?
3. Deel de verschillende producten en diensten die We Care inkoopt in op basis van het producten/dienstenportfolio (op basis van de gegeven informatie en discussie met jouw studiegenoten).
4. Geef het management van We Care advies over de inkoopstrategie voor elk van de kwadranten in het portfolio.
5. Geef een oordeel of de doelstellingen van We Care voor het verbeteren van de inkoop de juiste verbeterpunten zijn. Mis je bepaalde doelstellingen?

Deel 2

Het tactische inkoopproces en de praktische toepassing

Het tweede deel laat zien hoe de inkoopstrategie en het –beleid worden vertaald naar concrete activiteiten. De onderdelen hiervoor zijn hier terug te vinden.

Hoofdstuk 4 gaat in op het vaststellen van de (interne) klantenbehoefte, waarbij vanaf dat moment de regie over het inkoopproces door de inkoper wordt overgenomen. Samen met zijn interne klanten selecteert de inkoper vervolgens de leveranciers en neemt hij zijn verantwoordelijkheid door te onderhandelen over prijzen en leveringscondities (hoofdstuk 5). Dit deel sluiten we af met hoofdstuk 6 over het contracteren van de leveranciers: het vastleggen van de wederzijdse rechten en verplichtingen die de basis vormen voor leveranciersprestaties en daarmee ook de resultaten van een organisatie.

Hoofdstuk 4

De rol van de interne klant in de inkoop

Leerdoelen
- Het begrijpen van de rol van de interne klant in de inkoop.
- Het onderzoeken van inkoopverwachtingen van klanten.
- Het kunnen onderscheiden van verschillende inkoopsituaties.
- Het communiceren met interne klanten over inkoop.

4.1 Inleiding

Waar zouden we zijn zonder de klant? Een variant van de bekende slogan van de NS: 'Waar zouden we zijn zonder de trein?' Natuurlijk zijn er nog organisaties zonder aparte inkoopfunctie. Die organisaties functioneren prima. Misschien iets minder efficiënt, omdat ieder voor zich steeds het inkoopwiel uitvindt. Of ze maken de bekende fouten: medewerkers benaderen vaak dezelfde leveranciers, sluiten geen contracten af, lopen dus grote risico's als er iets fout gaat en betalen te hoge prijzen omdat er geen volumebundeling plaatsvindt. Zonder de inkoopfunctie komt de interne klant ook op zijn bestemming, alleen duurt het wat langer en kost het wat meer tijd en geld. De inkoper moet zijn toegevoegde waarde voor de klant duidelijk maken en daarvoor moet hij de eisen en wensen van die klant goed kennen. Een planmatige en doelmatige benadering van interne klanten leidt tot betere inkoopprestaties.

In paragraaf 4.2 bespreken we hoe de inkoper de interne klant kan managen. Een planmatige en doelmatige benadering van interne klanten leidt tot meer efficiëntie en effectiviteit van de inkoopactiviteiten en de daarbij behorende resultaten. Dit staat centraal in paragraaf 4.3. Het type koopsituatie bepaalt mede de rol van de klant bij het inkoopproces (paragraaf 4.4). Als er behoefte bestaat aan een nieuw product of dienst, voer je een inkoopmarktonderzoek uit (paragraaf 4.5) vooruitlopend op de eerste echte stap in het inkoopproces: de specificatiefase. Die wordt toegelicht in paragraaf 4.6. Met de interne klant maakt de inkoper afspraken over de selectie- en gunningscriteria. Deze criteria bespreken we in paragraaf 4.7. Na het specificeren kan de offerteaanvraag worden opgesteld. Deze behandelen we in paragraaf 4.8.

4.2 Klantmanagement

We kunnen het klantmanagement noemen of de verkoopterm accountmanagement overnemen. Van een accountmanager in de verkoop wordt verwacht dat hij door een goede acquisitie en goed relatiebeheer een grote omzet genereert. Voor een inkoper geldt hetzelfde, maar dan richting interne klant. Via 'acquisitie' en relatiebeheer probeert de inkoopmanager inkoopvolume bij de inkoopafdeling onder te brengen. Het is daarom nuttig de tactieken die de verkoper bij de inkoper toepast, ook voor het interne klantcontact in te zetten.

4.2.1 Accountplanning

Veel draait om de klant. Tegenwoordig handelt een accountmanager aan de verkoopkant op hoog niveau. Kwantitatief, in de vorm van bezoeken en aantallen uitgebrachte offertes. Kwalitatief, omdat hij accountplanning toepast. Daarvan kan een inkoper leren.

Accountplanning is:
- het verzamelen, opslaan en benutten van relevante interne klantinformatie, zoals beschikbare en benodigde relaties, interne en externe ontwikkelingen, organisatiegegevens;
- het in kaart brengen van inkoopmogelijkheden bij de interne klanten op korte, middellange en lange termijn;
- het formuleren van kwantitatieve en kwalitatieve doelstellingen samen met de interne klant;
- het bepalen en prioriteitstelling van acties en activiteiten om die doelstellingen te realiseren;
- het evalueren van de voortgang, hierover rapporteren en herzien van een accountplan of accountstrategie;

Inkoopaccountplanning is het op gestructureerde en doelgerichte wijze benutten van de inkoopmogelijkheden bij een interne klant, waarbij de inkoopmanager de accountstrategie en de onderliggende informatie vastlegt in een inkoopaccountplan.

4.2.2 Informatie vormt basis voor klantcontact

De inkoper moet eerst gegevens verzamelen en deze daarna analyseren, voordat hij bij een interne klant aanklopt. Doe hij dit niet, dan wordt het lastig om de interne klant te overtuigen van de noodzaak de inkoper in te schakelen. De mondigheid en deskundigheid van interne klanten is op veel terreinen toegenomen, ook wat betreft het onderwerp inkoop. Bij de analyse concentreert de inkoper zich op het verleden (inkoopvolume), het heden (contractuele verplichtingen) en de toekomst (budgetten). Het aloude 'meten is weten' geldt ook hier.

Analyse inkoopvolume: het verleden
Op basis van een analyse van de historische uitgaven van de interne klant per afdeling (spend-analyse), wordt inzichtelijk hoe belangrijk de interne klant is voor de resultaten van de organisatie. Het inkoopvolume bepaalt ook hoeveel aandacht de inkoper aan een interne klant zou mogen besteden. Als een groot deel van het inkoopvolume nog buiten de reikwijdte van de inkoopafdeling valt, dan moet de inkoper zich in eerste instantie richten op het 'binnenhalen' van dit inkoopvolume.

De historische informatie over het inkoopvolume komt veelal uit de crediteurenadministratie. De inkoper kan hiermee niet een-op-een conclusies trekken voor de toekomst. Bij een contract voor kopieerapparatuur en het aantal kopieën kan de inkoper redelijk goed vaststellen hoeveel men volgend jaar voor hetzelfde contract gaat uitgeven. Groei van het aantal kopieën, het aantal medewerkers en de prijsindexering zijn daarvoor de bepalende factoren. Wanneer het gaat over automatiseringsapparatuur, dan zijn dat investeringen die niet elk jaar hetzelfde zijn of voorspelbaar groeien. In dit geval is een diepgaande analyse nodig van de product- en dienstgroepen (de inkoopsegmenten) waar de interne klant geld aan uitgeeft (een zogenoemde commodityanalyse).

Analyse contractuele verplichtingen; het heden
Als er sprake is van budgethouders met veel eigen verantwoordelijkheid, bestaat de kans dat er binnen de organisatie meerdere contracten bestaan voor dezelfde producten en diensten. Dat is onwenselijk.
Voor het uitvoeren van goed accountmanagement is inzicht nodig in de bestaande contractuele verplichtingen en de duur hiervan. Dit betekent dat de inkoper contracten, die verspreid over de organisatie zijn opgeslagen (soms bij de klant, soms bij de eigen afdeling en soms zelfs bij de leverancier), op een centrale plek fysiek en digitaal verzamelt, vastlegt en analyseert.
De contractuele verplichtingen bieden een goed beeld van de lopende verplichtingen, omdat het een weergave is van het heden. De inkoper kan in de contracten terugvinden wat er in het verleden afgesproken is over de huidige producten of diensten en hun afname.

Analyse goedgekeurde budgetten; de toekomst
Na de analyses van inkoopvolume en contracten richt de inkoper zich op de toekomst en inventariseert hij de budgetten van de interne klanten. De inkoper krijgt inzage in de budgetten als ze al zijn opgesteld en op basis daarvan kan hij vaststellen waar een interne klant het geld aan gaat uitgeven. Dit geldt zowel voor de exploitatiekosten (bijvoorbeeld gehuurde kopieerapparatuur en aantal kopieën) als voor de investeringskosten. De inzage in de investeringen is voor een inkoper van belang, omdat de gevolgen van te dure investeringen voor een langere periode van invloed zijn op het resultaat van een organisatie. In een ideale situatie betrekt een interne klant de inkoper al bij het opstellen van de budgetten.

Intakegesprek als start voor een langdurige relatie
Nu de informatie uit de analyses beschikbaar is, kan de inkoper de regiefunctie vanuit de inkooporganisatie verder vervullen. De inkoper denkt mee met interne klanten en helpt hen bij de realisatie van hun doelstellingen:
- Breng als inkoper de communicatie tot stand. Benader de interne klant voor een intakegesprek, de eerste kennismaking.
- Wek interesse. Zoek als inkoper uit waar de interne klant belangstelling voor heeft en probeer daar op in te gaan.
- Breng de eerste inkooptransacties tot stand. De inkoper krijgt maar een keer de kans voor een eerste indruk bij de interne klant. Hij moet er dus voor zorgen dat deze transacties goed verlopen.
- Zorg dat de inkoper een 'vertrouwde' partner wordt. De inkoper evalueert periodiek met de klanten en onderhoudt de relatie goed.
- Ontwikkel de inkoopfunctie tot een strategische partner binnen de eigen organisatie. De inkoper probeert de interne klant zodanig te ondersteunen

dat hij voor de belangrijkste inkooptransacties niet meer om de inkoopfunctie heen kan.

4.2.3 Wie trekt er echt aan de touwtjes

Het inkopen van producten of diensten vormt het bestaansrecht van een inkoper. Hij heeft er echter geen alleenrecht op. Dat recht deelt hij met de DMU, de Decision Making Unit (DMU).

Decision Making Unit
De Decision Making Unit wordt gevormd door alle individuen en groepen die deelnemen aan het inkoopbesluitvormingsproces: *organizations don't buy, people do*. Wie zijn de mensen die het inkoopbesluitvormingsproces managen en is het eigenlijk wel een groep? Hoe liggen de machtsverhoudingen binnen zo'n groep? Veranderen ze in de loop van het inkoopproces of blijven ze stabiel?

Hoe ziet een DMU eruit?
Een DMU wordt ook wel een *buying center* genoemd. Bij organisaties vragen grote en/of complexe inkooptrajecten om input van verschillende organisatieonderdelen, waaronder de interne klanten, financiën, administratie, inkoop, automatisering, juridische zaken en het hoger management. Afhankelijk van het karakter van een product of dienst bepaalt de inkoper de samenstelling van een DMU of bepaalt de DMU haar eigen samenstelling. Er komen nogal wat verschillende mensen kijken bij het doorlopen van een inkoopproces en dat kan zorgen voor complicaties. Zo veel mensen, zo veel wensen. Soms is een DMU een informele groep die tijdelijk is samengesteld, soms is het een groep met een formele status en die mandaat krijgt van het hoger management voor het zelfstandig uitvoeren van een bepaald inkoopproject.

Deelnemers binnen een DMU
Binnen een DMU zijn zes verschillende rollen te onderscheiden:
1. **Initiatiefnemers**
   Personen die de koop van een product of dienst initiëren. Vaak zijn dit de budgethouders of de eindgebruikers.
2. **Beïnvloeders**
   Personen die de genomen beslissing kunnen beïnvloeden. Hiertoe behoren in ieder geval de managers, budgethouders en ingehuurde deskundigen die betrokken worden bij het opstellen van een programma van eisen.
3. **Beslissers**
   Personen die al dan niet gezamenlijk een besluit nemen over selectie van een product, dienst en/of leverancier. Het kan ook een individu zijn, zoals een directeur of manager.
4. **Kopers**
   Meestal de inkopers die verantwoordelijk zijn voor het contracteren van de leveranciers en het plaatsen van de bestellingen.

5. **Eindgebruikers**
De mensen die daadwerkelijk met de producten of diensten gaan werken. Dit kan iedereen binnen een organisatie zijn: van de directiechauffeur die de directieauto gaat besturen tot de postkamermedewerker die de nieuwe sorteermachine bedient. Gebruikers hebben veel invloed op het opstellen van de specificaties en het beoordelen van de offertes.
6. **Informatiemanagers**
De personen die verantwoordelijk zijn voor de informatievoorziening over het project naar andere leden van de DMU. Tegenwoordig vervult de inkoper deze rol vaak, maar een (project)secretaresse kan dit ook doen.

In het volgende schema geven we een overzicht van de rollen binnen de DMU in relatie tot een aantal stappen in het inkoopproces.

Stadium inkoopproces	Vaststellen behoefte	Vaststellen specificaties	Selecteren oplossing	Selecteren leverancier	Contracteren leverancier
Rol binnen DMU					
Initiatiefnemer	●	●	●	●	
Beïnvloeder	●	●	●	●	
Beslisser			●	●	
Koper		●	●	●	●
Eindgebruiker	●	●	●	●	
Informatiemanager		●	●	●	●

Figuur 4.1 Rollen DMU binnen inkoopproces

De leden van de DMU hebben geen kaartje met daarop *beslisser* of *onbelangrijk persoon* om hun nek hangen. Het is aan de inkoper te ontdekken wie welke rol vervult binnen de DMU. De leden van de DMU kunnen bijvoorbeeld invloed uitoefenen op de beslissing, omdat zij de beloningen en sancties controleren, een goede relatie hebben met de budgethouder, speciale kennis in huis hebben over de producten of diensten of een familierelatie hebben met een familielid van de directeur.

Een DMU, als netwerk van mensen die direct of indirect, formeel of informeel betrokken zijn bij inkooptrajecten, is steeds in beweging. Als de belangen van inkoop en eindgebruiker verschillen, ontstaan er spanningen en is het lastig te voorspellen wat de DMU zal opleveren. In deze situatie is het goed om als inkoper afstand te nemen en te kijken naar de rollen van de mensen in het DMU-netwerk, maar ook naar invloed, perceptie en risico:

- **Invloed**
  Wie heeft belang bij het product of de dienst? Voegt het waarde toe voor de eindgebruiker en wat houdt deze waarde in? Beïnvloedt de koop de positie van de beslissers positief of negatief? Denk aan de ambtenaar of directeur die met veel publiciteit een te duur contract ondertekent. Bij invloed hoort ook de factor macht, variërend van formele macht (functie en vetorecht) tot informele macht.
- **Perceptie**
  De leden van de DMU hebben persoonlijke en zakelijke percepties over leveranciers en producten en diensten. *Perception is reality*, en is dus een factor van belang. Mensen en hun percepties kunnen hardnekkig zijn. Zodra de inkoper de percepties in kaart heeft gebracht, kan hij aan verandering werken.
- **Risico**
  Kopen is risico nemen. De DMU zal alles proberen om het risico zo klein mogelijk te maken door zoveel mogelijk mensen bij de besluitvorming te betrekken. De uitkomst van de DMU wordt daardoor echter minder voorspelbaar.

4.3 Planmatig benaderen van klanten

Het uitgangspunt dat 20 procent van de interne klanten zorgt voor 80 procent van het inkoopvolume impliceert eigenlijk dat de inkoper aan deze interne klanten 80 procent van zijn aandacht moet geven. De praktijk is vaak anders. De ervaring leert dat de inkoper veel tijd en energie besteedt aan relatief kleine klanten. Dat is gezien de toch al schaarse tijd van de inkoper niet handig. Op grond van deze 20/80-regel kunnen interne klanten worden gecategoriseerd op basis van belangrijkheid. Deze indeling is het uitgangspunt van de prioriteitenlijst van interne klanten. Zo bepalen inkoopmanagers en inkopers welke interne klanten zij met welke prioriteit behandelen. Daarbij ontkent de inkoopmanager niet dat elke interne klant belangrijk is, maar brengt hij wel een nuancering aan. Niet elke interne klant is *even* belangrijk. Een planmatige en doelmatige benadering van interne klanten zal vrijwel zeker leiden tot meer efficiëntie en effectiviteit van de inkoopactiviteiten en de daarbij behorende resultaten.

4.3.1 Klant en inkoper leggen afspraken vast

Als de interne klant en de inkoper elkaar op regelmatige basis ontmoeten, zullen zij ook hun afspraken vastleggen. Die afspraken vinden plaats op strategisch (accountplan), tactisch (projectplan) en operationeel (werkafspraken) niveau.

Accountplan
De inkoper stelt een accountplan op aan het eind van ieder jaar samen met de interne klant, en de inkoper geeft op hoofdlijnen aan wat hij het komende jaar voor de klant gaat doen. Eventueel past de inkoper het accountplan tussentijds aan.

In een accountplan komen aan de orde:
- Beschrijving van organisatieonderdeel en organogrammen:
Een beschrijving en een overzicht van de contactgegevens binnen het organisatieonderdeel.
- Missie, visie, strategie en doelstellingen van interne klant:
Meestal heeft een interne klant een strategisch document waar de inkoper deze informatie uit kan overnemen. Zo niet, dan zal de inkoper dit met de interne klant moeten doornemen.
- Algemene opmerkingen over de interne klant, zoals over cultuur, aanstaande reorganisaties en dwarsverbanden met andere organisatieonderdelen.
- Historie van de interne klant en de inkoopprojecten die zijn uitgevoerd.
- Huidige stand van zaken:
Waar is de interne klant mee bezig? Welke producten of diensten levert hij op zijn beurt aan zijn klanten en welke producten of diensten zijn in ontwikkeling?
- Kwalitatieve en kwantitatieve gegevens over inkoopvolumes, lopende contractverplichtingen en budgetten.
- Kwalitatieve en kwantitatieve doelstellingen:
Wat wil de inkoper bereiken voor de interne klant? Een betere dienstverlening richting de klanten van de interne klant? Het ontwikkelen van een efficiënter bestelproces? Een bijdrage aan het innovatievermogen van de interne klant? Het trainen van operationele inkoopvaardigheden? Een concrete besparing op zijn uitgaven? Het verminderen van het aantal facturen met een bepaald percentage?
- Dienstverlening inkoopafdeling:
Dit zal vooral betrekking hebben op de begeleiding van offerte- en/of (Europese) aanbestedingsprocedures. Deze worden ieder met naam genoemd en voorzien van een planning. Verdere uitwerking vindt plaats in individuele projectplannen.
- Actiepunten interne klant en inkoopafdeling.

Projectplan
Projectplannen gaan vooral over offerte- en/of (Europese) aanbestedingsprocedures voor inkoopsegmenten. Per project stelt de inkoper een projectplan op met als elementen:

- Doelstelling van het project:
    - Achtergrond en aanleiding: waarom start men een project?
    - Doelstellingen: wat wil men realiseren met de uitvoering van dit project? Kostenbesparingen, kwaliteitsverbeteringen of verlenging van het bestaande contract?
    - Afbakening: wat valt wel en wat niet onder de reikwijdte van dit project? Bijvoorbeeld de implementatie van het contract als een verantwoordelijkheid van de interne klant zelf, waarbij de inkoper ondersteunt.

- Resultaten: wat zijn de concrete resultaten aan het eind van het project? Bijvoorbeeld het terugbrengen van het aantal leveranciers van 5 naar 1 of een kostenbesparing van 15 procent op de integrale kosten.
- Projectorganisatie:
  - Projectaanpak: op welke manier gaat de inkoper de offerte- of (Europese) aanbestedingsprocedure uitvoeren? Welke uitgangspunten hanteert hij daarbij?
  - Taken en rollen: wie doet wat binnen een project?
  - Risicoanalyse: aan de hand van de sterkten/zwakten en kansen/bedreigingen maakt de inkoper een inschatting van de grootste risico's en oplossingen.

Check het budget
Check bij aanvang van een project of er budget is aangevraagd en of er voldoende budget is aangevraagd. Natuurlijk ligt de verantwoordelijkheid hiervoor in eerste instantie bij de projectleider, maar ook de inkoper dient zich ervan te vergewissen dat het budget in orde is. De organisatie maakt geen goede beurt bij leveranciers als men om deze reden een project vlak voor het einde van de offerteprocedure moet stoppen.

- Communicatie en besluitvorming:
  - Communicatie: binnen een project met veel deelnemers is het belangrijk afspraken te maken over hoe men gaat communiceren, zowel binnen de organisatie als naar de leveranciers.
  - Besluitvorming: bij aanvang is het van belang dat de besluitvorming helder is. Mag de projectgroep zelf een leverancier kiezen of moet men dit besluit voorleggen aan de budgethouder of het management (als die geen deel uitmaken van het projectteam)?
- Projectmanagement:
  - Tijdsplanning: een korte beschrijving van alle afzonderlijke activiteiten en de datum waarop men die dient af te ronden. Probeer die activiteiten te groeperen naar de fasen van het inkoopproces.
  - Capaciteitsplanning: voor elke afzonderlijke activiteit wordt per projectlid een inschatting gemaakt van de uren die er mee gemoeid zijn.
- Afsluiting en vervolg: in dit laatste onderdeel staat wat er wanneer wordt afgesloten en welke acties daarna nog moeten plaatsvinden.

Werkafspraken
De werkafspraken gaan over het operationeel niveau van de inkoopactiviteiten (bestellen, bewaken en nazorg). Het betreft vooral een beschrijving van de werkzaamheden, wie wat doet in het operationele inkoopproces en een uitwerking van de bijbehorende procedures, processen en werkinstructies.

4.4 Typen koopsituaties

Het type koopsituatie bepaalt mede de rol van de klant bij het inkoopproces. We onderscheiden de volgende drie typen koopsituaties (Robinson, Faris en Wind, 1967): routine- of herhalingsaankoop, gewijzigde herhalingsaankoop en nieuwe aankoop. Het inkoopproces kent een aantal standaardstappen, maar die worden niet altijd gezet. Alleen bij een routine- of herhalingsaankoop is dat het geval.

Routineaankoop
Bij een routineaankoop (*straight rebuy*) herhaalt de eindgebruiker een ongewijzigde bestelling. De bestelling wordt afgehandeld door de inkoopafdeling of interne klant zelf op basis van een raamovereenkomst en daarna doorgestuurd naar de administratie. Soms komt er niet of nauwelijks persoonlijk handelen aan te pas en wordt de inkooptransactie automatisch verwerkt via een geautomatiseerd bestelsysteem. De inkoopafdeling of de interne klant zal zijn keuze maken uit een lijst van vaste leveranciers. Deze aankoop komt in de praktijk het meest voor en kent nauwelijks onzekerheden.

Gewijzigde aankoop
Bij een gewijzigde aankoop (*modified rebuy*) wil je productspecificaties, prijzen, leveringsvoorwaarden of leveranciers wijzigen. Vertrouwde leveranciers worden onder druk gezet en in een aantal gevallen via concurrentiestelling met andere leveranciers gevraagd een offerte uit te brengen. Bij deze aankooptransactie is het onzeker of je dezelfde prestatie geleverd krijgt.

Nieuw product of dienst
De aanschaf van een geheel nieuw product of dienst (*new task*) brengt meer onzekerheden met zich mee. Bij een dergelijke aankoop doorloopt de inkoper het hele inkoopproces: van behoeftenidentificatie tot en met de nazorg. Bij hoge kosten of bij een groot risico, neemt het aantal beslissers toe, de behoefte aan informatie is groter en de vraag naar alternatieven stijgt. Deze aankoop neemt dan ook de meeste tijd in beslag.

4.5 Inkoopmarktonderzoek

Inkoopmarktonderzoek (Fearon, 1976) is het systematisch verzamelen, classificeren en analyseren van gegevens over alle relevante factoren die de verwerving van producten en diensten beïnvloeden, met als doel de huidige en toekomstige behoeften van de onderneming tegen optimale condities veilig te stellen.
Als er behoefte bestaat aan een nieuw product of dienst, voer je een inkoopmarktonderzoek uit. Inkoopmarktonderzoek kan betrekking hebben op landen, markten, leveranciers, productgroepen of producten/diensten. Het doel van een

inkoopmarktonderzoek is inzicht te verschaffen in de nieuwe kansen, maar ook in de risico's die zijn verbonden aan belangrijke inkoopbeslissingen.

4.5.1 Ontwikkelingen in markt maken inkoopmarktonderzoek noodzakelijk

Het belang van inkoopmarktonderzoek neemt de laatste jaren een steeds grotere vlucht vanwege:

- **Snel voortschrijdende technologische ontwikkelingen**
  Uit concurrentieoverwegingen is het voor een inkoper noodzakelijk dat hij goed op de hoogte blijft van de ontwikkelingen in de markt. Vooral bij vraagstukken over zelf produceren of uitbesteden, is deze informatie van essentieel belang.
- **Dynamische inkoopmarkten**
  Zowel aan de vraag- als aanbodzijde veranderen de omstandigheden continu. De vraag naar bepaalde producten kan in korte termijn explosief toenemen door bijvoorbeeld wettelijke wijzigingen (bijvoorbeeld de invoering van het roetfilter). Daarnaast kan ook de aanbodzijde snel veranderen door fusies, overnames of faillissementen.
- **Globalisering**
  Het overhevelen van productie- en inkoopvolumes naar lagelonenlanden is aan de orde van de dag en goed inkoopmarktonderzoek zorgt voor een gedegen onderbouwing van deze beslissing.
- **Monetaire ontwikkelingen**
  Gebeurtenissen die van invloed zijn op de wisselkoersen van met name de euro en de dollar zijn niet altijd te voorspellen, maar andere ontwikkelingen zijn dat wel. Als in Amerika de huizenmarkt instort, heeft dat consequenties voor de beurskoersen en vervolgens voor de koers van de dollar. Het is daarmee van invloed op de bedrijven die een deel van hun inkopen in dollars betalen.

Inkoopmarktonderzoek is een terugkerende activiteit, zeker als het gaat om het verzamelen van markt- en prijsgegevens voor producten die op termijnmarkten worden verhandeld. Natuurlijk vindt er ook wel eens spontaan onderzoek plaats, bijvoorbeeld als je meer wilt weten over een nieuw product of een nieuwe grondstof die op de markt komt. Inkoopmarktonderzoek kent een kwalitatief en een kwantitatief deel. Onder het eerste onderzoek vallen bijvoorbeeld interviews met deskundigen of literatuuronderzoek over toekomstige ontwikkelingen. Het tweede onderzoek houdt zich bezig met feiten die men uit statistieken of andere bronnen kan halen. Inkoopmarktonderzoek kan zich zowel op de korte als lange termijn richten.

4.5.2 Uitvoering inkoopmarktonderzoek

Inkoopmarktonderzoek verloopt volgens vaste stappen in een bepaalde volgorde (Van Weele, 1985). We geven een korte toelichting per stap:

- **Stel doelen vast**
  Welk probleem moet je oplossen? Welke informatie heeft de interne klant nodig? Hoe nauwkeurig moet die informatie zijn?
- **Stel een kosten-batenanalyse op**
  Hoeveel gaat het onderzoek kosten? Hoeveel uren vraagt het van de organisatie of externe onderzoekers? Wegen de kosten op tegen de verwachte baten?
- **Voer een vooronderzoek uit**
  Welke informatie is er al beschikbaar? Welke gevraagde informatie is in de vorm van publicaties of statistieken snel beschikbaar via internet of via een aanvraag bij een externe databank?
- **Stel een onderzoeksplan op**
  Omdat het marktonderzoek tijd kost, is het verstandig het onderzoek voor te bereiden en te zorgen voor een gedetailleerd projectplan. Onderzoek kan bestaan uit deskresearch of fieldresearch.
- **Voer het onderzoek uit**
  In dit stadium is het belangrijk dat je het eerder opgestelde projectplan volgt.
- **Rapporteer en evalueer de resultaten**
  Vaste onderdelen van het rapport vormen de onderzoeksdoelstelling en de verzamelde resultaten.

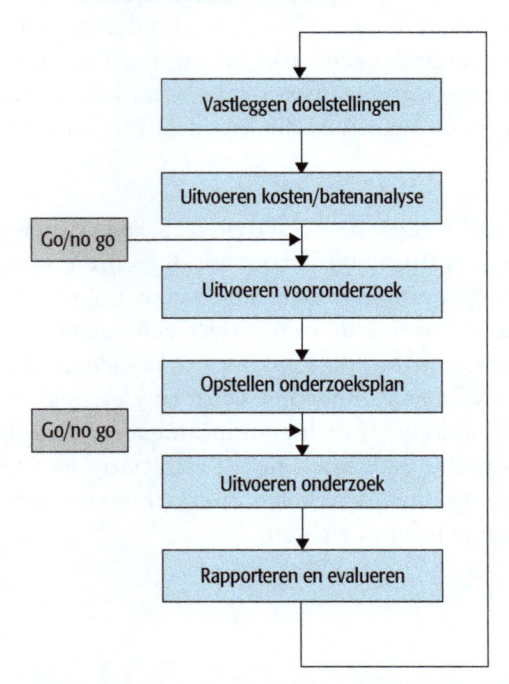

Figuur 4.2 Fasering inkoopmarktonderzoek (Van Weele, 1985)

4.6 Uitgangspunten specificatiefase

De eerste echte stap in het inkoopproces is de specificatiefase. In deze fase van het inkoopproces stelt de inkoper samen met de interne klant de inkoopspecificaties vast in een programma van eisen op basis van de wensen van de interne klanten. Een programma van eisen noemen ze in de bouwsector of bij de overheid ook *bestek*. In dit stadium komt ook de *make or buy*-vraag aan de orde. Nadat de inkoper in de nulfase een beeld heeft gekregen van de inkoopbehoeften, dient het management te beslissen of het producten of diensten in eigen beheer gaat produceren of uitvoeren, of dat het dit wil uitbesteden aan een leverancier.

4.6.1 Wie betaalt, die bepaalt

Het specificeren van de inkoopbehoeften is de verantwoordelijkheid van de interne klant die over het budget beschikt: 'wie betaalt, die bepaalt'. De interne klant moet aangeven wat hij nodig heeft en aan welke criteria de producten en/of diensten moeten voldoen. De inkoper kan hem daarbij helpen door methodieken en standaardformats aan te bieden en kritische vragen te stellen over het probleem dat de interne klant wil oplossen. Het is van groot belang alle relevante wensen en eisen vooraf boven tafel te krijgen. Het is ronduit vervelend als de interne klant met nieuwe eisen komt wanneer de offertes al binnen zijn.

Stel niet te veel vragen

Wie was verantwoordelijk voor het programma van eisen voor kopieerapparatuur? Dat was niet duidelijk. Om de voortgang van het project niet te belemmeren, zocht de inkoper een groepje mensen bij elkaar en vroeg hen naar hun mening over de eisen en wensen. Iedereen kreeg een stapel brochures overhandigd. Het resultaat was bijna een exacte kopie van de beschrijving van technische specificaties achter op de brochures. Je kon het zo gek niet bedenken of het werd gevraagd: van te verwerken materiaalsoorten, mogelijke papierformaten en gewichten, stroomverbruik in allerlei soorten standen tot afmetingen en gewichten van apparaten en bijbehorende opties.

De lijst bestond uiteindelijk uit 107 vragen per te offreren machine. Omdat ook aan het aantal te offreren kopieermachines per categorie geen beperking werd gesteld, boden alle tien leveranciers uiteindelijk 10 tot 12 kopieermachines aan. Het totaal te beoordelen antwoorden kwam daarmee ruim boven de 10.000 uit. Een terugweg was er niet en alles moest dus inderdaad beoordeeld worden. 3 weken later, uitgeput en met vierkante ogen, kwam de inkoper terug met de resultaten.

Wat was het gevolg van de gemaakte keuzes? De schade bleef beperkt tot een overwerkte inkoper die nu dé expert in Nederland was op het gebied van kopieerapparatuur. Maar het effect was wel dat de eisen en wensen waar echt om ging onder alle andere bedolven waren.

4.6.2 Functionele en technische specificaties

De functionele specificaties omschrijven de functie van de producten of diensten die je gaat inkopen. Deze geven aan welke prestaties of inspanningen de producten of diensten van de leverancier moeten leveren. Een voorbeeld van een functionele eis is dat men automaten voor de koffievoorziening binnen de organisatie wil huren of kopen. Daarnaast geeft men aan hoeveel medewerkers van die voorziening gebruik gaan maken.

De technische specificaties leggen de producten of diensten tot in detail vast. De uitwerking van de technische specificaties maakt het mogelijk de offertes van de leveranciers te vergelijken. Een voorbeeld van een technische eis is dat je een kopieermachine wilt aanschaffen die minimaal 30 pagina's per minuut, dubbelzijdig op A4- en A3-formaat kan afdrukken met een energieverbruik van maximaal 1300 Watt.

Een leverancier moet de technische product- of dienstenspecificatie kunnen gebruiken voor het aansturen van zijn interne processen zoals ontwerp, productie en installatie. Daarnaast moet de specificatie de opdrachtgever in staat stellen de geleverde producten of diensten op meetbare aspecten te beoordelen zodat hij de leveranciersprestatie kan toetsen.

4.6.3 Eisen aan het programma van eisen

De functionele en technische specificaties vormen de basis voor het programma van eisen en uiteindelijk voor de offerteaanvraag. Het is van belang dat de interne klant zijn eisen en wensen zodanig formuleert dat de inkoper voldoende commerciële vrijheid houdt om de vraag in de markt onder te kunnen brengen, er voor beide partijen een optimale oplossing mogelijk is en de specificaties in de offerteaanvraag praktisch hanteerbaar zijn.

Het verdient aanbeveling het programma van eisen door de interne klant voor akkoord te laten ondertekenen. Mocht de interne klant het inkoopadvies, dat voortkomt uit de beoordeling, later ter discussie stellen, dan kan de inkoper een en ander toetsen aan het destijds opgestelde en goedgekeurde programma van eisen.

4.6.4 Technische specificaties

Een leverancier gebruikt de technische specificatie van een product als input voor bijvoorbeeld de fabricagevoorbereiding. Wanneer de organisatie besluit het product zelf te maken, dan moeten de specificaties worden uitgewerkt in productietekeningen en in bewerkingsopdrachten. Als de organisatie het product inkoopt, vormt de specificatie de aansturing van de leverancier.

Voor de leverancier betekent het dat hij de technische product- en dienstenspecificaties kritisch moet beoordelen op haalbaarheid (zowel technisch als economisch) en duidelijkheid. Dit leidt tot realistische afspraken tussen de inkoper en de leverancier. De inkoper bespreekt de specificaties zo vaak als nodig is, zodat er geen onduidelijkheden zijn. Dit voorkomt in een later stadium onnodige discussies, irritaties en kosten. Het is dus belangrijk problemen die de realisatie van de technische product- en/of dienstenspecificatie in gevaar brengen zo snel mogelijk te bespreken met de leverancier.

Voor de opdrachtgever betekent het dat hij zijn technische product- en dienstspecificaties zorgvuldig moet opstellen. Deze moeten enerzijds gericht zijn op het vervullen van de behoefte (dit klinkt logisch, maar wordt nog wel eens vergeten). Anderzijds moeten ze gericht zijn op het creëren van optimale mogelijkheden voor de leverancier om diensten en/of producten te leveren die de beste kwaliteit combineren met een minimum aan totale kosten. Ook moet de opdrachtgever bereid zijn met de leverancier te overleggen en hem inzicht te geven in het gebruik en de functie van het product of de dienst. De hiervoor noodzakelijke openheid is alleen mogelijk bij leveranciers met wie een langetermijnrelatie bestaat en die overtuigd zijn van het wederzijdse belang.

4.6.5 Rol van de inkoper

De rol van de inkoper in de specificatiefase is:
- Vastleggen van duidelijke procedures voor het wijzigen van specificaties: het kan voorkomen dat de techniek snel wijzigt of dat de interne klant 'last' heeft van voortschrijdend inzicht en de specificaties nog aan wil passen.
- Zorgen dat de specificaties eenduidig zijn geformuleerd, en dus niet voor verschillende uitleg vatbaar zijn.
- Voorkomen van specificaties die zijn toegeschreven naar een bepaald merk. Met het toeschrijven naar bijvoorbeeld een personal computer van het merk Toshiba of HP beperkt de inkoper voor de organisatie de keuzemogelijkheden. Eis een bepaald type personal computer en noem de applicaties die men erop wil draaien en de leveranciers bieden alle mogelijkheden op een presenteerblaadje aan.
- Zorgen voor een duidelijke omschrijving van de acceptatieprocedure: niets is zo erg als bij de aflevering van een product of dienst ontdekken dat er geen nadere afspraken zijn gemaakt over de acceptatie. Wanneer voldoet iets nu wel of niet aan de eisen? Hier ligt het gevaar van meningsverschillen met de leverancier op de loer.
- Zorgen voor een standaardindeling voor offerteaanvraag, concept contractvoorwaarden en beoordelingsmodel: standaardformats besparen de inkoper tijd en ze maken de stappen voor de interne klant ook heel herkenbaar en makkelijk toepasbaar.

4.7 Selectie- en gunningscriteria

Bij de overheid gebruiken ze een standaardverdeling in selectie en gunningscriteria. Selectiecriteria zijn de eisen die de organisatie stelt aan de leverancier. Gunningscriteria zijn de eisen die de organisatie stelt aan de dienstverlening en/of levering.

Binnen beide groepen eisen heb je de zogenoemde minimum- of knock-outeisen. Voldoet een leverancier (selectie) of zijn producten of diensten (gunning) niet aan één van deze eisen, dan valt de offerte van die leverancier onherroepelijk af.

Doorgaans formuleert een inkoper deze eisen in:
- **Gesloten vraagstellingen**
  Die de leverancier alleen met 'ja' of 'nee' kan beantwoorden. Bijvoorbeeld: hebt u een Nederlandstalige helpdesk?
- **Concreet meetbare gegevens**
  Die de inkoper snel in staat stellen te beoordelen of de leverancier wel of niet voldoet. Bijvoorbeeld: heeft uw printer een minimumsnelheid van twaalf pagina's per minuut?

4.7.1 Checklist productspecificatie

In de productspecificatie legt de inkoper zo gedetailleerd mogelijk vast waaraan het product moet voldoen. Eenduidigheid in de beschrijving is van groot belang om een vergelijking van de offertes mogelijk te maken. Een productspecificatie kan de volgende elementen bevatten:
- Identificatie van het product door bijvoorbeeld naam, omschrijving, codenummer of artikelnummer.
- Beschrijving van het product.
- Tekening van het product, voor zover noodzakelijk voorzien van maatvoering, toleranties, detailleringen, doorsneden.
- Beschrijving van andere fysieke productkenmerken, zoals gewicht, kleur, transporteerbaarheid en houdbaarheid.
- Beschrijving van te gebruiken materialen en onderdelen, eventueel voorzien van leveranciersnaam.
- Beschrijving van de eisen waaraan het product moet voldoen. Dit kunnen zowel prestatie- als niet-prestatie-eisen zijn. Prestatie-eisen zijn eisen die direct de werking van het product bepalen, zoals motorvermogen, levensduur, sterkte, frequentiebereik, weerstandsvermogen. Niet-prestatie-eisen kan de inkoper stellen als een product bijvoorbeeld in de huisstijl van de afnemer moet passen.

Dan zijn er nog bepalingen van de producten en diensten die een levering mogelijk maken en aansluiten bij de behoeften van de eigen organisatie:
- Beschrijving van de verpakkingsvoorschriften, bijvoorbeeld aanlevering op europallets en niet buiten de afmetingen van de pallet en niet hoger dan twee meter.
- Beschrijving van de leverings- en transportafspraken. Hieronder vallen alle afspraken binnen het logistieke traject. Bijvoorbeeld: niet afleveren voor 9.00 uur in de morgen.

- Beschrijving van de opslagcondities, installatievoorschriften, inclusief de beoordeling en acceptatie van de oplevering. Voor verse voeding moet de inkoper bijvoorbeeld aangeven op welke temperatuur een leverancier de voeding moet aanleveren.
- Afspraken over onderhoud, reserveonderdelen en service en, bijvoorbeeld dat er in geval van storing aan een lift binnen vier uur een monteur ter plekke is die begint met de reparatie.

Bij het tot stand komen van de technische specificatie (het ontwerpen dus) maken opdrachtgevers en leveranciers steeds meer gebruik van gestandaardiseerde methoden en technieken, vastgelegd in (inter)nationale normen (zoals IEC, NEN, TÜV, ISO).

4.7.2 Checklist dienstenspecificatie

Het is veel moeilijker om een dienst te specificeren dan een product. De inhoud van een dienst is moeilijk meetbaar. Maar het is wel belangrijk te zoeken naar meetbare resultaten, zodat oneigenlijke discussies geen kans krijgen de goede relatie tussen opdrachtgever en leverancier te verstoren.

De inhoud van een dienstenspecificatie kan bestaan uit:
- **Beschrijving van de dienst die geleverd moet worden**
  De dienst moet nauwkeurig en volledig zijn beschreven. Hierbij kan de inkoper ook aangeven in hoeverre de leverancier de dienstverlening op eigen initiatief kan uitbreiden en wat hier de financiële consequenties van zijn.
- **Beschrijving van de context waarin de dienst moet functioneren**
  Dit kan de inkoper ook opnemen in de beschrijving van de huidige situatie. Bij schoonmaak bijvoorbeeld geef je aan of het nieuwbouw of een historisch pand is en waar een leverancier rekening mee moet houden.
- **Einddatum van oplevering van de dienst**
  Bijvoorbeeld: het accountantsrapport moet op 1 maart van het volgend jaar klaar zijn.
- **Tijdstip waarop de dienst geleverd moet worden**
  Dit kan ook een omschrijving zijn van de periode gedurende welke de dienst uitgevoerd kan worden. Bijvoorbeeld bij catering: het restaurant moet van 11.30 tot 14.00 uur open zijn.
- **Meetbare eigenschappen van de dienst**
  Daarbij worden ook de waarden aangegeven waaraan moet worden voldaan.
- **Eisen waaraan degenen die de dienst verrichten, moeten voldoen**
  Moeten ze de beschikking hebben over bepaalde vakdiploma's, certificaten of een verklaring van goed gedrag?
- Beschrijving van de procedures op welke wijze een leverancier de dienst moet uitvoeren.

- **Beschrijving van de escalatieprocedure**
  De afspraken waarin men vastlegt wat er moet gebeuren als tijdens de uitvoering van de dienst blijkt dat deze niet volgens de specificaties wordt geleverd.

Bij de specificatie van een dienst maakt men onderscheid tussen een overeengekomen eindresultaat of een overeengekomen set handelingen. Juridisch spreekt men van een resultaatsovereenkomst respectievelijk inspanningsovereenkomst. Het liefst willen leveranciers alleen maar een inspanningsverplichting, terwijl de organisatie een prestatieovereenkomst met duidelijk meetbare prestaties nodig heeft.

4.8 Offerteaanvraag

De wensen van de interne klanten worden na de vorige stappen vertaald in een offerteaanvraag, ook wel *request* genoemd. Een Request for Proposal wordt in de praktijk het meest toegepast en betekent in goed Nederlands: een offerteaanvraag.

RFI
De inkoper gebruikt een Request for Information (RFI) als hij nog niet zo goed weet wat er op de markt te koop is of als hij niet goed weet welke functionaliteit hij zou kunnen vragen. Aan de hand van een RFI kan de leverancier zijn toegevoegde waarde laten zien. Dit voorkomt dat men gaat overspecificeren (meer vragen dan je eigenlijk nodig hebt) en gaat betalen voor zaken die eigenlijk niet nodig zijn.

RFP
Na de Request for Information krijgt de inkoper een scherper beeld van wat er nodig is en kan hij dit samenvatten in een programma van eisen in een Request for Proposal (RFP). Deze stuurt de inkoper naar de geselecteerde leveranciers. Na vergelijking en beoordeling van de ontvangen offertes en eventuele aanvullende vragen komt het punt dat er een complete en definitieve offerte nodig is.

RFQ
De Request for Quotation (RFQ) is de laatste fase van de specificatie. De inkoper benadert leveranciers met een RFQ. Bij het opstellen van een RFQ is de functionaliteit die de organisatie nodig heeft precies bekend en weet je welke leveranciers hiervoor in de markt zijn. De leverancier reageert met een definitieve en compleet uitgewerkte offerte.

Aan de hand van de volgende onderwerpen geven we een voorzet voor de structuur van een offerteaanvraag en lichten we de onderdelen kort toe. Een complete offerteaanvraag inclusief contractvoorwaarden en beoordelingsformulier is het document waarmee de inkoper de specificatiefase afrondt.

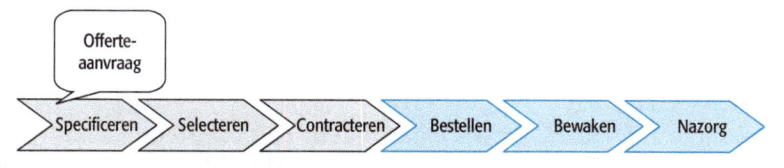

Figuur 4.3 Offerteaanvraag binnen het inkoopproces

Een offerteaanvraag is een uitgebreid document en daarom is het raadzaam aan het begin van de offerteaanvraag een inhoudsopgave tot op twee niveaus toe te voegen. In een inleiding worden de offerteaanvraag en de werkwijze kort toegelicht.

4.8.1 Beschrijving inhoud offerteaanvraag

De offerteaanvraag vormt het sluitstuk van de specificatiefase en dient alle relevante informatie voor de leveranciers te bevatten.

Aanleiding offerteprocedure
De aanleiding van de offerteprocedure kan zijn: een aflopend contract, een weggevallen leverancier wegens een toerekenbare tekortkoming (wanprestatie), faillissement of een compleet nieuwe behoefte die in het verleden nog niet eerder in de markt is uitgezet.

Organisatiebeschrijving en beschrijving huidige situatie
De inkoper moet een organisatiebeschrijving één keer maken en kan die dan in volgende offerteaanvragen gebruiken. De interne klant kijkt deze na en vult deze aan met specifieke informatie over de eigen afdeling of organisatieonderdeel.

Beknopte omschrijving opdracht
In de beknopte omschrijving dienen de volgende elementen terug te komen:
- Wat moet worden geleverd en in welke aantallen?
- Wanneer moet er worden geleverd?
- Hoelang moet worden geleverd (contractduur)?
- Voor wie zijn de leveringen bestemd?
- Wie ondertekent het contract?
- Wie is verantwoordelijk voor het contractbeheer?

4.8.2 Beschrijving offerteprocedure

Offerteprocedure en planning
De inkoper legt hiermee aan een leverancier uit hoe de offerteprocedure in elkaar zit, wie erbij betrokken zijn en hoe de detailplanning eruitziet.

Informatie-uitwisseling
Wederzijdse informatie-uitwisseling tijdens een offerteprocedure met interne klanten en leveranciers wordt bij voorkeur schriftelijk afgehandeld. Het is de leveranciers niet toegestaan direct contact op te nemen met medewerkers van de opdrachtgever om de procedure te beïnvloeden.

Activiteiten waar de inkoper aan moet denken zijn:
- versturen van de offerteaanvraag;
- ontvangen van mogelijke vragen;
- verzenden van de antwoorden op de vragen naar alle leveranciers;
- ontvangen van de offertes;
- vragen van nadere aanvulling aan de leveranciers;
- afwijzen van de afgevallen leveranciers;
- uitnodigen van de geselecteerde leveranciers.

Voorwaarden offerteprocedure
Bij de voorwaarden komen in ieder geval de volgende onderdelen terug:
- **Recht**
  Welk recht van toepassing is bij deze offerteprocedure; in ons geval is dat het Nederlandse recht.
- **Tegenstrijdigheden**
  Ondanks de zorgvuldigheid bij het opstellen van een offerte; kan het zijn dat de leverancier tegenstrijdigheden en/of onvolkomenheden tegenkomt. Die moet hij altijd melden, anders kan hij zich er later niet op beroepen.
- **Voorbehoud**
  De inkoper behoudt zich altijd het recht voor de offerteprocedure of een deel daarvan tijdelijk of definitief stop te zetten.
- **Kostenvergoeding**
  De kosten voor het uitbrengen van een offerte krijgt een leverancier over het algemeen niet vergoed.
- **Vertrouwelijkheid**
  Dit legt de inkoper vast in de contractvoorwaarden en in de offerteaanvraag.
- **Intellectueel eigendomsrecht**
  De leverancier mag zonder schriftelijke toestemming niets uit de offerteaanvraag vermenigvuldigen (anders dan voor het doel van de offerteprocedure) door middel van druk, fotokopie, microfilm of anderszins.

- **Afzien van deelneming**
  Hoewel we het niet meer dan netjes vinden als een leverancier zich uiteindelijk formeel afmeldt, kan het geen kwaad dit nog even te vragen. Dan weet je ook waar je als inkoper aan toe bent.

Toelichting minimumeisen, selectie- en gunningscriteria
Bij elke categorie van vragen schrijft de inkoper een toelichting hoe hij de categorie gaat beoordelen en (indien van toepassing) welke punten de leverancier daarvoor maximaal kan verdienen.

Voorbeeld selectiecriteria logistiek dienstverlener

1. Functionaliteit (30 punten)
   De logistieke dienstverlener moet in staat zijn de gevraagde dienstverlening te bieden. Daarnaast is 24 uur/7 dagen per week bereikbaarheid van belang.

2. Kosten (20 punten)
   Tarieven en de totale kosten per jaar zijn belangrijk. De logistieke dienstverlener moet zelf een adequaat systeem hebben voor eigen kostenbeheersing.
   Naast concurrerende tarieven verwacht de opdrachtgever een penalty/rewardsysteem in het contract te brengen om zo een hogere prestatie te kunnen belonen respectievelijk een lagere prestatie te kunnen beboeten.

3. Kwaliteit (5 punten)
   De logistieke dienstverlener moet branche-ervaring hebben en als marktleider bekendstaan. De kwaliteit zal worden onderzocht door referentiebezoeken te doen bij bestaande opdrachtgevers van de logistieke dienstverlener. De logistieke dienstverlener wordt daarom verwacht ISO-9002 gecertificeerd zijn of een vergelijkbaar kwaliteitsprogramma te hebben. De logistieke dienstverlener moet beschikken over een adequaat systeem voor prestatiemeting.

4. Continuïteit (5 punten)
   De logistieke dienstverlener moet een goede financiële positie hebben. Daarnaast is een gezonde klantenportefeuille van belang, waarbinnen deze (nieuwe) opdrachtgever niet meer dan bijvoorbeeld 20 procent mag gaan uitmaken van de omzet.

5. Partnership (10 punten)
   Partnership en creativiteit zijn van groot belang. De logistieke dienstverlener wordt betrokken in het meedenken over nieuwe distributiestructuren en het bedienen van nieuwe distributiekanalen. Distributielogistiek moet een belangrijke bijdrage leveren aan het langetermijnsucces van de opdrachtgever.

6. Ict (10 punten)
   De logistieke dienstverlener moet beschikken over systemen voor EDI/internet, tracking & tracing en kostenbeheersing.

7. Professionaliteit en marktvisie (10 punten)
   Professionaliteit van de organisatie en visie van de logistieke dienstverlener op de ontwikkelingen in de distributielogistiek van de producten van de opdrachtgever zijn essentieel.

8. Milieu (5 punten)
   De logistieke dienstverlener wordt geacht een vastgelegd milieubeleid te hebben, dat aantoonbaar tot milieu-activiteiten leidt of heeft geleid.

9. Promotie op transportmiddelen (5 punten)
   De logistieke dienstverlener mag werken voor concurrerende opdrachtgevers, zelfs met gebruik maken van een public warehouse. Bij het transport mag echter geen reclame op trucks en dergelijke worden gemaakt voor concurrerende opdrachtgevers.

Vormvoorschriften (bijvoorbeeld tijdstip van inlevering, aantal exemplaren) en minimumeisen zijn 'harde' criteria waaraan een leverancier ten minste moet voldoen. Toetsing vindt plaats op basis van 'ja' of 'nee'. Indien de leverancier hier niet aan voldoet, kan dit tot gevolg hebben dat de offerte wordt uitgesloten van verdere beoordeling en daarmee van de gehele verdere procedure.
De offertes die aan alle vormvoorschriften en minimumeisen voldoen, worden door de inkoper samen met de interne klant beoordeeld aan de hand van de beoordelingsprocedure.

Beschrijving beoordelingsprocedure
In het kader van transparantie en integer zakendoen, is het verstandig de beoordelingsprocedure mee te nemen in de offerteaanvraag (als de overheid een offerteprocedure start is het zelfs verplicht). Het voorkomt onduidelijkheden en is een tegemoetkoming richting leveranciers, die aan hun kant veel inspanningen doen een offerte op te stellen en nu enig inzicht krijgen in hoe je met hun offertes omgaat.

4.8.3 Beschrijving offertedocument
De offerteprocedure is nu duidelijk beschreven voor de leveranciers. Waar moet de offerte aan voldoen, zodat de inkoper het beoordelingsproces snel en efficiënt kan doorlopen?

Algemene voorwaarden offerte
Onder de algemene voorwaarden voor de offerte komen in ieder geval de volgende onderdelen terug:

- **Geldigheidsduur**
  Hoelang de offerte geldig is; doorgaans drie maanden.
- **Taal**
  Zowel de offerteprocedure als de uitvoering van de overeenkomst wordt geschreven in dezelfde taal. Dit om Babylonische spraakverwarring en misinterpretatie te voorkomen.
- **Prijzen**
  Dit bepaalt in welke valuta de prijzen moeten worden opgegeven en of dat in- of exclusief btw is.

Volledigheid offerte
Het is de verantwoording van een leverancier om ervoor te zorgen dat zijn offerte compleet is en volledig aansluit op de offerteaanvraag. De inkoper stelt een checklist op, waarin hij precies vermeldt wat de leverancier moet aanleveren (formulieren, overzichten, verklaringen, tabellen, cd-rom of dvd). Het helpt ook als de inkoper werkt met offertemodellen waardoor hij bij de beoordeling sneller kan werken (door bijvoorbeeld te kiezen voor een standaardindeling van de offerte).

Wijze van indienen
Iedere leverancier heeft zijn eigen huisstijl en wil die het liefst gebruiken bij het indienen van zijn offerte. Terecht, want ook daarmee kan een leverancier zich onderscheiden in de markt. De inkoper moet in ieder geval vragen om:
- Een digitale versie van de complete offerte: vraag aan de leveranciers of ze alle onderwerpen in dezelfde volgorde op een cd-rom of dvd willen zetten als in de papieren versie.
- Een bepaald aantal papieren exemplaren: vraag er niet te veel; twee of drie zouden voldoende moeten zijn. Er is altijd nog een digitale versie.
- Eén exemplaar van de papieren versie kan je voor het gemak zonder tabbladen, plastic of andere insteekhoesjes, folders, jaarverslagen, nietjes, en dergelijke aanvragen. Het scheelt met name bij het kopiëren veel werk als de organisatie meerdere exemplaren nodig heeft.

Tijdstip van indienen
Het is verleidelijk om een offerte zo snel mogelijk in je bezit te krijgen. Een leverancier heeft echter voldoende tijd nodig om informatie te vergaren, te bewerken en te verwerken tot een passende offerte. Een periode van minimaal vier weken en voor sommige ingewikkelde zaken een nog langere periode is redelijk. Hoe ingewikkelder het onderwerp is, hoe meer tijd het in de regel kost om een offerte te maken. Het maakt dus veel verschil of je een offerteaanvraag uitzet voor vijf personal computers of voor een grote productiemachine van enige miljoenen. Om nog maar niet te spreken van een gehele fabriek, een booreiland of een bouwkundig werk als een dijklichaam.

4.8.4 Bijlagen offerteaanvraag

In de bijlagen van een offerteaanvraag voegt de inkoper alle eisen toe waarop hij van de leverancier een reactie wil. In essentie staat in deze eisen ook alles wat de organisatie moet beoordelen om een voorkeursleverancier te selecteren.

Selectiecriteria
De selectiecriteria zijn verdeeld in minimumeisen (ME), waar een leverancier altijd aan moet voldoen, en de overige selectiecriteria (OS). Deze laatste groep van vragen bepaalt welke leveranciers doorgaan naar de beoordeling van de gunningscriteria. Om te voorkomen dat de inkoper zeer omvangrijke offertes ontvangt, zet de inkoper een aantal van de vragen samen in een standaardverklaring die de leveranciers ondertekenen voor akkoord. In die verklaring komen de volgende onderwerpen aan de orde:

- Standaardverklaring (ME):
  - Geheimhouding, publiciteit en taal. Noodzakelijke vragen over het geheimhouden van vertrouwelijke informatie, het publiceren over deze offerteprocedure en de taal voor de uitvoering van de overeenkomst.
  - Deelname aan een criminele organisatie: vanzelfsprekend juist niet en daarom vraag de inkoper nog een keer om een bevestiging.
  - Faillissement/surseance, wettelijke verplichtingen: verklaring dat er geen financiële problemen zijn. 100 procent garantie biedt dit echter niet omdat het een opname uit het verleden is en de overeenkomst over de toekomst gaat.
  - Bewijs van inschrijving bij de Kamer van Koophandel en bij beschermde beroepen de inschrijving in een register.
  - Combinatie of onderaanneming: als de leverancier de opdracht met anderen uitvoert is het handig om te weten hoe de constructie in elkaar zit.
  - Aansprakelijkheidsverzekering: de leverancier moet een goede verzekering hebben.
  - Voorbehoud en juistheid geleverde informatie: onjuiste informatie verstrekken mag niet en hiermee vraagt de inkoper nog een keer om bevestiging daarvan.
  - Minimale omzet: om te veel afhankelijkheid te voorkomen (maximaal 20 tot 30 procent van de omzet van de leverancier).
  - Rechtsvorm: om claims te kunnen leggen bij een wanprestatie van de leverancier is de rechtsvorm van belang en dat geldt ook voor een garantstelling door de moedermaatschappij.

- Formulier Financiële gegevens, inclusief model bankverklaring (OS):
  - ratio solvabiliteit;
  - ratio winst op vermogen;

- ratio Return on Investment (ROI);
- bankverklaring.
* Formulier Kernactiviteiten, personeel en uitrusting (OS):
  - beschrijving activiteiten en visie;
  - personeel: functie, aantal en opleiding;
  - procedures en hulpmiddelen.
* Formulier Kwaliteitszorg en -borging (OS):
  - kwaliteitscertificaat;
  - inhoudsopgave kwaliteitshandboek;
  - korte beschrijving kwaliteitsprocedures.
* Formulier Referenties (OS):
  - beschrijving referenties naar aard, omvang en gerealiseerde resultaten.

Voor de overige selectiecriteria (OS) kunnen leveranciers punten scoren, die uiteindelijk leiden tot een totaalscore.

Gunningscriteria
De gunningscriteria worden verdeeld in een groep minimumgunningscriteria en de overige gunningscriteria. De minimumgunningscriteria kunnen zeer divers zijn en alleen maar met ja of nee beantwoord worden. Hier volgen de categorieën gunningscriteria die de inkoper in ieder geval op kan nemen in de offerteaanvraag:
* Prijzen en tarieven
  Niet alleen het overzicht van prijzen en tarieven is belangrijk, maar ook de betalings- en factureringsvoorwaarden.
* Contractvoorwaarden
  De inkoper stelt eigen concept contractvoorwaarden op en laat de leverancier daar op reageren.
* Kwaliteit van de producten/diensten:
  - assortiment producten/diensten;
  - verpakking (niet voor dienstverlening);
  - distributie (niet voor dienstverlening).
* Kwaliteit van de services en/of onderhoud:
  - servicetijden;
  - snelheid van terugkoppeling;
  - nazorg-, garantie- en onderhoudswerkzaamheden;
  - snelheid van ter plekke zijn/levering.
* Managementinformatie:
  - frequentie en soorten informatie;
  - overlegsituaties;
  - evaluatiemomenten;
  - escalatieprocedure.

4.9 Samenvatting

De inkoper moet zijn toegevoegde waarde voor de interne klant duidelijk maken en daarvoor moet hij de eisen en de wensen van die interne klant goed kennen. Een planmatige en doelmatige benadering van interne klanten leidt tot betere inkoopprestaties. Ook leidt het tot meer efficiëntie en effectiviteit van de inkoopactiviteiten en daarbij behorende resultaten.

De Decision Making Unit wordt gevormd door alle individuen en groepen die deelnemen aan het besluitvormingsproces bij het inkoopbesluitvormingsproces.

Het type koopsituatie bepaalt mede de rol van de interne klant bij het inkoopproces. We onderscheiden de volgende drie typen koopsituaties: routine- of herhalingsaankoop, gewijzigde herhalingsaankoop en nieuwe aankoop. Het inkoopproces kent een aantal standaardstappen, maar die worden niet altijd gezet.

Als er behoefte bestaat aan een (nieuw) product of dienst, voer je een inkoopmarktonderzoek uit. Inkoopmarktonderzoek kan betrekking hebben op landen, markten, leveranciers, productgroepen of producten/diensten. Het doel van inkoopmarktonderzoek is inzicht verschaffen in de kansen, maar ook de risico's die zijn verbonden aan belangrijke inkoopbeslissingen.

De eerste echte stap in het inkoopproces is de specificatiefase. Met de interne klant maakt de inkoper afspraken over de selectie- en gunningscriteria. Na het specificeren volgt de offerteaanvraag.

Toetsvragen

1. Wat is de rol van de interne klant bij inkoop?
2. Wat is de rol van de verschillende deelnemers binnen een DMU in de verschillende stadia van het inkoopproces?
3. Waarin verschilt een nieuwe aankoop van een gewijzigde herhalingsaankoop?
4. Waarom is inkoopmarktonderzoek nodig?
5. Wat zijn een RFI, een RFP en een RFQ?
6. Wat omvat een programma van eisen?
7. Welke verantwoordelijkheden worden in een programma van eisen vastgelegd voor de leverancier en de opdrachtgever?
8. Geef ten minste vijf voorbeelden van productspecificaties.
9. Welke onderdelen omvat een offerteaanvraag?
10. Noem de gunningscriteria bij het evalueren van de aanbiedingen van logistieke dienstverleners.

Eindcase

Een nieuwe leverancier voor kantoorartikelen

Een grote bank met 1500 filialen in de Benelux wil nadenken over de levering van de kantoorartikelen. Al jarenlang wordt met lokale leveranciers gewerkt en staan de kasten vol met kantoorartikelen. Dat is een doorn in het oog van de inkoopmanager. Routineproducten kunnen toch eenvoudig worden ingekocht. Zij vertegenwoordigen een klein deel van de totale inkopen en kennen ruime alternatieven voor levering. Deze producten vertegenwoordigen slechts 20 procent van de inkoopwaarde, maar vergen 80 procent van de tijd van inkopers vanwege het grote aantal leveranciers en producten. De inkoopmanager vindt dat bestelgemak voor klanten, standaardisatie van het assortiment en het verlagen van de inkoop- en bestelkosten voorop moeten staan.

Staples is een leverancier van kantoorartikelen en speelt hierop slim in. Staples is wereldwijd een van de marktleiders in kantoorartikelen. Voorheen leverde Staples producten ook op traditionele wijze aan haar klanten in grote hoeveelheden aan de voordeur. Vandaag is die dienstverlening op de individuele klanten afgestemd. Hun visie is dat continuïteit alleen kan worden gewaarborgd door goede en tevreden klanten. De meeste klanten hebben een internetaansluiting en bestellen op eenvoudige wijze via het eigen intranet of de website van Staples. Bestellingen worden makkelijker, efficiënter en nauwkeuriger geplaatst dan via de telefoon of fax waar kans is op onjuiste gegevensinvoer. De kosten zijn lager omdat er minder administratieve handelingen nodig zijn. Vervolgens zorgt Staples binnen 24 uur voor de aflevering van de bestelling tot op de werkplek. Men voorziet in het totale assortiment dat de klant vraagt, geeft toegesneden informatie over het verbruik van artikelen, is in staat de distributie van organisatiespecifieke producten als formulieren te verzorgen en de facturatie gebeurt bij grote klanten desgewenst met een vast maandbedrag per werkplek. Deze benadering vereist wel dat Staples continu de servicegraad op klantniveau volgt. In samenwerking met de klant, veelal door middel van facility management, wordt op eindgebruikersniveau onderzoek gedaan naar de tevredenheid. Maar er zijn ook andere landelijke leveranciers van kantoorartikelen.

De inkoopmanager wil daarom een project starten om de inkoop van kantoorartikelen te verbeteren.

Vragen

1. Wie zou je als 'klant' en DMU beschouwen bij het selecteren van een nieuwe leverancier voor kantoorartikelen? Wat is de rol van elk van deze klanten in het inkoopproces?
2. Hoe kan de inkoper de inkoopverwachtingen van interne klanten in kaart brengen?
3. Van wat voor inkoopsituaties is sprake in dit voorbeeld? Wat betekent dit vervolgens voor de rol van de inkoper?
4. Hoe kan inkoop het beste communiceren met de interne klanten om de inkoop van kantoorartikelen te verbeteren?
5. Verplaats je in de rol van de verschillende interne klanten. Welke eisen zullen zij allemaal stellen aan de nieuwe leverancier van kantoorartikelen?

Hoofdstuk 5

Selecteren en onderhandelen

Leerdoelen
- Het bepalen van de procedure voor het selecteren van een leverancier.
- Het opzetten van een offerteaanvraag.
- Het beoordelen van de offertes.
- Het bepalen van de onderhandelingstactiek.

5.1 Inleiding

Na afronding van het opstellen en uitsturen van de offerteaanvraag komt de organisatie vanzelf bij de selectiefase van het inkoopproces. Het is altijd weer een spannend moment om de offertes te openen en te kijken wat de leverancier heeft gedaan met de eisen en wensen. Iedere deelnemer uit een projectgroep die een offerteprocedure begeleidt, heeft zijn eigen voorkeuren en gaat gelijk op zoek naar de voor hem relevante informatie. De budgethouder zoekt achter het tabblad prijzen en tarieven, de jurist bladert naar het tabblad contractvoorwaarden en de eindgebruiker kijkt naar de reactie op de technische en functionele eisen.

Het bijzondere van een offerteprocedure, begeleid door een projectgroep, is dat alle deelnemers de offertes gezamenlijk moeten beoordelen en tot een geaccepteerd eindoordeel moeten komen. Hoe de projectgroep van een goede offerte uiteindelijk uitkomt bij een goede eindbeoordeling, behandelen we in dit hoofdstuk.
Verder schenken we in dit hoofdstuk aandacht aan het onderhandelen; een activiteit die veel inkopers het leukste en spannendste onderdeel van het inkoopvak vinden.

Paragraaf 5.2 gaat over de voorwaarden waaraan een goede offerte moet voldoen. Het beoordelen van de offertes bespreken we in paragraaf 5.3. De onderhandelingen die daarna volgen staan centraal in paragraaf 5.4. Uiteindelijk telt alleen het resultaat. Aan het eind van de offerte- of aanbestedingsprocedure rapporteer je over de resultaten. De aandacht van het management gaat naast de kwalitatieve resultaten voornamelijk uit naar de kwantitatieve resultaten in de vorm van directe besparingen. De afronding bespreken we in paragraaf 5.5.

5.2 Voorwaarden voor een goede offerte

De offerteaanvraag vormt de basis voor de offerte van een leverancier. Als de basis niet goed is, weet een inkoper zeker dat hij een slechte offerte binnenkrijgt. Het kan gebeuren dat een inkoper onder tijdsdruk een offerteaanvraag de deur uitstuurt die niet helemaal compleet of juist is. Een goede offerteprocedure biedt de inkoper de mogelijkheden dit te herstellen. Zelfs als de offerteaanvraag goed en volledig is, kan het gebeuren dat een inkoper niet de juiste offertes binnenkrijgt. Vaak ligt de oorzaak dan bij de leverancier.

5.2.1 Wat maakt een offerte goed?
De verschillen tussen een inkoper en een verkoper zijn net zo groot als de verschillen tussen man en vrouw. Om die verschillen te overbruggen en wat inzicht te geven in de psyche van de inkoper, volgen hier enkele tips voor een leverancier over hoe hij een inkoper blij kan maken met een goed offerte.

Geef antwoord op de vraag van de inkoper
Welk probleem heeft de inkoper of nog beter gezegd, de interne klant van de inkoper? Wat verwachten de interne klanten van het product of de dienst? Zijn er specifieke eisen of wensen waar de verkoper rekening mee moet houden? Geef een concreet antwoord op de vragen van de inkoper. Een inkoper wil geen gebakken lucht horen, maar duidelijke antwoorden krijgen. Beschrijf als verkoper niet alleen wat het product kan, maar besteed vooral aandacht aan de voordelen die het voor de kopende organisatie heeft om met jou als leverancier in zee te gaan. Denk aan tijds- of kostenbesparing, bedieningsgemak of veiligheid.

Zorg voor een verzorgde en aantrekkelijke offerte
Bezuinig niet op het uiterlijk van de offertemap, de tabbladen of de kwaliteit papier. Standaard plastic tabs met handgeschreven cijfers en papier van 70 gram geven een inkoper niet echt het vertrouwen dat de leverancier een goede partner kan worden. Kies een prettig, niet te klein lettertype dat past bij de huisstijl en besteed aandacht aan de lay-out. Breng structuur aan met (tussen)kopjes en gebruik functioneel wit: ruime marges en witregels bij kopjes. Begin ieder hoofdstuk op een nieuwe pagina.

Schrijf helder en begrijpelijk
Schrijf vanuit het perspectief van de inkoper. Niet 'wij bezorgen gratis', maar 'u krijgt de artikelen kosteloos bezorgd'. Gebruik daarbij objectieve termen als '16 pagina's per minuut', in plaats van subjectieve termen als 'snel' of 'sneller'. Toon de tekst van de offerte aan iemand anders zodat die kan kijken of deze begrijpelijk is. Als de inkoper de uitgangspunten niet volledig begrijpt, moet een verkoper opnieuw beginnen. Iedere bedrijfstak heeft zijn eigen woorden, termen en uitdrukkingen en die taal moet de verkoper wel beheersen. Vermijd het gebruik van vaktermen en, als het echt niet anders kans, leg deze dan uit. Niet iedereen snapt uitdrukkingen als *full media exposure* of *core competences*. Denk er als verkoper ook aan dat verschillende mensen uit een projectgroep het voorstel moeten lezen en begrijpen. Het lezerspubliek bestaat dus niet alleen uit een inkoper, maar ook uit inhoudelijk deskundigen en budgetverantwoordelijken.

Gebruik structuur en een gepaste toon
Een effectieve offerte oogt prettig en wekt vertrouwen. Sluit aan op de structuur van de offerteaanvraag en vermijd het om je eigen structuur en invulling te geven. Niets is zo irritant als tien verschillende offertes met een afwijkende indeling die niet aansluit bij de structuur van de offerteaanvraag en het beoordelingsmodel. Het kost een inkoper namelijk veel tijd als hij vooruit of terug moet bladeren en zelfs de vertaling moet maken naar de offerteaanvraag. Probeer verder in je schrijfstijl als verkoper in taal en woordgebruik de toon te treffen van de offerteaanvraag.

Vermijd copy-paste
De verleiding is groot om standaardteksten voor offertes te gebruiken. Of om een eerdere offerte te gebruiken, waar de leverancier met copy-paste alleen de naam van de organisatie en prijzen of tarieven aanpast. Het bespaart misschien tijd en geld, maar er kleven enorme risico's aan. Standaardoffertes bevatten stukken tekst die niet voor iedere klant relevant zijn. Het knippen en plakken levert vaak geforceerde resultaten op. Nog rampzaliger is het als in een offerte opeens de naam van een andere organisatie of een andere (natuurlijk veel te lage) prijs voorkomt. De inkoper accepteert de lagere prijs natuurlijk met liefde en ergert zich aan de naam van de andere organisatie. Schrijf in ieder geval altijd een persoonlijke begeleidingsbrief gericht aan de inkoper.

Gebruik beeldende elementen en bijlagen
Gebruik beeldende elementen in het voorstel. Logo's, clipart, grafieken en tabellen verbeteren het visuele aspect en de leesbaarheid van je offerte. Bladzijden met alleen tekst zijn vaak saai en daarnaast vermoeiend voor de ogen. Hoe langer een offerte, des te lastiger het wordt overzicht te houden. Gebruik daarom altijd een inhoudsopgave die de structuur van de offerteaanvraag volgt. Informatie die je in de rest van de offerte niet kwijt kan, hoort in een aparte bijlage.

Volg de offerte op
De offerte is slechts een van de stappen in het offerteproces. Mislukking en succes liggen dicht bij elkaar, omdat producten en diensten tegenwoordig zo veel op elkaar lijken. De vervolgacties kunnen het verschil maken. Houd contact met de inkoper. Zorg ervoor dat de gesprekken voor beide partijen een toegevoegde waarde hebben. Informeer belangstellend naar nieuwe ontwikkelingen bij de organisatie. Stuur kopieën van artikelen die een link met je producten of diensten hebben. Ook al wijst een inkoper de offerte af, dan nog is het verstandig om na enkele weken nog eens contact op te nemen. Wie weet is de onderhandeling met de andere leverancier mislukt en heeft de inkoper een probleem dat hij moet oplossen. Daarnaast is feedback van de inkoper over de offerte altijd van belang voor volgende offertes.

5.2.2 Vragen en antwoorden

Er kunnen altijd fouten in de offerteaanvraag voorkomen of zaken ontbreken, hoe goed de inkoper ook zijn best heeft gedaan. Door voortschrijdend inzicht, ontwikkelingen binnen of buiten de organisatie of gewoon omdat ook inkopers fouten kunnen maken. Daarom heeft de inkoper binnen een offerteprocedure de ruimte nodig om correcties of aanvullingen aan te brengen. De inkoper biedt de mogelijkheid aan offrerende leveranciers om opmerkingen te maken of vragen te stellen. Hij gunt de leveranciers daarvoor een bepaalde periode, verzamelt alle vragen en zorgt voor een adequate reactie, zowel op vragen over de offerte (procedure) als op vragen over de gevraagde producten of diensten. De inkoper verstuurt de reactie naar alle leveranciers, zodat iedereen over dezelfde informatie beschikt en een gelijke kans heeft.

5.2.3 Inlichtingenbijeenkomst

Een offerteprocedure verloopt meestal schriftelijk. Alleen in de eindfase na de eerste offertebeoordeling komen één of meerdere leveranciers ook daadwerkelijk aan tafel voor de onderhandelingen of voor het verzorgen van een aanvullende toelichting, een presentatie of de begeleiding van één of meer referentiebezoeken. Het is verstandig bij bepaalde offerteprocedures leveranciers uit te nodigen voor een zogenoemde inlichtingenbijeenkomst, de leveranciers vragen te laten stellen en die zoveel mogelijk ter plekke te beantwoorden. Dit geldt voor ingewikkelde producten of diensten, bijvoorbeeld een nieuwe productiemachine die op maat gemaakt moet worden en voor producten of diensten waarbij het goed is om de situatie ter plekke te bekijken. Een voorbeeld daarvan is een bezoek aan de computerruimte, waar een nieuwe computer moet worden geplaatst. Of bij schoonmaak of catering letterlijk op locatie te gaan kijken.

5.3 Beoordelen is oordelen

Voordat de inkoper samen met de interne klant de offertes beoordeelt, moeten ze volledig vergelijkbaar zijn. Als de offertes compleet en vergelijkbaar zijn, kan men deze beoordelen, waarbij men uitgaat van de criteria die in de offerteaanvraag zijn geformuleerd. De beoordelingsprocedure en beoordelingsmethodiek zijn al bekend en dat geldt ook voor het beoordelingsformulier (zie figuur 5.1). Men kan dus aan de slag en dat betekent lezen, lezen, nog eens lezen en scoren.

> Beoordelingsmodel

> Specificeren › Selecteren › Contracteren › Bestellen › Bewaken › Nazorg

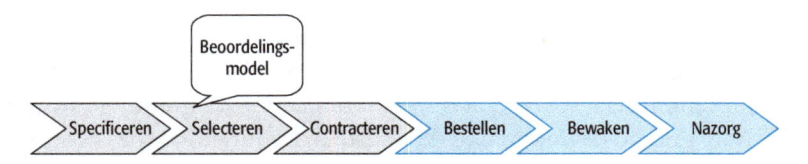

Figuur 5.1 Beoordelingsformulier binnen inkoopproces

5.3.1 Uitgangspunten

Voor het beoordelen van offertes kun je twee principes toepassen. Het eerste principe is uitgaan van de laagste prijs en het tweede principe is uitgaan van de beste prijs-kwaliteitverhouding (economisch meest voordelig). Bij de laagste prijs bekijkt de inkoper of de offertes voldoen aan de vooraf gestelde (minimum)eisen, waarbij de laagste prijs vervolgens de doorslag geeft. Leveranciers kunnen zich bij de laagste prijs niet onderscheiden door inhoud of service, maar alleen door prijs. Deze methode mag alleen worden toegepast als producten of diensten geen onderscheidend vermogen kennen, bijvoorbeeld bij kopieerpapier. Bij de economisch meest voordelige offertebeoordeling bekijkt de inkoper of de offerte voldoet aan de vooraf gestelde minimumeisen en in welke mate de offerte voldoet aan de selectie- en gunningscriteria. De inkoper stelt dit vast door alle scores van de beoordelaars op te tellen en een totaalscore te bepalen. Deze methode is subjectiever dan de laagste prijsmethode, omdat iedere beoordelaar zijn eigen referentiekader heeft.

5.3.2 Beoordelingsmodel

De inkoper beoordeelt alle offertes in eerste instantie op de omschreven algemene en specifieke minimumeisen (ook wel knock-outcriteria genoemd). Indien aan alle minimumeisen is voldaan, gaat hij verder met de beoordeling van de selectiecriteria.

Puntenverdeling selectiecriteria
Bij de beoordeling kan de inkoper bijvoorbeeld aan de vermelde selectiecriteria een bepaald belang toekennen (zie figuur 5.2).

Selectie/Kwalificatiecriterium	Puntenverdeling
Financiële gegevens	400 van 1.000 punten
Kernactiviteiten, personeel en uitrusting	150 van 1.000 punten
Kwaliteitszorg en -borging	150 van 1.000 punten
Referenties	300 van 1.000 punten
Totaal	1.000 van 1.000 punten

Figuur 5.2 Voorbeeld puntenverdeling selectiecriteria

Daarnaast kan de inkoper voor het totaal van de genoemde selectiecriteria de volgende ondergrens voor het totaal hanteren: minimaal 600 punten. Offertes die een puntentotaal scoren dat onder deze genoemde grens ligt, worden uitgesloten van verdere deelname aan de offerteprocedure. Zo wordt voorkomen dat men ook een slecht offrerende leverancier verder moet beoordelen.

Puntenverdeling gunningscriteria
In de tweede fase beoordeelt men op de vastgestelde algemene en specifieke minimumeisen, waarbij men bekijkt of de offertes hier wel of niet aan voldoen. Indien aan alle minimumeisen is voldaan, gaat men verder met de beoordeling van de gunningscriteria. Als men beoordeelt en selecteert op basis van het criterium beste prijs-kwaliteitsverhouding, kan men de volgende puntentelling gebruiken (zie figuur 5.3).

Gunningscriterium	Puntenverdeling
Prijzen en tarieven	2.500 van 10.000 punten
Kwaliteit applicatie en onderhoud	800 van 10.000 punten
Functionele en technische eigenschappen	6.200 van 10.000 punten
Contractvoorwaarden	500 van 10.000 punten
Totaal	10.000 van 10.000 punten

Figuur 5.3 Voorbeeld puntenverdeling gunningscriteria

Ook voor de gunningscriteria kan men een ondergrens hanteren: minimaal 6000 punten. Daarnaast kan men voor ieder gunningscriterium apart ook een ondergrens van 60 procent van het maximaal haalbare aantal punten stellen (bijvoorbeeld 'Kwaliteit applicatie en onderhoud': maximaal 800 punten, ondergrens 480 punten).
Leveranciers die een puntentotaal behalen dat onder een of meer van de genoemde grenzen ligt, worden uitgesloten van verdere deelname aan de offerteprocedure. Het resultaat van deze beoordeling is de selectie van een of meerdere voorkeursleveranciers, afhankelijk van de keuze voor een *single source*-strategie (één leverancier) of *multiple source*-strategie (meerdere leveranciers).

Puntenverdeling referentiebezoek en uitwerking case
De volgende stap is optioneel en maakt deel uit van de beoordeling van de gunningscriteria. Men kan dit bijvoorbeeld toepassen bij de inkoop van softwareapplicaties. Nadat alle geselecteerde offertes zijn beoordeeld op de gunningscriteria, nodigt men de drie hoogst geëindigde leveranciers uit voor het organiseren van een referentiebezoek bij een van de klanten die hun software al gebruiken. Men vraagt dan om een presentatie van de uitwerking van een of meerdere cases op basis van de situatie van de inkopende organisatie.
Voor beide onderdelen (referentiebezoek en case) kan een leverancier in dit geval in totaal maximaal 2500 punten verdienen. Deze punten kan de inkoper verdelen zoals in figuur 5.4.

Deze punten telt men op bij de punten van de gunningscriteria. De leverancier(s) met het hoogste puntentotaal worden vervolgens uitgenodigd voor de onderhandelingen.

Referentiebezoek	Puntenverdeling
Presentatie organisatie en systeem	250 van 500 punten
Beantwoording vragen	250 van 500 punten
Totaal	**500 van 500 punten**

Uitwerking case	Puntenverdeling
Procescluster 1: Ondersteunen aanmeldproces	350 van 2.000 punten
Procescluster 2: Verzorgen van leerplannen	350 van 2.000 punten
Procescluster 3: Compententiegerichtonderwijs	350 van 2.000 punten
Procescluster 4: Ondersteunen beoordelingsprocessen	350 van 2.000 punten
Procescluster 5: Zeker stellen van bekostiging	350 van 2.000 punten
Procescluster 6: Verzorgen van informatie ten behoeve van management en externe instanties	250 van 2.000 punten
Totaal	**2.000 van 2.000 punten**

Figuur 5.4 Voorbeeld puntenverdeling referentiebezoek en uitwerking case

5.3.3 Beoordelingsprocedure

De beoordeling van de offertes vindt in zes stappen plaats:

- Stap 1: Opening van offertes en noteren van de deelnemende leveranciers.
- Stap 2: Beoordeling van de offertes op de algemene en specifieke minimumeisen door een vertegenwoordiging van het beoordelingsteam.
- Stap 3:
  - Beoordeling van de offertes op de selectiecriteria door (een vertegenwoordiging van) het beoordelingsteam.
  - Evaluatie van de individuele scores op de selectiecriteria in een gezamenlijke sessie door het beoordelingsteam (met als mogelijk gevolg bijstelling).
  - Vaststelling van de score per selectiecriterium per leverancier en de totaalscore per leverancier.
  - Vaststelling of de leveranciers voor de selectiecriteria de minimum puntengrens hebben gehaald.
- Stap 4: Beoordeling van de offertes op de minimumeisen van de gunningscriteria door alle vertegenwoordigers van het beoordelingsteam.
- Stap 5:
  - Beoordeling van de offertes op de gunningscriteria door alle vertegenwoordigers van het beoordelingsteam.
  - Evaluatie van de individuele scores op de gunningscriteria in een gezamenlijke sessie door het beoordelingsteam (met als mogelijk gevolg bijstelling).

- Vaststelling van de score per gunningscriterium per leverancier en de totaalscore per leverancier.
- Vaststelling of de leveranciers voor de gunningscriteria de minimumpuntengrens hebben gehaald.
- Vaststelling welke drie hoogst scorende leveranciers worden uitgenodigd voor referentiebezoek en/of uitwerking van een case. Deze stap is optioneel.
- Stap 6 (optioneel):
  - Beoordeling van de referentiebezoeken en uitwerking van cases aan de hand van de beoordelingscriteria door alle vertegenwoordigers van het beoordelingsteam.
  - Evaluatie van de individuele scores per beoordelingscriterium in een gezamenlijke sessie door het beoordelingsteam (met als mogelijk gevolg bijstelling).
  - Vaststelling van de score per beoordelingscriterium per leverancier en de totaalscore per leverancier.
  - Keuze van een of meerdere voorkeursleveranciers.

5.4 Onderhandelen

Onderhandelen doen we overal en elke dag. Je onderhandelt bijvoorbeeld met je vriend of vriendin over je vakantiebestemming of met vrienden waar je 's avonds gaat eten. Onderhandelen is een deel van het inkoopproces.

De traditionele manier van onderhandelen (de harde of de zachte kant van onderhandelen) zien we terug in een aantal onderhandelingstechnieken:
- **Bogey-tactiek**
  De inkoper verschuilt zich achter een al dan niet denkbeeldig budget en blijft tegelijkertijd vriendelijk tegen de verkoper en prijst zijn product en/of dienst. Vervolgens kaatst de inkoper het probleem terug naar de verkoper, die een oplossing moet zoeken.
- **Chinese crunch-tactiek**
  De inkoper verleidt de verkoper tot onbedoelde concessies door het stellen van steeds weer nieuwe eisen over de overeenkomst, terwijl de verkoper dacht dat deze al bijna rond was. Deze tactiek wordt ook wel de salamitactiek genoemd. Je biedt de salami niet in één keer aan, maar snijdt hem in stukken (waarmee de inkoper de overeenkomst per deel uitonderhandelt).
- **Escalating authority**
  Nadat in principe overeenstemming is bereikt, maakt de inkoper bekend dat hij niet bevoegd is en goedkeuring nodig heeft van zijn leidinggevende. Deze leidinggevende is vervolgens van mening dat de inkoper de overeenkomst niet goed genoeg heeft onderhandeld en hij deze, in het nadeel van de verkoper, moet bijstellen.

- **Good guy bad guy-tactiek**
  De inkoper hanteert eerst een 'harde' onderhandelingstechniek, die het ambitieniveau van de tegenpartij flink tempert. Vervolgens zet hij een collega in als 'zachte', vriendelijke onderhandelaar; deze wint het vertrouwen en probeert de overeenkomst te sluiten.
- **Take it or leave it-tactiek**
  De inkoper probeert via powerplay de verkoper te overbluffen (dan kopen we dat meubilair toch ergens anders), zonder zelf concessies te doen.
- **What if-tactiek**
  De inkoper probeert meer informatie van de verkoper los te krijgen door een groot aantal hypothetische gevallen aan de verkoper voor te leggen en diens reactie te peilen.

Sommige mensen kicken op het onderhandelen, maar nog meer mensen vinden het maar moeilijk. Als ze gebruikmaken van de bekende technieken, heeft dit na afloop een onbevredigend, vermoeiend of vervreemdend effect, maar vaak alledrie tegelijk. Dat komt omdat mensen bij onderhandelingen in het dilemma terechtkomen of ze hard zullen onderhandelen (op de inhoud en met extreme standpunten) of zacht (gericht op behoud van de relatie en op conflictvermijding). Een derde methode, die we later bespreken, combineert beide tactieken: het principieel onderhandelen.

Het belang van onderhandelingen wordt vaak overschat. De leverancier geeft een deel van zijn marge al weg in de fase van het uitbrengen van een offerte. Kijk bijvoorbeeld eens naar onderhandelingen over de korting op een nieuwe auto. Zonder inruil heeft de leverancier op basis van de vaste lijstprijs een bepaalde marge: ongeveer tien tot twaalf procent, waarvan hij zelf ook een deel nodig heeft. Als hij met een eerste bod van vijf procent korting komt, blijft er nog hooguit drie tot vier procent over waar je samen over kunt praten.

5.4.1 Onderhandelen over posities werkt niet

De inkoper heeft de neiging om positioneel te onderhandelen, in welke situatie hij zich ook bevindt. De verkoper neemt zijn positie in, de inkoper neemt zijn positie in, beiden voeren daar argumenten voor aan en doen vervolgens concessies om een compromis te bereiken. Het klassieke voorbeeld is het onderhandelen over de prijs, waarbij inkoper en verkoper uiteindelijk in het midden tussen beide uitgangspunten uitkomen; het bekende *pingelen*.

> **Reclamecampagne**
>
> De supermarktwereld maakt zich op voor een nieuwe slag in de prijzenoorlog. Marktleider Albert Heijn verlaagt morgen de prijzen van ruim 1000 A-merkproducten. Plus volgt de marktleider en brengt dinsdag eveneens de prijzen omlaag. Volgens AH gaat het om producten als Heineken-bier, Campina-yoghurt en Spa Fruit. De prijsverlagingen maken deel uit van een drie weken durende reclamecampagne voor A-merken.
>
> Bron: www.rtl.nl, maart 2008.

Als een inkoper en een verkoper argumenteren over posities, hebben ze allebei de neiging zich hierin vast te bijten en niet meer los te laten. Positioneel onderhandelen kent de volgende nadelen:

- Het is niet efficiënt. Het kost meer tijd en geld, omdat inkoper en verkoper ieder aanbod en iedere concessie weer opnieuw moeten beoordelen en bespreken, met als uiterste risico dat men helemaal geen overeenkomst sluit.
- Het brengt relaties in gevaar. Positioneel onderhandelen is een kwestie van wilskracht, waarbij zowel de inkoper als de verkoper zich met veel energie vastbijt in hun voorstel. Wie van de twee er wijkt, maakt niet uit. De relatie loopt schade op, want de 'verliezende' partij zal negatieve gevoelens aan de deal overhouden.
- Het is gecompliceerder. Zeker als er meer mensen aan tafel zitten naast de inkoper en de verkoper, kan de situatie ingewikkeld zijn. Met iedere persoon die aanschuift, ontstaat er een nieuwe situatie met nieuwe posities. Wie doet wat binnen zo'n gesprek, wie doet de concessies en hoe stemt hij dat af met zijn gesprekpartners aan dezelfde kant van de tafel? Een mooi voorbeeld van een dergelijke onderhandeling is het wereldwijde klimaatverdrag, waarbij meer dan honderd partijen tot overeenstemming moeten komen. Een heidens karwei en een wonder als er een overeenkomst uitrolt.

Hard onderhandelen heeft nogal wat nadelen. De inkoper kan overstappen naar een zachtzinnige stijl van positioneel onderhandelen, maar die keuze maakt hem wel kwetsbaar. Wanneer maak je namelijk die keuze en wat doet de andere partij? Dat is een dilemma.

5.4.2 Uitgangspunten principieel onderhandelen
De Harvardmethode is een oplossing voor het dilemma (Fisher en Ury, 1993). In Nederland kennen we de Harvardmethode als principieel onderhandelen. De vier uitgangspunten hierbij zijn:
1. Mensen: maak een onderscheid tussen de mensen en het probleem.
2. Belangen: concentreer je op belangen en niet op posities.

3. Keuzen: ontwikkel en onderzoek meerdere alternatieven voordat je een keuze maakt.
4. Criteria: gebruik objectieve normen en maak daar afspraken over.

Deze uitgangspunten spelen in iedere onderhandelingsfase een rol: vanaf het moment dat je begint te denken over een onderhandeling tot het moment dat je overeenstemming bereikt of niet. De drie onderhandelingsfasen zijn:
1. Analysefase: probeer inzicht te krijgen in de situatie door informatie te verzamelen, er structuur in aan te brengen en erover na te denken.
2. Planningsfase: ontwikkel ideeën en besluit welke actie je gaat ondernemen.
3. Besprekingsfase: herken de verschillen in inzicht, gevoelens van ergernis en woede en communicatieproblemen en maak ze bespreekbaar.

5.4.3 Maak onderscheid tussen mensen en probleem

Bij onderhandelingen heb je te maken met mensen. Mensen met emoties, normen en waarden en daaruit afgeleide standpunten en referentiekaders. Mensen zijn door al deze factoren deels onvoorspelbaar en dat geldt dus ook voor inkopers en verkopers.

Inkopers en verkopers hebben altijd twee belangen. Enerzijds de zakelijke belangen en anderzijds de persoonlijke belangen van een goede verstandhouding met de andere partij. En daar zit nu net de kneep: men verwart het persoonlijke belang met het zakelijke. Men benadert deze belangen hetzelfde en dat werkt niet. Positioneel onderhandelen zorgt voor conflicten, omdat het standpunt van de inkoper door een verkoper wordt gezien als een minachting van de wederzijdse relatie en omgekeerd. Om een oplossing te vinden voor de vermenging van het zakelijke en het persoonlijke, moet je denken in drie categorieën met verschillende acties:

- Zienswijze:
  - Probeer je te verdiepen in het standpunt van de ander, ga in zijn schoenen staan.
  - Leid de bedoelingen van de ander niet af uit je eigen angsten.
  - Houd de ander niet verantwoordelijk voor jouw probleem.
  - Bespreek elkaars standpunten.
  - Zoek naar mogelijkheden om niet in strijd met de standpunten van de ander te handelen.
  - Betrek de ander bij de totstandkoming van het resultaat.
  - Breng je voorstellen in overeenstemming met de normen van de ander.
- Emoties:
  - Signaleer en toon begrip voor de emoties van de ander en van jezelf.
  - Maak emoties bespreekbaar en erken ze als gerechtvaardigd.
  - Geef de ander de kans zijn emoties te uiten.

- Reageer niet op emotionele reacties van de ander.
- Maak een symbolisch gebaar richting de ander.
• Communicatie:
- Luister actief en laat merken dat je de ander hoort.
- Spreek zo dat je door de ander begrepen wordt.
- Spreek over jezelf en niet over de ander.
- Spreek met een doel voor ogen.

De inkoper kan deze acties uitvoeren als hij al bezig is met de onderhandelingen, maar beter is het om voorafgaand aan de gesprekken een goede relatie op te bouwen met de andere partij. De inkoper richt zich voor het begin van de onderhandelingen vooral op de persoon en tijdens de onderhandelingen op het zakelijke belang.

5.4.4 Concentreer je op belangen en niet op posities
Posities vormen een probleem bij onderhandelingen. Inkoper en verkoper concentreren zich daarom op de onderliggende belangen, omdat die belangen mensen motiveren. Probeer die belangen ook te definiëren. Achter botsende posities bevinden zich niet alleen conflicterende belangen, maar ook gelijke belangen en belangen die men kan samenvoegen.

Hoe signaleert de inkoper belangen tijdens onderhandelingen:
• Vraag de andere partij waarom hij iets wil.
• Vraag jezelf af 'waarom niet' en denk na over de keuze van de andere partij.
• Maak een lijst van de wederzijdse belangen.
• Besef dat iedere partij meerdere belangen heeft.
• Zoek naar de elementaire menselijke behoeften achter de belangen.

Belangen kunnen alleen het doel van je onderhandelingen dienen als ze ook op tafel komen. Inkoper en verkoper moeten deze aan elkaar uitleggen:
• Beschrijf je belangen op een levendige manier.
• Erken dat de belangen van de ander een deel van het probleem vormen.
• Kom eerst met het probleem en daarna pas met de bedachte oplossingen.
• Kijk samen vooruit en niet achterom.
• Wees concreet naar de ander en toon flexibiliteit.
• Wees hard op de inhoud, zacht op de relatie.

5.4.5 Ontwikkel en onderzoek meerdere alternatieven
Het bedenken van oplossingen lijkt simpel, maar blijkt in de praktijk veel moeilijker dan gedacht, door de volgende valkuilen:
• Te snel oordelen over een bepaalde oplossing.
• Zoeken naar die ene perfect passende oplossing.
• Veronderstellen van vaste gegevens en afgesproken kaders.

- Concentreren op de eigen oplossingen, omdat je vindt dat de ander zijn eigen probleem dient op te lossen.

De techniek die men kan gebruiken om deze valkuilen te vermijden komt van de brainstormmethode:
- Vergroot het aantal alternatieven door de belemmeringen weg te nemen en laat je niet beperken door onmogelijkheden of tijdsrestricties.
- Zoek eerst naar wederzijdse belangen, dan naar belangen die naast elkaar kunnen bestaan en pas op het laatst naar belangen die elkaar bijten.
- Maak het de ander gemakkelijk te beslissen door te letten op zijn belangen.

5.4.6 Gebruik objectieve criteria

Objectieve criteria voorkomen dat je onderhandelingen voert op basis van eigen standpunten. Zoek, net als bij de belangen, samen naar objectieve criteria. Zoek naar redelijke normen en redelijke procedures en doe dat deels al voordat de onderhandelingen starten. Bespreek de gezamenlijk ingebrachte normen en procedures die misschien wel leiden tot realistischere normen en procedures. Bespreek dan tijdens de onderhandelingsgesprekken de objectieve criteria waarbij inkoper en verkoper uitgaan van de volgende principes:
- Maak van elk tegenstrijdig belang een zoektocht naar gemeenschappelijke objectieve normen en procedures.
- Redeneer en sta open voor de redeneringen van de ander over de meest relevante criteria en het gebruik daarvan.
- Geef nooit toe aan druk in de vorm van bedreiging, omkoping, beroep op vertrouwen of weigering concessies te doen. Vraag naar argumenten en bespreek deze.

5.4.7 Als principieel onderhandelen niet werkt

Principieel onderhandelen klinkt leuk, maar wat als het niet werkt? Hoe komen de inkoper en de verkoper er dan uit?

- Als de ander machtiger is, dan heeft het weinig zin te onderhandelen op basis van de uitgangspunten van principieel onderhandelen. In dat geval moet de inkoper het er het beste van maken door:
  - zichzelf een limiet op te leggen;
  - het vaststellen van een BAZO: het beste alternatief zonder overeenkomst. Dat is de norm die de inkoper voor zichzelf vast moet stellen. Wat is het beste alternatief als hij niet onderhandelt over een overeenkomst?;
  - het onderzoeken en verder ontwikkelen van je BAZO: de inkoper legt de lat voor zichzelf hoger door goed na te denken of het BAZO kan worden verbeterd;

- het nadenken over het BAZO van de andere partij: wat voor de inkoper geldt, geldt ook voor de verkoper. Als de inkoper geen overeenkomst sluit, heeft de verkoper ook geen overeenkomst.
- De ander wil niet meedoen. De ander probeert vast te houden aan positioneel onderhandelen, terwijl de inkoper zijn best doet voor het principieel onderhandelen. Dan zijn er drie alternatieven:
  - Blijf vasthouden aan de uitgangspunten van principieel onderhandelen en haak aan zodra hij op een van de uitgangspunten ingaat. Een kwestie van de aanhouder wint.
  - Pas onderhandelingsjiujitsu toe door niet in de tegenaanval te gaan met een positionele reactie. Kijk naar de achterliggende belangen, lok kritiek en advies uit. Buig de aanval om tot een aanval op het probleem door het stellen van vragen en wacht vervolgens af.
  - Kies voor een gezamenlijke tekst. Als je er gezamenlijk niet uitkomt, kan het geen kwaad er een derde bij te halen als bemiddelaar. De bemiddelaar onderzoekt de gezamenlijke belangen en komt met één voorstel waarop beide partijen kunnen reageren. Na iedere commentaarronde wordt het voorstel aangepast totdat de bemiddelaar aangeeft dat hij niet verder kan gaan. Hij vraagt dan beide partijen een *ja* of *nee* uit te spreken over het uitgebrachte voorstel.
- De ander gebruikt ongeoorloofde methoden en technieken. Binnen het positioneel onderhandelen kan een van de partijen gebruikmaken van technieken die misschien wel geoorloofd zijn, maar indruisen tegen ieders gevoel voor normen en waarden: bedreigen, chanteren, omkopen of liegen. De enige remedie die dan nog helpt, bestaat uit drie stappen:
  - Signaleer de techniek bij de andere partij.
  - Stel dit punt duidelijk aan de orde.
  - Trek de rechtvaardigheid en wenselijkheid in twijfel.

5.5 Alleen het resultaat telt

Aan het eind van de offerte- of aanbestedingsprocedure rapporteert de inkoper over de resultaten. Naast de kwalitatieve resultaten (die indirect ook leiden tot kwantitatieve resultaten), gaat de aandacht van het management met name uit naar de kwantitatieve resultaten in de vorm van directe besparingen.

5.5.1 Besparingspotentieel

Inkoopbesparingen zijn het resultaat van de inspanningen van een compleet team, want het inkoopproces is multidisciplinair. Het uitgangspunt bij inkopen is het realiseren van interne en externe kostenreductie. Voor het meten van de werkelijke omvang van besparingen moet je uitgaan van de integrale kosten. Dit zijn alle kosten die veranderen als gevolg van de inkoopbeslissing. Alleen de prijseffecten meten kan tot verkeerde conclusies en keuzes leiden.

5.5.2 Classificatie van besparingen

Besparingen zijn er in alle soorten en maten. Van Weele (1985) classificeert inkoopbesparingen als:

- **Make or buy**
  Besparingen die men realiseert door het uitbesteden van productieactiviteiten en verlaging van materiaalkosten door kostprijsanalyse (soms in samenwerking met de leverancier).
- **Inkooppolitiek**
  Besparingen die men bereikt door het introduceren van jaarcontracten voor bestaande artikelen en/of door *system contracting*. Dit is een variant van *system selling*, waarbij één enkele leverancier in de gehele behoefte van de klant aan MRO (onderhoud, reparatie, operatie) voorziet.
- **Concurrerende offertes**
  Besparingen die men bereikt door lagere prijzen bij huidige leveranciers, na aanvraag van offertes bij meer dan één leverancier.
- **Optimale bestelfrequentie en optimale bestelhoeveelheid**
  Besparingen die men bereikt door samenwerking tussen inkoop en andere afdelingen op het gebied van optimaliseren van bestellingen die resulteren in lagere kosten.
- **Distributiemethoden**
  Besparingen die men bereikt door het onderhandelen over transportkosten, verlaging van voorraden, materiaalafhandelingskosten of andere distributieactiviteiten.
- **Waardeanalyse, substitutie en standaardisatie**
  Besparingen die betekenen dat men de specificaties verandert, materialen vervangt door gelijkwaardige, maar goedkopere materialen en/of standaardspecificaties.

IBM besteedt wereldwijde logistiek uit

Logistiek dienstverlener Geodis gaat de complete logistieke keten van IBM beheren. De logistieke dochter van de Franse spoorwegen SNCF heeft hiervoor de volledige logistieke tak van de computergigant IBM Global Logistics overgenomen. Het meerjarige contract heeft volgens Geodis een waarde van 1 miljard euro per jaar.

De overeenkomst, die 2009 van kracht wordt, houdt in dat Geodis straks verantwoordelijk wordt voor alle in- en outbound transport, de douaneafhandeling van alle hard- en softwareproducten en de reserveonderdelen van IBM in meer dan vijftig landen.

Ook de retourlogistiek wordt onder handen genomen door de op dit moment vier na grootste logistieke dienstverlener van Europa. Geodis zegt in een persverklaring dat het om het grootste logistieke contract gaat dat ooit is toegekend in de bestaansgeschiedenis van het bedrijf. Het overnamebedrag voor de acquisitie van IBM Global Logistics, het bedrijf dat tot voor kort verantwoordelijk was voor het beheer van de logistieke activiteiten van IBM, zou tussen de 295 en 375 miljoen euro schommelen.

> Geodis en IBM werken al tien jaar samen in supply chain management. In 1998 werd het eerste contract tussen beide partijen gesloten voor het logistiek beheer in Frankrijk, Duitsland en Italië. De logistieke dienstverlener is ook in Ierland verantwoordelijk voor de logistiek van de Amerikaanse computergigant.
>
> Bron: Logistiek.nl, december 2008.

5.5.3 Berekening besparingen

We geven een aantal pragmatische voorbeelden van mogelijke besparingsberekeningen.

Verbruiks- en gebruiksgoederen
Oude prijs minus nieuwe prijs, vermenigvuldigd met het gebruik van het referentiejaar maal het aantal jaren dat het contract duurt. Voor ieder jaar kan de inkoper dan de jaarlijkse contractwaarde en het bijbehorende besparingsbedrag opnemen in het besparingsoverzicht.

Investeringen
Budget van de interne klant minus het uiteindelijke bedrag dat met de aanschaf is gemoeid. Men kan er vervolgens voor kiezen om de besparing in één keer te noteren of deze uit te smeren over de levensduur van het geïnvesteerde goed. De laatste methode heeft voorkeur omdat men een investeringsgoed over meerdere jaren afschrijft.

Diensten
Oude prijs minus nieuwe prijs, vermenigvuldigd met het gebruik van het referentiejaar keer het aantal jaren dat het contract duurt.

Bij nieuwe producten of geheel nieuwe diensten zijn er geen referenties om op terug te vallen. Dan kan men uitgaan van de gemiddelde offerteprijs op basis van de integrale kosten minus de prijs van de geselecteerde leverancier. De inkoper maakt afspraken over besparingsmethodiek en verslaglegging bij de start van een inkoopproject en bij voorkeur met de controller of financieel directeur van de organisatie. Hiermee voorkomt de inkoper dat hij na afronding van het project naar de resultaten toerekent.

Uiteraard zijn er mogelijk ook kosten verbonden aan het wisselen van leveranciers die je in mindering moet brengen op je berekende besparingen. Er zijn in de praktijk twee primaire barrières om te switchen: alternatieve leveranciers en switchingkosten. Het gebrek aan geschikte alternatieven in de markt zorgt ervoor dat sommige ontevreden klanten loyaal blijven aan hun leverancier. Sommige klanten, die feitelijke informatie hebben verzameld over alternatieven, verminderen de hoeveelheid uitbesteed werk bij hun leveranciers in plaats van compleet te switchen naar een andere leverancier. Uit onderzoek in de consumentenmarkt blijkt dat consumenten of loyaal zijn of compleet switchen naar een andere leverancier. Switchingkosten zijn bijvoorbeeld zoekkosten (informatieverzameling), daadwerkelijke omschakelkosten, extrakosten tijdens migratieperiode, opleidingskosten en foutkosten bij het wisselen van leverancier. Klanten die hoge investeringen in kapitaal of technologie hebben gedaan wisselen, vanwege de hoge switchingkosten, ook zelden. Andere secundaire barrières om te switchen zijn onder meer interpersoonlijke relaties met de leveranciers en de servicegarantiebepalingen.

5.6 Samenvatting

Na afronding van het opstellen en uitsturen van de offerteaanvraag kom je vanzelf in de selectiefase van het inkoopproces. De offerteaanvraag vormt de basis voor de offerte van een leverancier. Als de basis niet goed is, weet een inkoper zeker dat hij een slechte offerte binnenkrijgt. Voordat een organisatie de offertes beoordeelt, moeten ze wel volledig vergelijkbaar zijn. Als de offertes compleet en vergelijkbaar zijn, kan men deze beoordelen, waarbij men uitgaat van de criteria die in de offerteaanvraag zijn geformuleerd. De beoordelingsprocedure en beoordelingsmethodiek zijn al bekend en dat geldt ook voor het beoordelingsformulier.

Onderhandelen is een deel van het inkoopproces. Hard onderhandelen heeft nogal wat nadelen. De inkoper kan overstappen naar een zachtzinnige stijl van positioneel onderhandelen, maar die keuze maakt hem wel kwetsbaar. Wanneer maak je namelijk die keuze en wat doet de andere partij? De Harvardmethode is een oplossing voor het dilemma. In Nederland kennen we deze methode als principieel onderhandelen.

Toetsvragen

1. Waarom is het maken van een goede offerteaanvraag belangrijk?
2. Wat maakt een offerte een goede offerte voor een inkoper?
3. Welke stappen kent een beoordelingsprocedure?
4. Wat is het doel van een inlichtingenbijeenkomst?
5. Wat is het nut van referentiebezoeken?
6. Welke verschillende onderhandelingstactieken worden onderscheiden?
7. Wat zijn de nadelen van positioneel onderhandelen?
8. Wat zijn de uitgangspunten van de Harvardmethode?
9. Welke rol spelen belangen bij het bepalen van de onderhandelingstactiek?
10. Hoe bepaalt de inkoper de besparingen bij inkoopverbeteringen op langere termijn?

Eindcase

Vodafone besteedt reparaties uit

Vodafone is een van de grotere telecomleveranciers is Europa. Vodafone wil voorzien in de totale communicatiebehoefte van klanten: vrijheid van communiceren, zowel privé als zakelijk. Zorgeloos en probleemloos, overal en altijd, om te bellen, sms'en, mms'en, internetten, e-mail te ontvangen en te versturen of mobiel te werken op een laptop. En dat via snelle, betrouwbare verbindingen. In de Vodafone-strategie staat mobiele communicatie centraal, met toevoeging van vaste spraak- en datacommunicatie waar dit nodig is. Vodafone speelt hiermee in op de groeiende behoefte bij klanten om de totale communicatiebehoefte bij één aanbieder af te nemen.

Vodafone wil de volledige servicelogistiek in Europa uitbesteden. Het gaat daarbij om het organiseren van retourstromen van fysieke producten, het uitvoeren van de reparaties aan alle mobiele toestellen en de afhandeling van garanties met de producenten van mobiele telefoons.

Dit is geen eenvoudig proces. Voor mobiele bellers geeft het een gevoel van veiligheid als je altijd en overal kunt bellen wanneer er dingen misgaan. Dit is het belangrijkste voordeel van mobiel bellen, gevolgd door de mogelijkheid om overal en altijd bereikbaar te zijn en de mogelijkheid hebben om als je op pad bent te kunnen bellen. Steeds vaker is de mobiele telefoon ook de toegang tot internet, een fototoestel, tv en vervangt hij de papieren agenda en het adressenboek. Een defecte handset heeft daarmee invloed op het sociale leven van de eindgebruiker. De behoefte om snel weer mobiel bereikbaar te zijn, is groot. De invloed van een defecte handset op het sociale leven van de eindgebruiker betekent ook verlies aan inkomsten voor de operator; zonder handset kan er immers niet gebeld worden. De fabrikant heeft een goed imago hoog te houden en wil dat de reparatie snel wordt afgehandeld. Een snelle en betrouwbare service- en reparatielogistiek is dan ook voor alle partijen in de keten van belang. Vodafone moet dus een goede dienstverlener selecteren en met die dienstverlener tot goede afspraken komen.

Vragen

1. Bepaal de procedure voor het selecteren en beoordelen van een dienstverlener voor Vodafone. Stel ook een beoordelingsprocedure, -formulier en -methodiek op.
2. Wat zou de offerteaanvraag moeten omvatten voor het uitbesteden van deze activiteiten?

3. Bepaal de geschikte onderhandelingtactiek voor Vodafone. Hoe kan Vodafone principieel onderhandelen inzetten om tot goede afspraken te komen met mogelijke dienstverleners?
4. Zoek op internet vijf mogelijke dienstverleners uit die Vodafone kan benaderen om een offerte te maken. Geef voor elk van deze dienstverleners aan waarom je deze geschikt vindt.

Hoofdstuk 6

De kleine letters van het inkoopproces

Leerdoelen
- Het kennen van de juridische gevolgen van contractondertekening.
- Het weten hoe een contract tot stand komt en waar de inkoper op moet letten.
- Het benoemen van de elementen van een inkoopcontract.
- Het begrijpen van het belang van inkoopvoorwaarden.
- Het kennen van de contractvormen die de inkoper het meest gebruikt.
- Het begrijpen van de rol van juristen bij de inkoop.

6.1 Inleiding

Een inkoper kan verstrikt raken in een wirwar van juridische valkuilen. Wanneer is een orderbevestiging ook daadwerkelijk een orderbevestiging? Kan de leverancier zich aan zijn verplichtingen onttrekken door een beroep op overmacht? Is men eigenaar als iets wordt afgeleverd? Wat gebeurt er met het eigendom als men iets ter bewerking of inbouw aan een ander ter beschikking stelt? Is bij een internationale overeenkomst het Nederlandse recht van toepassing?

Bij inkoop spelen veel juridische aspecten een rol. Met het sluiten van een contract gaan partijen rechten en plichten aan. Inkopers zijn hiervoor over het algemeen zelf verantwoordelijk en moeten daar dan ook voldoende van afweten. Zeker in de eerste fasen van het inkoopproces staat de inkoper alleen en neemt hij de beslissingen (soms in overleg met een jurist) die uiteindelijk moeten leiden tot een afgesloten contract. Dit is niet helemaal zonder risico's, maar de organisatie wil deze wel zoveel mogelijk afdekken. Het afdekken van risico's is voornamelijk van belang in de precontractuele fase. Deze fase loopt van het allereerste contact met een leverancier tot het moment van contractondertekening. Niet toevallig lopen de stappen uit deze fase parallel met de fasen in het inkoopproces waar de meeste aandacht naar uit gaat, die van het tactische inkoopproces.

Paragraaf 6.2 gaat over de juridische aspecten van de precontractuele fase. Vanzelfsprekend besteden we in paragraaf 6.3 aandacht aan hoe een overeenkomst tot stand komt. We bespreken zowel de totstandkoming van een overeenkomst als de belangrijke onderdelen die daarin in ieder geval in terug moeten komen (paragraaf 6.4). Ook de algemene inkoopvoorwaarden als bijzondere contractvorm maken deel uit van de toelichting, omdat deze voorwaarden voor ongeveer 80 procent van de uitgaande bestellingen van een inkoopafdeling van toepassing zijn. Dit komt aan de orde in paragraaf 6.5. Tot slot staan we in paragraaf 6.6 stil bij enkele contractvormen die een inkoper in de praktijk geregeld tegenkomt en gebruikt.

6.2 Precontractuele fase

De term 'precontractuele fase' komt uit het Burgerlijk Wetboek. Het is de onderhandelingsfase die uiteindelijk moet leiden tot een overeenkomst. In hoeverre een inkoper in deze fase al gebonden is aan de afspraken die hij maakt, zullen we later aan de orde stellen.

6.2.1 Contract = overeenkomst ≠ verbintenis

Over het algemeen gebruiken mensen de woorden contract en overeenkomst door elkaar en geniet contract daarbij een lichte voorkeur. In het Burgerlijk Wetboek spreekt men vooral over overeenkomst, maar in de praktijk komen zowel overeenkomsten als contracten voor. Voor de wet zijn een overeenkomst en een contract aan elkaar gelijk: een afspraak tussen twee of meer partijen, waarbij rechten en verplichtingen ontstaan.

Dit hoeft niet altijd schriftelijk, omdat er al sprake is van een rechtsgeldige overeenkomst als je iets mondeling overeenkomt. In de praktijk van het inkopen is een mondelinge overeenkomst niet echt handig. Men kan van mening verschillen en achteraf discussies krijgen als er niets zwart op wit staat. Leg daarom zo veel mogelijk afspraken schriftelijk vast om ongewenste situaties te voorkomen.

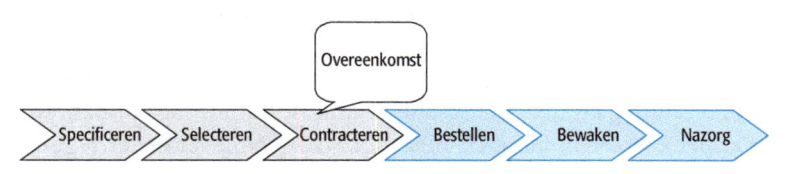

Figuur 6.1 Overeenkomst binnen inkoopproces

Een verbintenis is een term die je ook nog wel eens tegenkomt, maar die niet gelijkstaat aan een overeenkomst of contract. Bij een overeenkomst bereiken twee partijen wilsovereenstemming, waardoor een of meer verplichtingen (verbintenissen) ontstaan. Een verbintenis is dus het gevolg van een overeenkomst (Bakker, 2002).

6.2.2 Contractvrijheid

Is iemand altijd vrij een overeenkomst te sluiten, bijvoorbeeld een overeenkomst die afwijkt van wat er in het Burgerlijk Wetboek geregeld is? Ja, omdat we in Nederland het principe van contractvrijheid kennen. Dit principe houdt in dat partijen (in dit geval inkopers en verkopers) de vrijheid hebben een overeenkomst aan te gaan, zelf te bepalen met wie zij die overeenkomst aangaan en zelf te bepalen wat er in die overeenkomst komt te staan.

De wetgever noemt dit een open systeem van overeenkomsten, waarbij een partij zelf een overeenkomst kan opstellen, buiten de in de wet geregelde overeenkomsten, mits deze niet in strijd is met de dwingend voorgeschreven rechtsartikelen (niet alle wetsartikelen vallen namelijk onder dwingend recht), de openbare orde en de goede zeden.

6.2.3 Fasen in het onderhandelingsproces

Niet iedere onderhandeling verloopt precies volgens het boekje, maar meestal worden vier hoofdfasen onderscheiden:
1. **Voorbereiding**
   Onderhandelingen vinden vaak plaats aan het eind van een offerteproces. Tijdens het offerteproces geeft de inkoper aan waarom hij iets wil (aanlei-

ding), wat hij wil (uitgangspunten en programma van eisen) en wanneer hij het wil (leveringsdatum). Binnen deze procedure stuurt de inkoper ook de contractvoorwaarden mee, die later in het onderhandelingsproces besproken worden. Uitzondering hierop vormt de inkoop van zaken zonder dat er een offerteproces aan te pas komt, omdat de inkoper dan pas in het gesprek met de leverancier aan kan geven wat hij wil en de leverancier daarna pas met een eerste voorstel komt.

2. **Informatieverschaffing**
Na beoordeling van de offertes kiest de inkoper een of meerdere leveranciers uit met wie hij de onderhandelingen in wil gaan. De inkoper concentreert zich op de punten die nog niet of onvoldoende zijn geregeld (op basis van de beoordeling). Hij wisselt informatie uit met de leverancier en luistert naar hun argumenten. Men komt al nader tot elkaar. Met een offerteprocedure gaat dit proces sneller en kost het minder inspanning, tenzij de inkoper onderhandelingen met meer dan één leverancier tegelijk voert.

3. **Overeenstemming**
Op enig moment neemt de inkoper de beslissing om afrondende gesprekken met één leverancier aan te gaan. Aan het eind van deze gesprekken bereikt de inkoper overeenstemming over de punten die hij in de overeenkomst wil regelen. De leverancier verwerkt deze punten gaandeweg de onderhandelingen in aangepaste versies van de offerte totdat uiteindelijk een definitieve acceptabele offerte voorligt.

4. **Afsluiting**
In deze fase integreert de inkoper de definitieve offerte van de leverancier in de definitieve overeenkomst, legt alles schriftelijk vast en zorgt voor ondertekening van de overeenkomst door beide partijen. Als de inkoper de beslissings- en ondertekeningsbevoegde managers steeds op de hoogte heeft gehouden, kost deze fase niet veel tijd. Heeft de inkoper dat niet gedaan, dan kan het zetten van een simpele handtekening wel eens weken gaan duren.

6.2.4 Onderhandelen op basis van redelijkheid en billijkheid

De Hoge Raad heeft in een uitspraak in 1957 aangegeven dat partijen zich tijdens onderhandelingen te goeder trouw dienen te gedragen: onderhandelen op basis van de normen van redelijkheid en billijkheid. Vraag aan tien mensen wat zij onder redelijkheid en billijkheid verstaan en je krijgt waarschijnlijk tien verschillende antwoorden.

Tot en met fase van het onderhandelingsproces heb je als partij de vrijheid de onderhandelingen af te breken zonder gevolgen. Kom je echter in fase 3 terecht (waarbij je op hoofdpunten overeenstemming bereikt), dan mag je de onderhandelingen ook afbreken, maar heeft de andere partij wel recht op gehele of gedeeltelijke vergoeding van de gemaakte kosten. Voorbeelden hiervan zijn de calculatiekosten of de kosten van inhuur van een deskundige.

Ga je nog een stap verder en heb je nagenoeg een overeenkomst (bijvoorbeeld op de handtekening na), dan komt ook een vergoeding van de gederfde winst om de hoek kijken of de verplichting tot verder onderhandelen.

Over beide gevallen zijn meerdere uitspraken door de Hoge Raad gedaan en daardoor als jurisprudentie (het geheel van uitspraken van rechters) bekend.

Fasen van onderhandelingen			
1^e fase	2^e fase	3^e fase	4^e fase
Vrij om af te breken	Vrij om af te breken tegen vergoeding van kosten	Slechts vrij om af te breken tegen vergoeding positief contractsbelang	Verplicht om door te onderhandelen over resterende punten

Figuur 6.2 Praktijk van het afbreken

6.2.5 Onderhandelingsafspraken

Tijdens de eerste fase van de onderhandeling kan een inkoper afspraken maken die al bepaalde verplichtingen vastleggen:

- **Kostenverdeling**
  Voor het opstellen van offertes, het maken van ontwerpschetsen of modellen (architecten), het laten invliegen van externe deskundigen.
- **Toepasselijk recht**
  Nederlands recht of buitenlands recht. Dit laatste heeft niet de voorkeur, maar kan niet altijd vermeden worden.
- **Wijze van geschillenbeslechting**
  Mediation, arbitrage of rechtbank.
- **Geheimhouding**
  Meestal legt de inkoper dit vast in een aparte overeenkomst (*non disclosure agreement*), als het gaat om geheime of net nieuwe producten of diensten.
- **Exclusiviteit**
  Als de inkoper niet wil dat de ander met een derde partij gaat onderhandelen. Dit komt voor in zwaar concurrerende markten van de vragende partij, waarbij de aangeboden producten of diensten een voordeel kunnen opleveren ten opzichte van de concurrentie.
- **Voorkeursrecht**
  Het recht van de andere partij om als eerste op het voorstel in te gaan.
- **Intentieverklaring**
  Ook wel bekend als een letter of intent, waarin partijen verklaren dat zij in principe of beginsel akkoord zijn. Deze letter of intent is minder vrijblijvend als het woord intentie doet vermoeden. Vandaar dat veel juristen en inkopers hier niet happig op zijn.

Het afbreken van onderhandelingen brengt dus risico's met zich mee, die ingedekt kunnen worden door de volgende constructies: een gentlemen's agreement, waarmee partijen geen juridische afdwingbaarheid op het oog hebben of een clausule *subject to formal contract*, waarbij de onderhandelingen op basis van vrijblijvendheid worden gevoerd. In beide gevallen is er pas een definitieve overeenkomst als de opdrachtgever deze goedkeurt.

Nooit harder dan 250 km/u...
Een voorbeeld van een bijzondere gentlemen's agreement is een niet-schriftelijk vastgelegde overeenkomst van de belangrijkste automobielfabrikanten om auto's met een topsnelheid van meer dan 250 km per uur te begrenzen op 250 km per uur. De bekendste fabrikanten die hieraan deelnemen zijn Audi, BMW en Mercedes-Benz. Het kan wel voorkomen dat een van de merken één model heeft dat hieraan niet voldoet. Dat model wordt dan als eenmalige supercar gezien, zoals de Mercedes-Benz SLR McLaren en de Audi R8.

6.3 Van niets tot een overeenkomst

De overeenkomst is het eindresultaat van een offerteprocedure en daarom een belangrijk document in het inkoopproces. Als de overeenkomst geen juiste weergave biedt, heb je daar de gehele looptijd van de overeenkomst last van. Het kan daarom geen kwaad voldoende stil te staan bij de totstandkoming ervan.

Een overeenkomst komt tot stand door het vragen van een aanbod (offerteaanvraag), het doen van een aanbod (offerte) en de aanvaarding van dat aanbod (akkoord over offerte). De inkoper kan dit mondeling of schriftelijk vastleggen. Het zijn eenzijdige rechtshandelingen. Alleen in samenhang vormen ze een overeenkomst: een meerzijdige rechtshandeling die bestaat uit een wilsverklaring van twee partijen.

6.3.1 Aanvragen van een aanbod
De inkoper die een offerteaanvraag opstelt en verstuurt naar een aantal leveranciers is aan zet en kan de voorwaarden bepalen. Als een leverancier een aanbod doet, heeft hij zich te houden aan die voorwaarden. Als hij daar om wat voor reden dan ook geen zin in heeft, doet hij geen aanbod. In de aanvraag voor een aanbod kun je als inkoper in ieder geval de volgende voorwaarden stellen:
- Het aanbod moet gedurende een bepaalde termijn (meestal twee of drie maanden) geldig zijn. Deze periode gebruik je om de offertes te beoordelen.
- De algemene inkoopvoorwaarden zijn van toepassing en de leveringsvoorwaarden van de leverancier sluit je uit.

Of een inkoper nog meer voorwaarden wil stellen, hangt af van de vraagstelling van de interne klant. Voorbeelden van aanvullende voorwaarden zijn de betalingscondities of een leveringsdatum.

6.3.2 Doen en aanvaarden van een aanbod

Wat is precies een aanbod? Het is een rechtshandeling, een voorstel of offerte, die een leverancier richt aan de andere partij (in dit geval de inkoper) om tot een overeenkomst te komen, waarbij alle kernelementen van een overeenkomst zijn opgenomen. Kenmerkend van ieder aanbod is dat je het kan intrekken totdat de andere partij het heeft ontvangen. Een tijdige intrekking betekent dat het aanbod nooit gedaan is. Deze soorten van aanbod zijn er:

- **Het bindende aanbod**
  Dit bevat alle belangrijke onderdelen van een overeenkomst (zoals: wat lever je voor welke prijs en op welke datum) en is daarmee volledig en daarom bindend. Een overeenkomst komt tot stand door acceptatie of verzending van de mededeling van acceptatie.
- **Het onherroepelijk bindende aanbod**
  Dit bevat een termijn voor aanvaarding (aanbod is geldig tot een bepaalde datum). Een inkoper heeft het liefst een onherroepelijk aanbod, omdat hij dan weet wat hij krijgt en het aanbod niet kan worden herroepen. Ook hier komt de overeenkomst tot stand door acceptatie of verzending van de mededeling van acceptatie.
- **Het vrijblijvende aanbod**
  Dit kan je als leverancier doen door te melden dat het vrijblijvend is. Intrekken van het aanbod kan altijd, zelfs nadat de acceptatie – en dus aanvaarding – heeft plaatsgevonden. Het herroepen dient dan wel onmiddellijk na aanvaarding plaats te vinden.
- **Een uitnodiging voor onderhandeling**
  Dit heeft door jurisprudentie dezelfde strekking als een vrijblijvend aanbod. Een leverancier plaatst een advertentie in een krant, waarin hij bepaalde computers aanbiedt voor een vastgestelde prijs. Een inkoper reageert en accepteert dit aanbod. De leverancier heeft dan alsnog het recht zijn aanbod in te trekken.
- **Het onvolledige aanbod**
  Dit betekent dat nog niet duidelijk is welke prestatie een leverancier gaat leveren. Acceptatie van een onvolledig aanbod brengt geen overeenkomst tot stand.

Het accepteren van een aanbod zorgt voor het tot stand komen van een overeenkomst. Bij mondelinge acceptatie is dat duidelijk, maar wanneer komt een overeenkomst tot stand bij een schriftelijke acceptatie? Het Burgerlijk Wetboek stelt dat het moment van ontvangen van de schriftelijke acceptatie bepalend is voor het tot stand komen van de overeenkomst.

6.3.3 Vervallen van een aanbod

Het Burgerlijk Wetboek beschrijft de verschillende manieren waarop een aanbod kan vervallen:
- Een mondeling aanbod vervalt wanneer een inkoper het niet direct aanvaardt.
- Een schriftelijk aanbod vervalt wanneer een inkoper het niet binnen een redelijke termijn aanvaardt.
- Een aanbod vervalt als een inkoper het verwerpt.
- Een aanvaarding van een aanbod dat op belangrijke punten verschilt van het oorspronkelijke aanbod, geldt als verwerping van het oude aanbod en dus als nieuw aanbod.
- Een herroepelijk aanbod vervalt als een inkoper dit nog niet heeft aanvaard of als hij een mededeling over aanvaarding nog niet heeft verzonden.
- Het aanbod bevat een voorwaarde zoals 'zolang de voorraad strekt'.

6.4 Inhoud van de overeenkomst

Er zijn verschillende overeenkomsten, maar veel overeenkomsten kennen dezelfde onderwerpen. We gaan in op de onderdelen die een inkoper in ieder geval in een overeenkomst terug wil zien.

6.4.1 Inleiding overeenkomst

Titelblad
Op de voorkant van de overeenkomst vermeldt de inkoper in ieder geval om wat voor een soort overeenkomst het gaat, bijvoorbeeld een mantelovereenkomst of huurovereenkomst. Daarnaast noemt hij het onderwerp van de overeenkomst zoals 'Catering', 'Beveiliging' of 'Kopieerapparatuur'. Ten slotte vermeldt de inkoper onderaan de eerste pagina de datum van de overeenkomst, het versienummer als het een conceptversie betreft en definitieve versie als die is vastgesteld en overeengekomen.

Partijen
Aan het begin van de overeenkomst geeft de inkoper aan tussen welke partijen de overeenkomst wordt afgesloten. Van iedere partij noem je het vestigingsadres en de naam en de functie van degene die namens de contracterende partij bevoegd is de overeenkomst te ondertekenen.

Considerans
Met de considerans heb je gelijk ook het duurste woord te pakken uit een overeenkomst. Een inkoper geeft in een considerans aan wat de aanleiding is voor het tot stand komen van deze overeenkomst, hoe deze tot stand is gekomen via het proces van vragen om een aanbod, het uitbrengen van een aanbod en het aanvaarden van dat aanbod.

Definitielijst
Een overeenkomst is voor alle direct betrokkenen meestal duidelijk genoeg. Toch is het raadzaam aan het begin van de overeenkomst een lijst met definities toe te voegen. Daarmee voorkomt een inkoper onduidelijkheden en misverstanden bij de uitvoering, temeer omdat de uitvoering meestal bij anderen ligt dan bij de opstellers van de overeenkomst. Let op dat de definities in de overeenkomst met een hoofdletter worden vermeld, zodat ze ook als definitie herkenbaar zijn.

6.4.2 Kernovereenkomst

Onderwerp en duur van de overeenkomst
Dit artikel is het belangrijkste artikel van de overeenkomst, omdat een inkoper hierin beschrijft wat voor een product of dienst een leverancier gaat leveren. Hij kan volstaan met een beschrijving op hoofdlijnen van de te leveren prestatie en verder verwijzen naar de offerte van de leverancier, die hij in zijn geheel als bijlage toevoegt.
Daarnaast geeft een inkoper ook aan wat de contractduur is, welke opzeggingstermijn van toepassing is en of er verlengingsmogelijkheden zijn. Verder kan hij voorstellen dat een aantal van de contractartikelen ook na beëindiging van de overeenkomst van kracht blijft, zoals geheimhouding, aansprakelijkheid en intellectuele eigendomsrechten.

Prijzen en tarieven
Na het onderwerp en de duur van de overeenkomst is dit het belangrijkste artikel van de overeenkomst. Voor de overzichtelijkheid vermeldt de inkoper hier geen prijzen en tarieven, maar verwijst hij naar de bijlage waarin hij de offerte van de leverancier opneemt.
Daarnaast geef hij aan dat de in de offerte vermelde prijzen en tarieven het uitgangspunt vormen en dat een leverancier deze slechts één keer per jaar kan aanpassen, voor het eerst een jaar na datum contractondertekening. Een inkoper geeft gelijk ook al aan wat de basis is voor deze mogelijke tariefsaanpassing. De leverancier kan eventuele risico's die hij hierdoor loopt in de tarieven of prijzen verrekenen en dat voorkomt later vervelende discussies. Meestal gebruikt een inkoper een index van het CBS, zoals die van zakelijke dienstverlening voor de inhuur van automatiseringspersoneel. Daarnaast vermeldt hij, zeker bij internationale bedrijven, in welke valuta de leverancier een te leveren prestatie factureert en hoe hij omgaat met valutarisico's en wisselkoersen.

Overdracht van risico
De overdracht van risico ten aanzien van de producten gaat over op de inkopende partij vanaf het tijdstip van levering op een door de inkopende partij aangewezen locatie, indien partijen geen acceptatieprocedure zijn overeengekomen.

Het risico ten aanzien van producten die de inkopende partij niet aanvaardt en die hij aan de leverancier retourneert, blijft bij de leverancier. De kosten van het retourneren van producten komen voor rekening van de leverancier. De inkopende partij dient de leverancier wel van tevoren schriftelijk te informeren over het plan om de producten te retourneren.

Het risico ten aanzien van rechten gaat over op de inkopende partij vanaf het moment waarop de leverancier en de inkopende partij de levering in een onderhandse akte van overdracht vastleggen.

Overdracht van eigendom
Het eigendom gaat van de leverancier over op de inkopende partij in geval van producten op het moment van ontvangst of acceptatie, indien overeengekomen door de inkopende partij en in geval van rechten op het moment van ondertekening door zowel de leverancier als de inkopende partij van een onderhandse akte of een andere wettelijk vereiste akte van overdracht. Uitgangspunt daarbij vormen de Incoterms 2000.

Incoterms
Omdat bij de levering van producten geschillen kunnen ontstaan over kosten, schade en verantwoordelijkheden, werd onder auspiciën van de Internationale Kamer van Koophandel al in de jaren dertig van de vorige eeuw een begin gemaakt met het vastleggen van de meest voorkomende leveringscondities (zogenoemde *trade terms*). Dit leidde tot de publicatie van de Incoterms: international rules interpretation of trade terms. Deze hadden als doel de internationale handelspraktijken te vereenvoudigen en misverstanden tussen partijen bij een internationale handelstransactie te vermijden door een betrouwbare terminologie. De Incoterms zijn regelmatig aangepast aan ontwikkelingen in logistiek, vervoerstechniek en documentatieprocedures.

Er zijn dertien Incoterms, elk aangeduid met een code, die door verwijzing naar deze standaardcondities e-mailverkeer, briefwisselingen, contracten en dergelijke vereenvoudigen. De standaardcondities zijn in figuur 6.3 opgenomen. In de leveringscondities worden primair twee aspecten geregeld. Ten eerste de wijze waarop de kosten van de levering moeten worden verdeeld. Ten tweede de wijze waarop het risico van de levering moet worden verdeeld bij het verlies of beschadiging van de goederen. Daarnaast komen factoren aan de orde die door partijen zelf nader kunnen worden ingevuld: vereiste documentatie, vereiste export- en importvergunningen, omvang en het soort verzekering, verpakkingseisen, berichtgeving aan de andere partij over getroffen arrangementen en eventuele controle bij het laden.

Vanuit een marketingstandpunt kunnen Incoterms worden ingedeeld, uitgaande van de vraag hoe de leverancier de opdrachtgever wil bedienen, met als uitersten enerzijds de levering-af-fabriek (EXW) en anderzijds de aan-huis-levering

(DDP). In het eerste geval wordt het hele distributietraject aan de opdrachtgever overgelaten. In het tweede geval wordt de opdrachtgever bediend alsof hij door een lokale leverancier wordt beleverd. Tussen deze uitersten bestaan keuzemogelijkheden voor het verzorgen van een deeltraject: laadhaven tot schip of tot aan boord (FAS, FOB), loshaven vanaf schip of kade (CIF, DES, DEQ), douanedepot (DAF) enzovoort. Bij het beschikbaarheidscontract moet de opdrachtgever het totale distributietraject regelen en stelt de leverancier de goederen ter beschikking in zijn expeditieruimte. Bij een contract tot verzending kan van een aantal specifiek omschreven standaardcondities gebruik worden gemaakt. Per situatie kan de leverancier met de opdrachtgever exact vastleggen tot welk punt in het distributietraject de leverancier regelend optreedt en vanaf welk punt de opdrachtgever dit verzorgt. In de situatie dat aankomstcontract als conditie wordt overeengekomen, ligt het overeengekomen punt verder in de richting van de opdrachtgever. Bij de in de kadertekst gegeven voorbeelden regelt de leverancier het transport tot de aankomst van het schip of, nog een stap verder in het distributietraject, draagt hij zorg dat de goederen zijn gelost op de kade. De opdrachtgever regelt het traject dan vanaf de aankomst van het schip of vanaf de kade tot aan de locatie van de opdrachtgever. Bij het afleveringscontract is het de leverancier die het totale distributietraject verzorgt, bijvoorbeeld tot aan de grens van het land van de opdrachtgever of zelfs tot en met de inklaring van de goederen, en de goederen bij de opdrachtgever bezorgt.

EXW (Ex Works)
Dit is een zuiver afhaalbeding. De leverancier levert vanaf de fabriek (af fabriek), wat betekent dat hij de goederen alleen maar ter beschikking van de opdrachtgever moet stellen en ze niet op een voertuig hoeft te laten laden. Tot de levering dient de leverancier alle risico's van verlies of schade aan de goederen te dragen. De opdrachtgever is bij EXW verplicht de uitvoerkosten te betalen.

FCA (Free Carrier)
Hierbij levert de leverancier vrachtvrij tot bij de vervoerder met wie de opdrachtgever een contract heeft afgesloten. In het geval dat de tussen leverancier en opdrachtgever bestemde plaats het pand van de leverancier is, moet de leverancier de goederen laden. Anders heeft hij deze verplichting niet. Tot de levering draagt de leverancier alle risico's van verlies of schade. De uitvoerkosten zijn bij FCA ook voor de leverancier.

FAS (Free Alongside Ship)
De leverancier levert franco langszij het genoemde schip in de overeengekomen haven. Vanaf daar moet de opdrachtgever een vervoersovereenkomst afsluiten en draagt hij ook alle risico's van verlies of schade aan de goederen. De leverancier is bij FAS sinds de Incoterms 2000 verplicht de kosten voor uitvoer te betalen.

FOB (Free on Board)
De leverancier moet franco aan boord van het door de opdrachtgever genoemde schip leveren. Nadat de goederen de scheepsreling zijn gepasseerd, dient de opdrachtgever alle risico's te dragen van verlies of schade eraan. De uitvoerkosten moet de leverancier betalen.

CFR (Cost and Freight)
De leverancier moet hierbij de vervoersovereenkomst voor eigen rekening afsluiten. De goederen zijn geleverd als ze aan boord van het schip in de verschepingshaven zijn. Het risico gaat over wanneer de goederen de scheepsreling zijn gepasseerd in de verschepingshaven. De leverancier betaalt de vracht tot de overeengekomen bestemmingshaven en de uitvoerkosten.

CIF (Cost, Insurance and Freight)
De leverancier sluit hierbij een vervoers- en een verzekeringsovereenkomst. De verzekering dient aan niet meer te voldoen dan aan de minimale dekking. Levering gebeurt aan boord van het schip in de verschepingshaven waar ook het risico overgaat. Vanaf de scheepsreling dient de opdrachtgever dus alle risico's van verlies of schade te dragen. De leverancier betaalt de vrachtkosten, de verzekering en de uitvoerkosten.

CPT (Carriage Paid To)
De leverancier levert vrachtvrij tot een overeengekomen plaats van bestemming. Hij moet dus een vervoersovereenkomst afsluiten. De levering en de overgang van risico's vinden echter al plaats met levering aan de vervoerder. Als er meerdere vervoerders zijn, is de leverancier verplicht aan de eerste te leveren. De leverancier moet de vracht- en de uitvoerkosten te betalen. CPT valt dus te vergelijken met CFR, alleen kan CFR voor zeevervoer en binnenvaartvervoer worden gebruikt en CPT voor elke andere wijze van vervoer, inbegrepen multimodaal.

CIP (Carriage and Insurance Paid To)
De leverancier verplicht zich vrachtvrij inclusief verzekering tot een overeengekomen plaats van bestemming te leveren. Levering en overgang van risico's vinden al met levering aan de eerste vervoerder plaats. De leverancier betaalt de vracht-, verzekerings- en uitvoerkosten. Deze clausule is vergelijkbaar met CIF, maar dan voor elke andere wijze van vervoer dan zeevervoer en binnenvaartvervoer.

DAF (Delivered At Frontier)
De groep D-clausules behelst aankomstbedingen. De leverancier moet bij DAF franco grens leveren. Hij dient een vervoersovereenkomst tot de overeengekomen plaats af te sluiten. Door het ter beschikking stellen op het gearriveerde transportmiddel aan de grens levert de leverancier en gaat het risico over. De leverancier is verplicht de uitvoerkosten te betalen. De opdrachtgever betaalt de invoerkosten.

DES (Delivered Ex Ship)
Franco af schip betekent dat de leverancier een vervoersovereenkomst naar de bestemmingshaven dient af te sluiten. De levering vindt in de bestemmingshaven aan boord plaats waar ook het risico overgaat. De leverancier betaalt de transport- en de uitvoerkosten.

DEQ (Delivered Ex Quay)
Franco af kade. De leverancier dient hierbij de goederen via schip tot op de kade te leveren, waar ook het risico overgaat. De kosten voor de uitvoer zijn voor de leverancier. De opdrachtgever moet onder de Incoterms 2000 nu de invoer betalen.

DDU (Delivered Duty Unpaid)
Betekent dat de leverancier een vervoersovereenkomst naar de overeengekomen plaats van bestemming moet afsluiten. Aan deze plaats stelt hij de goederen niet gelost ter beschikking aan de opdrachtgever waardoor het risico overgaat. De leverancier betaalt de vervoerskosten tot de overeengekomen plaats en de uitvoerkosten. De invoer van de goederen dient de opdrachtgever te betalen.

DDP (Delivered Duty Paid)
Betekent franco inclusief rechten. Alleen bij DDP moet de leverancier de goederen inklaren. De leverancier sluit dus een vervoersovereenkomst tot een bepaalde plaats van bestemming af waar hij de goederen geladen aan de opdrachtgever ter beschikking stelt. Daardoor gaan alle risico's van verlies of schade aan de goederen over. De leverancier betaalt de vervoerskosten, de uitvoerkosten en de invoerkosten. De DDP-clausule omvat daarmee de meeste verplichtingen voor de leverancier.

6.4.3 Verantwoordelijkheden overeenkomst

Aansprakelijkheid
Een leverancier wil zijn aansprakelijkheid zo veel mogelijk uitsluiten of beperken tot de levering van een product of dienst. De inkoper wil echter een zo groot mogelijke aansprakelijkheidsaanvaarding door de leverancier. Over het algemeen levert een leverancier op de formulering van een aansprakelijkheidsclausule ook het meeste commentaar. Hij geeft in ieder geval (terecht) aan dat hij niet aansprakelijk kan worden gesteld voor indirecte schade. Dit is namelijk nagenoeg onverzekerbaar of alleen verzekerbaar tegen ontzettend hoge bedragen.

Bij aansprakelijkheid voor directe schade geeft de inkoper de hoogte van het bedrag aan; per gebeurtenis, een totaal per jaar en welke uitzonderingen mogelijk zijn. Als bij deze contractclausule geen bedrag is afgesproken, wordt bij aanspraak een beroep gedaan op een mediator, een arbitragecommissie of rechter, die zich vervolgens uitspreekt over wat redelijk en billijk is.

Garantie
Garantie is het tweede heikele punt voor leveranciers. Je mag als inkoper van een leverancier verwachten dat hij een goed product of een goede dienst levert. Als er iets niet of niet goed blijkt te werken, mag je gedurende een zekere periode vertrouwen dat een leverancier dit herstelt. Tussen de drie en de twaalf maan-

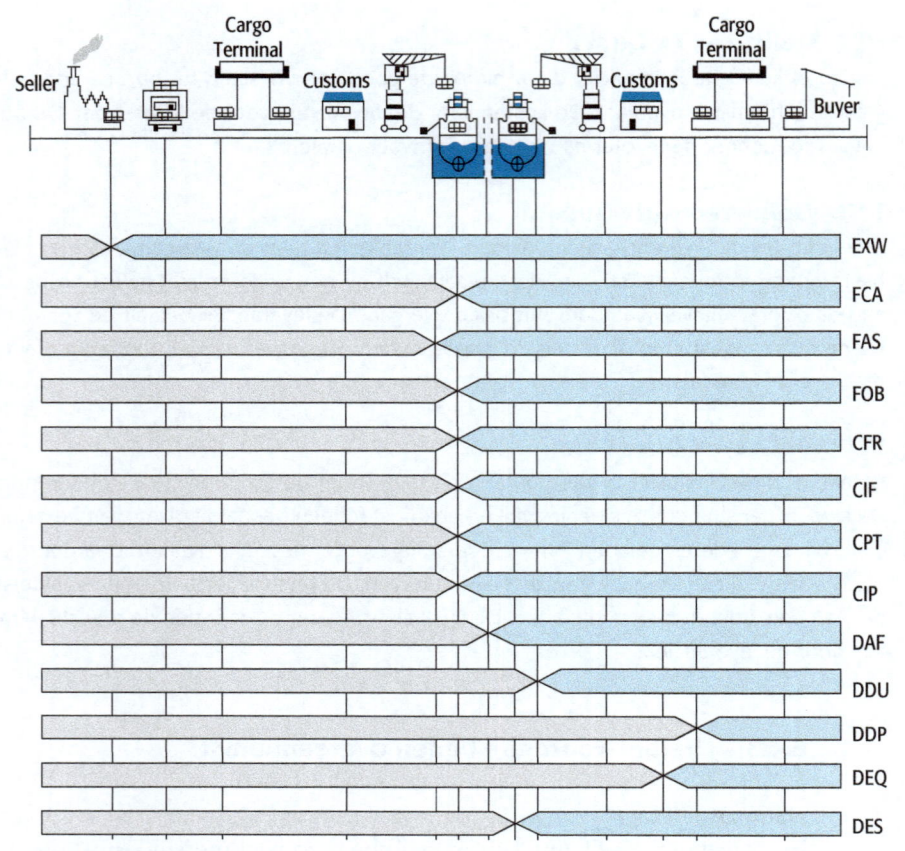

Figuur 6.3 Incoterms
Bron: International Chamber of Commerce (www.icc.nl)

den is een gebruikelijke garantietermijn en daar moet je als inkoper, afhankelijk van de markt waarin je opereert, op aansturen.

Een inkoper probeert te voorkomen dat een leverancier te veel uitzonderingen claimt in de garantiebepaling waarmee hij zijn verplichtingen beperkt. Het is het spel dat een leverancier speelt als hij weet dat zijn product of dienst niet goed functioneert.

Niet-toerekenbare tekortkoming

Vroeger heette een niet-toerekenbare tekortkoming overmacht en een toerekenbare tekortkoming wanprestatie. In de literatuur gebruiken juristen nog vaak de oude terminologie. Onze voorkeur gaat uit naar de nieuwe termen, zoals het Burgerlijk Wetboek ze gebruikt.

Bij een niet-toerekenbare tekortkoming ligt de schuld niet bij de leverancier en kan de overeenkomst gedurende een bepaalde, nader overeen te komen periode niet op deze gronden worden ontbonden. Een inkoper moet vaststellen hoelang de periode van niet-toerekenbare tekortkoming mag duren. Dat

kan variëren van een dag tot een of twee maanden. Bepalend hiervoor is de kritische grens voor de bedrijfsvoering.
Voor alle duidelijkheid: als er sprake is van een toerekenbare tekortkoming komen partijen terecht bij de werking van het artikel aansprakelijkheid.

Ontbinding
Een artikel over ontbinding wordt over het algemeen tweezijdig geformuleerd, omdat een overeenkomst twee partijen kent die allebei tekort kunnen schieten in de uitvoering van de overeenkomst. Indien een van de partijen zijn verplichtingen uit de overeenkomst niet, niet tijdig of niet behoorlijk nakomt, kan de andere partij deze overeenkomst (geheel of gedeeltelijk) laten ontbinden. Onverminderd zijn overige rechten, waaronder het recht op nakoming en/of schadevergoeding.
Deze ontbinding vindt plaats door het versturen van een schriftelijke mededeling (zonder dat tussenkomst van een rechter is vereist). Voordat je als partij een overeenkomst kunt ontbinden, dien je de in gebreke zijnde partij schriftelijk (per aangetekende brief) en gemotiveerd in gebreke te stellen en een redelijke termijn te gunnen om zijn verplichtingen alsnog na te komen.

6.4.4 Verdere details

Toepasselijk recht
Bij toepasselijk recht vermeldt de inkoper dat het hier (over het algemeen) een overeenkomst betreft onder Nederlands recht en dat de rechtbank in het arrondissement van de vestigingsplaats van de organisatie bevoegd is uitspraken te doen over deze overeenkomst. Als je in de buurt van Den Bosch je vestigingsplaats hebt, wil je per slot van rekening niet naar een rechtbank in Friesland.

Voor veel organisaties of bedrijven die zakendoen met het buitenland is het niet altijd mogelijk Nederlands recht van toepassing te verklaren. Dit hangt af van de marktpositie van de leverancier en de omvang van je inkoopvolume bij die betreffende leverancier. Een inkoper realiseert zich dat internationaal recht anders in elkaar steekt en specialistische juridische kennis vereist.

Geschillenoplossing
In eerste aanleg proberen partijen geschillen natuurlijk onderling te regelen zodat de juridische kosten niet hoog oplopen. Als het wel tot een geschil komt, zijn er tegenwoordig meer middelen beschikbaar dan vroeger, toen men alleen naar de rechtbank kon gaan. Tegenwoordig kennen we ook mediation en arbitrage als mogelijke scheidsrechters bij een conflict.

Mediation biedt bovendien de mogelijkheid alsnog over te stappen naar arbitrage of rechtbank omdat een uitspraak in mediation niet bindend is. Bij arbitrage ligt dat anders, omdat deze uitspraak wel bindend is. Bij zowel arbitrage als mediation dient te worden verwezen naar de betreffende procedures.

Overige contractartikelen
De volgende contractartikelen staan in bijna iedere overeenkomst, maar ze zijn van iets minder groot belang.
- Facturering en betaling: wanneer facturen worden betaald; bij voorkeur een bepaald aantal dagen na ontvangst van de factuur.
- Intellectuele eigendomsrechten: vrijwaring van aanspraken van derden op deze rechten en procedurele afspraken wat de andere partij in zo'n geval moet doen of juist niet moet doen.
- Personeel: een beschrijving van de kwaliteiten waaraan het personeel moet voldoen en wat te doen als een leverancier niet de gewenste kwaliteit levert.
- Geheimhouding: standaardartikel over wat onder geheimhouding valt en welke sanctie op overtreding van deze clausule staat.
- Contactpersonen en rapportage: afspraken over hoe contactpersonen met elkaar omgaan en welke rapportages een leverancier oplevert met welke frequentie.
- Belastingen en sociale premies: een standaardartikel over wie verantwoordelijk is voor het betalen van belastingen en sociale premies.
- Inzet van derden: afspraken over het gebruik van derden door de leverancier voor de uitvoering van de overeenkomst.
- Overname van personeel, omkoping, belangenverstrengeling: in geval een van beide partijen zich hieraan schuldig maakt, staat beschreven welke sancties daaraan verbonden zijn.
- Overdracht rechten en verplichtingen: aan deze overdracht van rechten en verplichtingen worden meestal beperkende voorwaarden gesteld.
- Slotbepalingen: een restcategorie van onder andere de volgende onderwerpen:
  - de uitsluiting van wederzijdse inkoop- en leveringsvoorwaarden;
  - de communicatie vindt per brief, per fax en/of per e-mail plaats;
  - het ontbreken van rechtskracht van mondelinge mededelingen, toezeggingen of afspraken, tenzij deze schriftelijk zijn overeengekomen;
  - het met elkaar in overleg treden over nieuwe bepalingen ter vervanging van de nietige of niet-rechtsgeldige bepalingen.
- Bijlagen: hierin neemt de inkoper een lijst van bijlagen op en bepaalt de onderlinge prioriteit tussen de verschillende bijlagen. In de bijlagen neemt de inkoper onder meer de offerteaanvraag en de offerte op. Verder beschrijft hij vooral details, die aan wijzigingen onderhevig zijn, zoals gegevens van contactpersonen en factureer- of afleveradressen.

6.5 Contractvoorwaarden à la carte

Bedrijven en organisaties plegen dagelijks vele transacties. Het zou te ver gaan om voor iedere transactie een contract op te stellen. Daarom maken veel organisaties naast hun contractvoorwaarden gebruik van algemene inkoopvoorwaarden, die ze vooral voor kleine of routinetransacties van toepassing verklaren. In de praktijk bestaat ongeveer 80 procent van de transacties uit transacties met een kleine geldwaarde of met een regelmatig terugkerend karakter. Voor de overige 20 procent van de transacties gebruikt een organisatie op maat gemaakte standaardovereenkomsten.

6.5.1 Inkoopvoorwaarden

Het gebruik van inkoopvoorwaarden heeft twee doelen:
1. De leverancier laten leveren conform de interne administratieve en operationele procedures. Voorbeelden van artikelen die over deze onderwerpen gaan, zijn verpakking, ontvangst, keuring, facturering.
2. De belangrijkste rechten vastleggen. Voorbeelden van dit soort rechten zijn de betaling, aansprakelijkheid, eigendomsrechten, overdracht van eigendom, overdracht van risico en toepasselijk recht.

Tegenover de inkoopvoorwaarden staan de verkoopvoorwaarden waar iedere leverancier gebruik van maakt. Beide voorwaarden verschillen op veel punten en staan vaak lijnrecht tegenover elkaar. Meestal hebben ze gemeen dat ze eenzijdig zijn opgesteld en uitgaan van de eigen belangen. De inkoper moet daarom de toepasselijkheid van verkoopvoorwaarden zo snel mogelijk uitsluiten en de inkoopvoorwaarden van toepassing verklaren en deze ook mee sturen.

Een slecht begin kost heel veel werk

Door een reorganisatie stond de inkoper van een groot ziekenhuis er alleen voor, want een van zijn directe collega's was net overgestapt naar de private sector en een andere collega zat thuis met een hernia. De inkoper had al zeven inkoopprojecten lopen en ja, de achtste kon er ook wel bij. Weigeren was geen optie, de klant was koning en stond te popelen om een nieuwe operatiemicroscoop aan te schaffen.

De inkoper gebruikte zijn contacten en vroeg bij een ander ziekenhuis een programma van eisen op. Een kopie was snel gemaakt en in overleg met de interne klant werd het programma van eisen op maat gemaakt voor het eigen ziekenhuis. De offerteaanvraag werd gecompleteerd en naar de leveranciers verzonden met het verzoek zo snel mogelijk te reageren.

Vier weken later kwamen de offertes binnen en kon de beoordeling beginnen. De antwoorden werden gescoord en de prijzen werden vergeleken. Alles leek op rolletjes te lopen, totdat de contractvoorwaarden aan de orde kwamen. Daar was toch iets misgegaan. In de haast was het

> voorbeeldcontract niet meegestuurd. Alle leveranciers waren daar slim op ingesprongen en stelden hun eigen contractvoorwaarden voor, met alle gevolgen van dien.
>
> De inkoper werd gedwongen alle contractvoorwaarden van commentaar te voorzien en dit commentaar ook nog mee te nemen in de beoordeling. Ga voor een gemiddeld contract uit van een uur leestijd en drie uur commentaar geven en je kunt bij vier inschrijvende leveranciers uitrekenen hoeveel tijd je kwijt bent. Gelukkig is de markt voor operatiemicroscopen klein en het aantal leveranciers beperkt.

De enige manier waarop een leverancier er dan nog onderuit kan komen, is de inkoopvoorwaarden uitdrukkelijk (schriftelijk) af te wijzen, waarmee partijen terechtkomen in de *battle of forms*, die eindeloos door kan gaan. De partij die het eerst zijn voorwaarden van toepassing verklaart, is *leading* in deze battle. Vandaar het belang van eigen inkoopvoorwaarden of contractvoorwaarden van toepassing verklaren en het standaard opnemen in de offerteaanvraag.

Er zijn situaties waar het niet mogelijk of niet verstandig is de eigen inkoopvoorwaarden van toepassing te verklaren:
- Een inkoper moet de leveringsvoorwaarden van de leverancier accepteren. Over het algemeen betreft het hier leveringen van bijvoorbeeld energie, telefonie, water, verzekeringen, maar ook van bijvoorbeeld software van Microsoft of andere machtige marktpartijen. Als een inkoper ze niet accepteert, krijgt hij niets geleverd.
- De inspanning weegt niet op tegen de kosten van de aan te schaffen producten of diensten. Als je bijvoorbeeld een boek koopt, levert het geen enkel voordeel op over de leveringsvoorwaarden van de boekwinkel te gaan onderhandelen.
- Een inkoper denkt iets te regelen wat hij in werkelijkheid niet regelt. Hij neemt bijvoorbeeld iets op in de inkoopvoorwaarden over eigendomsoverdracht bij vooruitbetaling. Als de leverende partij echter zelf nog geen eigenaar is, kan hij het eigendom niet overdragen aan de ontvangende partij, omdat de leverende partij niet meer rechten kan overdragen dan waar zij zelf over beschikt.

6.5.2 Het juridische kader

Algemene voorwaarden en dus ook algemene inkoopvoorwaarden zijn sinds 1 januari 1992 geregeld in het Burgerlijk Wetboek. Omdat indertijd veel partijen zich bij transacties al bedienden van hun algemene voorwaarden en daar veel gerechtelijke uitspraken over waren gedaan, vond de overheid het gepast hier nadere afspraken over vast te leggen in het Burgerlijk Wetboek.

Uitgaande van het wettelijk kader vereist het opstellen van inkoopvoorwaarden vooral gezond verstand en enige juridische kennis. De praktijk leert dat veel organisaties hun inkoopvoorwaarden van het internet halen en aanpassen naar eigen behoefte. Een ander deel van de organisaties maakt gebruik van de inkoopvoorwaarden die hun branchevereniging opstelt. Vaak zijn deze inkoopvoorwaarden specifiek voor en door de betreffende branche ontwikkeld.

Met alleen het opstellen van de inkoopvoorwaarden ben je er als inkoper nog niet. Je moet nog enkele aanvullende acties uitvoeren, voordat je als inkoper optimaal kunt profiteren van de voordelen van de inkoopvoorwaarden:
- Vermeld onderaan het eigen briefpapier dat de inkoopvoorwaarden van toepassing zijn.
- Laat op de achterkant van de bestelopdracht de inkoopvoorwaarden afdrukken en verwijs er op de voorkant naar.
- Vermeld bij een mondelinge offerteaanvraag dat er een offerte moet komen met toepasselijkheid van de inkoopvoorwaarden. Bij een schriftelijke offerteaanvraag neemt een inkoper dat als vanzelf op en stuurt hij de inkoopvoorwaarden mee.
- Informeer alle actuele leveranciers schriftelijk als de inkoopvoorwaarden zijn aangepast.
- Deponeer de inkoopvoorwaarden bij de rechtbank of bij de Kamer van Koophandel. Dit heeft geen juridische betekenis, maar schept wel vertrouwen.

6.5.3 Hoofdindeling overeenkomsten

Voor elk product of dienst kan een inkoper een overeenkomst op maat maken, maar in de praktijk gebeurt dat niet altijd. In eerste instantie vangt hij al veel af met algemene inkoopvoorwaarden. Voor de overige inkopen ontwikkelt hij een set van standaardcontractvoorwaarden.

Op het hoogste niveau kan een inkoper overeenkomsten in twee categorieën indelen: zelfstandige overeenkomsten of raam-, mantel- of parapluovereenkomsten.

Een zelfstandige overeenkomst is een overeenkomst die op zichzelf staat en alle contractvoorwaarden bevat die partijen met elkaar overeenkomen. Een raam-, mantel- of parapluovereenkomst is een overeenkomst waarin de algemene voorwaarden zijn vastgelegd, waaronder partijen de komende jaren met elkaar gaan samenwerken. Er kunnen wel of geen afnameverplichtingen in worden opgenomen. De daadwerkelijke afname leggen partijen vast in nadere overeenkomsten, die vallen onder de werking van de raamovereenkomst. Nadere overeenkomsten zijn vaak zeer compact van omvang, omdat alle algemene contractvoorwaarden al in de raamovereenkomst zijn geregeld.

Een inkoper sluit een raam-, mantel- of parapluovereenkomst met name af met grote bedrijven. Hierin regelt hij de algemene contractvoorwaarden en in de onderliggende deelovereenkomsten maakt hij afspraken over specifieke goederen of diensten. Een voorbeeld van een mantelovereenkomst is een contract met ict-leverancier HP op het allerhoogste niveau. Met ieder onderdeel van HP sluit een inkoper vervolgens deelovereenkomsten voor onder meer printers, pc's, storagesystemen, consultancy. Per deelovereenkomst kan de inkoper nog een niveau lager zakken en specifieke afspraken maken over levering, onderhoud of beheer.

6.5.4 Overeenkomst naar aard product of dienst

Over het algemeen gaat een inkoper uit van de volgende overeenkomsten of combinaties van deze overeenkomsten:

Levering exploitatiegoederen
Dit betreft de fysieke levering en mogelijke installatie van goederen die in één keer worden afgeschreven. Voorbeelden van exploitatiegoederen zijn kantoorartikelen, kleine kantoorapparatuur, kantoorautomatisering als printers, beeldschermen en planten.

Levering investeringsgoederen
Investeringsgoederen zijn er van groot tot klein. Softwareapplicaties, boten, treinen, wegen, dijken, vloerbedekking. Het gaat hierbij vooral over levering en installatie of implementatie.

Levering diensten
Dit is de meest veelzijdige categorie omdat hier bijvoorbeeld facilitaire diensten onder vallen (catering, beveiliging, schoonmaak), maar ook het inhuren van consultants uitzendkrachten of het ontwerpen door architecten. Een standaardcontract zou hier kunnen, maar in principe heeft iedere soort dienstverlening een unieke contractvorm.

Onderhoud exploitatie- of investeringsgoederen
Deze overeenkomsten komen tegenwoordig steeds minder voor, omdat het onderhoud van exploitatiegoederen al is opgenomen in de prijs van aanschaf. Een voorbeeld hiervan is het onderhoud van printers of beeldschermen die al verdisconteerd zijn. Het onderhoud van investeringsgoederen komt bij nagenoeg elke investering terug.

Huur of lease exploitatiegoederen
Het huren of leasen is voor sommige exploitatiegoederen niet echt gebruikelijk, maar het behoort tot de mogelijkheden. Printers kun je bijvoorbeeld huren of leasen.

Huur of lease investeringsgoederen
Het huren of leasen van investeringsgoederen is wel gebruikelijk en de bedragen die daarmee gemoeid zijn, kunnen aardig oplopen. Zeker als het gaat over vastgoed of grote roerende zaken als vliegtuigen of schepen, worden huur- of leaseconstructies vaak toegepast.

Consignatie
Een consignatieovereenkomst wil zeggen dat de leverancier de producten in consignatie (gebruik) geeft, maar het eigendom nog bij de leverancier blijft. Deze producten worden pas betaald als ze worden gebruikt of verbruikt. Ook het eigendom gaat dan pas over.

Bruikleen
Een bruikleenovereenkomst wil zeggen dat de leverancier een zaak kosteloos in gebruik geeft, onder de voorwaarde dat die zaak na gebruik of na een bepaalde tijd weer wordt teruggegeven. Zo kan worden bekeken of een apparaat geschikt is voor een afdeling en kan na afloop van de bruikleenperiode worden overgegaan tot het kopen van het apparaat. Op dat moment wordt er dus een leveringsovereenkomst afgesloten.

6.6 Samenvatting

Met het sluiten van een contract krijgen partijen rechten en plichten. Inkopers zijn hiervoor over het algemeen zelf verantwoordelijk en moeten daar ook voldoende van af weten.

Verkopende partijen beschikken meestal over verkoopvoorwaarden die door juristen of door een brancheorganisatie zijn opgesteld. Deze voorwaarden zijn niet bedoeld om de positie van de inkopende organisatie te regelen, maar om de positie van de leverancier veilig te stellen. Inkopen op basis van de verkoopvoorwaarden van de leverancier brengt risico's met zich mee. Het is de verantwoordelijkheid van de inkoper deze risico's uit te sluiten.

Het uitsluiten van risico's kan in een aantal stappen gebeuren. Standaardinkoopvoorwaarden regelen de verhouding tussen de organisatie en de leverancier volgens algemene bepalingen. De inkoopvoorwaarden stellen de positie van de inkopende partij veilig. Bij beperkte risico's, zoals bij de inkoop van routinematige producten, kan de inkoper eenvoudig de standaardinkoopvoorwaarden presenteren. Naarmate de inkooprisico's toenemen, voldoen standaardinkoopvoorwaarden minder. Er zijn specifieke aandachtspunten die gedetailleerd geregeld moeten worden. Verlengende garantieperiodes, afnameprotocollen, overname van personeel, prijsaanpassingclausules zijn daar voorbeelden van.

In internationale koopovereenkomsten wordt gebruikgemaakt van standaardclausules uit de zogenoemde Incoterms. Deze clausules omschrijven de rechten en plichten van opdrachtgever en leverancier over de levering van verkochte goederen.

Toetsvragen

1. Wat zijn de overeenkomsten en verschillen tussen een contract, een overeenkomst en een verbintenis?
2. Welke fasen kent het onderhandelingsproces?
3. Wat zijn de juridische gevolgen van het afbreken van de onderhandelingen in elke fase van het onderhandelingsproces?
4. Noem ten minste vijf zaken die worden geregeld in een overeenkomst.
5. Wat zijn Incoterms?
6. Wat wordt bedoeld met 'toepasselijk' recht?
7. Wat zijn de voordelen en nadelen van het gebruik van inkoopvoorwaarden?
8. Wat moet een organisatie regelen als ze inkoopvoorwaarden gaat hanteren?
9. Welke twee soorten hoofdovereenkomsten worden onderscheiden?
10. Wat is er juridisch bijzonder aan consignatie?

Eindcase

Ziekenhuis met onderhoudsproblemen: een tragisch ongeluk

Bij een brand in het Twenteborg Ziekenhuis in Almelo op 28 september 2006 kwam een 69-jarige vrouw om het leven die in de ruimte waar brand uitbrak op de operatietafel lag.

Het Twenteborg Ziekenhuis heeft geknoeid met de anesthesiezuilen in de operatiekamers. Een anesthesiezuil is een apparaat dat zorgt voor de aanvoer van medische gassen, perslucht, en elektriciteit en voor de afvoer van vocht en medische gassen. Daardoor was de kans op een zuurstofbrand onverantwoord groot, ook omdat het onderhoud van de zuilen niet goed was geregeld. Dat stelt de Inspectie voor de Gezondheidszorg (IGZ) in een rapport over de brand in de operatiekamer in het ziekenhuis. Er was sprake van achterstallig onderhoud aan anesthesiezuilen. Het aanwezige personeel treft geen blaam, vindt de inspectie, die zelfs stelt dat ziekenhuismedewerkers een nog grote ramp hebben voorkomen. Zij sloten de operatiekamer en draaiden de zuurstofkraan dicht, waardoor het vuur zich niet verder kon verspreiden. Anders waren er veel meer slachtoffers geweest.

Het tragische ongeluk deed veel stof opwaaien. De minister stelde dat er in elk ziekenhuis een lid van de Raad van Bestuur expliciet de verantwoordelijkheid moet krijgen voor de kwaliteit en de veiligheid van de apparatuur, inclusief het onderhoud ervan. Die persoon is dan ook aansprakelijk als het misgaat.

De anesthesiezuilen in alle operatiekamers van het Twenteborg Ziekenhuis vertoonden achterstallig onderhoud. Enkele jaren eerder had het ziekenhuis het onderhoudscontract met de leverancier van de zuilen opgezegd. Toen was er al sprake van achterstallig onderhoud, zonder dat het ziekenhuis dat wist. Vanaf dat moment is het ziekenhuis zelf het onderhoud gaan doen. De IGZ noemt dat onderhoud volstrekt onvoldoende. De leverancier heeft het ziekenhuis niet gezegd dat er achterstallig onderhoud was en ook niet gewaarschuwd voor de risico's van het zelf onderhoud doen door het ziekenhuis.

Vragen

1. Wat was de overeenkomst naar aard product of dienst toen het Twenteborg Ziekenhuis de anesthesiezuilen kocht?
2. Met welke juridische consequenties moet de inkoper van het Twenteborg Ziekenhuis rekening houden bij de vier hoofdfasen van het onderhandelingsproces?
3. Deze case is best lastig vanuit een juridisch perspectief. Geef een onderbouwd oordeel over de mogelijkheden de leverancier van de anesthesiezuilen alsnog aansprakelijk te stellen voor de schade.
4. Wat zou de inkoper van het Twenteborg Ziekenhuis in de toekomst beter moeten regelen vanuit een juridisch perspectief?
5. Een nieuwe leverancier van operatiekamerapparatuur stelt voor de apparatuur aan te bieden op basis van onderhoudscontract waarbij de apparatuur eigendom blijft van de leverancier en het ziekenhuis betaalt per uitgevoerde operatie (dit wordt wel performance based logistics genoemd). Wat moet de inkoper in dit geval allemaal regelen vanuit een juridisch perspectief?

Deel 3

Het tactische en operationele inkoopproces verder uitgewerkt

Het derde deel lichten we het tactische en operationele inkoopproces verder toe en gaan we een stap dieper qua details.
Hoofdstuk 7 beschrijft het tactische inkoopproces maar dan bij de overheid. Daarvoor geldt speciale Europese regelgeving, waarvan we de meest voorkomende spelregels voor jullie samenvatten. Met hoofdstuk 8 stappen we over naar het operationele inkoopproces en laten we je zien hoe je deze dagelijkse processen goed inricht. De effectiviteit en efficiency van deze processen is daarbij van essentieel belang. In hoofdstuk 9 komen we uit bij de contracten die het eindpunt vormen van het tactische inkoopproces en tegelijkertijd het begin van het operationele inkoopproces. Het goed inrichten van je contract- en leveranciersmanagement beperkt het risico dat de leverancier minder goed presteert en dat de organisatie daar last van krijgt.

Hoofdstuk 7

Europees aanbesteden

Leerdoelen
- Het kennen van de Europese regelgeving bij inkoop door overheden.
- Een overzicht hebben van de Europese aanbestedingsprocedures.
- Het onderkennen wanneer een inkoop valt onder de Europese aanbestedingsregels.
- Het aangeven wat de gevolgen zijn voor de inkoopuitvoering.
- Het begrijpen van de rol van juristen bij Europese aanbestedingen.

7.1 Inleiding

Vuurwerk vanuit de overheid krijg je als er zaken fout gaan, zoals bij de brand in het cellencomplex op Schiphol-Oost, de forse budgetoverschrijdingen bij de HSL en de Betuwelijn, spitsstroken die ongevraagd worden aangelegd of gewoon drie jaar niet opengaan door een 'kleine' communicatiestoornis. In dit boek beperken we ons tot de fouten die de overheid maakt bij Europese aanbestedingen. Waarom halen deze blunders de laatste jaren steeds vaker de pers? De Nederlandse overheid moet met Europese aanbestedingen voldoen aan een grote hoeveelheid aanbestedingsregels, die niet altijd even duidelijk zijn. En dan bestaat de kans dat de overheid wel eens fouten maakt.

Hoe groot is de werkingssfeer van de Europese regelgeving? Statistisch cijfermateriaal is schaars, maar een schatting uit 2002 geeft aan dat het zou kunnen gaan om 1500 miljard euro aan inkoopvolume. Aangezien de Europese Unie inmiddels fors is uitgebreid, zal dit bedrag in de praktijk waarschijnlijk nog veel hoger uitkomen. In Nederland valt circa 60 miljard euro onder de reikwijdte van de aanbestedingswetgeving.

Door de toenemende aandacht voor de aanbestedingswetgeving heeft de inkoop binnen de overheid de afgelopen jaren een inhaalslag kunnen maken. Inkoop bij de overheid is dankzij Europese aanbestedingen geprofessionaliseerd. Tegenwoordig weet iedereen binnen en buiten de overheid dat inkopen een vak is en dat Europees aanbesteden eigenlijk niets meer of minder is dan professioneel inkopen.

Het Europese aanbestedingsrecht bespreken we op hoofdlijnen in paragraaf 7.2. In paragraaf 7.3 staan we stil bij de uitgangspunten van het Europees aanbesteden. De verschillende soorten algemene aanbestedingsprocedures komen aan de orde in paragraaf 7.4 en de bijzondere aanbestedingsprocedures in paragraaf 7.5. In beide paragrafen staan we ook stil bij de vraag wanneer de verschillende soorten procedures moeten worden toegepast. Paragraaf 7.6 laat zien hoe een aanbestedingsprocedure in de praktijk in zijn werk gaat en welke mogelijkheden de leveranciers hebben om de resultaten van een aanbestedingsprocedure aan de orde te stellen.

7.2 Aanbestedingsrecht

Het oorspronkelijke doel van de aanbestedingsregelgeving was het creëren van één interne Europese markt waarop iedere leverancier, ongeacht zijn nationaliteit, onder gelijke omstandigheden in kon schrijven op overheidsopdrachten. Een overheidsorganisatie mocht dus geen opdrachten voorbehouden aan bedrijven uit het eigen land of haar eigen omgeving.

Feiten over Europees aanbesteden
In de praktijk blijkt dat slechts 0,51 procent van alle opdrachten die de Nederlandse rijksoverheid Europees aanbesteedt, wordt gegund aan een buitenlandse deelnemer (Tanghe, 2007). Dit cijfer is nog lager dan de 1 procent die al jaren als gerucht circuleert. Uit de gegevens van 1000 Europese aanbestedingen door de rijksoverheid blijkt dat buitenlandse bedrijven zelden inschrijven op aanbestedingen en nog minder vaak daadwerkelijk een opdracht krijgen.

7.2.1 Principes Europees aanbesteden
De Europese aanbestedingsregelgeving berust in feite op vier principes:
1. Openbaarmaking van opdrachten in de gehele Europese Unie, waardoor alle leveranciers vanuit de Europese Unie kunnen deelnemen.
2. Gebruikmaken van transparante procedures.
3. Objectieve selectie- en gunningscriteria.
4. Gelijke behandeling van leveranciers bij informatieverstrekking en door gebruik van niet-discriminerende specificaties.

Deze principes zijn universeel en gelden voor alle publieke instellingen in de landen van de EG en dan hebben we het over een miljoen instellingen. Een aantal dat naar verwachting de komende jaren nog explosief gaat stijgen.

7.2.2 EG-aanbestedingsrichtlijnen
De EG-aanbestedingsrichtlijnen vormen het juridische kader voor de uitvoering van de Europese aanbestedingswetgeving. De principes transparantie en gelijke behandeling worden in deze aanbestedingsrichtlijnen nader uitgewerkt:
- RO: EG Richtlijn Overheden (Richtlijn 2004/18 van 31 maart 2004 betreffende de coördinatie van de procedures voor het plaatsen van overheidsopdrachten voor werken, leveringen en diensten).
- RN: EG Richtlijn Nutssectoren (Richtlijn 2004/17 van 31 maart 2004 houdende coördinatie van procedures voor het plaatsen van opdrachten in de sectoren water- en energievoorziening, vervoer en postdiensten).

7.2.3 Nederlandse wettelijke regelingen
De Nederlandse overheid heeft de EG richtlijnen Overheden en Nutssectoren via de Raamwet EEG-voorschriften omgezet naar de volgende richtlijnen:
- BAO: Besluit Aanbestedingsregels voor Overheidsopdrachten. Dit besluit implementeert de EG Richtlijn Overheden.
- BASS: Besluit Aanbestedingen Speciale Sectoren. Dit besluit implementeert de EG Richtlijn Nutsvoorzieningen.

Beide besluiten verplichten de Nederlandse aanbestedende diensten de voorschriften van de EG-aanbestedingsrichtlijnen en de aanvullende Nederlandse bepalingen (zoals gebruik van inschrijvingsbewijs Kamer van Koophandel) toe te passen.

7.3 Werkingsfeer

De praktische uitwerking van de wetgeving betekent dat duidelijk moet worden aangegeven welke organisaties onder de werking van de aanbestedingsrichtlijnen vallen, welke soorten aanbestedingen je hebt en welke procedurevoorschriften van toepassing zijn.

7.3.1 Aanbestedende diensten

Om vast te kunnen stellen of een overheidsaankoop Europees dient te worden aanbesteed, is nodig om te bekijken of het om een aanbestedende dienst gaat. Volgens de EG Richtlijn Overheden behoren de volgende aanbestedende diensten hiertoe:
- de staat;
- territoriale lichamen van de staat;
- publiekrechtelijke instellingen;
- overheidsdiensten nutsvoorzieningen;
- verenigingen gevormd door de staat, een of meer territoriale lichamen en/of een of meer publiekrechtelijke instellingen.

De staat
Hiermee bedoelt de EG Richtlijn Overheden de rijksoverheid (centrale overheid): de ministeries, rijksdiensten en de Eerste en de Tweede Kamer der Staten-Generaal.

Voorbeelden van rijksdiensten
- Centraal Plan Bureau (CPB);
- Economische Voorlichtingsdienst (EVD);
- Korps Landelijke Politie Diensten (KLPD);
- Nederlandse Mededingingsautoriteit (NMa);
- Belastingdienst;
- Centraal Justitieel Incasso Bureau (CJIB);
- Rijksgebouwendienst (RGD);
- Koninklijk Nederlands Meteorologisch Instituut (KNMI);
- Algemene Rekenkamer.

Territoriale lichamen van de Staat
Onder deze categorie vallen provincies, gemeenten, waterschappen, de zogenoemde decentrale overheid. Hierover bestaat weinig discussie of het zou de onderlinge opdrachtverstrekking binnen deze categorie moeten zijn. Daarnaast nemen de sociale werkvoorzieningen een aparte positie in, omdat ze verbonden zijn met een of meerdere gemeenten. Of opdrachtverstrekking aan sociale werkvoorzieningen onder de EG Richtlijn Overheden valt, is afhankelijk van de inrichting van de sociale werkvoorziening in de betreffende gemeente en van de juridische vorm van de sociale werkvoorziening.

Publiekrechtelijke instellingen
Dit zijn organisaties waar de overheid bestuurlijk, beleidsmatig, financieel of beheersmatig een grote invloed op heeft. Het zijn organisaties die taken van algemeen belang uitvoeren. Voorbeelden hiervan zijn:
- alle universiteiten en hogescholen;
- TNO;
- Informatie Beheer Groep (IBG);
- Centrum voor Werk en Inkomen (CWI);
- Uitvoeringsinstituut Werknemersverzekeringen (UWV);
- De Nederlandsche Bank;
- Kamer van Koophandel;
- Sociale Verzekeringsbank (SVB).

Overheidsdiensten nutsvoorzieningen
Alle diensten die verantwoordelijk zijn voor de nutsvoorzieningen in ons land:
- openbaar vervoer (NS, Schiphol, Connexxion);
- energievoorziening (NAM, Gasunie, Essent, NUON);
- watervoorziening (waterleidingbedrijven);
- telecommunicatie en postbezorging (KPN, TPG).

7.3.2 Werken, leveringen en (bepaalde) diensten
De wetgever maakt een onderscheid in drie verschillende soorten categorieën, namelijk werken, leveringen en diensten:

Werken
Een werk wordt voor de wet gedefinieerd als een geheel van bouwkundige of civieltechnische werken dat een economische of technische functie vervult. Werken hebben een heel divers karakter: de straat, overheidsgebouwen, dijkverhogingen of de aanleg van kunstgrasvelden voor de hockeyvereniging.

Leveringen
Een levering heeft niet alleen betrekking op de koop, maar ook op de lease, huur of huurkoop van producten. De bijbehorende diensten installatie, aflevering, instructie en onderhoud behoren ook tot de levering. Ook hier vinden we een grote diversiteit aan producten: van drukwerk en kantoorartikelen tot auto's, productiemachines, vliegtuigen en trams.

Diensten
Een dienst betreft de restcategorie van alles wat niet onder de categorieën werken en leveringen valt. Daarbij maakt de wetgever onderscheid tussen de zogenoemde 2a- en 2b-diensten. De regelgeving is voor 2a-diensten volledig van toepassing. Voor 2b-diensten gelden alleen de beginselen van transparantie, gelijke behandeling en objectieve selectie- en gunningscriteria (het zogenoemde verlichte regime).

- Hotels en restaurants
- Vervoer per spoor
- Vervoer over water
- Vervoersondersteunende activiteiten
- Rechtskundige diensten
- Arbeidsbemiddeling (met enkele uitzonderingen)
- Opsporing en beveiliging, met uitzondering van vervoer per pantserwagen
- Onderwijs
- Gezondheidszorg en maatschappelijke dienstverlening
- Cultuur, sport, en recreatie
- Overige diensten (tenzij het 2a-diensten zijn, die onder het 'volledige regime' van de wet vallen)

Figuur 7.1 Overzicht 2b-diensten

7.3.3 Procedure voorschriften

Voor het uitvoeren van een Europese aanbestedingsprocedure hanteert de overheid de volgende uitgangspunten: volgens de vastgestelde Europese aanbestedingsprocedures, op basis van de aangegeven drempelbedragen, met inachtneming van de gestelde termijnen per procedure, waarbij alle leveranciers dezelfde informatie ontvangen, en aan de hand van objectieve criteria beoordeling plaatsvindt. Daarnaast is er een aantal afspraken over het gebruik van dezelfde codering voor werken, producten en diensten (CPV codes), drempelbedragen en termijnen.

CPV-codes
De Common Procurement Vocabulary (CPV) is de Gemeenschappelijke Woordenlijst Overheidsopdrachten: een uniform classificatiesysteem voor overheidsopdrachten voor alle soorten opdrachten werken, leveringen en diensten. Ieder product, dienst of bouwwerk is te relateren aan een zogenaamde CPV-code (bestaande uit negen cijfers). De eerste vier cijfers bepalen of een werk, product of dienst bij elkaar hoort en of de inkoper dit als één geheel Europees moet aanbesteden.

Het doel van de CPV is dat alle lidstaten de beschikking hebben over een gelijk referentiesysteem, waarin goederen in alle officiële talen van de Gemeenschap op dezelfde wijze worden omschreven en dezelfde alfanumerieke code krijgen.
Aanbestedende diensten dienen in aankondigingen van opdrachten en aanbestedingsdocumenten de CPV-code van het betreffende werk, levering of dienst te melden.

Drempelbedragen
Een van de voorwaarden voor toepassing van Europese aanbestedingsrichtlijnen is dat de waarde van de overheidsopdracht boven een bepaalde drempel-

waarde uitkomt. De EG bekijkt de drempelbedragen iedere twee jaar opnieuw en stelt ze dan opnieuw vast voor de volgende periode. Dit is voor het laatst gebeurd op 1 januari 2008. De drempelbedragen worden in euro's vermeld, exclusief BTW.

	Werken	Leveringen	Diensten
Centrale overheid	€ 5.150.000	€ 133.000	€ 133.000
Decentrale overheid	€ 5.150.000	€ 206.000	€ 206.000
Speciale sectoren	€ 5.150.000	€ 412.000	€ 412.000

Figuur 7.2 Overzicht drempelbedragen sinds 1 januari 2008

Met de volgende uitgangspunten berekent de inkoper of een aankoop Europees aanbestedingsplichtig is:
- De waarde van de opdracht gedurende de totale duur van de overeenkomst inclusief alle opties voor verlenging is bepalend.
- Indien er geen looptijd bekend is, dient de inkoper uit te gaan van de waarde van de opdracht gedurende een periode van vier jaar.
- De verdeling in percelen (onderdelen) maakt voor de waardebepaling niets uit. De inkoper moet de waarde van alle percelen bij elkaar optellen om de totale contractwaarde te bepalen.
- Indien het producten betreft, dient de inkoper alle aanvullende dienstverlening zoals levering, installatie, onderhoud en opleiding op te tellen bij de waarde van de producten.
- Het splitsingsverbod betekent dat de inkoper een opdracht niet mag splitsen door bepaalde zaken uit elkaar te halen (bijvoorbeeld systeemeenheden van een pc en de beeldschermen apart of de dienstverlening bij producten apart berekenen).
- Percelenregeling: voor werken of diensten geldt dat, indien de waarde voor alle percelen voor of werken of diensten bij elkaar opgeteld uitkomen boven de drempelwaarde, percelen die minder dan 20 procent van de totale waarde van de percelen uitmaken mogen worden uitgesloten van de Europese aanbesteding.

Termijnen
De termijnen van de verschillende aanbestedingsprocedures verschillen voor het indienen van een reactie (zie figuur 7.3). Voor het toezenden van het aanbestedingsdocument en aanvullende informatie geldt bij de (niet-)openbare procedure een termijn van maximaal zes dagen, voor een onderhandelingsprocedure met bekendmaking vooraf is dat maximaal vier dagen.

Verder zijn de termijnen voor het indienen van bezwaar en voor het melden van de gunning van de aanbesteding in alle procedures gelijk: maximaal 15 dagen respectievelijk maximaal 48 dagen.

	Inlevering reactie door leveranciers na aankondiging in PB EG binnen: 2) + 3) + 4)	Na aanvraag, toezending aanbestedingdocument door aanbestedende dienst binnen:	Toezending aanvullende informatie over bestek door aanbestedende dienst binnen: 5)	Inlevering reactie door leveranciers na uitnodiging binnen: 4)	Bezwaar indienen na voorlopige gunning binnen:	Publicatie resultaat van gunning in PB van EG binnen:
Openbare procedure zonder vooraankondiging	52	6	6	-	15	48
Openbare procedure met vooraankondiging	22	6	6	-	15	48
Niet-openbare procedure zonder vooraankondiging	37	6	6	40	15	48
Niet-openbare procedure met vooraankondiging	37	6	6	26	15	48
Niet-openbare procedure met dringende spoed	15	4	4	10	15	48
Gunning via onderhandelingen met bekendmaking vooraf	37	-	-	-	15	48
Gunning via onderhandelingen zonder bekendmaking vooraf	-	-	-	-	15	48

1) De getallen geven het aantal kalenderdagen weer.
2) Indien je de aankondiging elektronisch indient, mag je zeven (7) dagen in mindering brengen.
3) Indien je het aanbestedingsdocument via je eigen website elektronisch ter beschikking stelt, mag je nog eens vijf (5) dagen in mindering brengen.
4) De termijnen in deze kolommen zijn minimumtermijnen, de overige termijnen zijn maximumtermijnen.
5) Uiterste aantal dagen vóór het verstrijken van de termijn van inzending van de reacties, waarbinnen de aanvullende informatie verstrekt moet worden.

Figuur 7.3 Termijnen aanbestedingsprocedures

Richtlijnen niet van toepassing
De volgende zaken vallen niet onder de werking van de Europese aanbestedingsrichtlijnen:
- opdrachten beneden de drempelwaarde;
- opdrachten in het kader van internationale overeenkomsten;
- opdrachten die de staat geheim heeft verklaard (JSF, zie kader);
- koop en huur van bestaande gebouwen;
- aankoop van grond;
- inbesteding (zie ook Stadt Halle-arrest, paragraaf 7.6.5).

> **JSF vertraagd en duurder**
>
> De bouw van de Joint Strike Fighter (JSF), waar ook Nederland aan meewerkt, ligt achter op schema en kan tot 25 miljard euro hoger uitvallen dan verwacht. Dat is bekendgemaakt door een Amerikaanse Rekenkamer. De tegenvaller komt onder meer door inefficiënte productie en prijsverhogingen. Het project kan ruim 2,5 jaar vertraging oplopen.
> Eind februari werd al bekend dat de ontwikkeling van de Joint Strike Fighter 206 miljoen euro duurder zou worden. Nederland draagt in totaal 5,7 miljard bij aan de ontwikkelingskosten van de JSF, de straaljager die de F16 moet opvolgen.
> Het was in 2008 niet zeker of Nederland het gevechtsvliegtuig daadwerkelijk gaat aanschaffen. Daarover neemt het kabinet in 2010 een besluit. De vraag is nu of de JSP Europees aanbestedingsplichtig is. Volgens enkele kamerleden is het voor iedereen duidelijk dat er meer tijd nodig is om een goede afweging te kunnen maken tussen de JSF en de Zweedse concurrent Saab Gripen Next Generation.
>
> Bron: www.nu.nl, februari 2008.

7.4 Algemene aanbestedingsprocedures

Van de algemene procedures komen de openbare en de niet-openbare procedure het meest voor. In circa 90 procent van de gevallen maakt de inkoper gebruik van deze procedures. De wetgever heeft wel een klein foutje gemaakt bij de naamgeving. Zowel de openbare procedure als de niet openbare procedure zijn openbaar, in die zin dat iedere leverancier erop kan inschrijven.

7.4.1 Openbare procedure

Een openbare aanbestedingsprocedure is de meest toegepaste procedure. Leveranciers leveren hun bedrijfsgegevens en hun offerte op hetzelfde moment in. Binnen de procedure zelf beoordeelt de aanbestedende dienst eerst de bedrijfsgegevens op hun geschiktheid en laat vervolgens alle geschikte leveranciers met hun offerte doorgaan naar de tweede fase van de aanbesteding.

Het voordeel van deze procedure is dat hij korter is dan een niet-openbare procedure en het mogelijke nadeel is dat er veel offertes binnenkomen, die de inkoper allemaal moet beoordelen. De openbare procedure is minder geschikt voor complexe procedures waarbij de inkoper veel inspanningen van de leveranciers vraagt (grote bouwprojecten) en bij procedures waar de inkoper veel offertes verwacht.

7.4.2 Niet-openbare procedure

Een niet-openbare procedure is een aanbestedingsprocedure met voorselectie. Ook deze procedure is dus openbaar, maar hier leveren leveranciers eerst uitsluitend hun bedrijfsgegevens (selectiegegevens) in. De aanbestedende dienst maakt vervolgens een selectie en laat een vooraf vastgesteld aantal bedrijven (minimaal vijf, maximaal twintig) in de tweede fase van de procedure een offerte uitbrengen. Dat verklaart de naamgeving niet-openbare procedure, want deze tweede fase is niet openbaar. De aanbestedende dienst bepaalt wie hier aan mee mag doen.

Deze procedure knipt de aanbesteding in tweeën. Het grote voordeel van deze methode is dat de inkoper in de tweede fase minder offertes hoeft te beoordelen. Ook de leverancier heeft hier baat bij, omdat hij in eerste instantie een relatief kleine inspanning hoeft te doen en bovendien in de tweede fase – bij gebleken geschiktheid – een relatief grotere kans van slagen heeft. Nadeel van deze methode is dat de doorlooptijd langer is, maar dat compenseert de inkoper met minder offertes die hij moet beoordelen.

7.4.3 Onderhandelingsprocedures

De inkoper past de onderhandelingsprocedures toe in uitzonderingsgevallen, als de openbare of de niet-openbare procedure geen resultaat kan opleveren of heeft opgeleverd. Daarbij onderscheidt de wetgever de onderhandelingsprocedure met voorafgaande bekendmaking en die zonder voorafgaande bekendmaking.

Onderhandelingsprocedure met bekendmaking
- Bij onregelmatige of onaanvaardbare inschrijvingen bij een openbare of niet-openbare procedure. Publicatie is niet nodig als alle inschrijvers aan de onderhandelingsprocedure meedoen.
- Wanneer de inkoper de prijs niet van tevoren kan vaststellen.
- Wanneer de inkoper (bij bepaalde producten of diensten) de specificaties niet voldoende kan vaststellen.
- Bij werken die de inkoper laat uitvoeren voor onderzoek, proefneming of ontwikkeling.

Onderhandelingsprocedure zonder bekendmaking
- Wanneer de inkoper geen geschikte inschrijvingen bij een openbare of niet-openbare procedure heeft ontvangen.
- Wanneer de inkoper de opdracht om technische of artistieke redenen slechts aan één bepaalde leverancier kan gunnen, bijvoorbeeld omdat er auteursrechten op zitten.
- Bij dwingende spoed, maar wel spoed die te wijten is aan de omstandigheden en niet aan de organisatie zelf. Te laat starten met een aanbesteding is dus geen reden voor een onderhandelingsprocedure. Een aardbeving in Turkije, waarvoor de overheid als hulpverlening extra tenten nodig heeft, is wel een reden voor het toepassen van een onderhandelingsprocedure.
- Bij de aankoop van leveringen tegen bijzonder gunstige voorwaarden (bijvoorbeeld uit een faillissement).

- Bij aanvullende leveringen of diensten, alleen onder bepaalde strikte voorwaarden, die van geval tot geval verschillen en die de inkoper moet beoordelen.

7.5 Bijzondere aanbestedingsprocedures

Naast de algemene aanbestedingsprocedures kent de aanbestedingswetgeving een aantal bijzondere procedures, die met uitzondering van de prijsvraag, allemaal recent is ingevoerd:
- concurrentiegerichte dialoog;
- dynamisch aankoopsysteem;
- elektronische veiling;
- prijsvraag;
- raamovereenkomst.

7.5.1 Concurrentiegerichte dialoog

Een aanbestedende dienst kan voor bijzondere complexe opdrachten gebruikmaken van de concurrentiegerichte dialoog. Voorwaarde is dat de aanbestedende dienst niet in staat is alleen technische oplossingen te vinden of de juridische en/of financiële voorwaarden van een project te specificeren. Gunning mag alleen op basis van het gunningscriterium economisch meest voordelige aanbieding. De inkoper kan deze procedure bijvoorbeeld gebruiken voor grote infrastructuurprojecten of ingewikkelde automatiseringsprojecten. De concurrentiegerichte dialoog is een procedure waarbij alle leveranciers een verzoek mogen indienen om deel te nemen. Daarbij voert de aanbestedende dienst een dialoog met de tot de procedure toegelaten leveranciers. Het doel van de dialoog is een of meer oplossingen te vinden voor de behoeften van de aanbestedende dienst. Op grond hiervan nodigt de inkoper de geselecteerde leveranciers uit een offerte uit te brengen.

7.5.2 Dynamisch aankoopsysteem

Het dynamische aankoopsysteem is een geheel elektronisch proces van aanbesteden van courante producten of diensten. Het aanbestedingsdocument inclusief programma van eisen ligt gedurende de gehele looptijd van de overeenkomst (maximaal vier jaar) vast. Elke leverancier die voldoet aan de selectiecriteria en die volgens de eisen in het aanbestedingsdocument een indicatieve inschrijving heeft ingediend, staat gedurende de looptijd van de overeenkomst op de shortlist van leveranciers. Binnen vijftien dagen na het indienen van zijn reactie krijgt de leverancier uitsluitsel over de aanmelding en over de indicatieve aanbieding die hij heeft gedaan. De leverancier mag de indicatieve aanbieding gedurende de looptijd aanpassen.

7.5.3 Elektronische veiling

De aanbestedende dienst kan voor de gunning van een opdracht gebruikmaken van een elektronische veiling. Elektronische veilingen zijn toegestaan voor elk type opdracht, met uitzondering van bepaalde opdrachten voor diensten en werken. Deze veilingen draaien om de prijs, indien de opdracht aan de leverancier met de laagste prijs wordt gegund of de prijs en/of andere elementen, indien de opdracht wordt gegund aan de leverancier met de economisch voordeligste aanbieding. Leveranciers moeten eerst aan de selectiecriteria en vervolgens aan de gunningcriteria voldoen. Alle leveranciers die aan deze criteria voldoen, kunnen meedoen aan de elektronische veiling.

7.5.4 Prijsvraag

Het doel van de prijsvraag als aanbestedingsprocedure is het ontvangen van een plan of ontwerp dat de inkoper op basis van concurrentie selecteert. Daarbij wordt soms wel en soms geen prijs of vergoeding toegekend. De inkoper past deze procedure toe bij ruimtelijke ordening, stadsplanning, architectuur, weg- en waterbouw of automatische gegevensverwerking. Voor een prijsvraag dient de inkoper, net als voor alle andere Europese aanbestedingsprocedures, de geldende regels te volgen. Wat bij prijsvragen anders gaat, is dat de mensen die beoordelen pas na beoordeling weten welk voorstel van welke leverancier is.

7.5.5 Raamovereenkomst

Een raamovereenkomst is een overeenkomst tussen een of meer aanbestedende diensten en een of drie of meer leveranciers. Het doel van deze overeenkomst is gunningscriteria voor toekomstige opdrachten gedurende een bepaalde periode (maximaal vier jaar) vast te leggen. Hierbij gaat het met name om de prijs en soms om de beoogde hoeveelheid. Bij aanvang van de looptijd van de raamovereenkomst plaats je nog geen concrete opdrachten. Dat doet de inkoper pas tijdens de looptijd via nadere opdrachtverstrekking, al dan niet onder concurrentie (als de inkoper drie of meer leveranciers heeft gecontracteerd). De inkoper kan een nadere opdracht direct aan een van de drie of meer leveranciers gunnen of een offerte aanvragen bij alle leveranciers en deze beoordelen volgens de in de raamovereenkomst vermelde gunningscriteria.

7.6 Uitvoering aanbestedingsprocedure

Voor alle aanbestedingsprocedures zijn de stappen in hoofdlijnen hetzelfde en nagenoeg gelijk aan die van een offerteprocedure. De verschillen zitten in de aankondigingen naar Luxemburg en de formaliteiten waarmee de inkoper te maken heeft.

7.6.1 Voorbereiding aanbesteding

In de voorbereiding van de eigenlijke aanbesteding voert de inkoper de volgende activiteiten uit:

- Samenstellen van een projectteam, dat verantwoordelijk wordt voor de begeleiding en uitvoering van de aanbesteding. Als binnen de eigen organisatie inhoudelijke of aanbestedingstechnische kennis tekortschiet, is het raadzaam deze kennis van buiten te betrekken.
- Uitvoeren van een marktverkenning, waarbij de inkoper de omvang van het onderwerp van de aanbesteding vaststelt en leveranciers- en productinformatie verzamelt.
- Kiezen van de gewenste en geschikte aanbestedingsprocedure, gegeven de interne en externe (markt)omstandigheden.
- Opstellen van een projectplan inclusief benodigde capaciteit, planning en risicoanalyse.
- Opstellen van de aanbestedingsdocumenten.

Onderdelen aanbestedingsdocument
Bij de uitwerking van het aanbestedingsdocument gebruikt de inkoper dezelfde structuur als bij een offerteaanvraag:

- Beschrijving inhoud offerteaanvraag;
  - doel offerteprocedure;
  - beschrijving organisatie;
  - beknopte omschrijving opdracht.
- Beschrijving offerteprocedure:
  - offerteprocedure en planning;
  - informatie uitwisseling;
  - voorwaarden offerteprocedure;
  - toelichting minimumeisen, selectie- en gunningscriteria;
  - beschrijving beoordelingsprocedure.
- Beschrijving offertedocument:
  - algemene voorwaarden offerte;
  - volledigheid offerte;
  - wijze van indienen;
  - tijdstip van indienen.
- Beschrijving huidige situatie
- Bijlagen offerteaanvraag;
  - selectiecriteria:
  - gunningscriteria.

7.6.2 Aanmelding aanbesteding

Voor het formeel starten van de Europese aanbesteding moet de inkoper een aankondiging verzenden naar de Tenders Electronic Daily- (TED) databank van de EG in Luxemburg (www.ted.europa.eu). Via het tabblad SIMAP op die site, komt de inkoper bij het elektronische formulier. Invullen, versturen en de aanbestedingsprocedure is gestart. Naast de aanmelding in Luxemburg kan de inkoper de aanbesteding ook nog op andere manieren onder de aandacht van leveranciers brengen, waarbij die op www.aanbestedingskalender.nl de meest gangbare is (zie figuur 7.4).

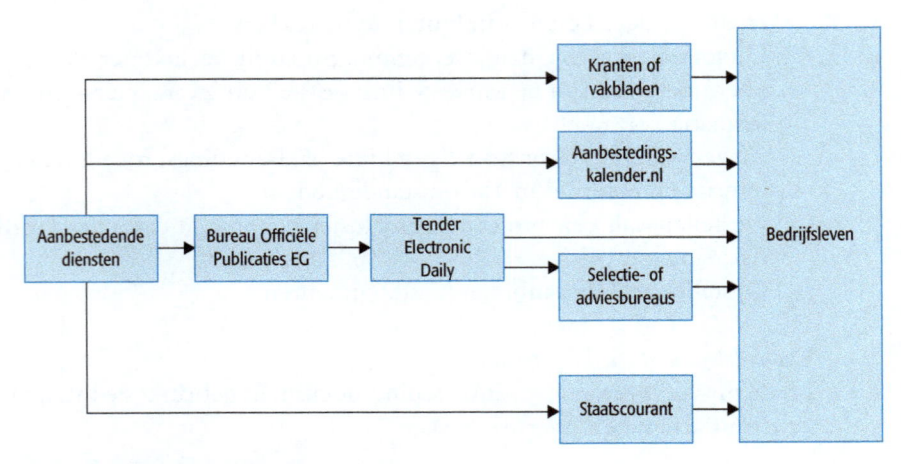

Figuur 7.4 Procedure aankondiging

7.6.3 Beoordeling selectie- en gunningscriteria

Bij een openbare procedure moet de inkoper iedere leverancier die voldoet aan de selectiecriteria laten doorgaan naar de tweede fase (beoordeling van de gunningscriteria). Bij een niet-openbare procedure moet de inkoper minimaal vijf en maximaal twintig leveranciers door laten gaan, afhankelijk van welk aantal de inkoper heeft aangegeven in zijn aanbestedingsdocument. Om te komen tot het gewenste aantal past de inkoper een selectie toe. En dat kan alleen als de inkoper voor onderdelen van de selectiecriteria punten toekent (bijvoorbeeld voor referenties en kwaliteitsprocedures).

De inkoper beoordeelt de gunningscriteria aan de hand van vooraf vastgestelde punten per vraag. Met een vastgestelde rekenmethode komt de inkoper tot een rangorde van leveranciers. Soms maken een referentiebezoek, een presentatie en/of de uitwerking van een case ook deel uit van de beoordeling. Ook voor deze onderdelen stelt de inkoper van tevoren samen met zijn interne klant beoordelingscriteria vast, zodat men subjectieve oordelen bij de beoordeling zoveel mogelijk uitsluit. Verder verloopt deze laatste beoordeling op dezelfde manier als voor de andere gunningscriteria.

7.6.4 Afhandeling gunning aanbesteding

Als men de beoordeling heeft afgerond en een voorlopige keuze heeft gemaakt voor één of meerdere leveranciers, gaat de inkoper de laatste afrondende fase van de aanbesteding in.

Verificatievergadering
Een verificatievergadering is een afrondend gesprek met een of meerdere leveranciers (niet tegelijk). Tijdens het verificatiegesprek bespreekt de inkoper de beoordelingsresultaten, geeft aan waar naar zijn idee de leverancier nog bepaalde aanpassingen moet doen in zijn voorstel (bij wijze van spreken alle cijfers uit de beoordeling waar een leverancier minder dan het cijfer 7 heeft gescoord) en neemt de contractvoorwaarden door. Het doel van de verificatievergadering is een finale overeenstemming te bereiken met de geselecteerde leverancier(s).

Aanbestedingsadvies en voorlopige gunning
Na succesvolle afronding van de verificatievergadering(en) stelt de inkoper een aanbestedingadvies op, waarin hij de gevolgde procedure beschrijft, het eindresultaat rapporteert en de vervolgacties aangeeft. De goedkeuring van dit aanbestedingsadvies maakt de weg vrij om alle overgebleven leveranciers in te lichten en hen de voorlopige gunning te melden. Indien binnen een termijn van vijftien dagen (zie Alcatel-arrest) geen bezwaar is aangetekend, kan de inkoper overgaan tot definitieve gunning en ondertekening van het contract.

Beroepsmogelijkheden
Het gebruikmaken van beroepsmogelijkheden is een grondwettelijk recht. De vraag is alleen of de leverancier hiervan gebruik wil maken. Gelijk hebben en gelijk krijgen is een groot verschil. Als de leverancier tijdens of na een aanbestedingsprocedure constateert dat de aanbestedende dienst aantoonbare en bewijsbare fouten maakt, heeft hij op nationaal en Europees niveau verschillende mogelijkheden tot zijn beschikking, variërend van een kort geding tot een (Europese) bodemprocedure. Daarbij heeft de leverancier de volgende vorderingsmogelijkheden:
- opschorting;
- verbod uitvoering opdracht;
- ontbinding overeenkomst;
- schadevergoeding.

Juridisering Europees aanbesteden
Bij Europese aanbestedingen zie je tegenwoordig een ontwikkeling die wel 'juridisering' genoemd wordt. Juridisering is de neiging om alles in het zakelijk verkeer formeel en in juridische termen vast te leggen. De verleiding is vervolgens voor leveranciers groot eveneens gebruik te maken van juridische argumentatie door te dreigen met claims en 'een gang naar de rechter niet uit te sluiten'.
Niet echt een omgeving waarbij je prettig zakendoet en niet goed voor de professionalisering van de inkoop bij de overheid. In de beginjaren van het Europees aanbesteden was het juist de regelgeving die het professionaliseren van de inkoop een injectie gaf. Tegenwoordig vormen de verscherpte verhoudingen tussen overheid en leveranciers met regelmaat van de klok aanlei-

ding voor rechtszaken, die vaak de pers halen. Wat is er mooier dan over de overheid schrijven, als ze weer een fout maken?

Het gevolg is dat inkopers en andere aanbestedingsverantwoordelijken bij de overheid defensief gedrag gaan vertonen, zich bij voorbaat op alle mogelijke manieren proberen in te dekken en steeds meer eisen gaan stellen aan leveranciers. Leveranciers doen vervolgens hun best daar ook antwoord op te geven en vergroten hun inspanningen om een aanbesteding voor hen tot een succes te maken. Uiteindelijk kan er over het algemeen maar één leverancier een aanbesteding winnen en moeten de verliezende leveranciers maar zien dat ze hun kosten besteed aan het opstellen van de offerte terugwinnen in andere offerte- of aanbestedingsprocedures. Een rechtszaak aanspannen als er een vermoeden van onrecht bestaat, is dan een van de mogelijke stappen.

Contractondertekening
Het ondertekenen van het contract vormt met het gebruik van een aanbestedingsadvies geen obstakel meer, omdat de inkoper iedereen tijdens de aanbestedingsprocedure over de voortgang heeft ingelicht.

Aankondiging gunning
De laatste formaliteit tijdens een Europese aanbesteding is het verzenden van de aankondiging van gunning naar de Tenders Electronic Daily- (TED) databank van de EG in Luxemburg. Daarvoor gaat de inkoper naar de site van de TED (www.ted.europa.eu) en via het tabblad SIMAP komt hij bij het elektronische formulier. Invullen, versturen en klaar is de Europese aanbesteding.

7.6.5 Jurisprudentie

Geen wetgeving is zo goed of er zitten wel witte of grijze vlekken in. Wit als er gewoon iets niet is geregeld en grijs als men een bepaalde tekst op meerdere manieren kan interpreteren. De lijst van juridische uitspraken wordt langer, maar in verhouding tot het aantal uitgevoerde aanbestedingen is het nog steeds minimaal. Voor het overzicht vatten we vier belangrijke uitspraken hier samen, met dank aan het Kennisportal Europese aanbestedingen (www.europeseaanbestedingen.eu).

Alcatel-arrest
Het Hof van Justitie EG heeft in de zaak Alcatel vs Austria (HvJ EG zaak C-81/89, 1999, Alcatel-arrest) bepaald dat het voor een leverancier mogelijk moet zijn beroep in te stellen tegen het besluit een overheidsopdracht te gunnen. Dit beroep moet kunnen leiden tot nietigverklaring van het bestreden gunningsbesluit en tot gunning van de opdracht aan een ander dan de oorspronkelijk beoogde leverancier.

Inmiddels is een Alcatel-termijn (ook wel *stand still*-termijn genoemd) opgenomen in het BAO (artikel 55) en BASS (artikel 57). Deze bepaling houdt in dat een aanbestedende dienst een termijn van ten minste vijftien dagen moet aanhouden, voordat zij een overeenkomst mag ondertekenen. Deze termijn gaat in bij het versturen van de mededeling gunningsbeslissing (voorlopige gunning). Deze termijn kunnen leveranciers gebruiken voor het instellen van een rechtszaak tegen de voorgenomen gunning.

Canon-arrest
In het Canon-arrest (COO/180 HR, 2002) heeft de Nederlandse rechter aangegeven dat de inkoper bij het aanbesteden van een raamovereenkomst het object van de aanbesteding voldoende moet bepalen, om transparantie en gelijke behandeling te waarborgen. Dit betekent ook dat een derde partij niet zomaar mag aansluiten op een al bestaande raamovereenkomst, omdat daarmee het object van de aanvankelijke aanbesteding onvoldoende is bepaald.
Dit betekent dat de aanbestedende dienst aan alle deelnemende partijen dezelfde adequate informatie moet verstrekken, die voor leveranciers van essentieel belang is voor het uitbrengen van een verantwoorde offerte. Hiermee wordt ook voorkomen dat leveranciers die in het verleden al leveringen hebben verricht meer informatie hebben en dus meer kans maken op de opdracht.

Stadt Halle-arrest
In het Stadt Halle-arrest (HvJ EG 11 januari 2005, zaak C-26/03, Stadt Halle) besliste het Hof dat wanneer een opdracht wordt verstrekt aan een gelieerde organisatie waarin kapitaal zit van een private onderneming, er nooit sprake kan zijn van inbesteden. De aanbestedende dienst kan in dit geval namelijk nooit toezicht uitoefenen, zoals op haar eigen diensten.

Er is sprake van inbesteding, wanneer een aanbestedende dienst een opdracht verstrekt binnen haar eigen gezagsstructuur. Dit wil zeggen dat ze toezicht uit kan oefenen op de gelieerde organisatie, zoals ze op haar eigen diensten doet en deze gelieerde organisatie het merendeel van haar werkzaamheden verricht voor de aanbestedende dienst. Bij inbesteding hoeft een aanbestedende dienst een opdracht niet Europees aan te besteden.

Unix-arrest
De kern van het Unix-arrest (HvJ EG, 1995, zaak C-359/93, Europese Commissie versus Nederland, UNIX) is dat de inkoper bij de technische specificaties, die naar een product of systeem van een bepaald merk verwijzen, de woorden 'of daarmee overeenstemmend' moet gebruiken. Hiermee voorkomt de inkoper dat hij leveranciers die gelijksoortige producten of systemen gebruiken, uitsluit van deelname. Het is onderdeel van het gelijkheidsbeginsel van aanbestedingsrecht.

> **Is 'juridisering' een noodzakelijk kwaad bij aanbestedingen?**
> Door de tegenwoordige focus op de juridische kant, vergeten we waar het ook weer om begonnen was: het sluiten van de beste deal na een eerlijke competitie. Hoe komen we weer tot de kern?
>
> Voor aanbestedingen in de bouw en infrastructuur komt daar de nasleep van de parlementaire enquête Bouwnijverheid nog als een versterkende factor bij. Juist in deze branche klinkt de roep om zorgvuldigheid en transparantie extra hard. De aanbestedende diensten vertalen dit meestal in het beperkt uitleggen van de Europese aanbestedingsregels, het kiezen voor zekerheid. Dit leidt helaas in vele gevallen tot een focus op rechtmatigheid, het ten koste van alles vermijden van een overtreding van de regels. Het lijkt de opdrachtgever nauwelijks meer te interesseren of het hoofddoel, het bereiken van de beste overeenkomst, bereikt wordt.
>
> Maar ook aan de kant van de opdrachtnemer zien we 'spelverruwing' optreden. Onder het motto 'niet geschoten is altijd mis' wordt al bij een verloren preselectie de gang naar de rechter gauw gemaakt, om van de batterij rechtszaken door verliezende partijen na gunning maar te zwijgen. De gang van zaken rond de Statentunnel is een treffend voorbeeld van dergelijk gedrag, in beide kampen.
> Het aanbesteden volgens de Europese regels dwingt de opdrachtgever het aanbestedingsproces volgens een aantal formele stappen in te richten. Dit leidt ontegenzeggelijk tot meer en eerdere inschakeling van juristen. Dat hoeft echter niet tot juridische overmacht te leiden. Positieve aspecten van deze ontwikkeling zijn de zorgvuldigheid van het proces en de voorspelbaarheid ervan.
>
> *Bron: J.A.A. Ochtman – adviseur bij Twynstra Gudde.*

7.7 Samenvatting

Aanbesteden bij de overheid is een iets ander metier dan aanbesteden in de profitsector. Ingewikkelde Europese regelgeving vergt veel van de inkoop binnen de overheid en van de leveranciers die daar aan deelnemen.

In de jaren negentig heeft het begrip Europese Aanbesteding vorm gekregen in vier richtlijnen voor werken, diensten, leveringen en de nutssector. Ze zijn bestemd voor de overheid en overheidsgerelateerde bedrijven en de nutssector en inmiddels omgezet naar twee richtlijnen: de BAO (Besluit Aanbestedingsregels voor Overheidsopdrachten) en de BASS (Besluit Aanbestedingen Speciale Sectoren).

De richtlijn zelf motiveert haar bestaansrecht als volgt: totstandkoming van de interne markt, gelijkschakeling van wetgeving van afzonderlijke lidstaten, stimuleren van vrije, eerlijke concurrentie door openbare bekendmaking en bewerkstelligen van besparingen voor opdrachtgevers door een professioneler inkoopproces.

Voor Europese aanbesteding wordt het inkoopvolume getoetst aan een vastgesteld drempelbedrag. Er zijn vier algemene aanbestedingsprocedures: openbare procedure, niet-openbare procedure, onderhandelingsprocedure met voorafgaande bekendmaking en onderhandelingsprocedure zonder voorafgaande bekendmaking. Daarbij kiest een aanbestedende dienst een van de twee mogelijke gunningsmethoden: economisch voordeligste aanbieding, waarbij andere factoren dan prijs mogen meewegen in het eindoordeel en de laagste prijs, waarbij de prijs de enige beoordelingsfactor is.

De richtlijn kent zoveel valkuilen en is zo ingewikkeld dat de gewone ambtenaar zonder vorm van aanbestedingsscholing niet weet wat hij ermee aanmoet. Onjuiste toepassing of buiten de kaders inkopen, kan vervelende gevolgen hebben.

Toetsvragen

1. Wat is een Europese aanbesteding?
2. Welke organisaties vallen onder toepassing Europees aanbestedingsrecht?
3. Wat zijn bij Europese aanbestedingen: werken, leveringen en (bepaalde) diensten?
4. Welke EG-aanbestedingsrichtlijnen zijn er?
5. Welke Nederlandse wettelijke regelingen zijn er bij het Europese aanbesteden?
6. Wanneer valt een aankoop binnen de Europese aanbestedingsrichtlijnen?
7. Welke aanbestedingsprocedures kennen de Europese aanbestedingsrichtlijnen in het algemeen?
8. Welke bijzondere aanbestedingsprocedures kennen de Europese aanbestedingsrichtlijnen?
9. Welke stappen moeten worden genomen bij het uitvoeren van een Europese aanbestedingsprocedure?
10. Geef ten minste drie lessen die kunnen worden geleerd uit de jurisprudentie.

Eindcase

Aanbesteding schoolboeken eindigt voor de rechter

Scholen moeten de levering van boeken Europees aanbesteden. Bij een school in Venlo ging dat niet goed. Uitgeverij Malmberg won de aanbesteding in Venlo. De euforie verdween toen de schoolboekhandels Iddink en Van Dijk bezwaar aantekenden. Door een technisch foutje in de procedure werden de boekhandels in het gelijk gesteld. De aanbesteding was ongeldig.

De aanbesteding van schoolboeken is een gevolg van het plan om het lesmateriaal gratis te maken voor ouders. De Eerste en Tweede Kamer stemden in met het plan, ondanks tegenstand van scholen, boekhandels, uitgevers en vrijwel de gehele oppositie in het parlement. Vooral voor juridische procedures werd gevreesd. Die vrees kwam direct uit. Twee andere scholen, in Barneveld en in Amstelveen, hebben de aanbestedingsprocedure weer stopgezet.

Het NRC berichtte erover:
Geen van de drie aanbestedingen is dus geslaagd. Zo zou de Koning van het college van bestuur van de Venlose onderwijsgemeenschap het 'niet willen zeggen'. De aanbesteding in Venlo is 'perfect gelopen', zegt hij, het juridische foutje ten spijt. 'We hebben de boeken gekregen die we willen, tegen de laagst mogelijke prijs.' Uit Amstelveen komen minder enthousiaste geluiden. Conrector Wim Ris van het plaatselijke Keizer Karel College legt uit waarom zijn school de aanbesteding beëindigde. Samen met juridisch adviseurs had de school de aanbesteding 'netjes op papier' staan en gepubliceerd op de site aanbestedingskalender.nl. Daarna kwam de vragenronde. Verschillende leveranciers van schoolboeken stelden vragen over wat voor soort school het Keizer Karel College is, over wat de school precies wil. Bij elkaar zo'n honderd vragen.
Ris: 'Die waren niet allemaal even eenvoudig te beantwoorden. En de vragen gaven ons ook hints, over hoe we de aanbesteding nog beter konden formuleren.' Om dat te doen, kon de school de procedure wijzigen of stopzetten. Het Keizer Karel College koos voor stopzetten. De adviseurs hadden gezegd dat de school juridisch zwak zou staan als de procedure tussentijds zou worden gewijzigd.
Het voordeel is, zegt Ris, dat de school nu weet hoe de aanbesteding voor volgend jaar moet worden geformuleerd. 'Maar het nadeel is dat we nu weten hoeveel haken en ogen er kleven aan zo'n procedure. We vroegen ons van tevoren al af of het haalbaar was om de boeken aan te besteden. Daar zijn we niet echt optimistischer over geworden.'
Ook in Venlo stelden de potentiële leveranciers vragen. 'Daar heb ik weinig van gemerkt', zegt bestuurslid de Koning. De juridisch adviseur handelde ze af. Daaraan gingen uren van overleg vooraf, maar 'dat heb je altijd als je de eerste bent die iets doet'. De leerlingen van het Keizer Karel College krijgen hun boeken dit jaar nog gewoon via boekhandel Iddink, waarmee de school al jaren naar volle tevredenheid samenwerkt.
(Bron: NRC, Derk Walters, 23 augustus 2008.)

De regels zullen nog wel worden aangepast. Ook bij het ministerie in Den Haag zien ze dat de eerste drie aanbestedingen niet echt rooskleurig zijn verlopen. Het Ministerie van Onderwijs weet goed wat aanbesteden is. Zo heeft het departement zelf de bemanning aanbesteed van de Taskforce Gratis Schoolboeken, de club die scholen helpt bij de aanbestedingen. Een belangrijke taak van

de taskforce is het opstellen van een 'voorbeeldbestek'. Dat is een model waarop scholen zich kunnen baseren in de aanbestedingsprocedure.
Leveranciers Iddink en Van Dijk hebben inmiddels teams om mee te kunnen dingen met de aanbestedingen, die naar verwachting met tientallen tegelijk komen.

Vragen

1. Waarom valt de inkoop van schoolboeken onder de regels van de Europese aanbestedingsrichtlijnen?
2. Aan welke regels moeten de scholen zich houden bij deze aanbesteding?
3. Hoe zouden scholen zich (beter) kunnen voorbereiden op het uitvoeren van een Europese aanbesteding schoolboeken?
4. Zoek op internet uit hoe het inmiddels gaat met de Europese aanbesteding van boeken door scholen?

Hoofdstuk 8

Bestellen, bewaken en nazorg

Leerdoelen
- Het begrijpen van het belang van goede operationele inkoopprocessen.
- Het beoordelen van de effectiviteit en efficiëntie van de operationele inkoopprocessen.
- Het inrichten van de belangrijkste operationele inkoopprocessen.
- Het bepalen van het gebruik van internet voor operationele inkoopprocessen.

8.1 Inleiding

Met het ondertekenen van het contract besluit de inkoper de derde en laatste fase van het tactische inkoopproces. Dit is de overstap naar de eerste fase van het operationele inkoopproces; de organisatie kan bestellingen bij leveranciers gaan plaatsen. Op het eerste gezicht lijken de fasen veel op elkaar. Maar in werkelijkheid zijn ze verschillend in niveau: er is een tactisch en een operationeel niveau. In het tactische deel van het inkoopproces maakt men meestal de (contract)afspraken. Op het operationele niveau voert de organisatie de afspraken uit. Er is ook een onderscheid in organisatorisch opzicht. Tactische inkopers hebben meer verantwoordelijkheden en meer competenties waar ze aan moeten voldoen op een hoger niveau dan operationele inkopers. Dit hoofdstuk behandelt de operationele processen voor het bestellen, het bewaken van de afspraken en de nazorg. In hoofdstuk 10 bespreken we de inzet van informatie- en communicatietechnologie en het internet bij deze en andere inkoopprocessen.

Het belang van een goede operationele inkoop staat centraal in paragraaf 8.2. Het operationele bestelproces bespreken we in paragraaf 8.3. In paragraaf 8.4 behandelen we de rol van de inkoper als bewaker van de operationele inkoopprocessen. Inkopers moeten ook nazorg bieden (paragraaf 8.5) en de prestaties van de leveranciers bewaken en beoordelen via leveranciersassessment (paragraaf 8.6). Paragraaf 8.7 ten slotte bespreekt de toegevoegde waarde van een inkoper voor het operationele inkoopproces. De operationele inkoper kan een structurele bijdrage leveren aan de verbetering van de processen en de bewaking van de leveranciersprestaties.

8.2 Het belang van de operationele inkoopfunctie

In het verleden waren inkoopafdelingen vooral bezig met het plaatsen van bestellingen en het bewaken van leveringen. Later ontwikkelden het vak van inkoper en het takenpakket van de inkoopafdeling zich in de richting van de tactische inkoopfunctie. De oorspronkelijke operationele inkoopfunctie verdween naar de achtergrond. De keuze voor decentralisatie van de operationele inkoopfunctie is niet eenduidig te maken. Dit bespreken we nog uitgebreid in hoofdstuk 11. Sommige organisaties kiezen voor volledige decentralisatie. Andere inkoopafdelingen decentraliseren een deel van de operationele inkoopfunctie en houden een deel in eigen beheer. Dan zijn er nog inkoopafdelingen die vanwege het belang van de inkoop de totale operationele verantwoordelijkheid bij zich houden of inkoopafdelingen die er gewoon nog niet aan toegekomen zijn zelfstandig te laten bestellen. Kleinere organisaties vormen een uitzondering. Zij beschikken over één inkoper of een gecombineerde inkoper-verkoper. In deze organisaties vervult de inkoper zowel de tactische inkooptaken als de operationele inkooptaken en zal hij aangeven dat een groot deel van zijn tijd gaat zitten in het operationele deel van zijn werkzaamheden.

Project decentraal bestellen in Universitair Medisch Centrum

Enkele jaren geleden heeft de afdeling Inkoop een enquête klanttevredenheid uitgevoerd. Deze enquête wees uit dat de klant behoefte heeft aan een tactische afdeling Inkoop (voor het contracteren van leveranciers), een decentrale bestelmogelijkheid via de werkplek en inzage in de status van de aanvraag. Mede naar aanleiding van deze resultaten is een onderzoek gestart naar het faciliteren van een decentrale bestelwijze. Het resultaat van dit onderzoek was een advies aan het management voor de inzet van mySAP SRM 4.0.

Met de inzet van Supplier Relationship Management (SRM) kunnen de volgende doelstellingen gerealiseerd worden:
- laagdrempelige decentrale raadpleeg- en bestelfunctie;
- universiteitsbreed lagere transactiekosten;
- inkoopvoordelen en kostenbesparing door maximale schaalgrootte;
- borging van afnameverplichting van contracten en reductie van claims;
- versterken van kennis en kunde van het inkoopproces bij de eenheden (inzicht in de status van de aanvraag);

mySAP SRM sluit het beste aan bij de wensen van de klant en de afdeling inkoop.

Scope pilot
Het project zal een decentrale bestelmogelijkheid realiseren voor kantoorartikelen en magazijnartikelen. De kantoorartikelen zullen via een externe catalogus van staples geselecteerd kunnen worden, de magazijnartikelen zullen via een interne catalogus besteld kunnen worden. Daarnaast kunnen ook overige artikelen via een tekstartikel besteld worden.

Aanpak
Door middel van de ASAP-methode zal er worden gewerkt aan een pilotimplementatie binnen de Faculteit der Geneeskunde. Aan de pilot doet een aantal key-users vanuit Geneeskunde mee, die gedurende de realisatie ook het systeem zullen testen op een aantal punten. Nadat het systeem live is gegaan, zal een planning worden gemaakt voor de verdere uitrol. Het systeem zal eerst binnen Geneeskunde verder uitgerold worden, waarbij ook gewerkt gaat worden aan het koppelen van meerdere leveranciers (voortkomend uit Europese aanbestedingen) aan het SRM-systeem. Daarna volgen de andere faculteiten en servicecentra. Op termijn zullen voor alle inkooppakketten die zijn aanbesteed de geselecteerde leveranciers gekoppeld worden aan het SRM-systeem.

Bron: Universiteit Maastricht (www.unimaas.nl), december 2008.

8.2.1 Inkoopverstoringen

Het operationele inkoopproces volgt op het tactische inkoopproces. Operationele inkoop is belangrijk binnen de organisatie. Vraag maar eens aan inkopers wat de gevolgen kunnen zijn als het operationele inkoopproces niet vlekkeloos verloopt. Daar kunnen de organisatie of de medewerkers heel veel last van hebben. Stel je bijvoorbeeld voor dat men brochures nodig heeft voor een reclamecampagne of een nieuwe productintroductie en dat deze niet op tijd geleverd worden.

Als de operationele inkoop niet goed functioneert, kunnen de kosten enorm toenemen. Deze, vaak verborgen kosten, zijn de kosten die je niet direct betaalt aan een leverancier. Het zijn de kosten die het gevolg zijn van bijvoorbeeld te late leveringen of omslachtige bestel- of afleveringsprocedures. Kijk maar eens hoe een bestelling van visitekaartjes verloopt wanneer een leverancier niet op tijd levert. Ga na hoeveel mensen zich ermee bemoeien en hoeveel tijd en dus ook geld elke handeling binnen dat proces kost:

- De medewerker die de visitekaartjes nodig heeft, neemt contact op met de aanvrager.
- De aanvrager, die de aanvraag bij de inkoper heeft ingediend, belt de inkoper.
- De inkoper zoekt uit welke bestelling het is en belt met de bestelgegevens de leverancier.
- De leverancier belt de inkoper en meldt in het gunstigste geval dat de producten zijn geleverd.
- De inkoper belt de goederenontvangst en checkt het antwoord van de leverancier.
- De medewerker van de goederenontvangst zoekt dit uit en checkt in zijn systeem of de goederen daadwerkelijk zijn binnen gekomen en zo ja, waar ze dan zijn gebleven.
- De medewerker van de goederenontvangst koppelt zijn bevindingen terug aan de inkoper.
- De inkoper neemt weer contact op met de aanvrager en koppelt de boodschap van leverancier en goederenontvangst terug.
- De aanvrager meldt zich vervolgens weer bij degene die de visitekaartjes nodig had en brengt verslag uit over de status van de aanvraag.

Dit voorbeeld laat zien hoe fouten de verborgen kosten omhoog kunnen jagen. Natuurlijk maakt iedereen wel eens een fout, maar dan is het vooral belangrijk bewust te zijn van de gevolgen.

Nu hebben we het nog niet eens gehad over andere mogelijke fouten die zich afzonderlijk voordoen of situaties waarbij meerdere fouten zich opstapelen. De wet van Murphy slaat in dat laatste geval in volle hevigheid toe:

- De aanvraag komt niet aan bij de inkoper.
- De aanvraag is niet juist of niet compleet ingevuld.
- De bestelling komt niet aan bij de leverancier.
- De bestelling kan niet geplaatst worden, omdat een artikel uit het assortiment is gehaald of vervangen is door een ander artikel.
- De bestelling is niet juist of niet compleet geplaatst.

- De geleverde goederen zijn zoekgeraakt bij de ontvangende organisatie en soms wel eens gestolen (bijkomende complicatie).
- De geleverde goederen zijn beschadigd, incompleet of niet correct.
- De pakbon is niet in overeenstemming met de geleverde goederen.
- De factuur is niet in overeenstemming met de geplaatste bestelling en/of de pakbon.

8.2.2 Fasen operationele inkoopproces

Ten onrechte wordt soms gedacht dat het bestellen de enige activiteit is van een operationele inkoper. Dat klopt niet, want het operationele inkoopproces bestaat uit drie fasen: het plaatsen van de bestellingen, het bewaken van de bestellingen en het verzorgen van de nazorg. Bestellen is het onderdeel dat een medewerker in de organisatie eenvoudig zelf kan uitvoeren. Je zoekt via internet op wat je wilt hebben, bestelt via internet, telefonisch of per fax wat je nodig hebt en wacht vervolgens af wat er gaat komen (of niet). Dit is een helder proces. De uitdaging zit erin de gewenste goederen of diensten in de juiste hoeveelheden tegen de beste condities op de juiste plek op het juiste tijdstip geleverd te krijgen. De inkoopfunctie vervult juist door een centrale regie hierin een belangrijke rol.

Er komen voor de inkoopfunctie steeds meer softwareoplossingen beschikbaar die het administratieve werk van een inkoper kunnen vergemakkelijken. Deze bespreken we in hoofdstuk 10. In de praktijk werkt het vaak anders. Inkoopautomatisering zou moeten leiden tot vereenvoudiging van de inkoopadministratie, afhandeling van bestellingen en tot verbetering van de managementinformatie over inkoopprestaties van leveranciers, interne klanten en inkopers. Helaas worden de inkopers niet bij de ontwikkeling van de inkoopapplicaties betrokken en valt het uiteindelijke resultaat van software als Ariba, Exact, Oracle of SAP daardoor nogal eens tegen.

8.3 Bestellen is niet alleen maar bellen

Als je iets nodig hebt, dan bestel je dat gewoon. Een organisatie van enige omvang heeft al snel een aanzienlijk inkoopvolume. Voor een groot deel worden hiervoor contracten afgesloten in het tactische inkoopproces. Dit gebeurt niet voor alles. Voor zaken die op incidentele basis worden aangeschaft, sluit de inkoper niet altijd een contract af. Die producten of diensten bestel je gewoon door het plaatsen van een mondelinge of schriftelijke order bij een leverancier. De vraag is dan alleen nog of het onder de eigen inkoopvoorwaarden gaat of onder de leveringsvoorwaarden van de leverancier. De leveringsvoorwaarden kwamen in hoofdstuk 6 aan de orde.

8.3.1 De bestelaanvraag zet alles in gang

Bestellen begint met een vraag van een interne klant, die een bepaald product of dienst nodig heeft. Een bestelaanvraag stelt het operationele inkoopproces in werking. Het is belangrijk dat de bestelaanvraag zo duidelijk mogelijk wordt ingevuld. Daarbij zijn de volgende gegevens van belang:

- De NAW-gegevens van de aanvrager en het organisatieonderdeel, waaronder in ieder geval ook het afleveringsadres.
- De omschrijving van de producten en/of diensten, die zo volledig en precies mogelijk dient te zijn en bijvoorbeeld voorzien van het juiste artikel- of referentienummer.
- De administratieve gegevens, waaronder in ieder geval het factuuradres.
- De financiële gegevens, waaronder kostenplaats, budget en eventueel projectnummer.

Als dit is voorzien van de juiste (digitale) handtekening(en), stuur je de aanvraag naar de operationele inkoper of naar de (decentrale) besteller binnen de eigen afdeling.

8.3.2 Een inkooporder richting leverancier

Een inkooporder is de 'vertaling' van de bestelaanvraag. De inkooporder (ook wel bestelorder genoemd) gaat naar een leverancier. We gebruiken bewust het woord vertaling, want in de praktijk is dit het moeilijkste deel van het operationele inkoopproces en worden hier de meeste fouten gemaakt.

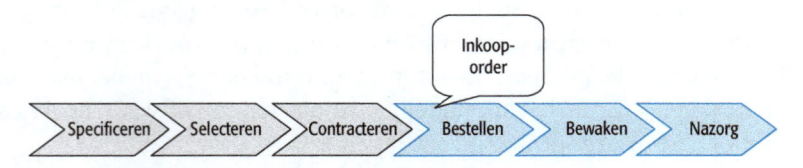

Figuur 8.1 Inkooporder binnen inkoopproces

Handmatige en automatische bestelaanvragen
Per jaar ziet een operationele inkoper (ook wel besteller genoemd) tussen de vijfhonderd en twaalfhonderd bestelaanvragen op zijn bureau of in zijn computer verschijnen. Naast deze 'handmatige' aanvragen, die in de meeste gevallen schriftelijk of via de computer binnenkomen, zijn er ook nog bestelaanvragen die automatisch gegenereerd worden door materiaalplanningssystemen in industriële bedrijven. De automatische behoefte aan grondstoffen, hulpstoffen of halffabricaten komt eveneens bij de operationele inkopers terecht voor verdere afhandeling.

Check en dubbelcheck
Allereerst checkt de operationele inkoper de bestelaanvraag op volledigheid en juistheid. Vervolgens kijkt hij wat er nodig is, checkt of daarvoor al een raamovereenkomst is afgesloten en zorgt voor de juiste uitwerking op de inkooporder. In veel gevallen pleegt de operationele inkoper bij papieren aanvragen ook een check op de juiste autorisaties van degenen die de aanvragen ondertekenen. Bij geautomatiseerde bestelaanvragen is die actie niet meer nodig, omdat inkoopsystemen autorisatietabellen bevatten, die deze controles automatisch uitvoeren.

Bestelterminologie
Bij het bestellen maakt de operationele inkoper gebruik van een aantal definities:
- **Bestelfrequentie**
  Aantal keer per tijdsperiode dat de operationele inkoper een bestelling plaatst.
- **Bestelgrootte**
  Aantal eenheden dat de operationele inkoper van een bepaald product bestelt (of moet bestellen).
- **Bestelinterval**
  De periode tussen twee besteltijdstippen gedurende deze periode kan de operationele inkoper niet bestellen.
- **Bestelpunt**
  Voorraadniveau waarbij de operationele inkoper een nieuwe bestelling moet plaatsen om de voorraad op het gewenste niveau te krijgen;
- **Besteltijdstip**
  Datum en tijdstip waarop de operationele inkoper een bestelling plaatst.

Hoe vaak en hoeveel kan de operationele inkoper bestellen
Het overgrote deel van het assortiment kan volledig automatisch besteld worden, zodat operationele inkopers zich kunnen concentreren op de producten die specifieke aandacht verdienen. Voorbeelden hiervan zijn actieartikelen, sterk seizoensafhankelijke of weersgevoelige artikelen en artikelen die nieuw of niet standaard zijn. De automatische bestelregels staan in meer of mindere mate in een bestelsysteem. Bij handmatige bestelaanvragen ligt de directe verantwoordelijkheid bij de operationele inkoper. Hij kan hierbij gebruikmaken van een aantal methoden, waarvan we er drie kort toelichten (Durlinger, 1999):

- Bestellen op basis van een economische of optimale bestelhoeveelheid. Deze hoeveelheid ligt op het punt waar het totaal van de voorraadkosten en de bestelkosten het laagst is (formule van Camp).
- Onder voorraadkosten vallen de kosten voor:
  - magazijnruimte;
  - voorraadadministratie;

- voorraadfinanciering;
- kwalitatieve voorraadvermindering;
- kwantitatieve voorraadvermindering;
- verzekering van producten.
• Onder bestelkosten vallen de kosten voor:
- plaatsing bestelorders;
- gebruik bestelsoftware;
- bewaking bestelorders;
- afhandeling bestelorders en facturen;
- afhandeling goederenontvangst.

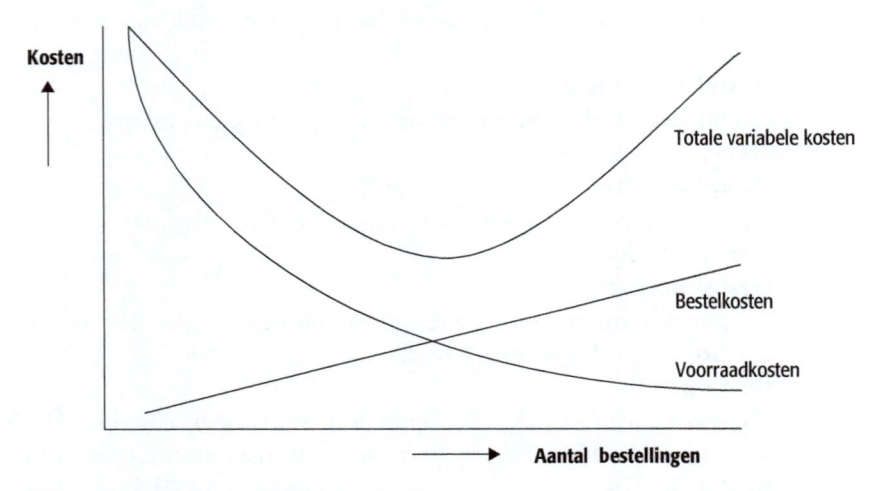

Figuur 8.2 Optimale bestelhoeveelheid

• Bestellen op basis van een *ordering cycle*-systeem
De operationele inkoper houdt een optimale bestelfrequentie aan en bepaalt de bestelde hoeveelheid door aanvulling tot het gewenste minimum voorraadniveau.
• Bestellen op basis van een *order point*-techniek
De operationele inkoper bestelt als de voorraad een bepaald minimum voorraadniveau (bestelpunt) bereikt.

Ervaring leert dat de bestelkosten per order uitkomen tussen de 50 en 120 euro. Het bedrag is afhankelijk van hoe efficiënt en effectief het bestelproces is ingericht. Door de opkomst van e-procurement dalen de bestelkosten per order sterk.

Probleem van de kleine inkooporders
Naarmate de inkooporder in waarde kleiner wordt, wordt de verhouding tot de kosten van bestellen, leveren en ontvangen ongunstiger. Daarom richten inkoopafdelingen zich op het terugdringen van kleine orders. Dit kan door:

- Verhoging bestelhoeveelheid per order:
  - inrichting centraal magazijn voor eigen opslag goederen;
  - verzameling meerdere kleine bestelaanvragen;
  - gebruik vaste bestelkalender.
- Verlaging bestelkosten:
  - vermindering aantal formulieren (bestelaanvraag en inkooporder als één formulier);
  - kleine kasmethode of purchasingcard (soort creditcard);
  - elektronisch bestellen;
  - vooraf afgesproken verspreide leveringen in de tijd;
  - afroeporders.
- Combinatie van vorige twee methoden:
  - raamcontracten;
  - consignatiemagazijn: de leverancier houdt voorraad in het magazijn van de opdrachtgever of in zijn eigen magazijn;
  - verzamelfacturering.

Purchasingcard als creditcard voor bedrijven
Banken en creditcardmaatschappijen geven purchasingcards (ook wel P-card genaamd) uit, die zijn bedoeld voor het plaatsen van kleine bestellingen, bijvoorbeeld bloemen, gebak, boeken en reparatieartikelen. Het gaat om bestellingen die normaal gesproken via een bestelsysteem worden geplaatst, en die qua afhandelingskosten vaak vijf of zes keer zo veel kosten als het aankoopbedrag.

De P-card is een kruising van een chipknip en een creditcard. Het voornaamste doel is een grotere efficiëntie van het operationele inkoopproces, waardoor de organisatie de afhandelingskosten per transactie kan verlagen. Hoewel je de P-card als creditcard kunt gebruiken, bevat de kaart na een besteltransactie veel meer informatie over de leverancier dan een creditcard. Informatie die de organisatie in het financiële systeem kan gebruiken voor kostentoewijzing en terugvordering van de btw. Dit in tegenstelling tot bijvoorbeeld een corporate creditcard, waar een medewerker altijd nog bonnetjes of rekeningen voor moet bijvoegen. De P-card is geschikt voor frequente bestellers. De kaarthouder is verantwoordelijk en persoonlijk aansprakelijk voor zijn uitgaven en controleert de maandelijkse afrekening. Excessief gebruik kan worden beperkt door een maximum bedrag per bestelling, een maandlimiet en de toewijzing (of blokkade) van bepaalde leveranciers en productcategorieën in te bouwen.

> **Even een bloemetje bestellen ... met de P-card**
> In Nederland heeft de purchasingcard of inkoopkaart lange tijd geen voet aan de grond gekregen. Dat lijkt te veranderen. Omdat enkele grote bedrijven, zoals Philips en Nuon, de kaart hebben ingevoerd, is het aantal leveranciers dat de P-card ondersteunt sterk toegenomen. Andere organisaties kunnen hiervan profiteren. De P-card wordt vooral gebruikt om de kosten van het bestelproces te drukken. Die kosten zijn behoorlijk hoog, gemiddeld 80 euro, oplopend tot 120 euro per order. Het is dus interessant om naast traditionele bestelsystemen naar goedkopere alternatieven te zoeken. De P-card is een dergelijk alternatief. Het belangrijkste verschil met de gebruikelijke werkwijze is dat de bestelling direct bij de leverancier wordt geplaatst en alle controle achteraf plaatsvindt. Dat gaat een stuk sneller en leidt niet noodzakelijk tot grotere risico's.
>
> Bron: Facto Magazine, nummer 12, december 2007.

Gegevens op een inkooporder
De operationele inkoper noteert op een inkooporder in ieder geval de volgende gegevens:
- naam en adres van de opdrachtgever;
- uniek opdrachtnummer en orderdatum;
- kenmerk van de overeenkomst waarvan eventueel gebruik wordt gemaakt;
- omschrijving van producten en diensten, voorzien van de juiste aantallen in eenheden (bijvoorbeeld stuks voor producten of uren voor diensten);
- prijzen van de te leveren producten en tarieven van de uit te voeren werkzaamheden, beide exclusief btw. In aanvulling daarop worden op veel inkooporders ook nog het btw-bedrag en de totaalbedragen inclusief btw vermeld;
- betalingsschema, indien dit van toepassing is, bijvoorbeeld bij de levering van maatwerk software of bouwprojecten;
- kortingspercentage dat op de brutoprijs van toepassing is. In die gevallen treft de inkoper eerst de brutoprijs aan, het kortingspercentage en -bedrag en dan het nettobedrag. Alles exclusief btw;
- adres(sen) waar de producten moeten worden afgeleverd of de werkzaamheden moeten worden verricht;
- leveringsdatum of -data als het om producten gaat en eind- en begindata als het om diensten gaat;
- factuuradres, kostenplaats en eventuele projectcode;
- bijzonderheden of aandachtspunten voor de leverancier of aanvrager.

facilitair bedrijf
inkoop & logistiek

Amstelveenseweg 601 postbus 7057 fax 020 444 2919
1081 JC Amsterdam 1007 MB Amsterdam

1 van 1

UITGEVERIJ AKSANT
CRUQUIUSWEG 31
1091 AT   AMSTERDAM

Bestelorder

AM-4066174

Op factuur en paklijst vermelden

Behandeld door: Oracle, Consultant Telefoon: 020 - 444   Orderdatum: 09-06-2008

aantal	eenheid omschrijving leverancierscode	art.nr. VU medisch centrum leveranciersomschrijving	prijs korting B.T.W.	uiterste lev. datum
100	Stuks inkopen voor dummies		20,00 0,00% 0,00% 19,00%	11-06-08
		Totaalbedrag inclusief BTW: EUR	2.380,00	

Op al onze aanvragen, aanbiedingen en overeenkomsten zijn uitsluitend, tenzij schriftelijk anders overeengekomen, onze algemene inkoopvoorwaarden van toepassing. U kunt deze opvragen via onderstaand adres.

Leveringscondities: D.D.P., Van der Boechorststraat 6, 1081 BT Amsterdam
BTW-code: NL 002561037B02

KvK-nummer
40530948

Orderbevestiging aan	Factuur in duplo aan	Afleveradres	Hoogachtend,
VU medisch centrum afdeling inkoop Postbus 7057 1007 MB Amsterdam	VU medisch centrum afdeling crediteurenadministratie Postbus 7057 1007 MB Amsterdam	VU medisch centrum afdeling goederenontvangst Van der Boechorststraat 6 1081 BT Amsterdam	

VU medisch centrum

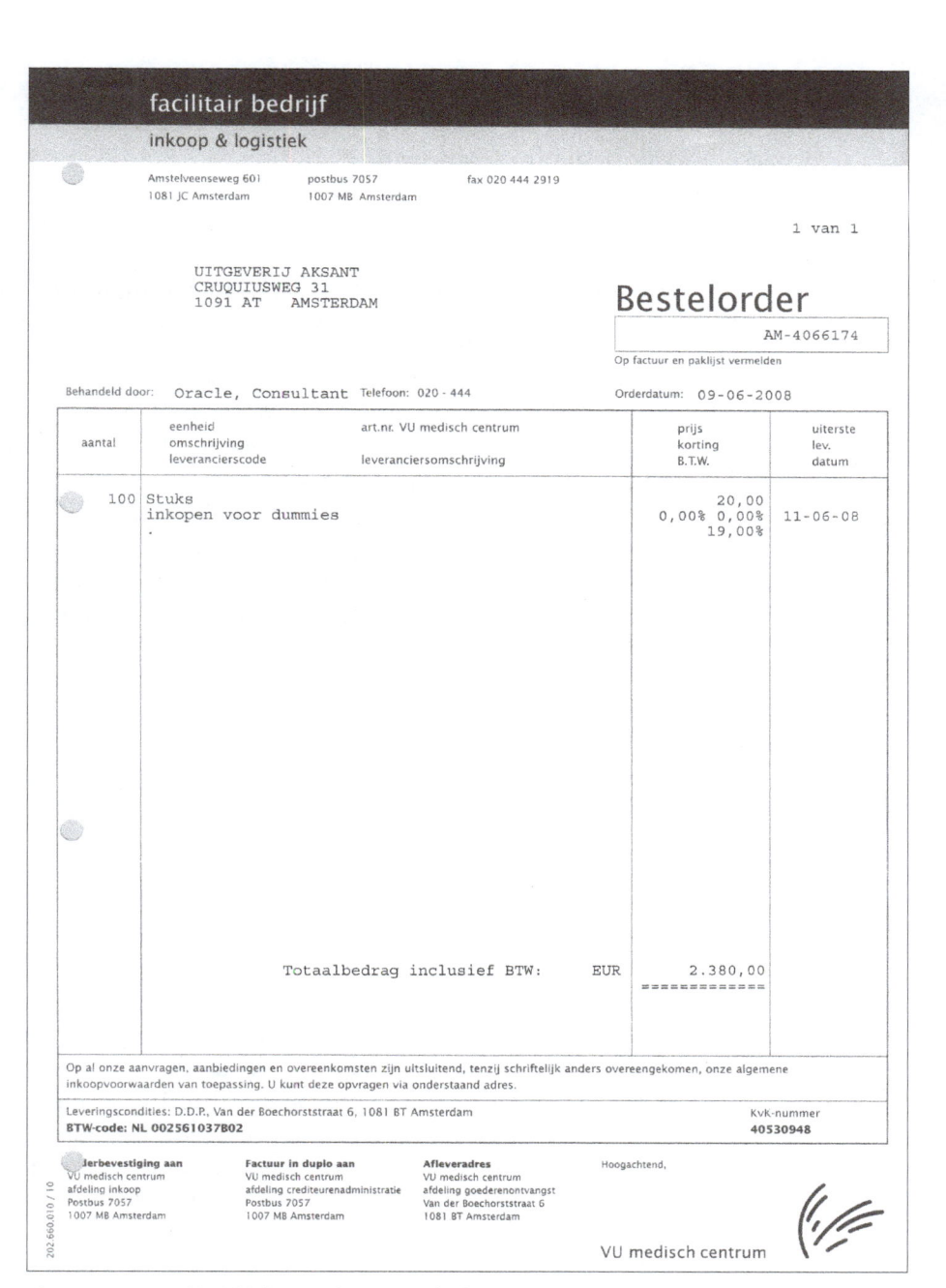

Figuur 8.3   Voorbeeld inkooporder VU medisch centrum

Soorten inkooporders

Bij het inkopen heeft de inkoper te maken met verschillende inkooporders, waarvan we de belangrijkste noemen:

- **Standaard inkooporders**
  Deze orders staan op zichzelf en vormen geen onderdeel van een contract. Ze dienen dus alle relevante orderinformatie te bevatten.
- **Bijzondere inkooporders als onderdeel van raamcontracten**
  Waarin de inkoper de meeste afspraken met leveranciers al heeft vastgelegd:
  - Haalbonnen: interne klanten krijgen deze papieren inkooporders mee, voor bijvoorbeeld ijzerwaren, gereedschappen of kantoorartikelen die zij regelmatig bij lokale leveranciers afnemen. Kostenbewaking is bij deze methodiek geen overbodige luxe.
  - *Blanket orders*: noem je ook wel *open-end-orders*, waarbij de leverancier van te voren geen zekerheid krijgt over de te af te nemen aantallen.
  - Afroeporders: deze orders kan de inkoper afsluiten voor bepaalde assortimenten van producten die niet aan wijziging onderhevig zijn. De inkoper bepaalt wanneer een afroeporder wordt geactiveerd, waarbij hij zich dan alleen maar druk hoeft te maken over de aantallen. De overige gegevens liggen al vast.
- **Overige bijzondere inkooporders**
  - Backorder: dat deel van de levering dat niet op het afgesproken tijdstip heeft plaatsgevonden. Nalevering dient nog plaats te vinden.
  - Splitorder: dit is een afgesproken deellevering die de leverancier eerder of later mag leveren.
  - Repeatorder: dit is een herhalingsorder die overeenkomt met de laatst geplaatste inkooporder voor het betreffende product bij dezelfde leverancier.
  - Spoedorder: dit is een order die een leverancier (de naam zegt het natuurlijk al) met spoed moet uitleveren. Terecht of onterecht, een spoedorder verdient altijd de hoogste aandacht van een operationele inkoper. Naderhand kan hij vaststellen of het ook echt om een noodsituatie ging of dat het een kwestie was van 'te laat besteld'. In dit laatste geval zal de operationele inkoper actie moeten ondernemen richting de interne klant, zeker als dit probleem zich structureel voordoet bij een bepaald product of een bepaalde interne klant.

8.4 Inkoper als cipier

De eerste fase sluit de operationele inkoper af met het (elektronisch) versturen van de inkooporder. De zorgvuldigheid en de tijd die de operationele inkoper besteedt aan het bestellen, betalen zichzelf terug in de volgende fasen (bewaken en nazorg), doordat die minder tijd kosten. De praktijk ziet er vaak minder ideaal uit. Tactische inkopers en operationele inkopers besteden relatief veel tijd aan zaken die fout gaan bij de levering van producten of diensten. De operationele inkoper is ook verantwoordelijk voor soepele operationele inkoopprocessen.

8.4.1 Orderbewaking

De orderbewaking omvat de bewaking van de levertijd, de bewaking van de te leveren hoeveelheden en de controle van mogelijke certificaten en documenten. De levertijdbewaking is het belangrijkste onderdeel en valt meestal onder verantwoordelijkheid van de operationele inkoper. Levertijden bewaken wordt in de praktijk ook expediting of chasseren van orders genoemd. De operationele inkoper chasseert meestal voordat een levertijd is verstreken (proactief).

Verantwoordelijkheid inkoop
Omdat de inkoopafdeling en in het bijzonder de operationele inkoop zich aan het eind van het gehele inkooptraject bevinden, wenden de interne klanten zich bij te late leveringen meestal tot de operationele inkoper en krijgt die nog al eens de schuld. Niet altijd terecht, maar daar heeft de interne klant geen boodschap aan. Vanuit zijn servicegerichte instelling zorgt de operationele inkoper er dan wel voor dat hij het leveringsprobleem oplost.

Handmatig en/of automatisch bewaken
Je kunt de levertijden bewaken via verschillende communicatiemiddelen (telefoon, telefax, e-mail, persoonlijk bezoek). De keuze hangt af van de urgentie en de financiële omvang van de inkooporder. Bij grote haast (omdat een productieproces tijdelijk stilligt) levert een telefonische benadering gecombineerd met een persoonlijk bezoek hoogstwaarschijnlijk het meeste resultaat op. Levertijdbewaking is ook mogelijk via de computer. Het bestelsysteem kan preventief herinneringsberichten sturen. Achteraf maakt men gebruik van lijsten waarop alle inkooporders staan vermeld die al geleverd hadden moeten zijn (de zogenoemde *overdue*-lijsten).

De wijze waarop levertijd bewaakt kan worden
Je kunt levertijden bewaken op de volgende wijzen:
- **Uitzonderingen bewaken**
  Dit staat ook wel bekend als het piepsysteem. Pas als de interne klant piept, komt de inkoper in actie.
- **Routinematig status bewaken**
  De inkoper vraagt een paar dagen voor de toegezegde leveringsdatum om een mondelinge of schriftelijke bevestiging van de leverdatum.
- **Geavanceerd status bewaken**
  Dit is hetzelfde als routinematig bewaken, maar nu alleen gericht op bedrijfskritische inkooporders of inkooporders bij leveranciers die in het verleden wel eens een steekje lieten vallen.

- **Op locatie bewaken**
  Met name grote organisaties hebben speciaal aangewezen medewerkers die de inkooporders bewaken door bij de leveranciers op locatie langs te gaan en die tegelijkertijd de productiekwaliteit checken.

8.4.2 Ontvangstcontrole en acceptatietest

Alleen in kleine bedrijven ligt de verantwoordelijkheid voor de ontvangst van fysieke producten bij de inkoper. Meestal ligt de eindverantwoordelijkheid bij een afdeling goederenontvangst. De ontvangstcontrole (ook wel ingangscontrole genoemd) kan bestaan uit de volgende activiteiten:

- Controle op basis van ontvangen aantal colli, aantal verpakkingseenheden en/of aantal artikelen. Wanneer dit aantal niet klopt met het overeengekomen en/of op de afleveringsbon vermelde aantal, spreekt men van een manco.
- Controle op waarneembare schade of kwaliteit van de geleverde producten. Dit laatste doet zich bijvoorbeeld voor bij grondstoffen, landbouwproducten, bloemen, groente of fruit. In sommige bedrijfstakken laat men de kwaliteitscontrole over aan de leverancier, die dan bij de levering een kwaliteitscertificaat mee levert.
- Controle op nakoming gemaakte afleveringsafspraken. Dit kan betrekking hebben op het gebruikte verpakkingsmateriaal of transportmateriaal (pallets of bijbehorende documenten).

Omdat een dienst vaak geen fysieke levering van iets tastbaars met zich meebrengt, vindt de controle van een dienst vaak pas plaats terwijl of nadat de prestatie wordt of is geleverd. Dit betekent dat eventuele correcties ook pas dan kunnen worden uitgevoerd.

Je kunt ook een of meer acceptatietesten uitvoeren om te controleren of de geleverde producten voldoen aan de vooraf gestelde eisen: test op locatie bij de leverancier, test op locatie bij de goederenontvangst en/of test op locatie bij de interne klant.

Onder een acceptatietest bij de opdrachtgever (meestal de gebruiker of een groep van gebruikers) wordt een test verstaan van een product of dienst zoals deze zal worden ervaren tijdens gebruik in de beoogde productie- respectievelijk marktomgeving. In voorafgaande testen bij de leverancier is vastgesteld dat het product of de dienst in een voldoende mate voldoet aan de vastgestelde en overeengekomen specificaties. Doelstelling bij deze acceptatietest is om vast stellen of het bestelde product of dienst functioneert zoals gevraagd. Bij een acceptatietest wordt nagegaan of er daarnaast problemen zijn te verwachten in het gebruik die niet gevonden zijn in de eerdere testen bij de leverancier zelf.

Centrale vraag bij de acceptatietest is of het product of de dienst doet wat ervan verwacht wordt. Daarbij moet wel een onderscheid gemaakt worden tussen standaardproducten of -diensten en niet-standaardproducten (op maat gemaakt) of -diensten. In het eerste geval worden producten en diensten *as is* geaccepteerd en komen eventuele gebreken pas tijdens het gebruik in de praktijk naar boven. Herstel van gebreken vindt dan plaats door de leverancier op basis van de overeengekomen contractvoorwaarden. Het tweede geval doet zich bijvoorbeeld voor in een productie- of automatiseringsomgeving. Daar dient de acceptatietest wel uitgebreid plaats te vinden.

Acceptatietesten bij de oplevering van een website
Er zijn verschillende testen waaruit een acceptatietest kan bestaan:
- Straattest
  Alle normale handelingen worden hierbij doorlopen, van de eerste tot en met de laatste stap. Voorbeeld: een via een website aangevraagde verzekeringspolis. De gebruiker verwacht redelijkerwijs een polis op de mat. Hij heeft geen belang in de werking van de vele stappen die dit proces doorloopt, van toetsenbord tot postbode.
- Usabilitytest
  De nadruk ligt op de look-and-feel van de website. Past dit binnen de ervaring en mogelijkheden van de gebruiker? Is de site gemakkelijk te vinden? Is deze logisch opgebouwd? Is de polis prettig leesbaar?
- Performancetest
  De nadruk ligt op prestatie van de website. Is de verwerkingstijd van de polisaanvraag aanvaardbaar? Hoe is dat voor één aangevraagde polis? En voor tienduizend tegelijkertijd aangevraagde polissen? Welke invloed heeft dat op bestaande processen?
- Volumetest
  De nadruk ligt op het capaciteitsbeslag van de website. Hoeveel geheugenruimte neemt de site in? Wat is de verwachte toe- of afname van het geheugengebruik? Is er voldoende opslagcapaciteit? Wat wordt gedaan aan opschoning van gedateerde informatie?
- Stresstest
  De nadruk ligt op extreem gebruik van de website. Hoe gedraagt de site zich bij piekbelasting? Hoeveel gebruikers zijn er nodig om de website traag of zelfs onbereikbaar te maken?
- Monkeytest
  De nadruk ligt op misbruik van de website, het creëren van onvoorziene en niet-vooraf gespecificeerde omstandigheden. Een monkeytest wordt soms toegepast om te kunnen bepalen of een website voldoende stabiel is om met het eigenlijke testen te beginnen.

8.4.3 Factuurbewaking

Nadat de ontvanger de producten in ontvangst heeft genomen en ze akkoord zijn bevonden, komt de administratieve afhandeling aan de beurt. De meeste facturen leveren geen enkel probleem op. De operationele inkoper ziet die facturen ook niet op zijn bureau verschijnen. Wat hij wél ziet verschijnen, zijn de facturen waar 'iets' mee is. Hierin zit veel werk voor de operationele inkoper, omdat hij de contacten onderhoudt met de leveranciers.

Elektronische afhandeling van facturen voorkomt dit soort problemen niet zonder meer. De operationele inkoper moet toch uitzoeken waarom de factuur niet overeenstemt met de levering of de inkooporder. Als deze problemen zich structureel voordoen bij een bepaalde leverancier of bepaalde producten, dan zal de inkoper uit moeten zoeken hoe dit komt en hoe hij hiervoor een structurele oplossing vindt. Soms samen met de leverancier, soms zonder de leverancier door bijvoorbeeld te kiezen voor self billing.

Het principe van 'self billing' gaat ervan uit dat niet de leverancier, maar de inkopende organisatie de facturen automatisch verstuurt. In dat geval heeft de inkopende organisatie voor de verwerking van inkoopfacturen geen mensen meer nodig, want de match moet immers worden gemaakt door de leverancier en niet meer door de inkoper Het grote voordeel van self billing is dat het aantal administratieve handelingen voor het verwerken van inkoopfacturen tot bijna nul afneemt, want er worden geen facturen meer ontvangen. Doordat je zelf de factuur verstuurt, is de beheersbaarheid veel groter. Controleren of de leverancier de juiste factuur opstuurt, is niet langer noodzakelijk, want het bestelsysteem heeft dat al gedaan op basis van een waterdichte bestelstraat.

8.4.4 Overige afspraken

Om alles goed te regelen, leggen inkopers afspraken over leveringen en facturen ook vast in hun contracten en Service Level Agreements. Naast de vanzelfsprekende afspraken over prijzen, betalingstermijnen en Incoterms staan die contracten vol met een groot aantal boeteclausules. De leverancier krijgt bijvoorbeeld een boete voor elke te late levering, elke backorder die daaruit resulteert, elke niet-automatisch te verwerken factuur, vergoeding voor plaatsing van een foto op de website, retouren door foute leveringen, niet vooraf aangemelde zendingen, omverpakactiviteiten en ga zo maar door. Die afspraken blijken vaak specifiek noch meetbaar. Elk incident wordt dan een bron van eindeloze discussies met de leverancier. Bovendien levert de Supplier Relationship Management-software de informatie niet, staat alles in losse Excel-sheets, en kost het onevenredig veel tijd van iedereen in de organisatie om het vast te leggen. Het is goed dat inkopers afspraken met leveranciers vastleggen. Maar zorg er vooral voor dat ze specifiek en voor alle ketenpartners meetbaar zijn, dat die afspraken ook echt bijdragen aan de strategische inkoopdoelen en regel een proces om die afspraken op tijd te monitoren met leveranciers. De inkoper moet met leveranciers praten over die zaken die er echt toe doen.

8.5 Aftersales maar dan omgekeerd

Inkopers kunnen op het gebied van de nazorg nog wat van verkopers leren. Verkopers noemen nazorg ook wel aftersales. Nazorg vormt de basis voor een goede relatie met de interne klanten en de leveranciers.

8.5.1 Orders met meerwerk

Sommige inkooporders of contracten kennen meer- of minderwerk. Voorbeelden hiervan kom je tegen bij het ontwikkelen van maatwerksoftware, het uitvoeren van bouwkundige werken en het uitvoeren van diverse werkzaamheden op basis van nacalculatie. De inkoper moet zich vaker buigen over meerwerk dan over minderwerk. Als het goed is, zijn hierover vooraf afspraken vastgelegd in het contract of in de inkooporder. Waar het op aankomt, is controleren of de leverancier de juiste tarieven hanteert en hij het meer- of minderwerk conform de afspraken heeft uitgevoerd. Wanneer meer- of minderwerk zich structureel voordoet, dient de inkoper in overleg met de interne klant te analyseren wat de oorzaak is en of er in de toekomst aspecten moeten worden aangepast.

8.5.2 Afwikkeling claims en boeteclausules

Claims en boetes zijn niet wenselijk. In zo'n geval is de prestatie van (een van) beide partijen niet in overeenstemming met de contractuele afspraken. Met een beetje pech is er ook nog eens sprake van verstoorde verhoudingen. Nog erger wordt het als de inkoper in gesprek moet met juristen en advocaten of als de rechtbank eraan te pas komt. Bij het afwikkelen van claims en boeteclausules is het belangrijk dat iedereen alle communicatie schriftelijk vastlegt, dat je deze goed documenteert en vervolgens snel naar de leverancier verstuurt. Probeer, als het ook maar enigszins mogelijk is, een eventueel geschil eerst samen met de leverancier op te lossen of, indien dat niet mogelijk is, te schikken met de hulp van een mediator of een arbiter.

Goede boeteregeling lastig onderdeel bij Service Level Agreement

In een bepaalde maand wordt de beschikbaarheid niet gehaald en om voldoening te eisen, eist de klant de helft van de maandfactuur retour. Tevreden incasseert hij het bedrag, totdat een controller heeft uitgerekend wat de schade was die door de onbeschikbaarheid is veroorzaakt. Deze was vele malen hoger dan het bedrag dat werd terugontvangen. Vervolgschade wordt over het algemeen uitgesloten.

Boeteclausules zijn bedoeld als stimulans voor de leverancier om de dienstverlening op peil te houden. De praktijk leert dat boeteclausules over het algemeen meer kwaad dan goed doen. Een overzicht van de gevolgen:
- Klant en leverancier communiceren alleen nog maar over boetes en niet meer over de dienstverlening zelf.
- In geval van een interne dienstverlener heeft een boeteclausule vaak weinig zin. Op bedrijfsniveau wordt er niet meer of minder geld uitgegeven.
- Een boeteclausule gaat vaak over een of twee van de meest belangrijke meetpunten van een Service Level Agreement (SLA). Wanneer deze niet gehaald dreigen te worden zal de leverancier alles op alles zetten om de boetes te vermijden. Daardoor degradeert het totaal van de dienstverlening, maar hoeft er geen boete te worden betaald.

- Ook leidt het tot vele vormen van creatief boekhouden om er maar voor te zorgen dat het lijkt of de doelstellingen net behaald zijn.
- Het komt ook voor dat commerciële partijen in hun businessmodel rekening houden met af en toe terug betalen van een boete, deze glimlachend uitkeren en over gaan tot de orde van de dag.

Een SLA is bedoeld om de wederzijdse afspraken eenduidig vast te leggen en om een basis te vormen voor verbetering van de dienst. Boeteclausules zorgen voor een negatieve sfeer en richten de energie op het vermijden van straf in plaats van op het realiseren van verbetering. Als klanten over boeteclausules beginnen is dat natuurlijk wel een signaal dat er iets mis is en dus de gelegenheid om de inhoud van de SLA beter op de wens van de klant af te gaan stemmen.

Bron: IT-service Magazine, Peter Scheffel, Ferry Johann, mei 2003.

8.5.3 Afronding projecten

Alleen bij projectmatige inkopen vindt er aan het eind een evaluatie plaats. De tactische inkoper heeft de regie, maar de operationele inkoper heeft zeker zijn inbreng. Bij het evaluatiegesprek bespreken alle belanghebbenden het project en worden de uitkomsten geanalyseerd. Dit heeft tot doel lessen te leren voor toekomstige projecten.

Aan het eind van het traject moet ook het orderdossier compleet en up-to-date zijn. Compleet betekent dat alle handelingen binnen de inkooporder traceerbaar moeten zijn in een elektronisch of papieren dossier. Niet alleen aan het eind, maar eigenlijk gedurende het gehele traject. Dit vraagt discipline en tijd. Een dossier moet in ieder geval aan de volgende voorwaarden voldoen: bevat kerninformatie, is up-to-date, is toegankelijk voor alle betrokkenen en vormt de basis voor managementinformatie.

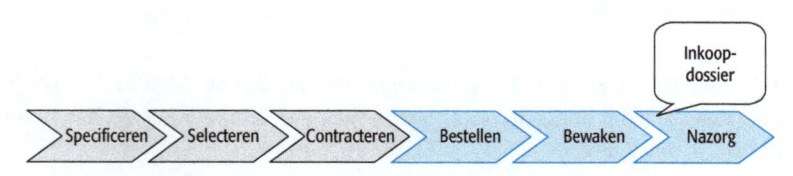

> Specificeren > Selecteren > Contracteren > Bestellen > Bewaken > Nazorg (Inkoopdossier)

Figuur 8.4 Inkoopdossier binnen inkoopproces

8.6 Leveranciersassessment

Organisaties gebruiken tegenwoordig een afnemend aantal leveranciers, waarmee vaak een hechtere relatie en een grotere mate van wederzijdse afhankelijkheid ontstaat. In de situatie waarbij nauwere samenwerking en toegenomen afhankelijkheid bestaat, is het nog belangrijker dat het verkopende bedrijf zich aan de kwaliteitseisen houdt die door het kopende bedrijf worden gesteld. Deze kwaliteitseisen kunnen van technische aard zijn, maar kunnen ook te maken hebben met zaken als gebruiksvriendelijkheid of gemak in onderhoud.

Ontwikkelingen in de samenwerking met leveranciers dwingen organisaties ertoe de leveranciers op veel meer aspecten te beoordelen dan alleen de prijs. Met kennis van het interne proces beoordeelt de inkoper met andere ogen de leveranciersmarkt. Hij realiseert zich dat kwaliteit een eerste vereiste is. Producten die niet van een constante kwaliteit zijn, leveren verstoringen op in het gehele proces. Dit wordt ondervangen door controle uit te voeren bij aankomst van de goederen, wat echter weer extra kosten met zich meebrengt. Hij gaat na in hoeverre de leveranciers flexibel kunnen inspelen op veranderende situaties. Wat is hun reactietijd? Kunnen zij op korte termijn een veranderde vraag opvangen of moet er eerst nog een bepaalde voorraad worden weggewerkt?
Hoe staat het met de leveringsbetrouwbaarheid? Moet er regelmatig gerappelleerd worden of wordt er geleverd volgens het overeengekomen leverschema op de juiste tijd en in de juiste hoeveelheid?

Wat is de competentie van de leveranciers? Hierbij let de inkoper op zowel de hardware als de software van de leveranciers. Onder hardware wordt hier de huidige stand van zaken van het productieapparaat verstaan. Daarnaast worden de investeringsplannen bestudeerd. Bij software moet gedacht worden aan de mensen in de organisatie. Wat is de kwaliteit van het management, maar ook van het leidinggevend kader en productiepersoneel? Het is van belang te weten of er bij leveranciers continu gestreefd wordt naar verbeteringen, waarbij men nagaat wat de toepassing is van het product in het eindproduct van de afnemer, of dat men uitsluitend produceert op specificatie.

Naast de competentie van de leverancier zal de inkoper tevens nagaan of de leverancier met wie hij zakendoet, of het zich aanbiedende bedrijf, een innoverend of een passief volgend bedrijf is. Is het een leverancier met een eigen ontwikkelingsafdeling, waarbij innovaties gezien worden als een goede mogelijkheid om beter aan de wensen van de afnemers te kunnen voldoen?
Natuurlijk wordt eveneens gekeken naar de kostprijsopbouw, die uiteindelijk de prijs bepaalt van het product. De nadruk ligt in een dergelijke benadering dus niet meer zo sterk op de prijs alleen. De prijs wordt in relatie gebracht met de andere factoren die invloed hebben op het totale proces.
Dat de inkoper de financiële positie van de leveranciers continu volgt, is duidelijk. Eenmaal een jaarverslag opvragen of, voordat een order wordt geplaatst, bankinformatie inwinnen, is beslist onvoldoende. Een goed beeld van het financiële reilen en zeilen van een organisatie wordt pas verkregen als die organisatie continu wordt gevolgd.

De inkoper zal verder rekening moeten houden met relevante omgevingsfactoren zoals:

- de politieke situatie in het betreffende land van herkomst. Dit is met name van belang indien zaken wordt gedaan met bedrijven in politiek instabiele landen;
- valutaschommelingen. In welke valuta wordt gekocht? De ontwikkelingen op de valutamarkt zullen gevolgd moeten worden, vooral bij strategische inkoopproducten. Denk hierbij aan ijzererts voor een staalgieterij, kolen voor een energiecentrale, maar ook koffie voor een koffiebranderij of cacao voor een chocoladeproducent;
- arbeidsverhoudingen. Het zal duidelijk zijn dat landen waar regelmatig arbeidsonrust heerst een bedreiging vormen voor een regelmatige, strak geplande goederenstroom van inkoopproducten.

8.6.1 Methoden leveranciersassessment

Door de hiervoor genoemde ontwikkelingen groeit de vraag naar 'leveranciersassessment'. Dit vindt plaats op verschillende niveaus:

- **Product-/dienstniveau**
  Dit gaat over de kwaliteit van het product of de dienst van de leverancier. Dit wordt beoordeeld door het uitvoeren van inspecties op producten.
- **Procesniveau**
  De logistiek en het productieproces wordt onderzocht. Door dit proces te onderzoeken kan veel geleerd worden over de kwaliteit van het product. De hoedanigheid van het machinepark en de kwaliteitsborging worden onderzocht.
- **Quality assurance system-niveau**
  Dit gaat over procedures over kwaliteitsinspectie. Niet alleen de richtlijnen, maar de hele organisatie van kwaliteit wordt onderzocht.
- **Bedrijfsniveau**
  Niet enkel de kwaliteit, maar ook de financiële aspecten van de leveranciers worden hier onderzocht. Het management van de leverancier wordt ook onderzocht om de competentie voor de toekomst aan te tonen.

Een van de meest toegepaste methoden voor leveranciersassessment is *vendor rating*, waarmee op een systematische manier data worden verzameld en geïnterpreteerd over de prestaties van leveranciers. Naast vendor rating als een leveranciersassessmentmethode, bestaan er nog verscheidene andere methoden om leveranciers te monitoren, te beoordelen en mogelijke aanpassingen aan te bevelen.

- *Spreadsheets*
  Hier worden gegevens die van leveranciers worden verkregen, vergeleken met de criteria voor evaluatie van het bedrijf zelf.
- *Persoonlijk assessment*
  Leveranciers die zich in een hechte zakenrelatie bevinden, kunnen persoonlijk worden onderzocht door specialisten waarmee nauw is samengewerkt.

- *Leveranciersaudit*
  De vendor wordt periodiek bezocht door specialisten voor een diepgaand onderzoek van de leverancier. In deze bezoeken kan de voortgang van het bedrijf ten opzichte van de doelstellingen gemeten worden.
- *Cost modeling*
  Specialisten bij het aankopende bedrijf maken een schatting van de kosten voor een product. Soms wordt er ook een *should cost analysis* uitgevoerd (de kostprijs van het product, gebaseerd op de nieuwste en beste productiemethodes).

Met leveranciersassessment wordt de basis gelegd voor het verder ontwikkelen van de samenwerking met de leveranciers. Dit bespreken we in hoofdstuk 9.

8.6.2. Hoe pas je vendor rating toe?

Vendor rating is een techniek die kwantitatieve data verzamelt over de leveranciersprestaties. Deze data kunnen verschillen, maar houden meestal het volgende in: de prijs, de kwaliteit (meestal gemeten als de verhouding tussen de afgekeurde producten ten opzichte van goedgekeurde producten of het aantal productielijnstops vanwege een lage kwaliteit van geleverde producten), de verhouding van zendingen die fout of te laat waren ten opzichte van goede of tijdige zendingen, het aantal zendingen dat foute (of het foute aantal) producten bevatte, de service (de verhouding van tijdige ten opzichte van late zendingen en de goed-foutverhouding kan ook in een variabele als 'logistiek' gecombineerd worden voor vendor rating).

Vendor rating wordt gebruikt bij het selecteren en het controleren van leveranciers. Hoewel de opzet in beide gevallen in grote lijnen dezelfde is, zitten er toch verschillen in het vergelijken en beoordelen.

Vendor rating vergelijkt deze metingen met de prestaties van concurrenten of andere organisaties die vergelijkbaar zijn met de leverancier in kwestie. De verzameling van de andere bedrijven waarmee de leverancier wordt vergeleken, heet de vendor master. De organisaties in de vendor master moeten representatief zijn voor de leverancier die wordt geëvalueerd in het ratingsysteem (voor de variabelen die gemeten worden)

Samenvattend kan gesteld worden dat leveranciers op de volgende aspecten worden beoordeeld om een bijdrage te leveren aan optimale operationele inkoopprocessen:
- kwaliteit;
- flexibiliteit;
- leveringsbetrouwbaarheid;
- levertijd;
- competentie;
- innoverend vermogen;

- kostenstructuur (prijs);
- financiële positie;
- omgevingsontwikkelingen.

8.7 Toegevoegde waarde operationele inkoper

De operationele inkoper kan een structurele bijdrage leveren aan de verbetering van processen en de bewaking van de leveranciersprestaties. In de fase van bestellen spreekt de operationele inkoper zijn competentie organiseren aan en heeft hij de volgende toegevoegde waarde:
- Leveren van een bijdrage aan de vastlegging van een goede procedure voor de bestelafhandeling vanuit interne klanten richting inkopers.
- Leveren van een bijdrage aan de vastlegging van een goede procedure voor de orderafhandeling richting leveranciers.
- Adviseren van de direct betrokkenen bij de implementatie van een elektronisch systeem voor het plaatsen van inkooporders.
- Snel en adequaat uitvoeren van spoedorders en pas achteraf analyseren of en hoe dit voorkomen had kunnen worden.

Bij de fase van het bewaken speelt de operationele inkoper de rol van politieagent richting leveranciers en heeft hij de volgende toegevoegde waarde:
- Bewaken van de ontvangst van de orderbevestigingen die de organisatie van de leveranciers ontvangt.
- Bewaken van de levertijden, ontvangst en factuurafhandeling met een methode die aansluit op de aard en het karakter van de bestelde producten of diensten.
- Bewaken van de leveranciersprestaties en ervoor zorgen dat de leveranciers hun afspraken nakomen.
- Adviseren over een elektronische orderbewaking op een gedifferentieerde manier.
- Snel en adequaat oplossen van problemen die zich voordoen bij de levering en facturering van producten en diensten.

Aan het eind van het traject in de fase nazorg, met de finish in zicht, heeft de operationele inkoper discipline nodig en heeft hij de volgende toegevoegde waarde:
- Adviseren over een elektronische database voor gegevens over leveranciers en artikelen.
- Uit handen nemen van de zorg voor het correct afhandelen van claims voor meer- en minderwerk.
- Vastleggen van en rapporteren over gebruikerservaringen met producten en diensten.
- Vastleggen van en rapporteren over gebruikerservaringen met onderhoud van producten of apparatuur.

- Bewaken van de leveranciersprestaties op het gebied van onderhoud en levering reserveonderdelen.

8.8 Samenvatting

Als de operationele inkoop niet goed functioneert, kunnen de kosten enorm toenemen. Het operationele inkoopproces bestaat uit drie fasen: het plaatsen van de bestellingen, het bewaken van de bestellingen en het verzorgen van de nazorg. De inkoper is ook verantwoordelijk voor soepele operationele inkoopprocessen. De operationele inkoper moet een structurele bijdrage leveren aan de verbetering van processen en de bewaking van de leveranciersprestaties. Inkoopautomatisering zou moeten leiden tot een meer eenvoudige inkoopadministratie- en afhandeling van bestellingen en tot verbetering van de managementinformatie over prestaties van leveranciers, interne klanten en inkopers. Dit bespreken we in het volgende hoofdstuk.

Toetsvragen

1. Geef in eigen woorden het belang van goede operationele inkoopprocessen aan.
2. Geef ten minste vijf voorbeelden van wat er fout kan gaan in de dagelijkse uitvoering van inkoopprocessen.
3. Wat zijn de drie hoofdfasen van het operationele inkoopproces?
4. Wat is de optimale bestelhoeveelheid?
5. Waarom is het belangrijk de optimale bestelhoeveelheid te bepalen?
6. Wat kan de inkoper doen voor het terugdringen van kleine orders?
7. Welke gegevens moet de operationele inkoper noteren op een inkooporder?
8. Wat zijn de logistieke aspecten bij de levering van een leverancier?
9. Waarom is het nodig inkoopprojecten te evalueren?
10. Wat is de rol van operationele inkoper bij de interne nazorg?

Eindcase

Stork verbetert inkoopprocessen

Tijdens de eerste CPO Day is Hans Büthker, CPO van Stork, gekozen tot CPO van het jaar 2005. Büthker introduceerde bij Stork de 'house of procurement', waarmee de organisatie in alle lagen van de organisatie inkoopvoordelen boekt. De werkmaatschappijen van Stork hanteren voortaan één elektronisch standaardinkoopproces voor leveranciers. Hierdoor neemt de efficiency van de leveranciersprocessen toe; de kosten worden met 20 euro per order gereduceerd, terwijl tegelijkertijd de leverbetrouwbaarheid toeneemt.

Procurement systems manager Marion van Schaijk vertelt in een interview hoe Stork de inkoop op concernniveau heeft georganiseerd. Een gigantische uitdaging voor een conglomeraat als Stork, met vier groepen waaronder meer dan vijftig werkmaatschappijen vallen; ieder met een eigen werkwijze, eigen leveranciers en eigen ERP-systeem. Van Schaijk: 'Wij hebben zo'n 800 miljoen euro aan beïnvloedbare inkoopwaarde. Wat doe je daarmee als corporate procurement bij zo'n divers concern?' Om te beginnen een analyse maken van de inkoopwaarde van alle bedrijfsonderdelen. Op basis daarvan startte Stork projecten op, om te komen tot concernbrede inkoopcontracten. 'Vervolgens implementeren is het moeilijkst. Hoe zorg je dat iedereen zich er aan houdt? Als principe hanteren wij *explain or comply*, oftewel wie niet meedoet moet uitleggen waarom.' Stork meet daartoe de zogeheten participatiegraad, die per inkoopcategorie aangeeft welk deel via een concerncontract verloopt. Van Schaijk: 'Die P-graad is geld verdienen. Sinds wij de CEO van Stork hebben laten zien hoeveel besparing elk procent toename van de P-graad oplevert, is dat het enige kengetal dat wij hoeven te rapporteren.' Inmiddels heeft dat Stork in de afgelopen jaren een structurele besparing van 10 miljoen per jaar op de inkoop opgeleverd.

Niet dat corporate procurement bij Stork nu op zijn lauweren kan rusten, stelt Van Schaik: 'Inkoop houdt nooit meer op. De wereld verandert, de spend verandert, dus starten we steeds weer nieuwe projecten op.' Bovendien vragen de inkoopprocessen verdere stroomlijning. 'Leveranciers willen onze werkmaatschappijen graag aansluiten op hun portal. Dat resulteert in een wildgroei van koppelingen en maakt het voor corporate procurement lastig om zicht te houden op alle inkooprelaties.' Stork werkt daarom aan een portal, StorkGateway, die alle inkoopstromen centraal koppelt aan alle catalogi en portals van toeleveranciers. Eerste ervaringen bij Stork WorkSphere hebben geleerd dat dit goed werkt. 'Negentig procent van de primaire inkoop verloopt nu via hun eCatalog. Onze zorgen of de medewerkers er wel meteen mee konden werken, waren niet nodig.'

De inkoopprocessen bij Stork worden sinds 2008 voor 100 procent op basis van standaardberichten in het ERP-systeem (EDI) afgehandeld, terwijl aan leverancierszijde met een diversiteit aan formaten en deels manuele processen wordt gewerkt. De werkmaatschappijen van Stork hanteren nu per leverancier één proces, terwijl de leveranciers één platform gebruiken voor hun zaken met alle Stork-onderdelen.

Door het lage inkoopvolume en grote diversiteit aan producten bij Stork, gekoppeld aan een grote zelfstandigheid van de diverse werkmaatschappijen, was standaardisatie en digitalisering van de operationele inkoopprocessen erg lastig. Dit bracht zowel binnen de Stork-organisatie als bij de leveranciers onduidelijkheden met zich mee, waardoor goederenstromen en geldstromen verstoord konden raken en inefficiënt verliepen.

Corporate Procurement van Stork heeft daarom in samenwerking met een software leverancier een oplossing gezocht en gevonden in de Crossgate communicatiehub. Alle datacommunicatie van en naar leveranciers verloopt voortaan via de Crossgate communicatiehub. De nieuwe procedure is ingevoerd na een succesvolle pilotfase van de zogenaamde Stork Supplier Portal 'Gateway'. Deze Gateway fungeert als een zogenoemde *single version of the truth*, waarbinnen alle partijen kijken naar het totale procure-to-pay-proces. Zij kunnen daardoor beslissingen nemen op basis van dezelfde transacties en events of nonevents door het hele proces heen. Waar voorheen maximaal vijftien procent van de orders binnen een week werd bevestigd, wordt nu negentig procent gehaald binnen vier uur.

Onderdeel van Stork is Stork Food Systems (Stork FS). Stork FS produceert slachtlijnen voor onder andere pluimvee. Dit zijn complexe, klantspecifieke producten waar een netwerk van toeleveranciers aan ten grondslag ligt. De leverbetrouwbaarheid van deze toeleveranciers moest omhoog, anders kan Stork FS niet verder groeien.

Stork FS heeft in 6 maanden tijd de leverbetrouwbaarheid van toeleveranciers verbeterd van 85 procent naar 96 procent. Stork FS deed dit door toeleveranciers inzicht te geven in hun eigen toekomstige planning. 'Als je ze iets geeft mag je ook iets van ze terug vragen', zegt supply chain manager Frans Faber op Logistiek.nl. 'Het aantal orders bij toeleveranciers kan sterk fluctueren', vertelt Faber. 'Wat we hebben gedaan is bedrijven inzicht geven in de te verwachte orders. Ze krijgen hiermee een beeld van de toekomstige werklast zodat ze hierop kunnen anticiperen.' Een andere verbetermaatregel is dat Stork FS bij de inkooporders prioriteiten kan aangeven. Als tijdens piekmomenten een toeleverancier er om bepaalde redenen niet in slaagt om alle onderdelen op tijd te leveren, dan geeft de planningssoftware van Stork FS aan welke orders absoluut kritisch zijn. Toeleveranciers kunnen zich hier dan even helemaal op concentreren zodat voor Stork FS de schade minimaal blijft.

Vendor rating is het terugkoppelen van de leverbetrouwbaarheid per toeleverancier. Dit was is een derde maatregel die Stork FS heeft genomen. 'Als je naar een individuele toeleverancier terugkoppelt wat zijn leverprestatie is geweest, heb je de eerste winst al te pakken. Iedereen die onder het gemiddelde zit gaat toch direct bij zichzelf te rade. Er waren bijvoorbeeld toeleveranciers die direct besloten om een extra planner aan te nemen', aldus Faber. Zoals gezegd moest de leverbetrouwbaarheid omhoog. Hiervoor werden per toeleverancier concrete doelstellingen opgesteld. En met succes. 'Van slechts twee toeleveranciers hebben we afscheid moeten nemen, maar verder zien we dat vrijwel alle toeleveranciers hun doelstellingen hebben gehaald.'

Bron: www.logistiek.nl (2008).

Vragen

1. Geef in eigen woorden het belang van goede operationele inkoopprocessen voor Stork aan.
2. Wat heeft de CPO gedaan om de operationele inkoopprocessen bij Stork te verbeteren?
3. Welke rol heeft inkoopautomatisering bij Stork gespeeld bij het verbeteren van de operationele inkoopprocessen?
4. Wat was de rol van de CPO bij het realiseren van de verbeteringen?
5. Hoe heeft Stork FS de leverprestaties van de leveranciers verbeterd?

Hoofdstuk 9

Leveranciers- en contractmanagement

Leerdoelen
- Het kennen van het contractmanagementproces en de relatie met leveranciersmanagement.
- Het bepalen van inkoopprestatie-indicatoren.
- Het toepassen van de inkoop 'Balanced Scorecard'.
- Het gebruiken van benchmarking voor inkoopverbeteringen.
- Het begrijpen van de mogelijkheden van Six Sigma en Lean Thinking als inkoopverbeterinstrumenten.
- Het selecteren van partners voor samenwerking en het vormen van samenwerking met leveranciers.

9.1 Inleiding

Het slim bedenken van plannen voor betere inkoopprestaties is een eerste stap. Maar veel belangrijker is het werkelijk bereiken van de verbeteringen. Er zijn veel succes- en faalfactoren voor de samenwerking met handelspartners. De inkoopmanager speelt daarin een belangrijke rol. Hij moet allereerst zorgen voor interne afstemming. De inkoopmanager moet grenzen in en om de organisatie verleggen en wegnemen. Dit vergt een andere wijze van functioneren, strategischer en externer gericht. Dit hoofdstuk gaat over het managen van leveranciers en hun prestaties en het stap voor stap verbeteren van die prestaties in samenwerking met leveranciers.

De eerste vragen die je aan een inkoper kan stellen, zijn:
- Hoeveel contracten heeft de organisatie afgesloten?
- Hoeveel geld is er met die contracten gemoeid?
- Wie heeft die contracten afgesloten?
- Wat is de kwaliteit van die contracten?
- Waar en bij wie zijn die contracten opgeslagen?
- Wie is verantwoordelijk voor het contractbeheer en -management?
- Wie is verantwoordelijk voor de prestaties van de leveranciers met wie de contracten zijn afgesloten?
- Wie is verantwoordelijk voor het managen van die leveranciers?
- Wie is verantwoordelijk voor de interne prestaties van de organisatie, die voor een groot deel afhankelijk zijn van de prestaties van de leveranciers?

De antwoorden op deze vragen, of het ontbreken van de antwoorden, geven aan dat leveranciersmanagement aandacht verdient. Dit hoofdstuk biedt hiervoor de handvatten. Hoe kan het afsluiten van op het eerste oog simpele contracten van invloed zijn op de prestaties van een organisatie en hoe krijgt de inkoper hierover controle? We beginnen met het managen van de bestaande leveranciers via gedegen contractmanagement in paragraaf 9.2. Op basis hiervan kan de organisatie het leveranciersmanagement inrichten (paragraaf 9.3). Ook voor inkoop geldt: meten is weten. Prestatie-indicatoren ondersteunen managementbeslissingen. De Balanced Scorecard-methode (paragraaf 9.4) biedt een aanpak om te komen tot de belangrijkste prestatie-indicatoren voor het leveranciermanagement. Benchmarking kan het verbeteren van inkoopprestaties stimuleren (paragraaf 9.5). In paragraaf 9.6 staan Six Sigma en Lean Thinking centraal: methoden die veel organisaties gebruiken bij inkoopverbeterprojecten. Tips over de succesvoorwaarden voor samenwerking krijg je in paragraaf 9.7.

9.2 Contractmanagementproces

Iedere slecht presterende leverancier heeft zijn weerslag op het resultaat van de organisatie. Leveranciers die zich niet houden aan de overeengekomen prestaties zorgen ervoor dat de medewerkers zich niet bezig kunnen houden met datgene waarvoor ze eigenlijk betaald worden.

Secundaire inkoop
Als de koffieautomaten continu storingen vertonen, heeft dat aardig wat gemopper tot gevolg. Misschien zullen sommige medewerkers minder wakker aan het werk gaan en dat kan ook weer consequenties hebben. Stel je voor dat je minder alert bent bij het tijdig uitschakelen van een kapotte machine en een deel van de productie daardoor waardeloos wordt. De gevolgen kunnen klein of heel groot zijn. In dit voorbeeld geven medewerkers de storingen door aan de leverancier. De leverancier mag eens per kwartaal komen opdraven om de slechte prestaties te bespreken met de contractbeheerder binnen de organisatie. De contractbeheerder moet deze prestaties vanaf dat moment extra in de gaten houden.

Primaire inkoop
Probeer dit voorbeeld eens te vertalen naar het primaire proces waar een slecht presterende leverancier consequent fouten maakt of te laat levert. Kun je je voorstellen wat de gevolgen zijn als grondstoffen die worden gebruikt bij het produceren van levensmiddelen niet aan de juiste eisen voldoen? Of in het slechtste geval: de organisatie komt er pas achter als de producten al in de winkel liggen en de producten moeten worden teruggehaald. Zet eens op een rij welke kosten je dan moet maken en welke kosten de organisatie kan verhalen op de leverancier of de verzekering.

Ondeugdelijke accu's

Computerproducent Dell, bekend vanwege zijn uitstekende logistiek, moest in 2006 wereldwijd 4,1 miljoen accu's terugroepen. De hele operatie kostte Dell 200 miljoen dollar. Het was de grootste product recall in de elektronicabranche. De recall van Dell betreft accu's van een leverancier die mogelijk door oververhitting in brand kunnen vliegen. Ze zijn verwerkt in notebooks, onder meer van het type Latitude en Inspiron, die tussen 2004 en 2006 zijn verkocht. In totaal heeft Dell in die periode 22 miljoen computers verkocht, waarvan 18 procent met de risicovolle accu's.

Computerfabrikant Dell is groot geworden door zijn vooruitstrevende voorraadbeheer. Ondanks dat Dell dagelijks bijna 100.000 systemen assembleert, is er in de fabrieken voor hooguit twee uur voorraad aanwezig. Toeleveranciers moeten 'just in time' aanleveren en het assemblageproces start pas wanneer de klant zijn product heeft besteld (en betaald). In 2008 kon Dell laten zien dat het ook de logistiek van retourgoederen beheerste.

Bron: Dell, 2006.

9.2.1 Contractproces op hoofdlijnen

Het contractproces begint in de specificatiefase en verloopt vervolgens via de selectiefase en de contractfase. De inkoper sluit een contract af omdat er wederzijdse belangen zijn. De leverancier wil zijn producten of diensten verkopen en de organisatie heeft die producten of diensten nodig voor de bedrijfsvoering. Uitgangspunten daarbij zijn dat de afspraken voor beide partijen zo gunstig mogelijk zijn en dat men daarmee de onzekerheid over toekomstige prestaties tot een minimum probeert te beperken. De fase 'afsluiten' kent drie activiteiten: specificeren eisen en wensen, selecteren leveranciers en contracteren leveranciers.

Ook bij het uitvoeren is er sprake van een wederzijdse afhankelijkheid. Beide partijen hebben elkaar nodig om de afgesproken prestaties te kunnen leveren. Het belangrijkste doel is ervoor te zorgen dat de leveranciers de juiste prestaties tegen de juiste kwaliteit op het juiste moment in de juiste hoeveelheden ook daadwerkelijk leveren. De fase 'uitvoeren' kent drie activiteiten: leveren producten of diensten, bewaken, beheren en managen van het contract en ten slotte het betalen van de facturen.

Bij het beëindigen spelen meerdere factoren een rol. De inkoper zorgt voor wijziging, verlenging of beëindiging op een zo gunstig mogelijk moment. Daarbij moet hij rekening houden met de looptijd van het contract, de doorlooptijd van een mogelijke offerteprocedure en de situatie in de markt. In deze fase zijn drie activiteiten mogelijk: verlengen (ongewijzigd), wijzigen en verlengen of opzeggen. De eerste twee activiteiten kunnen het gevolg zijn van het opnieuw starten van het contractproces, maar het kan ook een zelfstandige beslissing zijn op basis van de ervaringen met de leverancier. Bij de laatste activiteit, het opzeggen, begint het hele inkoopproces weer van voren af aan.

9.2.2 Juridische aspecten van contracten

De prestaties van de leveranciers legt de inkoper via een offerteaanvraag en een offerteprocedure vast in de contractvoorwaarden (zie hoofdstuk 6). Daarbij hanteert de inkoper een aantal uitgangspunten:
- De eigen inkoopvoorwaarden of concept contractvoorwaarden opleggen aan de leverancier
  Als dit niet mogelijk is, moet de inkoper het leverancierscontract commercieel en inhoudelijk beoordelen. Het kan zijn dat de inkoper het contract van de leverancier moet accepteren, omdat er sprake is van een (bijna-)monopolie. De contractvoorwaarden en het eventuele commentaar van de leverancier moet de inkoper juridisch beoordelen.
- Geen contracten voor een periode langer dan een bepaald aantal jaar, met uitzondering van omvangrijke investeringen, die over een langere periode worden afgeschreven.

- Resultaatgericht contracteren
 De inkoper stelt vast welke prestaties hij gaat meten en hoe de leveranciersevaluaties plaatsvinden. De minimumeisen worden met prestatie-indicatoren vastgelegd in een Service Level Agreement (SLA), eventueel met bonus-/malusregeling.

9.2.3 Activiteiten contractmanagementproces

Het contractmanagementproces bestaat uit de volgende fasen:

Fase van het inkopen
- Het specificeren van eisen en wensen, waarbij gekeken wordt naar de effectiviteit, de mate waarin de overeengekomen en te ontvangen prestatie in een behoefte voorziet, de uitvoerbaarheid en de mate waarin de overeengekomen en te ontvangen prestatie gerealiseerd kan worden.
- Het selecteren van leveranciers.
- Het contracteren van leveranciers, waarbij het contract volledig, duidelijk en legaal moet zijn.

Fase van het registreren
- Het registreren van contracten in een database, waarbij de inkoper de volgende subactiviteiten uitvoert:
  - Toekennen indexering (nummering contract moet uniek zijn) en routering contracten (welke weg legt het contract af binnen de organisatie).
  - Controleren op juiste ondertekening van contracten via handtekeningenregister.
- Het archiveren van contracten op een veilige plaats, beschermd tegen brand, verlies, diefstal, fraude of achteruitgang:
  - Zorgen voor beperkte toegankelijkheid: niet iedereen mag zomaar in het archief rondneuzen.
  - Aanhouden van een dubbel archief is niet wenselijk, want dit verdubbelt de inspanningen en vergroot de kansen op fouten.
- Het kopiëren en distribueren van contractinformatie:
  - Versturen van complete kopiecontracten of informatie uit contracten naar alle direct betrokken volgens een vastgesteld distributieschema.

Fase van het uitvoeren
- Het uitvoeren: zorgen voor de juiste prestaties met de juiste kwaliteit, op het juiste moment, op de juiste plaats en in de juiste hoeveelheden.
- Het bewaken en evalueren van de prestaties van de leveranciers.
- Het beëindigen: automatisch na de afgesproken looptijd of na een opzeggingsactie met inachtneming van de afgesproken opzegtermijnen. Ook vroegtijdige beëindiging om wat voor reden dan ook behoort tot de mogelijkheden.

Fase van het beheren
- Het uitvoeren van periodieke controles op de geregistreerde contracten en hierover rapporteren aan het management en alle direct betrokkenen.
- Het inrichten en opschonen van fysieke archieven en digitale databases.

De beschrijving van het contractmanagementproces is onderdeel van de organisatorische inrichting van het contractbeheer, het contractmanagement en uiteindelijk van het leveranciersmanagement. Voor de organisatorische inrichting gelden de uitgangspunten van kwaliteitsmanagement en administratieve organisatie. Documentaireinformatiesystemen en workflowmanagement bieden vervolgens de technische mogelijkheden het contractregistratiesysteem en bijbehorende procedures op een efficiënte manier te regelen.

De uitgangspunten voor goed documentbeheer gelden een-op-een voor contractbeheer:
- De inkoper moet elk contract kunnen identificeren en herleiden. Dit betekent in de praktijk dat een contract al bij het eerste concept een logisch nummer krijgt en dat de nummering bij voorkeur past binnen de structuur die de inkoper gebruikt voor de inkoopsegmenten.
- Het proces van opstellen, beoordelen en autoriseren van contracten inclusief bijbehorende wijzigingen moet transparant zijn en moet uitgevoerd worden in overeenstemming met de eisen in de bijbehorende procedures.
- De inkoper moet het beschikbaar stellen van een contract inclusief bijbehorende wijzigingen kunnen traceren. Verder neemt de inkoper maatregelen om te voorkomen dat collega's geen onbedoeld gebruik maken van ongeldige documenten.
- De inkoper heeft van ieder contract gedurende de vastgestelde termijn (dat kan dus langer zijn dan de contracttermijn) een archiefexemplaar beschikbaar.

Structuur en inhoud registratiesysteem
- Algemeen:
  - contractnummer;
  - registratiedatum;
  - omschrijving contract;
  - contractgroep;
  - contractmanager/beheerder;
  - contractsoort;
- Status:
  - locatie origineel;
  - bewaartermijn;
  - autorisatiedatum;
  - versienummer;

- registratie mutaties (datum, functionaris, veld en reden);
- distributiegegevens.
• Bewaking:
  - ingangs- en einddatum;
  - opzegdatum;
  - herinneringsdatum;
  - bedragen;
  - leveringsdata;
  - betalingstermijnen, -voorwaarden en -data.

9.2.4 Wie is waar verantwoordelijk voor?

Bij iedere activiteit binnen het contractmanagementproces bepaalt de inkoopmanager wie waarvoor verantwoordelijk is. Daarbij is het van belang dat eerst de vraag over decentrale of centrale registratie en beheer wordt beantwoord. Ligt de uitvoering centraal, dan heeft de inkoper het beste overzicht en kan hij gemakkelijker standaardiseren omdat hij alles vanuit één punt overziet. Kiest de inkoopmanager voor decentraal contractmanagement, dan kost het meer moeite om de standaarden te communiceren en te handhaven.

De betrokken partijen bij het contractmanagementproces aan de inkoopzijde zijn:
- Inkoper: stelt het contract in concept op en bespreekt dit met zijn opdrachtgever. Meestal legt de inkoper het concept voor aan de jurist.
- Opdrachtgever: bekijkt het contract indien hij beschikt over juridische basiskennis en levert zijn commentaar aan bij de inkoper.
- Jurist: beoordeelt het conceptcontract en geeft zijn akkoord terug aan de inkoper. Dit gebeurt niet voor alle contracten. In sommige organisaties bekijkt de jurist alleen de belangrijke of risicovolle contracten.
- Manager: als hij de bevoegdheid heeft, ondertekent hij de definitieve versie van het contract en retourneert dit naar de inkoper.
- Contractbeheerder/-manager: na ontvangst van het door de leverancier getekende contract zorgt de inkoper dat het contract bij de contractbeheerder/-manager komt, die zorgt voor registratie in het contractbeheersysteem. Vervolgens zorgt de contractbeheerder voor het management van het contract op operationeel niveau (locatiemanager richting werknemers van de leverancier) en de contractmanager voor het management op tactisch niveau (richting verkoper of directie leverancier).

Voor de routering van contracten maakt de organisatie gebruik van stroomschema's voor de precontractuele fase, contractuele fase en onderhouds- of beheerfase. In die stroomschema's staat welk document via welke schakel in het contractproces wordt geleid en wie daarvoor verantwoordelijk is.

De voordelen van goed contractbeheer en -management zijn:
- Het registreren in één (geautomatiseerd) systeem verkleint de kans op fouten.
- Het zoeken kost minder tijd en men kan vragen sneller beantwoorden (inkoopadministratie, helpdesk).
- Het overdragen van informatie en kennis kan gemakkelijker plaatsvinden (binnen de inkoopafdeling, richting andere afdelingen en tussen afdelingen onderling).
- Het autoriseren kost minder tijd.
- Het standaardiseren van contracten levert tijdswinst op en verkleint de kans op fouten.
- Het gebruiken van de informatie uit de contractendatabase voor andere doeleinden (marketing, relatiebeheer). Dit speelt vooral bij commerciële organisaties.
- Het registreren van leveranciersprestaties creëert voorwaarden voor een beter leveranciersmanagement en voor een goede voorbereiding van de onderhandelingen.
- Het tijdig signaleren voorkomt:
  - een onnodige druk bij de onderhandelingen;
  - overbodige betalingen voor zaken, die er niet (meer) zijn of prestaties die niet meer geleverd worden;
  - dat de organisatie langer vastzit aan contracten dan nodig.
- Het gebruikmaken van reeds afgesloten raamcontracten door medewerkers die hier nog niet van af wisten.
- Het geven van inzicht in het combineren van contracten biedt mogelijkheden tot volumebundeling en betere condities.

Uiteraard zijn er ook inspanningen voor contractbeheer- en management. Bijvoorbeeld het aanschaffen, implementeren en inrichten van de software, het ontwerpen en communiceren van de procedures en processen, het opleiden van gebruikers en het uitvoeren van de activiteiten contractbeheer/contractmanagementproces.

9.2.5 Ict voor contractbeheer en -management

De inkoopmanager staat vervolgens voor de vraag hoe de contractgegevens kunnen worden vastgelegd. In een kleine organisatie volstaat met een Excel- of Access-bestand. Grotere organisaties hebben speciale contractregistratieapplicaties (bijvoorbeeld Contracto of Crics) nodig, sluiten zich aan bij facilitaire software (bijvoorbeeld Planon) of een compleet ERP-systeem als SAP of Oracle. In alle gevallen zal men eerst een programma van eisen moeten formuleren.

Programma van eisen voor contractbeheer en -management

Functionele eisen:
- Beschikbaarheid, juistheid en volledigheid van de informatie: hoe waarborgt de software dit; Voorkomt de software dat je tekst verkeerd ingeeft?
- Mutatiehistorie: kan de inkoper na verloop van tijd nog zien wie wat wanneer heeft aangepast?
- Koppelingen: kan of moet de software met andere software worden gekoppeld, bijvoorbeeld met administratieve software?
- Zoeken en selecteren: op welke elementen kan men zoeken en selecteren en levert dat ook de gewenste resultaten op?
- Toegangsmogelijkheden: verloopt de toegang via een netwerkserver of kun je direct vanaf een personal computer toegang krijgen tot de software?

Technische eisen:
- Hardware en systeemsoftware: aan welke eisen moet de hardware en systeemsoftware minimaal voldoen?
- Flexibiliteit: kun je de software gemakkelijk uitbreiden als de capaciteit tekortschiet en hoe groot is de database?
- Beveiliging: niet alleen beveiliging tegen virussen, maar ook tegen ongewenste toegang van buitenaf.
- Gebruikersvriendelijkheid: is de software gemakkelijk in gebruik, zijn de schermen logisch ingedeeld, is de reactietijd snel genoeg?

Logistieke en onderhoudseisen:
- Onderhoud: wat valt er onder onderhoud en wat niet?
- Support en helpdesk.
- Documentatie.

9.3 Leveranciersmanagement

Als de invulling van het contractmanagement in orde is, kan men de stap zetten naar leveranciersmanagement. Leveranciersmanagement start al in de specificatiefase, de fase waarin de organisatie vaststelt wat zij van een leverancier nodig heeft. Leveranciersmanagement maakt deel uit van het inkoopproces en je kunt het deels door een inkoper, deels door een interne klant laten uitvoeren. Of het nu producten of diensten zijn, de inkoper zal samen met de interne klant nauwkeurig moeten specificeren welke prestaties hij van de leveranciers verlangt, hoe ze die prestaties gaan meten en welke consequenties het heeft als de leverancier de beloofde prestaties niet levert.

Natuurlijk moet een leverancier presteren volgens de afspraken, maar daarbij heeft hij wel de hulp van de organisatie nodig. Neem bijvoorbeeld een leverancier die op een vroeg tijdstip zijn grondstoffen moet afleveren bij de fabriek. Een voorwaarde is dan wel dat de goederenontvangst van de fabriek op dat tijdstip geopend is, de organisatie de goederen ook daadwerkelijk kan binnenmelden en opslaan op de juiste plek of doorvoeren naar de productie.

Het klinkt zo simpel. De inkoper maakt afspraken met een leverancier over wat hij voor de organisatie gaat doen (de prestatie) en dan begint de uitdaging. Hoe beschrijft hij die prestaties, hoe legt hij die vast en hoe gaat hij ze bewaken? De belangrijkste les bij het vaststellen van prestaties is dat men niet te veel prestaties wil meten. Dan wordt meten namelijk een doel op zich. De afspraken over de prestaties legt men vast in een overeenkomst oftewel Service Level Agreement (SLA). Het heeft de voorkeur om de SLA deel te laten zijn van de totale overeenkomst.

Onderdelen van een SLA

Algemeen:
- Doel: wat wil men met de SLA bereiken?
- Scope: wat is de reikwijdte van de SLA?
- Verantwoordelijkheden: stelt de inkoper de SLA samen met de leverancier vast (*propose*) of legt de inkoper de SLA bindend op (*impose*)? Dit is met name afhankelijk van de complexiteit van de levering. Hoe complexer de levering, hoe meer overleg.
- Beschrijving dienstverlening: detailbeschrijving van wederzijdse taken en verantwoordelijkheden.

Service Level-rapportage:
- Vaststellen van de prestatie-indicatoren, ook wel Key Performance Indicators (KPI's) genoemd.
- Vaststellen van de meetmethode, het meetinstrument, de te behalen norm en de frequentie van meting.

Communicatiestructuur:
- Strategisch overleg: één keer per twaalf maanden over externe factoren en mogelijke contractverlenging of -beëindiging.
- Tactisch overleg: één keer per zes maanden over verbeteringstrajecten.
- Operationeel overleg: één keer per drie maanden over werkafspraken, procedures en resultaten.
- Wie neemt namens de betrokken partijen deel aan welk overleg?

Escalatieprocedure:
- Wie escaleert naar wie en op welk moment?
- Over welke onderwerpen kun je escaleren? Alleen over een kritisch onderwerp voor het bedrijf en een aanhoudende totale wanprestatie van de leverancier.

Bonus-/malusregeling:
- Wanneer volgt een malus in de vorm van een boete bij welke tekortkomingen?
- Wanneer volgt een bonus in de vorm van beloning bij bovennormale prestaties?

De inkoper legt alle afspraken vast en de uitgesproken intenties zijn bij aanvang van de overeenkomst positief. Dan nog doen leveranciers niet altijd wat ze hebben beloofd.

Backdoor selling

In een van de grootste steden van ons land leverde het contract voor kopieerapparatuur problemen op. Wat was er aan de hand? De gemeente had voor al haar organisatieonderdelen en gelieerde instellingen een mantelcontract afgesloten met een van de grootste leveranciers van Nederland, maar het onderhoud liep niet naar wens. Machines waren sterk verouderd en vertoonden vaak storingen, die vervolgens ook nog eens later dan overeengekomen werden verholpen. Binnen de hele gemeente hoorde men ontevreden geluiden.

Toen de gemeente aan het eind van de reguliere contractperiode van vijf jaar haar kopieerapparatuur opnieuw in de markt wilde zetten, begon zij met een inventarisatie van het machinepark. Tot verbijstering van alles en iedereen bleek dat de betreffende leverancier tijdens het laatste contractjaar met iedere instelling of organisatie afzonderlijk contact had opgenomen, natuurlijk met het doel op individuele basis nieuwe contracten onder de voorwaarden van de leverancier af te sluiten. Het volume van machines dat in de aankondiging was gemeld, bleek circa 30 procent lager uit te komen, omdat voor al die opnieuw gecontracteerde machines nieuwe looptijden waren overeengekomen.

Inschakeling van de huisjurist leverde een teleurstellende conclusie op. De gemeente had geen poot om op te staan, want in het huidige contract stond geen clausule waarin werd uitgesloten met afzonderlijke instellingen een contract af te sluiten. Iedere instelling had tekenbevoegdheid en kon geen strobreed in de weg worden gelegd.

De moraal van dit verhaal: ook al denk je dat je de voordeur nog zo goed gesloten hebt, een leverancier vindt altijd wel een achterdeur om binnen te komen en probeert zo buiten de afdeling inkoop om leveringen of contracten te regelen (backdoor selling). Het is een illusie om te denken dat je deze praktijken helemaal kunt uitbannen, al zijn er wel mogelijkheden om de schade te beperken. Neem in een mantelcontract in ieder geval een clausule op dat deelnemende organisatieonderdelen of instellingen gedurende de looptijd van het contract op individuele basis geen nieuwe overeenkomsten afsluiten. De inkoper moet het contract ook echt managen. Vaak wordt er een goed contract afgesloten met de genoemde clausule, maar moet de opdrachtgever aan het eind van de contractperiode constateren dat hij geen tijd heeft gehad aandacht te schenken aan het controleren van de leverancier.

Soms zijn er aan de leverancierskant zaken die ervoor zorgen dat de leverancier zich niet houdt aan de gemaakte afspraken. Als bijvoorbeeld de prijzen van bepaalde grondstoffen op de wereldmarkt stijgen en een leverancier heeft met de klant vaste prijzen afgesproken, komt zijn marge ook onder druk te staan, maar heeft hij wel de plicht om te leveren zoals contractueel overeengekomen. Dat heeft zijn weerslag op de financiële resultaten van een leverancier en kan in een faillissement eindigen.

9.4 Prestatie-indicatoren voor inkoop

Als het contractmanagement goed is ingericht en het leveranciersmanagement is uitgewerkt, is het vervolgens zaak de inkoopprestaties te meten en te evalueren. De opkomst van ERP-systemen en Business Intelligence Tools bracht prestatie-indicatoren. Maar wat zijn nu de belangrijkste prestatie-indicatoren voor het management? En hoe voorkom je dat operationele en financiële prestatie-indicatoren de echt noodzakelijke innovaties in weg staan? Vaak zien we dat bepaalde nieuwe projecten wel voldoen aan de organisatiestrategie, maar niet voldoen aan operationele doelstellingen, zoals de vereiste terugverdientijd van een investering. De criteria die in de zogenoemde Balanced Scorecard worden gebruikt, zijn wel gericht op de langetermijnontwikkeling van een organisatie (Kaplan, 1997).

9.4.1 Balance Scorecard

De Balanced Scorecard is een compleet en overzichtelijk prestatiemeetsysteem dat een waardevoller beeld geeft dan de traditionele financiële maatstaven alleen. Vanuit de organisatiestrategie wordt een model gebouwd dat uitmondt in een set criteria voor evaluatie van de complete organisatie, een businessunit of een afdeling. Dit resulteert in 15 tot 25 prestatie-indicatoren. Met de Balanced Scorecard worden op overzichtelijke en complete wijze de financiële en niet-financiële prestaties van de organisatie voor de drie belangrijkste belangengroepen (aandeelhouders, klanten en werknemers) weergegeven. De strategie en doelstellingen worden hierbij op een duidelijke en effectieve manier geconcretiseerd en gecommuniceerd.

De Balanced Scorecard geeft inzicht in de prestaties op en de relatie tussen vier voor elke organisatie essentiële invalshoeken, te weten: financieel perspectief, klantperspectief, interne processen en innovatie en leren. De nadruk bij de prestatiemeting ligt bij het kunnen achterhalen van het verband tussen oorzaak (het interne en innovatieve perspectief) en gevolg (het financiële en klantperspectief) van de behaalde resultaten. Er zijn dus vier perspectieven (zie figuur 9.1).

Uiteraard hebben financiële maatstaven een centrale positie in het meten van de prestaties. Financiële topprestaties op langere termijn zijn pas mogelijk wanneer er sprake is van tevreden en loyale klanten en leveranciers, een gezonde organisatie met tevreden werknemers en een continue verbetering van processen.

FINANCIEEL PERSPECTIEF
Inkoopwaarde van de leverancier per productgroep
Inkoopkosten (interne processen) per leverancier
Voorraadhoogte van de producten van de leverancier

KLANT PERSPECTIEF
Beoordeling door interne klant op:
proactief gedrag, kwaliteit, levertijd, kennisniveau, klacht en van klanten, rapportcijfers van klanten

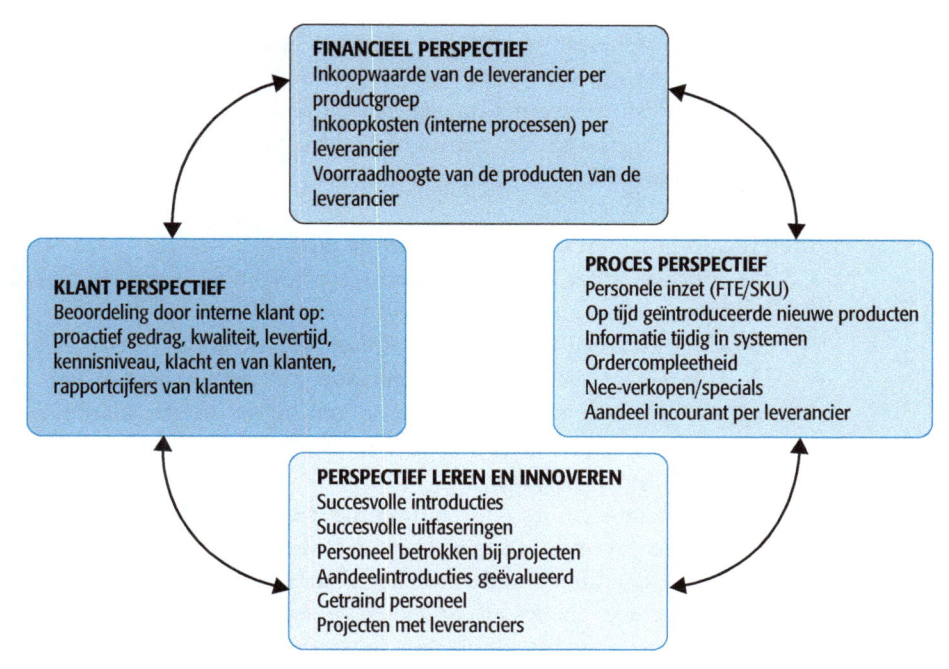

PROCES PERSPECTIEF
Personele inzet (FTE/SKU)
Op tijd geïntroduceerde nieuwe producten
Informatie tijdig in systemen
Ordercompleetheid
Nee-verkopen/specials
Aandeel incourant per leverancier

PERSPECTIEF LEREN EN INNOVEREN
Succesvolle introducties
Succesvolle uitfaseringen
Personeel betrokken bij projecten
Aandeelintroducties geëvalueerd
Getraind personeel
Projecten met leveranciers

Figuur 9.1 Opbouw Balanced Scorecard (voorbeeld)

9.4.2 Principes Balanced Scorecard

De principes van de Balanced Scorecard gelden ook bij het managen van de inkooprelaties met leveranciers. Door succes op de vier perspectieven te specificeren kan inkoop concreet aangeven welke eindresultaten worden beoogd en welke input daarvoor benodigd is. Vervolgens moeten de streefscores worden bepaald. De maatstaven die uiteindelijk in de specifieke Scorecard per leverancier worden opgenomen, moeten de kritische succesfactoren meten. Dat zijn die aspecten die het (financiële) succes van de inkoopstrategie bepalen. Voor elk perspectief worden drie tot vijf prestatie-indicatoren gegeven.

Financiële prestaties
De financiële prestaties geven de strategische 'opdracht' van de inkooprelatie aan. Mogelijke indicatoren zijn:
- de gerealiseerde omzet (inkoopwaarde) van de leverancier per productgroep;
- de totale inkoopkosten (interne processen) voor de betreffende leverancier;
- de voorraadhoogte van de producten van de leverancier.

Klantperspectief
Vanuit het oogpunt van de klant dienen maatstaven als tevredenheid, loyaliteit, markt- en klantaandeel als indicatie voor de prestaties. Het klantperspectief is

vooral een uitstekende voorspeller voor het langetermijnsucces van een organisatie. De mate van succes waarmee de inkoop wordt uitgevoerd kan gemeten worden door een systeem van klantbeoordeling. Criteria zijn op tijd leveren, proactief gedrag, kwaliteit, gemiddelde levertijd, kennisniveau, klachten van klanten, rapportcijfers van klanten enzovoort.

Prestatie-indicatoren voor deze dimensie zijn:
- De inkoper meet voor alle leveringsopdrachten intern de klanttevredenheid via een overeengekomen formulier.
- Eens per kwartaal vindt evaluatie plaats van de klanttevredenheid.
- De leverancier dient over een periode van drie maanden een gemiddeld rapportcijfer van acht of hoger te scoren bij de interne klanten.

Efficiëntie van interne processen
De interne processen uiten zich onder meer in kwaliteit, doorlooptijd, de snelheid waarmee nieuwe producten en diensten worden geïntroduceerd of de reactietijd op klachten. Goede interne prestaties vormen de basis voor de prestaties vanuit zowel klant- als financieel perspectief. Interne inkoopprocessen kunnen ook anders worden bekeken, bijvoorbeeld door te kijken naar standaardisatie van procedures of het aanbrengen van verbeteringen in het aantal artikelen, typen, systemen en het aantal leveranciers en logistieke dienstverleners. Voor de interne processen zijn veel prestatie-indicatoren te bedenken. Ook de doorlooptijd van een inkooporder geeft een goed beeld van de efficiëntie van de interne processen. Als laatste kan een ratio worden berekend van bijvoorbeeld de inkoopkosten en de gemiddelde waarde van een inkooporder.

Voorbeelden van prestatie-indicatoren zijn:
- Leverancier dient 99 procent van zijn facturen in bij de opdrachtgever, uiterlijk binnen dertig dagen na afloop van een maand.
- Facturen moeten voor 95 procent correct zijn.
- Betaling van facturen vindt voor 99 procent van het aantal facturen uiterlijk binnen 30 dagen na ontvangst plaats.
- 95 procent van de leveringen geschiedt op tijd, conform de overeengekomen afleveringstermijn.
- De opdrachtgever zorgt in 100 procent van de gevallen voor een getekende afleveringsbon, die als basis dient voor facturering.
- De leverancier lost de klachten in 80 procent van de gevallen binnen een uur op, de overige 20 procent lost hij binnen 4 uur op.
- Het aantal klachten in verhouding tot aantal opdrachten bedraagt niet meer dan 5 procent.
- De leverancier levert één keer per maand een overzicht aan bij opdrachtgever van de openstaande en afgehandelde klachten en bespreekt deze met de opdrachtgever.

Leren en innoveren
Om ook in de toekomst te kunnen blijven groeien en verbeteren moet er continu aan de kwaliteit van de organisatie worden gebouwd. Betrokken medewerkers moeten zich blijven ontwikkelen en verder leren. Dit kan door het volgen van opleidingen en cursussen, maar ook door uitwisselingsprogramma's tussen verschillende afdelingen en bedrijven en het regelmatig rouleren van de functies van inkoopmedewerkers.

Ook voor deze dimensie van de Balanced Scorecard kunnen prestatie-indicatoren worden ontwikkeld, zoals het aantal dagen dat medewerkers en leveranciers besteden aan cursussen en seminars op het terrein van nieuwe ontwikkelingen of technische kennis of het aantal verbeteringsvoorstellen voor samenwerking per jaar. Het aantal projectteams waarin leveranciers en medewerkers participeren is een andere indicator. Dit maakt de kennisoverdracht meetbaar.

Prestatie-indicatoren voor deze dimensie zijn:
- aantal cursus- en seminardagen per medewerker;
- aantal productintroducties dat succesvol is gerealiseerd;
- aantal ingediende of uitgevoerde verbeteringsvoorstellen per leverancier;
- deelname van de leveranciers aan projectteams;
- aantal geslaagde projecten met de leverancier;
- initiatieven voor kennisoverdracht of uitbreiding van werkzaamheden.

9.5 Benchmarking

Benchmarking is een methode waarbij continu toepassingen, processen, producten en strategieën vergeleken worden met toepassingen, processen, producten en strategieën binnen en buiten de eigen organisatie. De groei van de winst en het succes bij klanten wordt allang niet meer alleen bepaald door goede producten, een slimme verkoopbenadering en een concurrerende prijs. Het excellent uitvoeren van inkoopprocessen is ook bepalend voor succes in de markt. Het MSU-model uit hoofdstuk 1 is daar een voorbeeld van. Met benchmarking worden succesvolle methodes en oplossingen gevonden. Die kunnen vervolgens weer worden toegepast in bestaande of nieuwe oplossingen, processen, producten en strategieën. Benchmarking is een hulpmiddel om veranderingen te starten. Het is moeilijk als de organisatie duidelijk als niet best presterende organisatie naar voren komt en helemaal wanneer de benchmark uitwijst dat directe concurrenten wel beter presteren.

Een bekend model voor benchmarking is het Supply Chain Operations Reference (SCOR-)model. Het SCOR-model kan worden gebruikt voor het opzetten, beheersen en verbeteren van processen. Het is een methodologie die helpt bij het afstemmen en integreren van bedrijfsdoelstellingen, strategisch en tactisch, met de operationele uitvoering van de processen. SCOR kent gestandaardiseerde definities, processen en prestatie-indicatoren om eenduidig en snel met klanten en leveranciers te kunnen communiceren over het meten, benchmarken, beheren en controleren van de prestaties in de keten. SCOR biedt daarmee een gestructureerde aanpak voor een efficiënte inkoopsamenwerking met leveranciers.

Het SCOR-model omvat de hele keten van *supplier's supplier* tot *your customer's customer* (zie figuur 9.2). Het model zit in elkaar zoals een huis van Lego-steentjes. Je kunt er ook andere typen huizen mee bouwen. Omdat een keten bestaat uit meerdere organisaties die in diverse branches actief zijn, was het niet wenselijk om een model te ontwikkelen dat specifiek voor één branche van toepassing zou zijn. Een van de sterke punten van het SCOR-model is dat het door diverse typen organisaties van uiteenlopende omvang kan worden gebruikt. Het model maakt een continue ontwikkeling door. Op basis van ervaringen van gebruikers, nieuwe concepten en nieuwe best practices wordt regelmatig een herziene versie van het SCOR-model uitgebracht.

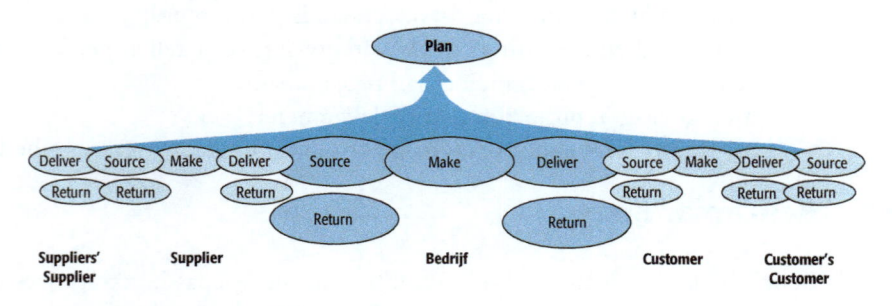

Figuur 9.2 Reikwijdte van SCOR

Bron: Supply-Chain Council.

Het model omvat drie niveaus waarop analyse van de processen plaatsvindt en het heeft een modulaire opbouw. Bij ieder niveau zoomt het model dieper in op de organisatie, bijvoorbeeld van inkoop (proces), naar inkopen op voorraad (procescategorie) naar ontvangst en keuring van grondstoffen (proceselement). Hiermee sluit SCOR dus aan op de gewenste hiërarchie van prestatie-indicatoren zoals eerder weergegeven in figuur 9.2.

Op niveau 1 (proces), het strategische niveau, onderscheidt het SCOR-model vijf hoofdprocessen. Dat zijn *plan, source, make, deliver* en *return*. Ook worden prestatie-indicatoren aangegeven die op managementniveau van belang worden geacht:
- plan: de planning en besturing van de processen in de keten;
- source: de inkoop van grond- en hulpstoffen, halffabricaten en componenten;

- make: de productie van (eind)producten;
- deliver: de distributie van producten naar klanten;
- return: de processen die te maken hebben met het retour ontvangen van producten.

Op niveau 2 (procescategorie), het tactische niveau, worden verschillende procescategorieën onderscheiden die een verdieping zijn van de processen op het eerste niveau. Deze procescategorieën kunnen worden onderverdeeld in *planningsprocessen*, *uitvoerende processen* en *ondersteunende processen*.

Op niveau 3 (proceselement), het operationele niveau, zijn de processen op niveau 2 verder uitgewerkt waarbij ook worden aangegeven:
- de prestatie-indicatoren die binnen de processen op niveau 3 kunnen worden onderscheiden gekoppeld aan de prestatie-indicatoren op niveau 1;
- de best practices die behoren bij de processen op niveau 3;
- de technische functionaliteiten om de beste processen met ondersteuning van ict in de organisatie in te voeren.

Het SCOR-model is geen blauwdruk voor het inrichten van de inkoopprocessen. Wel biedt SCOR een raamwerk dat inzicht geeft in de inkoopprocessen en handvatten aanreikt voor verbetering. Het voordeel van het toepassen van het SCOR-model is dat de resultaten van verbeteringen in samenwerking met leveranciers sneller zichtbaar zijn. Door gebruik te maken van de binnen het model vastgelegde uniforme termen en definities verbetert de communicatie met leveranciers.

9.6 Six Sigma en Lean Thinking

Er zijn drie manieren om (logistieke) verbeteringen te bereiken in de inkoop, namelijk het aanscherpen van contractafspraken, concurrentiestelling onder bestaande en nieuwe leveranciers en het stroomlijnen van de relatie met leveranciers door inkoopsamenwerking. De eerste twee maatregelen kun je leren uit de boeken over inkoop. Dat is vooral een kwestie van goed specificeren en stevig onderhandelen. De derde maatregel heeft een relatie met logistiek. Hierbij worden met de leverancier doelstellingen afgesproken over kostprijsverlaging, kwaliteitsverbetering, doorlooptijdverkorting, voorraadniveaus, uitwisseling van planningsgegevens en verbetering van de servicegraad. Vaak worden deze doelstellingen voorbereid door teams die samengesteld zijn uit specialisten van diverse disciplines. Ook de leverancier zit in dit team. Het doel is door het uitwisselen van ideeën tot verbeteringen te komen. Ook kunnen verbeteringen worden bereikt door samen vroegtijdig afspraken te maken over de kwaliteitseisen die moeten leiden tot *zero defects*-leveringen, wat resulteert in minder ingangscontrole en kwaliteitskeuring bij de klant. Door kennis en ervaring van de leverancier vroegtijdig in het productontwikkelingstraject te gebruiken, kan de tijd om producten op te markt te introduceren worden verkort en kunnen fouten en kosten verbonden aan wijzigingen worden verminderd.

9.6.1 Six Sigma

Six Sigma is een aanpak van kwaliteitsmanagement voor het verbeteren van bijvoorbeeld logistieke processen, productkwaliteit en klanttevredenheid. Six Sigma wordt gezien als een vervolg op Total Quality Management (TQM) waarbij wordt uitgegaan van statistische procesbeheersing (SPC). Je kunt processen pas goed beheersen als je weet hoe elk proces verloopt en om dat te weten moet er gemeten worden: meten is weten. Er is een vaste aanpak om processen te verbeteren. Six Sigma start vanuit de klant door eerst te onderzoeken wat die precies wil.

Waar komt de naam Six Sigma vandaan? In de statistiek is sigma (σ) de standaardafwijking van het gemiddelde of de streefwaarde. Bij normaalverdeling is de sigma maatgevend voor hoe goed het proces onder controle is. Bij 6 sigma worden er in theorie 2 fouten per miljard stappen gemaakt. Ervaring leert dat in organisaties waar geen bewust kwaliteitsmanagement aanwezig is, wordt gewerkt met een proceskwaliteit van 3 sigma (gemiddeld 67 fouten per duizend stappen). Dit lijkt een redelijk niveau, maar bij processen met veel processtappen of activiteiten neemt daardoor het totale foutpercentage enorm toe. Voor het meten van processen wordt SPC toegepast. Six Sigma gebruikt ook andere instrumenten uit kwaliteitsmanagement, zoals Pareto, Ishikawa-diagrammen en technieken als Lean Thinking. Deze instrumenten ondersteunen het verkorten van doorlooptijden en verminderen van activiteiten die geen waarde toevoegen (Cygi, et al, 2007).

Six Sigma heeft een aantal sterke punten. Ten eerste worden beslissingen gebaseerd op feiten. Six Sigma kent een vaste gestructureerde projectaanpak. Projectteamleden worden goed getraind. Bij Six Sigma ligt de focus op kostenbesparing en klantenwensen. Het management stelt de prioriteiten. De essentie is dat er gestructureerd en projectmatig gewerkt wordt aan thema's die een grote betekenis hebben voor het bedrijfsresultaat.

Bij Six Sigma worden de projecten uitgevoerd door de mensen die het meeste weten van de processen, namelijk de medewerkers in de organisatie. Six Sigma maakt gebruik van Champions, Master Black Belts, Black Belts en Green Belts als classificatie voor de kennis en ervaring waarover de medewerkers beschikken. Allereerst wordt het management getraind in het Six Sigma-gedachtegoed. Omdat verbeteringen vanuit het topmanagement gestuurd worden, moet het management de aanpak beheersen en uitdragen. Ook de Champions die verantwoordelijk zijn voor het actief steunen en promoten van het Six Sigma-programma zijn managers die rechtstreeks aan de directie rapporteren of daar deel van uit maken. De Master Black Belts zijn vaak externe adviseurs die de

Black Belts trainen en de projecten begeleiden en coachen. De Black Belts zijn medewerkers of leidinggevenden die de projecten uitvoeren. De Black Belts zijn de trekkers van de projecten. Zij zijn getraind in de werkwijze van Six Sigma. De Green Belts zijn mensen met voldoende kennis van Six Sigma om te werken in Six Sigma-projecten. Zij ondersteunen de Black Belts. De Green Belts, die getraind zijn door ervaren Black Belts, helpen hen de projecten uit te voeren. Belangrijk bij Six Sigma is dus het trainen van de leidinggevenden en medewerkers in de organisatie, aangezien zij de verbeteringen uiteindelijk zelf uitvoeren.

9.6.2 Lean Thinking

De aanpak bij Lean Thinking gaat een stap verder. Lean Thinking (ook wel Lean Enterprise genoemd) en Six Sigma worden vaak samen toegepast. Waar Six Sigma zich richt op het reduceren van variatie en defecten binnen het proces, heeft Lean Thinking als doel processen te versnellen en verspillingen te elimineren. Lean Thinking gaat over het vereenvoudigen van processen, het identificeren van welke processen waarde toevoegen, het zorgen dat deze processen effectiever stromen en het elimineren van alle soorten verspilling in de logistieke keten. Er zijn vijf Lean Thinking-principes.

1. *Value Add: het bepalen van wat de klant als de waarde toevoegende onderdelen van het proces ziet*

De klant bepaalt of hij voor een processtap wil betalen of niet. Bij analyse blijkt dat er veel 'Non-Value Add'-stappen zijn waarvoor de klant niet wil betalen. Overigens kunnen niet alle stappen verwijderd worden, omdat sommige stappen toch verplicht zijn (van overheidswege of via certificerende instanties) of nodig zijn om het product of de dienst te kunnen leveren.

2. *Value Stream Mapping: het identificeren van de waardestroom*

Na het identificeren van wat de klant waardetoevoegende activiteiten in het proces vindt, is het eerste instrument van Lean Thinking het zogenoemde 'Value Stream Mapping' (VSM). Dit instrument maakt grafisch inzichtelijk wat er aan goederen- en informatiestromen door de organisatie loopt, waar de waarde stroomt en hoelang de verschillende processtappen (en de wachttijden) duren. De VSM wordt gemaakt om in kaart te brengen waar mogelijke bronnen van verspilling zitten.

3. *Flow: het zorgen dat de waarde toevoegende stappen effectiever stromen en het verwijderen van alle hindernissen die de vrije doorstroming verhinderen*

Na het opstellen en analyseren van de VSM en de mogelijke Lean Thinking- en Six Sigma-verbeterprojecten is de volgende stap het creëren van een continue stroom (flow). Dit gebeurt door het verwijderen van alle mogelijke hindernissen in de processen. Stel je voor dat een product of dienst hierbij in één beweging van het begin van het proces doorloopt naar het einde van het proces.

Bijvoorbeeld voor de goedkeuring van een hypotheekaanvraag betekent dit dat het aanvraagformulier nooit op een stapel belandt en ligt te wachten, maar altijd in behandeling is.

4. *Pull: het 'trekken' van goederen of diensten door de processtappen is de meest efficiënte manier om te produceren*

Wanneer een continue stroom niet volledig haalbaar is, dan is het streven naar pull-systemen de beste oplossing. Hierbij wordt de hoeveelheid onderhanden werk geminimaliseerd door een deelproces pas weer te starten als er vraag is naar dat deelproces. Hiervoor gebruikt Lean Thinking de term 'Kanban', waarbij er echte of virtuele kaarten worden gebruikt, die het signaal vormen voor het voorliggende proces om weer te produceren.

5. *Het streven naar continue verbetering.*

In het streven naar perfecte processen is het behalen van excellente processen een reëel en haalbaar resultaat. Dit sluit naadloos aan op de PDCA (Plan, Do, Check en Act)-cirkel die je kent uit kwaliteitsmanagement. Alles wat we doen staat in het teken van het steeds verbeteren van processen.

Een instrument voor inkoopsamenwerking is het Six Sigma-instrument 'Value Stream Mapping'. Per onderdeel wordt de herkomst van alle onderdelen nagegaan. Vervolgens kijkt de organisatie welke inkoopcontracten aan deze onderdelen ten grondslag liggen en waar het in de inkoop en logistiek eenvoudiger kan.

9.7 Inkoopsamenwerking met leveranciers

Slimme managers zien leveranciers als het verlengstuk van hun eigen organisatie die even goed, zo niet beter moeten worden aangestuurd. Dit kan ertoe leiden dat leveranciers vroegtijdig betrokken worden bij productontwikkeling. Voor de opzet van succesvolle inkoopsamenwerking zijn drie elementen van het samenwerkingsnetwerk relevant (zie figuur 9.3). Dat zijn de structuur van het netwerk, de relatie tussen de partners en de vaardigheid van de partners in het omgaan met netwerken. Omdat netwerken niet in een isolement ontstaan, maar functioneren in een bepaalde marktsituatie, heeft ook de omgeving van een netwerk invloed op het succes van het netwerk.

9.7.1 Structuur

Structurele aspecten van netwerken betreffen het doel van het netwerk, de samenstelling van het netwerk en de afstemming tussen de partners in het netwerk.

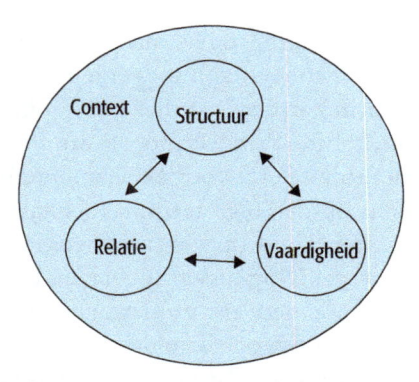

Figuur 9.3: Drie kernelementen van netwerken

Bron: De Man, 2004.

Allereerst moet duidelijk zijn wat het doel van het netwerk is. Partners in een netwerk moeten zich richten op het realiseren van dat gemeenschappelijke doel. Netwerken met onduidelijke of tegenstrijdige doelstellingen zijn niet succesvol.

Een tweede element is de samenstelling van een netwerk. De netwerksamenstelling is het aantal en de aard van de partners. In netwerken met een beperkt aantal partners is intensieve samenwerking eenvoudiger te realiseren dan in netwerken met veel partners. Daar staat tegenover dat netwerken met veel partners meer marktmacht en meer kennis bezitten. Het Centraal Boekhuis, dat voor alle uitgevers en boekhandels werkt, is daarvan een voorbeeld. Hoe groter het netwerk is, hoe belangrijker het is dat er in het netwerk een leidende partner is. Bij een groot aantal partners ontstaat namelijk het risico van een tergend langzame besluitvorming. Een centrale partner kan dan de besluitvorming vlot trekken. Een aspect van de samenstelling van het netwerk is de aard van de partners. Hierbij zijn vooral de diverse competenties die partners bijdragen van belang. In netwerken kunnen partners in- of uittreden. In netwerken staan de competenties van de partners centraal. Alleen organisaties van wie de competenties van hoge kwaliteit, zijn worden als partner in een netwerk opgenomen.

Afstemming in het netwerk is het derde structuurelement. Afstemming kan op diverse manieren worden vormgegeven. Er kan een leidende partner zijn, die het netwerk dicteert. Het andere uiterste is democratische besluitvorming. Een netwerk kan strak georganiseerd zijn met veel spelregels die de partners moeten volgen, of het kan losser zijn georganiseerd waarbij alleen op hoofdlijnen afspraken worden gemaakt. Alle tussenliggende varianten zijn denkbaar. Zeker wanneer er veel partners zijn, is de structuur van een netwerk vaak gelaagd. De belangrijkste partners bepalen de spelregels, technische specificaties en marktbenadering. Naarmate partners verder van de kern van het netwerk verwijderd zijn, dragen zij minder bij aan de besluitvorming, de kennisontwikkeling en de financiële middelen. Zij kunnen dan gedwongen zijn te werken in een model dat hen wordt opgelegd. De mate waarin partners worden gedwongen via een vast stramien te werken bepaalt mede het innovatievermogen van het netwerk. Hoe vaster het stramien is, hoe minder ruimte er is voor experimenten. Lerende en vernieuwende netwerken presteren op de lange termijn meestal beter dan netwerken waarin partners worden afgerekend op een vaste verhouding van kosten en kwaliteit. Dit blijkt uit een vergelijking tussen Toyota en de drie grote Amerikaanse autoproducenten. Het lerende netwerk van Toyota met zijn toeleveranciers leidde binnen enkele jaren tot minder defecte producten, een hogere productiviteit en minder voorraden dan bij de Amerikaanse netwerken, waar vooral werd gewerkt met een vaste prijs-kwaliteitverhouding waar leveranciers aan moesten voldoen.

9.7.2 Relatie

Netwerken zijn vooral mensenwerk. Zonder plezier in je werk boek je geen resultaat. Dit betekent dat ook de relationele kant van netwerken een bron van succes of falen is. Cultuurverschillen tussen landen, organisaties en afdelingen kunnen leiden tot misverstanden, ergernis en uiteindelijk scheiding. Het is daarom nodig om aan het begin van een samenwerking heldere afspraken te maken over de manier van samenwerken en het omgaan met cultuurverschillen.

Uiteraard is vertrouwen tussen partners noodzakelijk. Vertrouwen kan ontstaan tussen personen, maar het kan ook gebaseerd zijn op goede contracten. Het bestaan van vertrouwen is niet een noodzakelijke voorwaarde, maar het maakt een samenwerking wel eenvoudiger en effectiever. Uitgebreide systemen om elkaar te controleren zijn niet meer nodig wanneer er veel vertrouwen is. Als dit vertrouwen wordt geschaad, dan heeft dit gevolgen voor de reputatie van de partners. Omdat reputatieschade kostbaar kan zijn heeft elke partner een motivatie om zich niet opportunistisch te gedragen. Bij opportunistisch gedrag let men alleen op zijn eigen belang. De rol van goede persoonlijke relaties in netwerken kan ook negatief uitwerken. Informele regels die kunnen ontstaan maken het netwerk minder transparant. Dit kan leiden tot interne gerichtheid van een netwerk, conservatisme of het ontkennen van problemen in het netwerk.

9.7.3 Vaardigheid

Het derde onderdeel van succesvolle netwerken is samenwerkingsvaardigheid. Partners verschillen in hun kennis van en ervaring met samenwerken. Sommige organisaties hebben hun managementstijl afgestemd op samenwerken door managementtechnieken en processen te ontwikkelen die specifiek gericht zijn op samenwerking, door hun mensen op te leiden en door steeds te leren van hun samenwerkingsverbanden. Naarmate meer organisaties in een netwerk samenwerkingsvaardig zijn, is de kans op succes groter.

9.7.4 Succesvoorwaarden voor samenwerking

Helaas stranden veel samenwerkingsverbanden met leveranciers. Bij mislukkingen spelen de volgende factoren vaak een rol. Soms zijn er de verkeerde verwachtingen die partners hebben over de kwaliteiten en bijdragen van de andere partners. Deze verwachtingen worden in de eerste fasen van de samenwerking gewekt, vertalen zich in veel goede voornemens, maar worden weer vergeten bij de uiteindelijke uitvoering. Een van de oorzaken is een onvoldoende toetsing van elkaars motivatie om de bijdragen te leveren. Partners hebben in de opbouw van de samenwerking vaak wel voldoende inzicht in elkaars competenties door vroegere contacten, leveringen en reputatie, maar dat laat onverlet of zij die competenties daadwerkelijk inzetten in de samenwerking. Partners in een samenwerking beogen een win-winsituatie. Blijven resultaten uit of vallen ze tegen, dan komt de samenwerking onder druk te staan. Het zoeken naar oorzaken kan snel tot het aanwijzen van schuldigen leiden. Kosten die te voorzichtig door partijen zijn geschat en hoger uitvallen, kunnen de investeringsruimte van de afzonderlijke partners onder druk zetten en tot minder enthousiasme leiden.

De partners kunnen elkaar, buiten de gemeenschappelijke product- of marktcombinatie of activiteit, als concurrent in dezelfde markt tegenkomen. Dit mogelijke belangenconflict kan manifest worden als er informatie wordt achtergehouden en dat schaadt het vertrouwen. Samenwerking kan door veranderingen bemoeilijkt worden. Technologische veranderingen kunnen de aanleiding vormen voor nieuwe producten of processen die beter zijn dan die van de partners. Hierdoor ontstaat een nieuwe marktsituatie waarin de partners genoodzaakt kunnen zijn de samenwerking te stoppen. Een andere factor is de overheid. Door regelgeving op gevoelige gebieden, zoals marktbescherming, mededinging (NMa), kartel- en trustvorming en verticale prijsbinding, kunnen samenwerkingsverbanden stranden.

Er is een aantal succesfactoren voor samenwerking. Ten eerste gaat het strategisch complementair zijn ervan uit dat de samenwerking op aanvullende kernactiviteiten en competenties is gebaseerd. Als er overlapping ontstaat tussen de partners in kernactiviteiten en competenties, verdwijnt de basis voor deze samenwerking. Ten tweede blijft een samenwerkingsverband bestaan zolang het de beste strategische keuze is voor alle partners. Als de betrokkenheid van een partner afneemt, is niet alleen zijn positie in het geding, maar wijzigt ook de samenhang in de samenwerking. Anderzijds neemt de band toe als voortdurend aandacht wordt geschonken aan het versterken van het onderlinge vertrouwen en aan een actieve betrokkenheid bij de samenwerking. Ten derde zal in de loop van de samenwerking elke partner steeds weer worden geconfronteerd met nieuwe uitdagingen en vraagstukken. Dit betekent ook dat het gevecht om middelen, budgetten en aandacht binnen de deelnemende organisaties niet ophoudt als de samenwerkingsovereenkomst is gesloten. Een open communicatie tussen de partners draagt bij aan het voorkomen van onverwachte vertragingen of uitstapjes van partners. Het is dus noodzakelijk dat alle partners aandacht blijven geven aan het oorspronkelijke strategische plan, dat de grondslag vormt voor de samenwerkingsovereenkomst.

Samenwerking is mensenwerk. Het vereist een houding en een gedrag die tegengesteld zijn aan vechten, competitie en wantrouwen. Vertegenwoordigers van de partners in de keten worden na verloop van tijd door anderen opgevolgd. Door de komst van nieuwe kapiteins op het schip met een nieuwe bemanning van officieren en matrozen is het noodzakelijk de juiste houding, het juiste gedrag, de juiste werkwijzen en de juiste stijl van samenwerking aan te leren. Dit vraagt om kennisoverdracht, trainingen en workshops, communicatie en het simpelweg (blijven) doen. Het is bij samenwerking ook van belang dat de partners weten hoe ze met gevoelige informatie moeten omgaan. Welke informatie mag worden gedeeld en welke niet? Hoe kan kennis die niet in de ketensamenwerking kan en mag worden ingebracht, worden beschermd? Sommige partners hebben dit probleem van intellectueel eigendom opgelost door 'Chinese muren' te bouwen tussen afdelingen in hun eigen organisatie.

Goede samenwerking stelt eisen aan het management van de betrokken organisaties. Allereerst het zich bewust zijn van het gemeenschappelijke belang om de koek te vergroten of meer omzet te realiseren bij meer klanten door het beter voldoen aan de verwachtingen van klanten of het verlagen van de kosten in de keten. En ten slotte het zich bewust zijn van het feit dat de organisaties tot samenwerking met elkaar veroordeeld zijn en in de samenwerking niet kunnen volstaan met machtsdenken om het eigen deel van de koek te vergroten.

9.7.5 Stappenplan voor samenwerking

Bij samenwerking moeten de doelstellingen van de partners op elkaar aansluiten. Pas dan kun je beoordelen of een mogelijke partner bij je past. Dit gebeurt door het vergelijken van de motivatie en het doel voor inkoopsamenwerking en door te analyseren of in beide organisaties een voldoende basis voor samenwerking is. Een organisatie moet natuurlijk eerst het eigen huis op orde hebben.

Nadat het ambitieniveau voor samenwerking is gekozen, moet men afspraken over de samenwerking maken, zoals de contractstijl, de planning en besturing, de communicatie, de risico- en opbrengstverdeling en de investeringen. Allemaal zaken die gaan over de structuur van het netwerk, de relatie tussen de partners en de vaardigheid van de partners. Implementeren is complex en heeft grote gevolgen. Het is belangrijk om voor de invoering de tijd te nemen. Hiervoor is er een zesstappenplan.

Stap 1: creatie draagvlak
Grote veranderingen binnen een organisatie brengen het risico met zich mee dat bij het personeel een gevoel van onzekerheid ontstaat over wat er allemaal gaat gebeuren. Een succesfactor voor de invoering is de betrokkenheid van het management. Het is vaak nodig dat in het managementteam iemand wordt aangewezen die verantwoordelijk is voor de invoering. Om vervolgens draagvlak bij het personeel te kweken voor de veranderingen is veranderingsmanagement van belang. Er moet duidelijke communicatie zijn naar de medewerkers over de doelstellingen van inkoopsamenwerking en ze moeten er actief bij betrokken worden.

Stap 2: interne integratie
De belangrijkste activiteiten voor interne integratie zijn:
1. Het formuleren van doelstellingen om het niveau van een geïntegreerde organisatie te bereiken.
2. Het in kaart brengen van de eigen processen. Een goed inzicht in de processen is belangrijk op het moment dat werkelijk samengewerkt gaat worden met andere organisaties. De besproken methodieken Six Sigma, SCOR en Lean Thinking kunnen hierbij helpen.
3. Het verhogen van het kwaliteitsniveau van de organisatie. Hieronder valt het goed regelen van het administratieve en het financiële systeem. Dit is nodig voor het uitwisselen van gegevens in de keten. Zonder het uitwisselen van gegevens in de keten is samenwerking niet mogelijk.
4. Evalueren van de geboekte vooruitgang met de partners. Het is noodzakelijk om met de partners te overleggen en te evalueren voordat men aan een volgende stap begint. Dit vertrouwen in elkaar moet meegroeien met het niveau van samenwerking.

Stap 3: informatie integratie
Bij de invoering verbetert men de order- en planningsinformatie en de financiële stroom. De processen die de organisaties afzonderlijk in kaart hebben gebracht worden door de partners vergeleken. In deze fase gaat het bij het analyseren van de processen alleen nog om het vaststellen van de verbeterpunten. Hier leggen de partijen de basis voor gegevensuitwisseling. Dan moet je wel vooruitkijken naar het ambitieniveau dat je uiteindelijk wilt bereiken en vaststellen welk type gegevensuitwisseling voor dat niveau noodzakelijk is. Hierbij valt te denken aan gegevensuitwisseling over orderhoeveelheden, planningsgegevens enzovoorts, via EDI en elektronische uitwisseling en verwerking van orders en facturen met EFT.

Stap 4: procesintegratie
Bij de invoering wil men de processen verbeteren door bijvoorbeeld het reduceren van overbodige handelingen, het uitwisselen van marktgegevens, het afstemmen van logistieke processen en het standaardiseren van verpakkingen.

Om de beoogde voordelen te realiseren is het van groot belang dat de juiste hard- en software aanwezig is.

Procesintegratie en supply chain management
Supply chain management is gericht op het verbeteren van de logistieke processen in de keten. Verbeteringen kunnen op zes gebieden worden bereikt.

Geautomatiseerde winkelbestellingen
De computer in de winkel bestelt goederen bij het distributiecentrum op basis van directe kassatransacties met de consument. Hierdoor wordt het aanvullen van de voorraad in de winkel bijna een continu proces. Alle schakels in de logistieke keten kunnen beschikken over actuele informatie over de verkoop van de door hen geleverde producten.

Continue herbevoorrading
Door vaker de winkel te bevoorraden kan de voorraad in het winkelmagazijn omlaag en kan zelfs de voorraad in het schap worden gereduceerd. In eerste instantie wordt de benodigde logistieke informatie uitgewisseld met de voorliggende schakels in de logistieke keten. In de meest vergaande vorm wordt morgen door de voorliggende schakels aangevuld wat vandaag is verkocht.

Cross-docking
Door het verzamelen van producten te verplaatsen naar de leverancier kan de functie van een distributiecentrum van de handel gewijzigd worden. Daar waar veel distributiecentra nu nog opslagschuren zijn, kunnen zij door *pre-picking* en *cross-docking* worden veranderd in doorvoercentra. Vanuit de vrachtwagens van de producent worden de verzamelde goederen direct klaar gezet voor de distributie naar de winkels. Kosten van inslag, opslag en uitslag in het distributiecentrum van de winkelorganisatie kunnen achterwege blijven.

Synchronisatie van de productie
In de meest ideale situatie stemt de producent het productieproces direct af op de fluctuaties in de consumentenvraag naar producten. Hierdoor kunnen lagere voorraden van eindproducten en kortere doorlooptijden worden gerealiseerd. Dit concept vraagt van de producent een flexibele manier van produceren.

Betrouwbare processen
Door steeds kortere levertijden zijn schakels in de logistieke keten direct aan elkaar gekoppeld. Verstoringen werken direct in de hele keten door. Dit concept richt zich op het verbeteren van de betrouwbaarheid van de productieprocessen (minder storingen) en de distributieprocessen (minder orderverzamelfouten).

Geïntegreerde leveranciers

Samenwerking is niet beperkt tot de laatste schakels van de keten. De leveranciers van grondstoffen, onderdelen en verpakkingsmaterialen vormen de eerste schakels in de logistieke keten, en hun prestaties zijn direct van invloed op de volgende schakels in de keten. Het is daarom van belang dat een producent een betrouwbare planning doorgeeft aan zijn leveranciers en dat leveranciers flexibel en betrouwbaar produceren.

Logistieke verbeteringen vragen om goede hard- en software. De ondersteunende technieken vormen een 'basistaal' en bieden daarmee de bijbehorende infrastructuur voor het coderen van berichten (Electronic Article Numbering, EAN), voor het elektronisch uitwisselen van berichten (Electronic Data Interchange, EDI) en het elektronisch bankieren (Electronic Funds Transfer, EFT). Verder ondersteunen moderne kostenallocatiesystemen zoals Activity Based Costing (ABC) en het bijbehorende Activity Based Management (ABM) ECR-beslissingen.

Elektronisch uitwisselen van berichten (EDI)

EDI maakt het mogelijk om papierloos gegevens uit te wisselen tussen computers van organisaties om zo bestellingen te plaatsen, pakbonnen te versturen of facturen te verzenden. Met EDI kan de informatie van de handelspartners snel en zonder fouten in het eigen informatiesysteem worden verwerkt.

Electronic funds transfer (EFT)

EFT is het elektronisch overmaken van geldbedragen tussen handelspartners. Voor deze vorm van elektronisch bankieren maakt men gebruik van financiële EDI-berichten. EFT maakt het mogelijk om de geldstroom beter te laten aansluiten op de goederenstroom en de relevante informatie, zonder tijdverlies, geautomatiseerd in te voeren in de eigen financiële systemen.

Artikelcodering en bestandsbeheer

Coderingssystemen zijn een belangrijk middel bij het verzamelen en verwerken van gegevens. Scanners herkennen artikelen en leggen hun bewegingen automatisch vast in de informatiesystemen van de betrokken organisaties. Voorwaarde is wel dat elk artikel een uniek nummer heeft en dat de gebruikte apparatuur goed op elkaar aansluit. Het gestandaardiseerde EAN-systeem (van GS1) vormt de basis voor de coderingen in veel logistieke ketens.

Activity Based Costing (ABC)

ABC geeft inzicht in de kosten van activiteiten van een organisatie. Als de ketenkosten bekend zijn, dan start de discussie of bepaalde activiteiten niet beter stroomopwaarts of stroomafwaarts verplaatst kunnen worden. Met andere woorden: het doel van ketenkosten is om transparantie te verschaffen in een keten. Een zuivere discussie over dit onderwerp kan erin resulteren dat een klant bereid is bewust een hogere inkoopprijs te betalen, omdat het voor hem voordeliger is om bepaalde activiteiten naar de leverancier te verplaatsen. In veel branches werkt men nog steeds met de leveringsconditie 'franco huis'. Hoe de daarbij behorende prijs is opgebouwd, is vaak niet bekend. Factory Gate Pricing en Direct Product Profitability zijn prijsmechanismen waarbij de prijs wordt bepaald exclusief transport- of distributiekosten en partijen samen tot afspraken over de logistieke activiteiten komen.

Stap 5: marktbewerking
Bij deze stap in de samenwerking wil men de consument beter bedienen door samenwerking met leveranciers bij productaanbod, promoties en acties. Men kan de consument het beste bereiken door afstemming van de marketingactiviteiten in de logistieke keten.

Stap 6: marktontwikkeling
Hierbij streeft men samen met leveranciers naar een verdergaande verbetering van de marktbenadering. Door samen producten te ontwikkelen neemt de toeleverancier een deel van de verantwoordelijkheid voor de ontwikkeling van een deel van een product voor zijn rekening.

Inkoopsamenwerking in de retail
In retailbedrijven werken inkopers, of category managers, ook op commercieel gebied samen met leveranciers.

Het optimaliseren van het assortiment (category management)
Zowel het aantal categorieën in een winkel als de breedte en diepte van het aanbod binnen een categorie worden afgestemd. Dit heet in winkeljargon 'schappenplanning'. Ook de presentatie van de producten wordt bekeken in overleg tussen leverancier en winkelorganisatie. Aandacht krijgt ook de afstemming tussen het uitfaseren van oude producten en faseren van nieuwe producten als onderdeel van assortimentsbeheer.

Het verbeteren van promoties en acties
De winkelorganisatie en de producent hebben er belang bij dat de effectiviteit van promoties beter wordt gemeten om verspilling tegen te gaan. Vooral wordt gekeken naar het type promoties en de frequentie waarin een bepaalde promotie kan worden gehanteerd. Dan moeten wel alle partners in de keten de relevante informatie aan elkaar beschikbaar stellen om niet alleen de kosten maar ook de opbrengsten van promoties goed te kunnen beoordelen.

Het optimaliseren van productintroductie
Om aan de wensen van de consument te voldoen introduceren producenten dagelijks nieuwe, innovatieve producten. Helaas mislukken de meeste introducties. Van alle producten in de supermarkten is tien procent innovatief. Helaas verdwijnt ook weer 70 procent in het eerste jaar. Dat kost veel geld aan marketing en ontwikkeling. Vooral wanneer producenten en winkelorganisaties beter nadenken over het onderscheidende vermogen van nieuwe of gewijzigde producten tegenover bestaande producten kan het aantal mislukkingen worden verminderd.

9.8 Samenvatting

Iedere slecht presterende leverancier heeft zijn weerslag op het resultaat van de organisatie. Leveranciers die zich niet houden aan de overeengekomen prestaties zorgen ervoor dat de medewerkers zich niet bezig kunnen houden met hun eigenlijke werk. Het contractproces begint in de specificatiefase en verloopt vervolgens via de selectiefase en de contractfase. Als de invulling van het contractmanagement in orde is, kan men de stap maken naar leveranciersmanagement.

Slimme managers zien leveranciers als het verlengstuk van hun eigen organisatie die even goed, zo niet beter, moeten worden aangestuurd. Dit kan ertoe leiden dat leveranciers vroegtijdig betrokken worden bij productontwikkeling. Benchmarking, Six Sigma en Lean Thinking helpen de inkoop- en logistieke keten transparant te maken.
Voor de opzet van succesvolle inkoopsamenwerking zijn drie elementen van het samenwerkingsnetwerk relevant: de structuur van het netwerk, de relatie tussen de partners en de vaardigheid van de partners in het omgaan met netwerken. Omdat netwerken niet in een isolement ontstaan, maar werken in een bepaalde marktsituatie, heeft ook de omgeving van een netwerk invloed op het succes van het netwerk.
Bij samenwerking met leveranciers moeten de doelstellingen van de partners op elkaar aansluiten. Pas dan kun je beoordelen of een mogelijke partner bij je past. Dit gebeurt door het vergelijken van de motivatie en het doel voor inkoopsamenwerking en door te analyseren of in beide organisaties een voldoende basis voor samenwerking aanwezig is. Een organisatie moet natuurlijk eerst het eigen huis op orde hebben, dus minimaal op het niveau van een geïntegreerde organisatie zijn.

Nadat het ambitieniveau voor samenwerking is gekozen, moet men afspraken maken over de samenwerking, de contractstijl, de planning en besturing, de communicatie, de risico- en opbrengstverdeling en de investeringen. Allemaal zaken die gaan over de structuur van het netwerk, de relatie tussen de partners en de vaardigheid van de partners.

Toetsvragen

1. Waarom is leveranciersmanagement nodig?
2. Wat legt de inkoper vast bij contractbeheer?
3. Waarom zijn prestatie-indicatoren nodig voor inkoop?
4. Wat is benchmarking?
5. Geef in eigen woorden weer wat de Balanced Scorecard is.
6. Geef ten minste twee voorbeelden van inkoop prestatie-indicatoren in de Balanced Scorecard voor elk van de vier invalshoeken.
7. Wat is Lean Thinking?
8. Wat zijn de voordelen van het gebruik van aanpakken als Lean Thinking en Six Sigma?
9. Welke vormen van verspilling onderkent Lean Thinking? Wat zijn de drie kernelementen van een samenwerkingsrelatie in netwerken?
10. Noem drie voorwaarden voor succesvolle samenwerking.

Eindcase

Samenwerking in de bouw

Samenwerking in bouwlogistiek is belangrijk. De afstemming tussen bouwbedrijven en leveranciers levert geld op. Zo werkt producent van lichtbetonnen casco's Spaansen Casco Bouwsystemen uit Harlingen met twee bouwbedrijven op basis van co-makership. De samenwerking is destijds gestart met een traditioneel jaarcontract met vastgestelde prijzen per m² lichtbetonwanden en systeemvloeren. Nu stemmen de partijen in de logistieke keten ook de processen van voorbereiding, planning, productie en uitvoering steeds meer op elkaar tot een geheel.

De overeenkomsten met de bouwbedrijven zijn op hun verzoek tot stand gekomen. De commercieel directeur van Spaansen Casco Bouwsystemen vertelt wat de voordelen zijn: 'Wij zijn verzekerd van een stuk productie en omzet en zij zijn verzekerd van de levering van elementen, waardoor ze de projecten op tijd kunnen opleveren. Om een en ander goed gestroomlijnd te laten plaatsvinden, hebben we maandelijks overleg over de planning en levering van de elementen naar de diverse werken. Een bijkomend voordeel is dat het van ons minder inzet in verkoop en calculatie vergt. We krijgen daardoor meer tijd om ons met andere aanvragen bezig te houden. Dit zou je als een meerwaarde voor prefab cascobouw kunnen zien, omdat we meer tijd krijgen om deze bouwwijze te promoten. Aannemers te overtuigen dat ze gegarandeerd zijn van levering op het juiste moment, zodat ze ook sneller kunnen bouwen en op tijd of eerder kunnen opleveren.'

De bouwbedrijven werden ook gevraagd naar de voordelen van deze vorm van samenwerking voor een bouwbedrijf: 'Op kleinschalige projecten zoals twee-onder-een-kapwoningen en vrijstaande huizen kom je niet weg met kalkzandsteen of gietbouw.

Voor die bouwwijzen moet je toch al snel een rijtje woningen met dezelfde draagstructuur, seriematige bouw hebben. Cascobouw is veel flexibeler. Je hebt een kortere doorlooptijd, je bent minder bezig op de bouwplaats en dat vergt weer minder arbo-inspanningen. Het belangrijkste voordeel van samenwerking is, dat je het eindresultaat naar een hoger niveau kunt tillen. Dat doe je door samen te ontwikkelen en processen op elkaar af te stemmen. Een leverancier die verzekerd is van een vaste afzet, zal ook sneller bereid zijn om te investeren in bij voorbeeld zijn productielijn of bijkomende zaken als maatvoering. Samenwerking houdt in: eerst investeren en pas op termijn rendement behalen. Een belangrijke voorwaarde bij dit soort samenwerking is, dat je de leverancier vroegtijdig bij de ontwikkeling van een project betrekt en dat je eerder beslist hoe de zaken aan te pakken, voor welke oplossing je kiest. Coördinatie is belangrijk, onder andere bij maatvoering. Aanpassingen bijvoorbeeld zijn zonder goed overleg veel minder gemakkelijk door te voeren. Goede samenwerking staat of valt met afspraken tussen partijen. Laat men steken vallen dan levert dat behoorlijke problemen op, wat kan leiden tot stagnatie in de uitvoering. Dat gaat ten koste van de snelle doorlooptijd en dat is niet de bedoeling, want daarom heb je niet gekozen voor prefab cascobouw.'

Overeenkomsten op basis van samenwerking worden dus niet alleen opgezet om direct geld te verdienen of om een goedkopere prijs te krijgen voor de geleverde materialen. Er zit wel degelijk meer achter, bijvoorbeeld garantie op levering en op vasthouden aan de bouwtijd. Dit voorkomt stagnatie en faalkosten door goed overleg en coördinatie. Het is duidelijk dat je dat alleen bereikt door een goede samenwerking. Maar als je een co-makership aangaat, spreek je die intentie toch uit?

Vragen

1. Benoem de voordelen van de samenwerking voor de bouwbedrijven. Rangschik deze voordelen naar de fasen van het inkoopproces van Van Weele.
2. Welke prestatie-indicatoren kunnen de bouwbedrijven gebruiken voor het managen van de relatie met Spaansen als zij de inkoop Balanced Scorecard toepassen?
3. Hoe kunnen de bouwbedrijven benchmarking gebruiken voor verdere inkoopverbeteringen?
4. Welke mogelijkheden bieden Six Sigma en Lean Thinking als inkoopverbeterinstrumenten voor de bouwbedrijven?
5. Wat zijn voorwaarden voor succesvolle samenwerkingsprojecten met leveranciers?

Deel 4

Een aantal strategische keuzes in de inkoop

In het vierde en laatste deel beginnen we in hoofdstuk 10 met een beschrijving van de informatie- en communicatietechnologie die de inkoop ondersteunt. De keuzes die gemaakt moeten worden gaan vaak gepaard met grote investeringen en omvangrijke en ingrijpende gevolgen. Vandaar dat deze (strategische) keuzes meestal niet exclusief voorbehouden zijn aan de inkoopafdeling.

Hoofdstuk 11 geeft een overzicht van de mogelijkheden die je hebt voor het inrichten van een inkoopfunctie binnen de organisatie, de bijbehorende functieprofielen en processen die de basis leggen voor een professionele inkooporganisatie. Hoofdstuk 12 beschrijft in detail strategische inkoopkeuzes met grote externe component: het uitbesteden van organisatieonderdelen, bedrijfsprocessen en hun bijbehorende werkzaamheden en het opzetten van inkoopsamenwerking met andere organisaties. We leggen uit wat er onder wordt verstaan en hoe je zo iets aanpakt. Aan het eind van dit laatste hoofdstuk schenken we ook aandacht aan het onderwerp duurzaam inkopen en het structurele karakter hiervan binnen de inkoopfunctie.

Hoofdstuk 10

Ict voor inkoop

Leerdoelen
- Het in kaart kunnen brengen van de informatiebehoefte voor inkoop binnen een organisatie en in de inkoopketen.
- Het begrijpen van de vereiste ict-functionaliteiten voor uitvoering, planning en besturing van inkoopprocessen.
- Het onderkennen van de inkoopmogelijkheden met internet. e-procurement, e-sourcing en marktplaatsen.
- Het vertalen van ict-innovaties naar inkoopverbeteringen.

10.1 Inleiding

Geen enkel gebied ontwikkelt zo snel als de informatie- en communicatietechnologie (ict). Al die nieuwe ict-snufjes helpen organisaties hun processen te verbeteren door sneller de juiste gegevens uit te wisselen en beter te communiceren. De ontwikkeling van automatisering en ict heeft ook haar sporen achtergelaten in de inkoopfunctie.

Informatiesuperioriteit bepaalt het succes van een organisatie. Dat is de mate waarin informatie sneller kan worden verzameld en verwerkt dan een concurrent dat kan. Er is steeds meer informatieverwerkingscapaciteit nodig voor de steeds grotere informatiestromen om ook inkoopbeslissingen te ondersteunen. Dit hoofdstuk gaat over de informatiebehofte van de koopfunctie (paragraaf 10.2). Kern van de inkoop en logistieke ict vormen ERP-systemen, die we in paragraaf 10.3 bespreken. Samenwerking met leveranciers vraagt om veel gegevensuitwisseling, wat gebeurt met EDI (paragraaf 10.4). In de laatste paragraaf (10.5) staan we uitgebreid stil bij de grote impuls die ict voor inkoop kreeg door brede toepassing van de internettechnologie in de jaren negentig met e-procurement.

10.2 Behoefte aan inkoopinformatie

Ict moet niet alleen de operationele inkoopprocessen naadloos ondersteunen, maar moet de inkoper ondersteunen bij zijn strategische en tactische inkoopactiviteiten. Er is behoefte aan inkoopinformatie over bijvoorbeeld:
- Welke afdeling heeft welke producten nodig?
- Wie zijn de beste leveranciers voor die producten?
- Wie heeft nog hoeveel budget om in te kopen?
- Welke leveringen zitten er in de pijplijn?
- Klopt de factuur van de leveranciers met de gemaakt afspraken?

Ict ondersteunt inkoop op vele manieren. Ten eerste is er informatie nodig over klanten, leveranciers, bestellingen en geldstromen. Verder is er behoefte aan informatie voor het dagelijks uitvoeren van inkoopprocessen en het plannen en besturen van die processen. Ten slotte is informatie noodzakelijk voor tactische en strategische inkoopbeslissingen.

Ontwikkeling in ict
Om de ontwikkeling van logistieke ict uit te leggen kijken we eerst naar het verleden. Na de introductie van personal computers ongeveer 25 jaar geleden is er in veel organisaties een wildgroei ontstaan aan softwareapplicaties. Gegevens werden toen vaak op meerdere plekken vastgelegd, gebaseerd op lijsten of diskettes van collega's met alle gevolgen van dien: veel fouten en vertraging in het doorgeven van informatie.
Voorspelbare geldstromen en een volkomen betrouwbaar beheer van de goederen met een gedegen administratieve organisatie zijn tegenwoordig noodzake-

lijk, anders keurt de accountant de jaarrekening niet goed. Dat gaat nooit lukken met al die verschillende systemen waarin goederen zomaar zoek kunnen raken of facturen dubbel geboekt kunnen worden. De processen en administratieve organisatie moeten naadloos op elkaar aansluiten. Daarom wijzigen veel organisaties hun ict-beleid en richten zich op het gebruiken van Enterprise Resource Planning (ERP-)software.

ERP-software voorziet in een naadloze integratie van alle informatiestromen in de organisatie op financieel, inkoop-, logistiek, commercieel en personeel gebied. Daar waar voorheen ict bestond uit een lappendeken van individuele oplossingen voor de verschillende functies binnen de organisatie biedt ERP-software een complete oplossing.

Van interne ict naar externe koppelingen
Ict wordt steeds belangrijker in de dagelijkse omgang tussen organisaties. In traditionele commerciële distributiekanalen komen inkoop- en bestelorders alleen tot stand door het bezoek van een vertegenwoordiger aan een klant. Als de relatie hechter wordt, ontstaat er een vast patroon in de manier van zakendoen en bestelt de klant schriftelijk of telefonisch bij de leverancier. In sommige branches belt de leverancier de klant op vaste tijden op om zijn bestellingen te noteren. In deze fase regelt elke partner de informatievoorziening op zijn eigen wijze. Er is geen standaardisatie van het berichtenverkeer. Eilandautomatisering met ERP is kenmerkend voor deze fase en ict is vooral intern gericht. Samenwerking met leveranciers vereist echter nieuwe ict-toepassingen. EDI, internet, e-procurement en portals zijn hiervan voorbeelden (Leeman, 2007). Deze toepassingen bespreken we in paragraaf 10.4 en 10.5.

10.3 Enterprise Resource Planning

ERP-software vormt de kern van ict, vooral voor de registrerende functies in de organisatie zoals inkoop en logistiek. In ERP-software zitten de naam-adres-woonplaats (NAW-) gegevens van klanten en leveranciers, de basisgegevens over producten, de capaciteitsgegevens, de financiële gegevens en de administratieve gegevens over de inkoop- en verkooptransacties, goederenstroom en voorraden. Dat zie je in figuur 10.1. ERP is standaardsoftware die de belangrijkste processen integreert in één totaal systeem. Men noemt dit ook wel een *backbone*-systeem omdat dit de ruggengraat vormt van de informatievoorziening in een organisatie. Alle gegevens worden eenmalig vastgelegd, zijn actueel en voor iedereen toegankelijk. ERP-software was een grote vernieuwing in de jaren negentig van de vorige eeuw. Zij zorgde en zorgt voor interne integratie van alle gegevens. Voor bedrijven is het intussen vrij normaal geworden om te werken met geïntegreerde ERP-software voor de beheersing van de interne processen. Maar ook andere organisaties als ziekenhuizen, overheden en financiële instellingen gebruiken deze ERP-software vanwege de naadloze integratie van gegevens (Laudon *et al.*, 2006).

ERP-software ondersteunt de afzonderlijke processen met operationele informatie (opdrachten, transactieverwerking, management informatie) en zorgt tegelijkertijd voor een goede aansluiting tussen die processen. Belangrijke leveranciers van ERP-software zijn Oracle, SAP, IBS en JD Edwards. Meer over ERP-software vind je in de boeken over informatiekunde (Laudon *et al.*, 2006).

Voor vrijwel elke organisatie is het nuttig om een geïntegreerde softwareapplicatie in te voeren. De integratie kent vijf hoofdtoepassingsgebieden (De Vaan, 2001): productie- en inkoopmanagement, voorraad-, distributie- en servicemanagement, financiën, personeelsbeheer, engineering en productdatamanagement (weergegeven in figuur 10.1). We nemen de gebieden kort door.

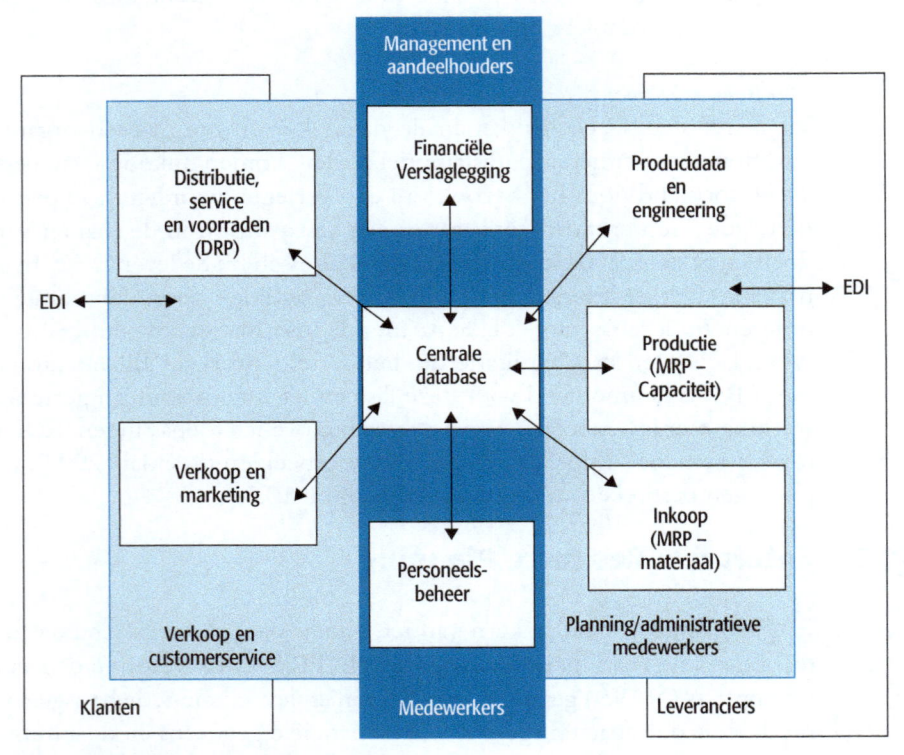

Figuur 10.1 Structuur van ERP systemen

Productie- en inkoopmanagement
In productie- en inkoopmanagement staat meestal de klassieke MRP-functionaliteit centraal. Dit betekent dat het systeem stuklijsten beheert en berekeningen maakt vanuit de verwachte vraag naar eindproducten en de behoefte aan onderdelen en capaciteiten berekent. Vervolgens genereert dit de daaruit resulterende bestellingen bij leveranciers. Daarnaast ondersteunt het systeem de detailplanning op de werkvloer en het werken met 'just in time'-afroepen.

Distributie, service en voorraden
Bij distributie- en servicemanagement is het voorraadbeheer belangrijk. Andere onderwerpen zijn hier het beheer van locaties en werkorderstromen in de magazijnen, service en transport.

Financiën
ERP-software biedt een compleet aanbod voor de verwerking van gegevens in de financiële administratie en de oplevering noodzakelijke rapportages. ERP-software beschikt ook over de gewenste verbijzondering naar landen met aanpassing aan (fiscale) wetgeving en ondersteunt internationale handel in uiteenlopende munteenheden. ERP-software is tevens ingesteld op de eisen van de financiële controller, zoals activity-based costing en prestatie-indicatoren.

Personeelsbeheer
In het begin waren ERP-leveranciers vooral geïnteresseerd in de totaal beschikbare mensuren voor de capaciteitsplanning. Tegenwoordig is er steeds meer behoefte ook het personeelsbeheer in de ERP-software op te nemen voor meer fijnmazige planningsdoelen. Denk aan de personeelsplanning bij een ziekenhuis of luchtvaartmaatschappij.

Product Data en engineering
Hoogtechnologische organisaties hebben behoefte aan ondersteuning voor de technische aspecten van het product, de productie, de installatie en het onderhoud. Voor het feitelijke technische werk (bijvoorbeeld het maken van tekeningen of berekeningen) bestaan gespecialiseerde systemen. Deze zogenoemde Computer Aided Design (CAD-)systemen worden niet tot ERP gerekend. Het beheer en het verspreiden van de basisgegevens over producten en processen is wel een onderdeel van ERP. De meest gebruikelijke naam hiervoor is Product Data Management (PDM). Deze functionaliteit is noodzakelijk als meerdere afdelingen tegelijk hetzelfde product of systeem ontwikkelen (denk aan bedrijven als NS, Boeing en ASML of de ontwikkeling van de Amsterdamse Noord-Zuid Lijn).
Het is ook belangrijk als van een product veel versies of releases bestaan, die goed moeten worden beheerd. Klanten en overheden stellen steeds meer eisen aan traceability. Als er klachten of ongelukken zijn, moet uit te vinden zijn wanneer het product is gemaakt en met welke onderdelen en machines.
Steeds meer organisaties werken samen met hun leveranciers bij de productontwikkeling. Het klassieke probleem bij dit zogenoemde co-design is de communicatie over de productdata, omdat alle partijen werken met eigen systemen. Met de mogelijkheden van internet en de opkomst van PDM-software kunnen partijen via een online gekoppeld ict-platform aan hetzelfde ontwerp werken alsof ze in één kantoor bij elkaar zitten.

Aanvullende software toepassingen
De verwachtingen over de invoering van ERP zijn vaak hooggespannen. Men vergeet dan vaak waarvoor ERP-software eigenlijk is bedacht. Dat is namelijk het oplossen van de fragmentatie van informatie in bedrijven, en niet het ondersteunen van de meeste effectieve en efficiënte operationele uitvoering van de logistieke processen. ERP-software biedt niet voldoende functionaliteit om aan alle eisen te voldoen. Meestal worden binnen ERP-software de niet al te complexe wensen vervuld. Naarmate de operationele uitvoering complexer of tijdkritischer wordt, verdient de besturing daarvan afzonderlijke en hoogwaardige ondersteuning. ERP-software wordt daarom aangevuld met toepassingen voor de uitvoering van uiteenlopende processen en de planning.

De ict-architectuur is compleet met de introductie van Business Intelligence Tools (BIT). BIT halen managementinformatie uit de gegevens in de ERP-software en databases voor tactische en strategische besluitvorming op bedrijfsniveau. Bij deze ict-strategie gaan bedrijven op zoek naar de 'beste in zijn soort'-oplossingen ('best-of-breed'), die voortbouwen op software die het bedrijf al heeft en de integratie van de beste softwareapplicaties voor een specifieke toepassing mogelijk maakt. Specifieke toepassingen vind je bij warehousemanagementsystemen in distributiecentra, voorraadbeheer, customer service, EDI/internet, e-procurement voor de inkoopprocessen, transportmanagementsystemen voor het plannen van vrachtwagens en vliegtuigen, planning van servicemonteurs, onderhoudsmanagement, Manufacturing Execution Systems (MES) voor de productie en het gebruik van logistieke simulatie als evaluatie- en optimalisatietechniek. Verkopers gebruiken Customer Relationship Management (CRM) voor hun commerciële activiteiten en inkopers hebben tegenwoordig Supplier Relationship Management (SRM).

Supplier Relationship Management als nieuwe hype

Supplier Relationship Management (SRM) is de vertaling van het woord leveranciersbeheer, maar dan in een nieuw jasje. Net zoals inkopen de tegenhanger is van verkopen, vormt SRM de tegenhanger van het klantbeheer oftewel Customer Relationship Management (CRM), dat enkele jaren geleden een hype was.

Een korte definitie van SRM is het managen van het source-to-pay-proces. De lange definitie is: de contacten met de leverancier onderhouden tot en met het afhandelen van het proces van bestellen, betalen, bewaken en nazorg.

Voor het ondersteunen van delen van dit source-to-pay-proces bestaan al langer specifieke softwareapplicaties. Bijvoorbeeld voor contractbeheer of voor het elektronisch bestellen van artikelen bij leveranciers. En die specifieke softwareoplossingen bestaan nog steeds. In de marketing en de ict werkt het echter zo dat je voor al die afzonderlijke functies een totaaloplossing bedenkt (een zogenoemde software suite) en die ook probeert te verkopen. Een SRM-suite heeft tot doel alle contacten met leveranciers te registreren, waardoor de inkoper de verkoper kan gaan managen.

10.4 Electronic Data Interchange (EDI)

Samenwerking met leveranciers stelt hoge eisen aan de ict. De hoeveelheid uit te wisselen informatie neemt toe en de eisen bij snelheid en nauwkeurigheid van communicatie en verwerkingssnelheid zijn veel hoger. Te langzame verwerking van 'just in time'-afroepen of onnauwkeurigheid in de logistiek leidt direct tot productiestilstand bij de klant of nee-verkopen in winkels. De vereiste externe communicatie kan niet handmatig worden verwerkt. De hoge frequentie en het grote volume van de communicatie is alleen snel en foutloos te verwerken wanneer dit geautomatiseerd plaatsvindt. Samenwerking met leveranciers is praktisch gesproken alleen mogelijk met gekoppelde ict. Electronic Data Interchange (EDI) is hiervan een voorbeeld.

EDI is een gestructureerde en geautomatiseerde elektronische berichtenuitwisseling tussen computerapplicaties van meerdere organisaties. EDI kan worden gebruikt in de directe communicatie tussen computers, maar ook via internettoepassingen. Daardoor is een versnelling van de ketenprocessen mogelijk. Menselijke tussenkomst is geheel of grotendeels geëlimineerd, wat resulteert in minder fouten en een grotere betrouwbaarheid. Het grootste structurele voordeel van EDI is dat het bijdraagt aan het sneller doorgeven van marktinformatie in de keten, waardoor de vraagvoorspelling verbetert en ingebouwde veiligheden en nervositeit kunnen verminderen. EDI is alleen nuttig wanneer de transacties zonder menselijke tussenkomst verlopen.

EDI is:
- gestructureerd
  De gegevens die worden uitgewisseld tussen organisaties zijn steeds gestructureerd volgens bepaalde afspraken of standaarden.
- geautomatiseerd
  De uit te wisselen berichten worden door computers geïnitieerd en geproduceerd en naar andere computers verstuurd die de ontvangen berichten verwerken en op grond hiervan eventuele vervolgacties initiëren. Er is geen menselijke tussenkomst.
- elektronische berichtenuitwisseling
  Berichtenuitwisseling vindt plaats in de vorm van gestructureerde en gestandaardiseerde berichten. De uitwisseling verloopt via elektronische datacommunicatie.
- tussen computerapplicaties
  Er is pas sprake van EDI wanneer de berichtenuitwisseling plaatsvindt tussen meerdere computerapplicaties van meerdere organisaties (eventueel via het internet).

EDI is daarmee een standaard voor de elektronische uitwisseling van bepaalde documenten tussen leveranciers en opdrachtgevers. Voorbeelden daarvan zijn orders, facturen en bepaalde berichten of bevestigingen. Omdat de documenten moeten voldoen aan bepaalde standaardsjablonen, gebruiken organisaties het vooral voor repeterende transacties. EDI kent een aantal specifieke standaarden zoals EDIFACT (ontwikkeld door de Verenigde Naties), HL7 (gezondheidszorg) en ODETTE (automobielindustrie). Deze standaarden worden steeds meer overgenomen door open standaarden als XML, die je gebruikt voor het versturen van berichten via het internet. Software om EDI-boodschappen te genereren en te verwerken was kostbaar en datacommunicatie was tot voor kort in handen van een aantal grote ondernemingen. Met de ontwikkeling van internet is EDI nu ook bereikbaar voor kleinere organisaties.

10.5 E-procurement

E-procurement staat voor electronic procurement, oftewel elektronische inkoop. E-business is een breder begrip en omvat het integreren van ict in alle aspecten van de organisatie. E-commerce is daar een onderdeel van. E-commerce is het kopen en verkopen via internet. Internet speelt niet alleen een rol bij het sluiten en betalen van de koop. Een inkoper kan internet gebruiken om informatie te verzamelen (presales) en kan via internet informatie krijgen over de voorraden van leveranciers en op basis hiervan beslissen om al dan niet te bestellen (sales). Een gebruiker van een product kan via internet vragen stellen aan de leverancier als hij bijvoorbeeld problemen heeft met het product (aftersales).

Het e-commerceproces omvat:
- elektronische presentatie van goederen en diensten;
- online orderinname en facturering;
- geautomatiseerde orderstatusinformatie;
- online betaling en transactieafhandeling.

10.5.1 Ontwikkeling van e-procurement

E-procurement is het gebruikmaken van internettechnologie voor de inkoopprocessen. Door de term internettechnologie vallen bijvoorbeeld bestellen via de telefoon of via EDI buiten de definitie. Nu internettelefonie en technologie als XML binnen EDI in opkomst zijn, zullen ook deze activiteiten in de toekomst binnen de definitie vallen. De term internettechnologie geeft ook de ruimte om toepassingen die met intranet en extranet werken onder de definitie van e-procurement te laten vallen.

De eerste internetgolf
Aanvankelijk hadden inkopers met internet twee gebruiksmogelijkheden: surfen en *catalog systems*. Surfen via internet was een van de eerste mogelijkheden waarmee een inkoper tijdwinst kon boeken. Ieder bedrijf kwam met een eigen website en de informatie was voortaan direct toegankelijk. Naast deze 'vrije' informatie kende internet elektronische catalogi met producten en diensten waaruit inkopers konden kiezen en bestellen: de catalog systems. Het voordeel van deze catalogi was dat er producten en diensten van verschillende leveranciers in waren opgenomen.

Bij de catalog systems kon de inkoper kiezen uit:
- Sell-Side-software: software die het mogelijk maakt dat organisaties hun producten of diensten via internet kunnen verkopen. Klanten kopen rechtstreeks op de internetsite van de leveranciers. Voorbeelden hiervan zijn het kopen van computers bij Dell en internethardware bij Cisco.
- Buy-Side-software: software die men binnen de eigen organisatie installeert en die via intranet bereikbaar is op iedere werkplek in de organisatie. Een voorbeeld hiervan was en is nog steeds Rabofacet, dat via haar Raboshop van alle gecontracteerde leveranciers alle leverbare goederen en diensten heeft opgenomen in één elektronische catalogus. Buy-Side-software ondersteunt het bestelproces binnen de organisatie en stuurt alle bestellingen door naar de leveranciers.
- Market-Side-software: software voor het opzetten van een internetsite waar je de elektronische catalogi van meerdere leveranciers beschikbaar stelt. Market-Side-software ondersteunt ook het bestelproces, maar is minder uitgebreid als Buy-Side-software.

De wet van de remmende voorsprong
In de praktijk bleek het implementeren van e-procurementoplossingen net zo moeilijk als het implementeren van iedere andere softwareoplossing. De organisatie moest de inkooporganisatie nog aanpassen. De nieuwe op internet gebaseerde inkoopprocessen moest men nog gedetailleerd beschrijven en het duurde even voordat alle gebruikers ermee konden omgaan. De leveranciers moesten de inhoud van de elektronische catalogi leveren en deze ook nog bijhouden en dat had de nodige voeten in aarde. Ten slotte bleek het koppelen van systemen minder eenvoudig dan gedacht.

De tweede internetgolf
Later ontwikkelden softwareaanbieders oplossingen voor het tactische inkoopproces, zoals e-tendering, e-sourcing, e-reverse auctioning en e-marketplaces. In deze periode werd duidelijk dat internet en de bijbehorende technologie niet van voorbijgaande aard waren. De mogelijkheden voor efficiencyverbeteringen in het inkoop- en logistieke proces konden voortaan ondersteund worden met e-business. Vooral e-reverse auctioning (elektronisch veilen) stond volop in de schijnwerpers. Niet in de laatste plaats omdat ervaringen met veilingen aantonen dat organisaties over een langere periode in het verleden te veel hebben betaald voor hun producten of diensten.

Voordelen van e-procurement
De voordelen van e-procurement zijn voornamelijk:
- verbetering van de efficiëntie. Bijna het gehele inkoopproces verloopt elektronisch;
- kortere doorlooptijden. De organisatie verstuurt alles elektronisch en dus direct;
- lagere voorraadkosten. Men hoeft minder voorraad aan te houden, omdat bestellingen sneller op de plaats van bestemming zijn;

- lagere inkoopprijs. De organisatie benut de contracten beter, omdat iedereen digitaal op de hoogte is van de aanwezige contracten.
- beter management van het inkoopproces. De inkoper beschikt over betere managementinformatie;
- minder fouten. De operationele inkoper voert alles in één keer in aan het begin van het proces op een bestelaanvraag en die bestelaanvraag wordt automatisch verwerkt tot inkooporder;
- mogelijkheid tot decentralisatie van het operationele inkoopproces en meer spreiding van inkoopkennis binnen de organisatie. Dit vergroot de tevredenheid bij interne klanten, omdat zij een deel van de activiteiten nu zelf in de hand hebben.

Besparingsmogelijkheden met e-procurement

Forrester Research doet regelmatig onderzoek naar de besparingen die te behalen zijn en noemt investeren in e-procurement een 'no-brainer': iets waar ondernemingen niet lang over na hoeven te denken. Volgens Forrester kunnen bedrijven tot tweederde besparen op hun interne proceskosten. Ook de Aberdeen Group komt tot soortgelijke conclusies. PriceWaterhouseCoopers spreekt zelfs over 75 procent. De Aberdeen Group geeft in hetzelfde rapport aan dat er ook bespaard kan worden door gebundelde inkoop: 5 tot 10 procent. Wij vinden, gebaseerd op onze ervaringen, 1 tot 5 procent reëler. Op zich vallen deze laatste besparingen in het niet ten opzichte van de besparingen op de proceskosten. Echter, dit zijn wel de besparingen die direct gerealiseerd worden. Om de besparingen op de proceskosten te realiseren zullen eerst de processen binnen de organisatie aangepast moeten worden. De 'wedstrijd' bij e-procurement is niet het 'uitknijpen' van leveranciers. Maximaal 5 procent kan bespaard worden doordat bundeling van inkoop leidt tot betere inkoopprijzen. Het gaat uiteindelijk om het realiseren van besparingen in de proceskosten. Uit onze ervaring blijkt dat op de proceskosten tot 75 procent bespaard kan worden. De organisatie zal echter veel energie moeten investeren in het realiseren van deze besparingen. Gartner geeft niet voor niets aan dat e-procurement niet werkt zonder Business Proces Reengineering (BPR).

Bron: E-procurement, de inkooprevolutie (2008), P. van Doorne, P. Jagersma, A.Verheijen.

10.5.2 E-transacting en E-informing

Het inkoopproces bestaat uit een transactiedeel (specificeren, selecteren, contracteren, bestellen, bewaken, nazorg) en een besturingsdeel voor iedere fase van het transactiedeel. We zetten de meest voorkomende e-procurement oplossingen op een rij.

Oplossingen voor het transactie- en besturingsdeel

E-procurementoplossingen zijn er voor het transactiedeel en voor het besturingdeel:
- E-transacting:
  - e-ordering;
  - e-sourcing;
  - e-tendering;
  - e-auctioning.
- E-informing:
  - purchasing intelligence;
  - e-contractmanagement.
- E-transacting en e-informing:
  - e-marketplaces

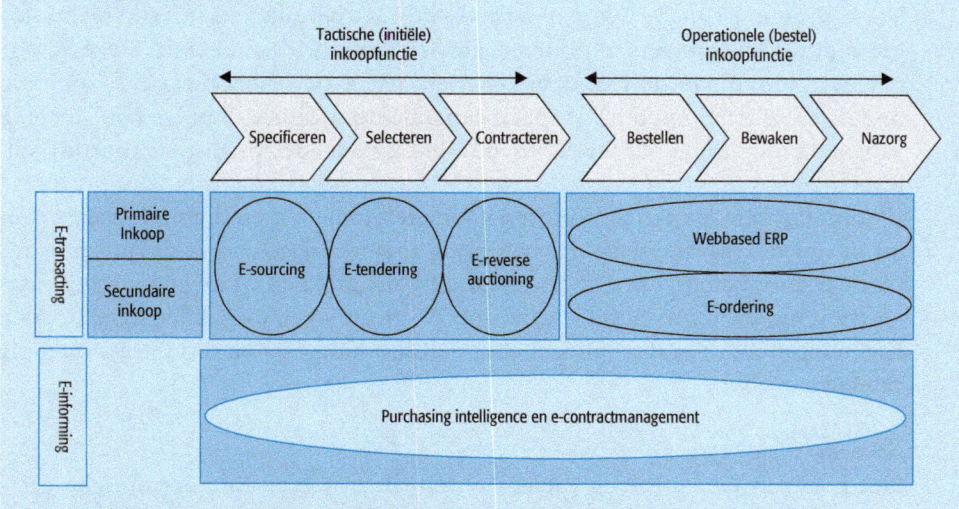

Figuur 10.2 E-procurementoplossingen in relatie tot inkoopproces (Telgen, 1996)

E-transactingoplossingen hebben vier componenten:
1. Contentmanagement zorgt voor de toegankelijke, actuele en gebruiksvriendelijke 'inhoud'.
2. Requisitiemanagement zorgt ervoor dat gebruikers een orderaanvraag kunnen aanmaken en afhandelen.
3. Transactiemanagement regelt de verwerking van orders naar leveranciers via EDI, e-mail of fax en het volgen van de orderstatus.
4. Connectivitymanagement zorgt voor koppelingen met bestaande ERP-systemen of externe systemen.

E-ordering

E-ordering is het elektronisch aanvragen, bestellen en melden van ontvangen producten en diensten. Dit gebeurt als onderdeel van de operationele inkoop binnen de kaders van de raamovereenkomst die de tactische inkoop heeft afgesloten. Deze overeenkomsten zet de inkoper om naar een of meerdere catalogi, de zogenoemde ordering catalog systems. Van daaruit kunnen operationele inkopers en overige medewerkers aanvragen doen en bestellingen plaatsen. E-ordering gebruikt men vooral voor secundaire inkoop; voor de primaire inkoop maakt men in industriële bedrijven gebruik van webbased ERP-ordering.

Ordering catalog system
Het hart van een ordering catalog system bestaat uit een elektronische catalogus waarin zijn opgenomen: gecontracteerde leveranciers, geselecteerde producten en diensten en afgesproken nettoprijzen voor die producten en diensten.

E-sourcing
Via e-sourcing kan de inkoper wereldwijd met behulp van internettechnologie nieuwe leveranciers, producten en/of diensten identificeren. Deze activiteit gaat vooraf aan de inkoopactiviteiten; het is de oriëntatiefase. E-sourcing ondersteunt activiteiten in de specificatiefase door uitbreiding en aanscherping van het programma van eisen en uitbreiding van de longlist of shortlist van leveranciers.
E-sourcing kan de inkoper inzetten voor alle producten en diensten, maar zeker bij producten en diensten met een hoog toeleveringsrisico (knelpunt en strategische producten). Men voert e-sourcing uit met één of meer sourcing catalog systems, die bijna altijd draaien op de computers van andere organisaties. Eigenlijk moet men dus spreken over een sourcing catalog service en sourcing catalog provider.

Sourcing catalog system
Het hart van een sourcing catalog system bestaat uit een elektronische catalogus, waarin de volgende zaken zijn opgenomen: leveranciers, producten en diensten en catalogusprijzen voor die producten en diensten. Men zoekt in een catalogus met trefwoorden of via een categoriestructuur.

E-tendering
Met e-tendering voert een inkoper een groot deel van het tactische inkoopproces (specificeren en selecteren) uit aan de hand van een elektronische offerteaanvraag: Request for Information (RFI) of Request for Proposal (RFP). Een e-auction kan hierop volgen. Het sluiten van het contract gebeurt vervolgens op de traditionele manier door een of meer geselecteerde leveranciers uit te nodigen voor de onderhandelingsgesprekken.
E-tendering ondersteunt de inkoper bij twee fasen uit het tactische inkoopproces: het specificeren en selecteren. Voor het uitvoeren van e-tendering is een e-tender system nodig, zodat de inkoper een offerteprocedure (tendering event) kan starten. Een e-tender system kan draaien bij de opdrachtgever, maar ook bij een externe, dienstverlenende partij.

E-auction
Na het uitvoeren van e-tendering kan de inkoper kiezen voor een elektronische veiling, een zogenoemde e-auction. Het veilen gebeurt via een website, waarop opdrachtgever en mogelijke leveranciers inloggen. De veiling voltrekt zich volgens vooraf afgesproken regels. Het verschil met een gewone veiling is dat kopende en verkopende partijen zich geografisch op verschillende locaties bevinden.

Bij e-reverse auction kunnen meerdere geselecteerde leveranciers een bod uitbrengen op de levering van bepaalde producten of diensten aan één of meerdere opdrachtgever(s). In feite is e-reverse auction het tegenovergestelde van e-auction, waarbij er één leverancier is en meerdere kopers een bod kunnen uitbrengen.

Soorten veilingen

Er zijn verschillende soorten veilingen:
- English auction: dit is het meest voorkomende type, waarbij de leveranciers gedurende een bepaalde periode steeds lagere prijzen bieden. De leverancier met de laagste prijs levert het product.
- Vickrey auction: vergelijkbaar met de English auction, maar nu levert de leverancier met het laagste bod tegen de prijs van het een na laagste bod.
- Yankee auction: opdrachtgever geeft het maximumaantal eenheden van het product op en een aanvangsprijs. Leveranciers mogen vervolgens bieden en aangegeven welk aantal producten zij voor de door hun aangeboden prijs willen leveren. Aan het eind van de auction krijgen de laagste bieders het recht de door hun opgegeven aantallen tegen de door hun opgegeven prijs te leveren, net zo lang tot het maximum aantal producten is bereikt.
- Dutch auction: omgekeerde van de English auction, waarbij de koper een minimumprijs stelt en de leveranciers met hun bod deze prijs kunnen verhogen. Dit gaat net zo lang door totdat een leverancier aangeeft dat hij voor de geboden prijs wil leveren.

Bron: *E-procurement, de kinderschoenen ontgroeid*, Jeroen Harink (2004).

Een e-auction is het sluitstuk van het selectieproces. De inkoper heeft op basis van een offerteaanvraag met e-tendering een kleine groep leveranciers geselecteerd die aan de minimumeisen voldoet. Meestal vindt dan op basis van prijs de e-auction plaats, waarbij de leveranciers via de elektronische weg een bod uitbrengen en geen inzage hebben in de namen van hun concurrenten, maar wel in hun biedingen.

Voor- en nadelen van e-auctions voor leveranciers

De voor- en nadelen van e-auctions voor leveranciers liggen anders dan voor inkopers. Uit het literatuuronderzoek kwam een groot aantal voor- en nadelen naar voren. De belangrijkste zijn hieronder opgenomen:

Voordelen
- kortere doorlooptijd leveranciersselectie;
- efficiënte prijsvorming;
- eerlijk speelveld;
- duidelijkheid specificaties;
- geografische afstand minder van belang;
- lagere acquisitiekosten;
- betere marktinformatie;
- mogelijkheid om bij nieuwe klanten binnen te komen;
- mogelijkheid om in nieuwe marktsegmenten te penetreren.

Nadelen
- lage contractprijzen;
- marge-erosie;
- kleinere kans op gunning;
- geringe mogelijkheid op bieden van toegevoegde waarde;
- initiatief ligt bij de inkoper;
- emoties tijdens biedproces leiden tot overhaaste biedingen;
- persoonlijke relatie minder van belang.

Bron: E-auctions in de praktijk: ervaringen van leveranciers; ir. Koen Veltman en prof. dr. Arjan van Weele (2006).

Purchasing intelligence en e-informing
Voor het op tactisch en strategisch niveau managen van de inkoop is managementinformatie nodig. Purchasing intelligence is één van de twee e-procurementoplossingen, die vallen onder e-informing. Purchasing intelligence biedt de inkoper ondersteuning bij de:
- definitie van prestatie-indicatoren;
- vastlegging van de normwaarden (en mogelijk toegestane afwijkingen) van de prestatie-indicatoren;
- verzameling van de gegevens die als input dienen voor de prestatiemeting;
- berekening van de gerealiseerde prestaties en vergelijking met de normen waaraan de prestaties moeten voldoen;
- totstandkoming van adviezen naar aanleiding van de hiervoor genoemde vergelijkingen.

Purchasing intelligence is het omzetten van gegevens naar managementinformatie, die de inkoper vervolgens vertaalt in concrete acties. Hiermee bereikt de inkoper een betere besluitvorming, want doordat er meer feiten sneller beschikbaar zijn, krijgt hij beter inzicht in de realisatie van de inkoopdoelstellingen, regelt hij kennismanagement en zorgt hij voor een beter gebruik van marktinformatie door de koppeling met bijvoorbeeld e-marketplaces of websites van onderzoeksbureaus als Gartner Group, Dun & Bradstreet en Forrester Research.

E-contractmanagement
Meer aandacht voor contract- en leveranciersmanagement zorgde ook voor meer belangstelling van opdrachtgevers en leveranciers voor elektronische oplossingen in die richting. E-contractmanagement is de oplossing waarmee alle betrokken medewerkers via internet in staat zijn de voor hen relevante contracten te managen. E-contractmanagement maakt deel uit van Supplier Relation Management (SRM), waarbij leveranciers één geïntegreerde oplossing aanbieden voor onder meer de volgende activiteiten uit het inkoopproces: strategic sourcing, onderzoek en spend-analyse, prestatiemeting en vendor rating, marktonderzoek, veilingen en contractbeheer.

E-marketplaces
E-marketplaces zijn de elektronische versies van de traditionele fysieke marktplaatsen. Ze worden ook wel *market sites*, *B2B exchanges*, *exchanges* of *e-hubs* genoemd. Een e-marketplace is een elektronische ontmoetingsplaats (website) voor opdrachtgevers en leveranciers, waar ze informatie kunnen uitwisselen (e-informing) of zaken doen (e-transacting). Op de website kunnen opdrachtgevers en leveranciers gebruikmaken van één of meerdere e-procurement-oplossingen die daar beschikbaar zijn, zoals e-ordering, e-tendering en e-auction. Een e-marketplace is van een e-procurement service provider, die meerdere e-procurement diensten naast elkaar aanbiedt. E-marketplaces zijn verdeeld in *verticals* (als ze één of meerdere branches bedienen, bijvoorbeeld Covisint) of *horizontals* (als ze meerdere inkoopsegmenten aanbieden zoals NIC Best Deal Online).

Voorbeelden van marktplaatsen

B2B

Covisint: www.covisint.com
Covisint is een marktplaats voor de automobielindustrie. De deelnemers in Covisint zijn Ford, General Motors, DaimlerChrysler, Renault en Nissan. Het doel van deze marktplaats is de snelheid in de beslissingsprocessen te verhogen, verspilling terug te dringen en kosten te besparen.

Agentrics: www.agentrics.com
Agentics (een fusie van GNX en Worldwide Retail Exchange) is een internationale internetbeurs waarop supermarkten hun waren inkopen. De internetbeurs is een initiatief van onder meer Ahold. Winkelketens plaatsen hun orders, van cola tot kiwi, op het internet. Leveranciers kunnen zich op een order inschrijven. De ketens blijven onafhankelijk van elkaar inkopen; ze maken alleen gebruik van dezelfde virtuele marktplaats.

> **B2C**
>
> Marktplaats.nl: www.marktplaats.nl
> Marktplaats is de grootste site op het B2C-vlak voor de Nederlandse markt en trekt ongeveer een miljoen bezoekers per dag. Deze site is toch wel een van de grote voorbeelden van hoe een site succesvol kan worden zonder grote promotiebudgetten, maar gewoon door een goed product te leveren. Marktplaats is eigendom van eBay.
>
> eBay: www.ebay.nl
> eBay is het grootste online veilinghuis ter wereld. Met miljoenen producten die aangeboden worden door de bezoekers. eBay verkoopt zelf niets, maar faciliteert alleen, iets wat kenmerkend is voor de meeste virtuele marktplaatsen.

10.5.3 Inkoopstrategie en e-procurement

E-procurement kan zowel worden toegepast bij de tactische of initiële inkoop als bij de latere verwerking van inkooporders in het operationele inkoopproces. De eerste stap bij het investeren in inkoop-ict is na te gaan of binnen de organisatie daadwerkelijk behoefte is aan e-procurement. En zo ja, dan is de vraag welke oplossing het beste past. Dit is met name afhankelijk van de grootte van de organisatie en de indeling van inkoopsegmenten naar inkoopvolumes en risicograad in de Kraljic-matrix (zie figuur 10.3).

Zoals we in hoofdstuk 3 bespraken, is het gebruikelijk om voor ieder kwadrant een verschillende inkoopstrategie te hanteren. Aldus komen we op een relatief eenvoudige en logische manier tot de volgende vier basisstrategieën:
1. partnerships voor strategische producten;
2. concurrentiestelling *competitive bidding* voor hefboomproducten;
3. veiligstellen van de toelevering voor knelpuntproducten;
4. *systems contracting* voor routineproducten.

Bij hefboomproducten zien we veelal de toepassing van elektronische marktplaatsen. Hierop kunnen aanbieders hun producten aanbieden en vragers aangeven wat ze nodig hebben. En waar de twee elkaar ontmoeten, ontstaat handel. De keerzijde is dat marktplaatsen vooral geschikt zijn voor bulkgoederen en commodities, die laatste zijn goederen en diensten waarvan de eigenschappen hetzelfde zijn en het niet uitmaakt van welke partij die gekocht worden. Vanuit een gunstige, veelal dominante positie is het prettig inkopen. De inkoper kan optimaal gebruikmaken van leveranciers: benutten van de onderhandelingsruimte door gebundelde inkoopmacht, bedingen gunstige contract- en leveringsvoorwaarden en afsluiten kortetermijncontracten op basis van maximale leveranciersprestaties en regelmatige leveranciersevaluaties en -wisselingen.

Bij knelpuntproducten en strategische producten wordt meestal gebruik gemaakt van de e-businessfunctionaliteit die de leverancier biedt: de zogenoemde 'sell-side'-modellen. In deze situatie is de leverancier het beste in staat

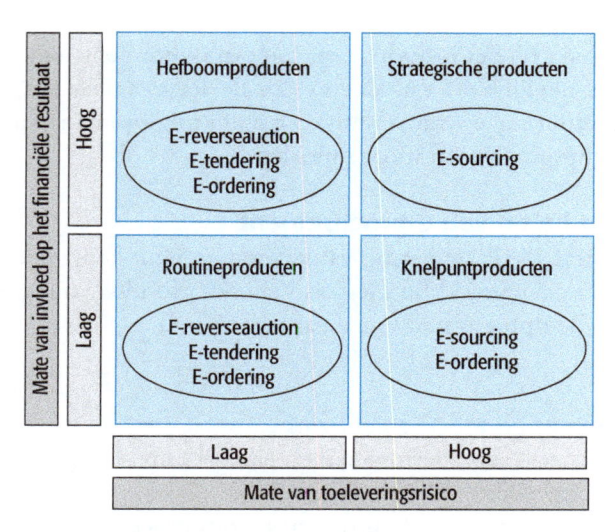

Figuur 10.3 E-procurement in relatie tot de Kraljic-matrix

te bepalen welke informatie hij nodig heeft om een gegarandeerde en efficiënte bevoorrading te realiseren. Bij iedere strategische samenwerking moet ervoor worden gewaakt dat het inkooprisico en het strategisch belang onaanvaardbaar hoog worden. Men heeft zich immers in hoge mate afhankelijk gemaakt van een leverancier.

Bij routineproducten zien we de toepassing van zogenoemde 'buy-side'-modellen. Dit heeft als voordeel dat catalogi met diverse productgroepen kunnen worden ingelezen, waardoor naast kantoorbenodigdheden ook andere artikelen kunnen worden besteld. Het streven naar *one-stop-shopping*, en de integratie van de daarbij behorende administratieve processen, is een beweegreden voor organisaties om te kiezen voor een e-procurementoplossing. Door bundeling van afzonderlijke producten wordt het mogelijk om beter gebruik te maken van de verbeterde inkoopmogelijkheden. Leveranciersreductie en bundeling van inkoopmacht leiden tot betere inkoopprestaties en lagere kosten door het sluiten van een raamcontract met een voorkeursleverancier.

Het heeft uiteraard pas zin een e-procurementoplossing te implementeren als de eigen organisatie op orde is. Eerst (intern) organiseren en daarna pas (extern) automatiseren. Het voornaamste doel van e-procurement is de inkoopprocessen te stroomlijnen en te verbeteren. Voordat de organisatie een systeem gaat inrichten, moet duidelijk zijn hoe de processen gaan lopen. De organisatie moet eerst goed nadenken over de leveranciers, de producten en de eigen interne processen. Zijn die er allemaal klaar voor?

Eventuele wijzigingen doorvoeren tijdens of na de implementatie kan moeizaam zijn of zelfs niet mogelijk. Het is niet verstandig om bestaande (AO-)processen op inkoop, logistiek en administratief gebied één op één over te nemen. De organisatie realiseert daarmee geen efficiencyverbeteringen. Als men de verkeerde keuzes maakt bij het introduceren van e-procurement, kan dat leiden tot een grotere afhankelijkheid van slechts enkele leveranciers, meer kosten voor inkoopautomatisering en tijdverlies voor het (inkoop)management, dat inkoopautomatiseringsproblemen moet oplossen.

10.5.4 Kosten en baten van e-procurement

Een ingrijpend project als de invoering van e-procurement keurt het management niet goed als er geen goede businesscase aan ten grondslag ligt waarin alle kosten zichtbaar en de opbrengsten meetbaar zijn.

Kosten
Kosten van invoering van e-procurement zijn:
- directe kostenproject (vergaderingen, uitzoekwerk, adviseurs);
- uitvoering inkoopproces;
- overleg met leveranciers (vooraf en tijdens inkoopproces);
- licentiekosten en onderhoud;
- inrichting en onderhoud software (onder andere catalogi, gebruikers, autorisaties);
- opleiding medewerkers;
- technisch en functioneel systeembeheer;
- overstap van oude naar nieuwe software;
- renteverlies door kortere betaaltermijnen;
- inspanningen leveranciers, die dit doorberekenen in hun prijzen.

Opbrengsten
De opbrengsten die voortkomen uit het gebruik van een e-procurementoplossing zijn:
- besparing inspanning operationele inkoopmedewerkers;
- besparing inspanning andere medewerkers (bijvoorbeeld magazijn, administratie);
- minder buiten contracten om inkopen (Maverick buying);
- minder fouten en dus minder correcties;
- minder verstoring primaire en secundaire processen;
- lagere voorraden, waardoor je minder renteverlies hebt en minder overtollige voorraad hoeft af te boeken;
- kortere levertijden en betere service, waardoor je in het primaire proces sneller kunt leveren.

Infrastructuur
Omdat de organisatie e-procurementsoftware koppelt aan software van de leveranciers en aan andere interne software, zoals de voorraadregistratie en de financiële administratie in ERP, is vroegtijdig overleg met de automatiseringsafdeling nodig. Zijn er beperkingen in de vorm van een firewall of gebrekkige toegang tot het internet? Hoe regelt men toegangsbeveiliging, zodat niet iedereen zomaar kan bestellen of inkopen? Hoe koppelt men de software aan elkaar?

Standaardoplossingen
Er is veel software voor e-procurement. Een organisatie kan ver gaan in de specificatie van het behoeftepakket en de randvoorwaarden. Zo kan decentraal worden besteld, omdat autorisaties en traceability haarfijn worden vastgelegd. Men kan niveaus aanbrengen in wie wat of tot welk bedrag kan worden besteld. Voorwaarden liggen vast en producten worden geblokkeerd indien ze een bepaalde waarde overtreffen. Budgetten worden gekoppeld aan transacties of afdelingen zodat de financiële administratie wordt ontlast. De ontvangen order voldoet ook altijd aan de minimale specificatie-eis omdat verplichte velden moeten worden ingevuld voordat acceptatie volgt. Aanvankelijk was e-procurement een verzameling websites van individuele leveranciers. Structuur en standaardisatie waren nodig voor de operationele inkoper om op productbasis, niet leveranciersbasis, verschillende aanbiedingen te kunnen vergelijken. Dit gold niet alleen in de techniek van gegevensuitwisseling (gegevensstructuren, protocollen), maar ook in de procedures (bestellen, autoriseren, leveren, factureren, betalen).

Software moet voldoen aan internationale standaarden. In de OBI-standaard (Open Buying on the Internet) staat:
- uit welke componenten een internet bestelsysteem moet bestaan (webserver, EDI-systeem, catalogusinformatie, transactiemogelijkheden);
- aan welke voorwaarden de componenten minimaal moeten voldoen (beveiliging, technische standaarden, beschikbaarheid);
- volgens welke procedures elektronisch bestellen en betalen wordt afgewikkeld;
- welke gegevens en berichten tussen systemen van leveranciers en inkopende organisaties worden uitgewisseld.

Standaarden vormen de basis voor de toekomstvastheid van een e-procurementoplossing en houden de beheerkosten en de kosten van leveranciersswisselingen binnen de perken. Misschien nog wel het meest belangrijke: standaarden bieden de mogelijkheid om in de toekomst samen te werken met alle leveranciers wereldwijd. Dat lukt niet met een-op-eenmaatwerkoplossingen voor netwerkprotocollen, beveiliging, catalogusstructuren en berichtformaten.

De catalogus is een risicofactor bij e-procurement. Leveranciers zijn alleen tot onderhoud van de catalogus bij klanten bereid, als ze er niets of bijna niets voor hoeven te doen. Een intermediair, als gespecialiseerde derde partij, is een oplossing voor het onderhoud van catalogi.

Als het management de inkoopsegmenten die men op e-procurement over wil zetten in kaart heeft, dan is het verstandig eerst de brancheorganisaties via het Electronic Procurement Platform Nederland (EP-NL) te benaderen. Zij weten welke e-procurementprojecten lopen, welke standaarden ze daarbij gebruiken en wat de acceptatiegraad van leveranciers is. Op het internet en de website van de NEVI (www.nevi.nl) vind je veel actuele informatie.

10.6 Samenvatting

Informatiesuperioriteit bepaalt het succes van een organisatie. Dat is de mate waarin informatie sneller kan worden verzameld en verwerkt dan een concurrent dat kan. Er is steeds meer informatieverwerkingscapaciteit nodig voor de steeds grotere informatiestromen om ook inkoopbeslissingen te ondersteunen. ict ondersteunt inkoop op vele manieren. Ten eerste is informatie nodig over klanten, leveranciers, bestellingen en geldstromen. Er is ook informatie nodig voor het dagelijks uitvoeren van inkoopprocessen. Vervolgens is informatie nodig voor de planning en besturing van de processen. Ten slotte is informatie nodig voor tactische en strategische inkoopbeslissingen.

ERP-software vormt de kern van ict voor vooral de registrerende functies in organisaties. Deze software wordt aangevuld met toepassingen voor specifieke processen. Samenwerking met leveranciers stelt steeds hogere eisen aan de ict. De hoeveelheid uit te wisselen informatie neemt toe en de eisen bij snelheid en nauwkeurigheid van communicatie en de verwerkingssnelheid zijn veel hoger. EDI ondersteunt dit.

E-procurement is het elektronisch inkopen van producten of diensten. Dit traject verloopt zonder tussenkomst van mensen en zonder papier. Met de invoering van elektronische inkopen werkt de organisatie intern een stuk efficiënter. Men bespaart op transactiekosten tegen gunstigere inkoopprijzen. E-procurement is geschikt voor grote bedrijven met een breed assortiment of meerdere vestigingen die veel verschillende producten moeten bestellen en veel tijd kwijt zijn aan de inkoopprocessen.

Software voor e-transactingoplossingen kent vier componenten: contentmanagement, requisitiemanagement, transactiemanagement en connectivitymanagement. Hiermee worden tal van e-transactingoplossingen mogelijk voor de verschillende fasen van het inkoopproces.

Een organisatie kan e-procurement pas implementeren als de eigen organisatie op orde is. Het voornaamste doel van e-procurement is de inkoopprocessen te stroomlijnen en te verbeteren. Voordat de organisatie een systeem gaat inrichten, moet duidelijk zijn hoe de processen gaan lopen. De organisatie moet eerst goed nadenken over de leveranciers, de producten en de eigen interne processen. Ict betekent vaak een totaal andere wijze van werken voor mensen. Het management moet dus goed nadenken over wat de veranderingen voor de medewerkers betekenen.

Toetsvragen

1. Waarom is informatie van belang voor de inkoper?
2. Wat zijn de voordelen van ERP voor een organisatie?
3. Wat is EDI?
4. Uit welke vier componenten bestaat een e-transactingoplossing?
5. Hoe ondersteunt e-procurement purchasing intelligence?
6. Waarom is standaardisatie nodig bij e-procurement?
7. Wat is OBI?
8. Wat moet een organisatie regelen voor het invoeren van e-procurement?
9. Wat zijn de mogelijke voordelen van e-procurement?
10. Welke kosten komen aan de orde bij het invoeren van e-procurement?

Eindcase

Inkoop ict bij de Nederlandse Spoorwegen

Een professioneel inkoopbeleid is een voorwaarde voor een goede bedrijfsvoering. Zeker voor een organisatie zo groot als de Nederlandse Spoorwegen (NS). En helemaal als het product het dagelijks vervoer van ruim een miljoen reizigers betreft. Want naast de 'normale' inkoop van bijvoorbeeld kantoorbenodigdheden, zijn de inkopers van NS ook verantwoordelijk voor de aanschaf van al het materieel en materiaal dat reizigers veilig, comfortabel en punctueel op hun bestemming brengen.

De Nederlandse Spoorwegen N.V. (NS) bestaat uit vijf zelfstandig opererende werkmaatschappijen. Om toch NS-brede inkoopsamenwerking te kunnen bereiken tussen deze werkmaatschappijen, is enkele jaren geleden het Concern Inkoop Comité (CIC) opgericht. Het CIC wordt hierbij ondersteund door het Programmamanagement Concern Inkoop (PCI). Dit PCI verzorgt het voorbereidende en voorwaarden scheppende werk voor het CIC.

Het CIC werkt met de volgende van de directie verkregen doelstellingen (CIC-doelstellingen):
- het mogelijk maken om synergievoordelen op inkoopgebied te benutten;
- het faciliteren van de professionalisering van de inkoopfunctie(s) binnen de NS.

Er wordt dus nogal wat ingekocht bij NS: rollend materieel en stroom natuurlijk, maar ook externe dienstverlening, onderhoud, drukwerk, meubilair... eigenlijk alles van paperclip tot en met treinstel. Een breed werkveld dus, dat vraagt om een grote variëteit aan kennis en expertise. En om een vooruitziende blik, want uiteindelijk wordt hier 'de toekomst ingekocht'.

De inkoopmanager van NS moet een plan maken voor de automatisering van de inkoopprocessen. Behalve het voorzien in managementinformatie, moet de ict de inkoopprocessen goed ondersteunen.

Al eerder is NS gestart met de invoering van een elektronisch inkoopsysteem, geleverd door de Amerikaanse bedrijf Ariba. Hiermee was NS een van de eerste organisaties in Nederland die gebruik ging maken van elektronisch inkopen. Op dit moment wordt het complete, bedrijfsbrede inkoopproces van NS ondersteund door e-procurementsoftware. De software bestaat aan de ene kant uit software waarmee medewerkers zelf hun benodigdheden kunnen bestellen en aan de andere kant uit het zogenoemde B2B e-commerceplatform, waarmee orders via internet in het juiste formaat naar de juiste toeleveranciers kunnen worden gestuurd. 'Met minder mensen dezelfde operationele inkooptaken verrichten', noemt de CPO van NS als belangrijkste reden voor het project. Niet dat hierdoor mensen worden ontslagen, voegt hij hier haastig aan toe, maar er komt dan meer tijd vrij voor strategische inkoopacties zoals betere afspraken maken met leveranciers. Naast een efficiënter inkoopproces wil de NS ook tot lagere inkoopkosten komen. Met een overkoepelend inkoopsysteem wil NS meer grip krijgen op zijn inkoopactiviteiten om zo beter te kunnen profiteren van bestaande en nieuwe inkoopcontracten. NS gebruikt ook de Ariba Spend Management Suite. Dat is een geïntegreerde oplossing voor analyse, sourcing en inkoop, waardoor de totale uitgavencyclus van offerte-aanvraag tot betaling kan worden beheerd.

Vragen

1. Zoek op internet uit hoe de inkoop bij NS is georganiseerd.
2. Welke behoefte aan managementinformatie heeft de directie Concerninkoop bij NS?
3. Wat is de behoefte aan informatie voor enerzijds de operationele inkoopprocessen en anderzijds de tactische inkoopprocessen?
4. NS werkt met het e-procurementpakket Ariba. Welke voordelen heeft e-procurement voor NS?
5. Welke andere e-procurement (of op internet gebaseerde) inkoop-ict-toepassingen vind je kansrijk bij NS? Gebruik hierbij het inkoopprocesmodel van Van Weele.

Hoofdstuk 11

Inkooporganisatie

Leerdoelen
- Het inrichten van de inkooporganisatie en het verdelen van taken, verantwoordelijkheden en bevoegdheden.
- Het kunnen afwegen van alternatieven voor de positie van de inkoopfunctie in een organisatie.
- Het begrijpen van de rol van de inkoopmanager.
- Het vaststellen en uitvoeren van humanresources-management (HRM) in de inkoop.
- Het kennen van de voorwaarden voor het realiseren van een lerende en innoverende inkooporganisatie.

11.1 Inleiding

Op basis van de bedrijfsprocessen binnen een organisatie kan het management vaststellen hoe ze de bedrijfsactiviteiten en dus ook de inkoopactiviteiten het beste kan organiseren, rekening houdend met de doelstellingen van de organisatie.

De inkooporganisatie is de organisatorische verdeling van de inkoopactiviteiten binnen een organisatie. Daarbij wordt onderscheid gemaakt tussen activiteiten op strategisch, tactisch en operationeel niveau. De inkooporganisatie beschrijft welke medewerkers binnen een organisatie welke activiteiten binnen de inkoopfunctie uitvoeren, inclusief de daarbij benodigde bevoegdheden en verantwoordelijkheden. Het beschrijft ook de wijze waarop de bij inkoop betrokken medewerkers samenwerken met de interne klanten.

Er bestaat niet zo iets als dé ideale organisatiestructuur voor de inrichting van een inkoopfunctie. Wel zijn er richtlijnen voor de invulling van de inkooporganisatie. En een ding is zeker: zonder structuur functioneert de inkooporganisatie niet.

De inkoopactiviteiten die moeten worden georganiseerd staan in paragraaf 11.2. De verschillende organisatievormen bespreken we in paragraaf 11.3. In paragraaf 11.4 behandelen we het profiel van de inkoopmanager en andere inkoopmedewerkers. De procedures en methoden voor de inkooporganisatie worden geïnventariseerd in paragraaf 11.5. Vervolgens bespreken we HRM voor inkopers in paragraaf 11.6 en presenteren we een raamwerk voor ethisch inkopen in paragraaf 11.7

11.2 Inkoopactiviteiten en inkooporganisatie

Het ontwerpen van een inkooporganisatie gaat over de taakverdeling, de verdeling van verantwoordelijkheden en bevoegdheden en daarmee samenhangend het coördineren van die taken, bevoegdheden en verantwoordelijkheden. Bij de uitwerking van de inkooporganisatie stelt het management vast met welk type inkoopmedewerkers het invulling gaat geven aan de inkoopwerkzaamheden.

Inkoopactiviteiten worden onderscheiden naar strategische, tactische en operationele activiteiten. Strategische activiteiten hebben betrekking op vraagstukken van fundamentele aard. Deze strategische beslissingen maken deel uit van een strategisch plan, waarbij activiteiten voor een relatief lange termijn, bijvoorbeeld langer dan drie jaar, worden vastgelegd. Een detaillering van het strategische plan wordt dan het tactische plan genoemd. Tactische activiteiten gaan over de middellange termijn van circa een tot drie jaar. De operationele planning is een verdere detaillering van het tactische plan. Het betreft activiteiten die een kortetermijnhorizon hebben van maximaal een jaar, en soms zelfs beslissingen die dagelijks worden genomen over de uitvoering van de inkoop.

Beschrijving activiteiten

Strategisch niveau

De strategische inkoop omvat de inkoopactiviteiten die de organisatiekoers van een organisatie op het gebied van inkoop op de lange termijn beïnvloeden. Voorbeelden zijn:
- vaststellen van het inkoopbeleid op hoofdlijnen en op deelgebieden;
- 'make or buy'-beslissingen: intern afhandelen of uitbesteden;
- terugwaartse integratie: overnemen van toeleveranciers uit de keten;
- klanten en leveranciers: hoe ga je daar mee om?;
- vaststellen van de inkoopdoelstellingen;
- afsluiten van meerjarencontracten en het aangaan van partnerships;
- aanschaffen van investeringsproducten als gebouwen en machines.

Tactisch niveau

De tactische inkoop betreft het verwerven van producten en diensten voor de bedrijfsvoering. Voorbeelden zijn:
- opstellen van programma's van eisen met de interne klant;
- selecteren, contracteren en evalueren van leveranciers;
- uitvoeren van contract- en leveranciersmanagement;
- betrekken van leverancier bij productontwikkeling;
- aanschaffen, implementeren en gebruiken van inkoopsoftware;
- uitwerken van procedures en methoden;
- opleiden van medewerkers, zowel binnen als buiten de inkoopafdeling.

Operationeel niveau

De operationele inkoop omvat alle activiteiten binnen de fasen bestellen, bewaken en nazorg, waarbij de inkoper fungeert als intermediair tussen interne klant en leverancier. Voorbeelden zijn:
- behandelen van bestelaanvragen van interne klanten;
- plaatsen van bestellingen of afroeporders;
- bewaken van de levering van de geplaatste bestellingen;
- oplossen van problemen met bestellingen, leveringen of facturen;
- laten betalen van facturen.

Een voorbeeld van de verdeling van verantwoordelijkheden voor het tactische en operationele niveau staat in figuur 11.1. Dit voorbeeld is van verzekeraar AXA Nederland dat Exact gebruikt als ERP-systeem.

	Specificeren	Selecteren	Contracteren	Bestellen	Bewaken	Nazorg
Nemen beslissing	Budgethouder/ klant	Budgethouder/ klant	Budgethouder/ klant	Budgethouder/ klant	Budgethouder/ klant	Budgethouder/ klant
Managen proces	Inkoop	Inkoop	Inkoop	Inkoop	Inkoop	Inkoop
Faciliteren in proces	Budgethouder/ klant	Budgethouder/ klant	Juridische zaken	Inkoop	Inkoop Contractmngt	Budgethouder/ klant
Inkoop verzorgt in het kader van toets op rechtmatigheid per processtap de volgende administratie	Selectie- en/of offerteaanvraag-document	Beoordelings-formulier en inkoopadvies	Contract en evaluatieformulier project	Verzonden orders in Exact (deels door interne klant)	Getekende ontvangst-meldingen	Evaluatie leveranciers-prestaties
Inkoop verzorgt de volgende rapportages richting tenderboard en management	Accountplannen projectplannen	Besparingen: kwantitatief en kwalitatief	Contract-compliancy	Doorlooptijden bestellingen Exact	Afwijkingen bestellingen Exact	Leveranciers-prestaties

Figuur 11.1 Verantwoordelijkheden inkoopproces

Bron: Groen, 2007.

11.3 Organisatievormen inkoop

Elke organisatie heeft haar eigen specifieke inkooporganisatie. De plaats van de inkoopafdeling binnen een organisatie is afhankelijk van de volgende factoren:
- historie;
- visie van de directie of inkoopmanager;
- ontwikkelingsstadium inkoopfunctie;
- omvang van de organisatie en/of inkoopvolume;
- type organisatie (productiebedrijf, dienstverlener, groothandel, overheid enzovoort);
- complexiteit van de producten of diensten;
- complexiteit van de logistieke processen;
- kwaliteit van de inkoopmedewerkers;
- cultuur van de organisatie;
- automatiseringsgraad;
- geografische spreiding van afdelingen en vestigingen.

Er zijn drie hoofdvormen te onderscheiden die aan de basis liggen van elke inkooporganisatie, namelijk:
1. centrale inkooporganisatie;
2. decentrale inkooporganisatie;
3. gecoördineerde inkooporganisatie.

Hier lichten wij de drie hoofdvormen toe. De drie hoofdvormen zijn op elk niveau toepasbaar: voor een land, voor een divisie die bestaat uit verschillende afdelingen of voor een samenwerkingsverband van organisaties. De inrichting van een inkoopafdeling zelf kan plaatsvinden op verschillende niveaus:
- divisieniveau;
- groepsniveau;
- geografisch niveau;
- leveranciersniveau;
- artikel- of artikelgroepniveau.

11.3.1 Centrale inkooporganisatie

Bij een centrale inkooporganisatie voert één inkoopafdeling de tactische inkoop uit. Dit is vaak het geval bij grotere organisaties. Kleinere organisaties hebben meestal geen afdeling, maar een inkoper die voor deze taak is aangewezen, eventueel als onderdeel van zijn totale takenpakket.

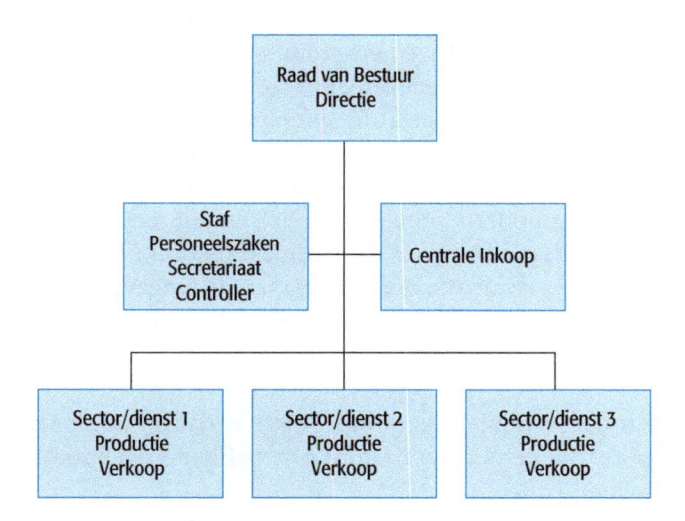

Figuur 11.2 Centrale inkooporganisatie

Voorbereiding strategische inkoopbeslissingen
Bij een centrale inkooporganisatie is de inkoopafdeling meestal verantwoordelijk voor de strategische inkoop. Strategische inkoopbeslissingen leggen de koers op lange termijn vast. Daarom doet de inkoopafdeling het voorbereidende werk, terwijl het algemeen management de besluiten neemt.

Uitvoering tactische inkoop centraal
In een centrale inkooporganisatie doen de medewerkers van de inkoopafdeling een beroep op de interne klanten bij het specificeren van de producten en diensten. Het selecteren en contracteren vindt uitsluitend plaats door

de inkoopafdeling. Uiteraard hoort de inkoopafdeling wel te zorgen voor de noodzakelijke communicatie over de voortgang en de behaalde resultaten van haar activiteiten. De interne klant moet immers met de door de inkoopafdeling afgesloten contracten werken.

Uitvoering operationele inkoop centraal of decentraal
In het geval van een centrale inkooporganisatie zijn er twee hoofdopties voor de operationele inkoop. Bij de eerste optie vindt bestellen en bewaken altijd plaats via de inkoopafdeling. Dat houdt in dat een gebruiker van een willekeurig organisatieonderdeel contact opneemt met de inkoopafdeling als hij iets wil bestellen. De inkoopafdeling keurt deze bestelling al dan niet goed, plaatst namens de gebruiker de bestelling en bewaakt de voortgang.
Bestellen en bewaken kan ook rechtstreeks door de interne klanten bij de leveranciers gebeuren, zonder tussenkomst van de inkoopafdeling. Interne klanten bestellen decentraal binnen de afspraken van de contracten, die door de inkoopafdeling zijn afgesloten. De inkoopafdeling kan hierbij een ondersteunende rol vervullen door de nodige standaardinkoopinstrumenten te ontwikkelen (bijvoorbeeld bestelformulieren en productcatalogi). Bij de optie bestellen door interne klanten zijn er rechtstreekse contacten tussen leveranciers en interne klanten. Bij een professioneel uitgebouwde organisatie geeft dit geen moeilijkheden. Wanneer de organisatie echter nog niet 'volwassen' is, bestaat het gevaar dat deze rechtstreekse contacten de toekomstige inkopen van een centrale inkoopafdeling ondermijnen. Om haar centrale positie te handhaven zal de inkoopafdeling daarom ook de operationele inkoop in de beginfase zelf uitvoeren. Als de gehele organisatie overtuigd is van de toegevoegde waarde van de centrale inkoopafdeling, kan je de operationele inkoop meer en meer aan de interne klanten overdragen.

Het voordeel van een centrale inkooporganisatie is dat de inkoopafdeling de tactische inkoopfunctie uitvoert en daardoor de behoeften gebundeld kunnen worden. Dit betekent dat je:
- optimaal gebruikmaakt van het totale inkoopvolume van de gehele organisatie (bundeling van inkoopvolumes over de verschillende afdelingen/organisatieonderdelen/divisies);
- specifieke vaardigheden (zoals contracteren) alleen maar bij de inkoopafdeling nodig hebt;
- een duidelijk aanspreekpunt voor de leveranciers creëert;
- voor draagvlak zorgt.

Het nadeel van een centrale inkooporganisatie is een mogelijk gebrek aan draagvlak voor de contracten die door de inkoopafdeling worden afgesloten. Doordat interne klanten (te) weinig worden betrokken bij de tactische inkoop, kan de acceptatie van de door de inkoopafdeling afgesloten contracten in gevaar komen.

De centrale inkooporganisatie is geschikt voor de producten en diensten die je voor meer dan één afdeling binnen de organisatie inkoopt. Bij het afsluiten van een contract kun je op papier besparingen aantonen. Dit levert pas echt geld op als iedereen zich ook houdt aan het contract. De ervaring leert echter dat interne klanten buiten deze contracten om inkopen (*maverick buying*) waardoor je de afgesproken volumes en besparingen niet realiseert.

11.3.2 De decentrale inkooporganisatie

Bij een decentrale inkooporganisatie kopen meerdere afdelingen op tactisch en operationeel niveau in. De diverse afdelingen specificeren zelfstandig wat zij nodig hebben en gaan vervolgens – zonder overleg en afstemming met andere afdelingen – leveranciers selecteren en contracteren. Vervolgens bestellen en bewaken zij ook zelf.

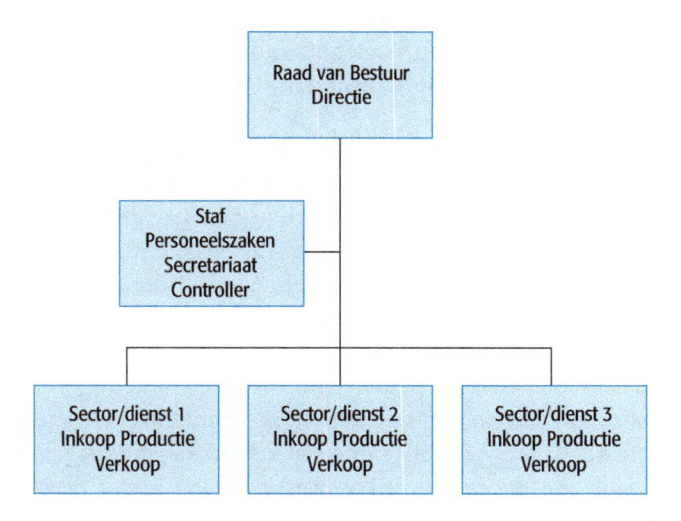

Figuur 11.3 Decentrale inkooporganisatie

Bij decentrale inkoop zijn de interne klanten rechtstreeks betrokken bij het bestellen, bewaken en opvolgen. Zij ondervinden de kwaliteits- en leveringsproblemen aan den lijve. Een ander voordeel van decentrale inkoop is dat interne klanten in de beste positie zijn om kwaliteits- en leveringsproblemen snel op te lossen, terwijl de centrale inkoopafdeling de commerciële gevolgen op de leverancier kan verhalen.

Verantwoordelijkheden decentraal beleggen
Deze vorm wordt vooral gebruikt in situaties waar het algemeen management de (inkoop)verantwoordelijkheden volledig bij een afdelingshoofd neerlegt. Als een manager resultaatverantwoordelijk is voor een afdeling, dan moet het afdelingshoofd ook de grote hoeveelheid geld zelfstandig kunnen managen en dus ook zelfstandig kunnen inkopen.

Om te voorkomen dat er te veel willekeur ontstaat, is er eventueel de afdeling inkoopondersteuning. Een centrale afdeling of een inkoper die de tactische en operationele inkoop bij de verschillende diensten ondersteunt. Voorbeelden van dergelijke ondersteuning zijn:
- Verzorgen van standaardformulieren voor:
  - offerteaanvraag;
  - offertebeoordeling;
  - leveranciersbeoordeling;
  - bestelling.
- Verzorgen van standaard(raam)contracten.
- Verspreiden van inkoopkennis: als een bepaalde afdeling op zoek is naar specifieke inkoopkennis binnen de organisatie, maar niet weet waar die inkoopkennis aanwezig is.
- Adviseren en opleiden.
- Uitvoeren van inkoopcontrol: het analyseren van de financiële administratie om te zien waar de inkoop nog verbeterd kan worden.
- Nemen van strategische inkoopbeslissingen.

Het autonome gedrag van de verschillende afdelingen is een van de grootste nadelen van de decentrale inkooporganisatie. Het gevaar bestaat dat je een op zich aantrekkelijk inkoopvolume van een totale organisatie versnipperd inkoopt. Een van de grootste voordelen van de decentrale inkooporganisatie is de acceptatie van de afgesloten contracten. Omdat de afdelingen zelf de contracten afsluiten, staan ze er ook achter en maken ze er echt gebruik van.

Voor de inkoop van producten en diensten voor één afdeling is de decentrale inkooporganisatie het meest geschikt. Een bundeling van behoeften is niet nodig. Uiteraard is het wel verstandig dat het management een duidelijk kader aangeeft voor een decentrale inkooporganisatie. Omdat de strategische inkoop de koers van de gehele organisatie op de lange termijn beïnvloedt, kan niet elke afdeling deze zelf uitvoeren. De strategische inkoopfunctie hoort bij het algemeen management. Helaas werkt dit in de praktijk niet zo goed. In veel organisaties staat het onderwerp inkoop nog niet regelmatig op de agenda van het algemeen management en krijgt het onderwerp niet de aandacht die het verdient. De verschillende afdelingen kennen daardoor geen algemene uitgangspunten voor hun inkoopactiviteiten en handelen volledig autonoom. Dit gaat uiteraard ten koste van de hele inkoopprestaties van de organisatie. Bij decentrale inkoop laat men vaak kansen liggen.

11.3.3 De gecoördineerde inkooporganisatie
De gecoördineerde inkooporganisatie neemt de nadelen van een centrale inkooporganisatie weg, zonder de voordelen aan te tasten. Een gecoördineerde inkooporganisatie houdt in dat het management het creëren van een draagvlak combineert met een bundeling van behoeften binnen de totale organisatie. De

organisatie bereikt dit door medewerkers uit verschillende afdelingen zo actief mogelijk en op een gecoördineerde wijze te betrekken bij de inkoopactiviteiten.

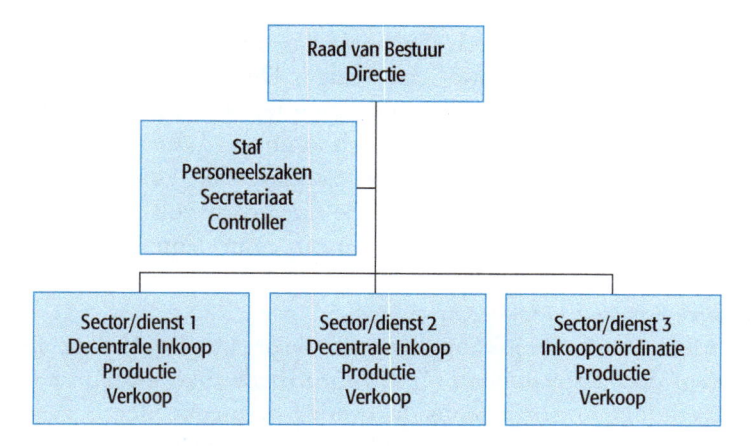

```
                    ┌─────────────────┐
                    │ Raad van Bestuur│
                    │    Directie     │
                    └─────────────────┘
                            │
          ┌─────────────────┤
          │   Staf          │
          │ Personeelszaken │
          │  Secretariaat   │
          │   Controller    │
          └─────────────────┘
                            │
      ┌─────────────────────┼─────────────────────┐
┌──────────────┐    ┌──────────────┐    ┌──────────────────┐
│Sector/dienst1│    │Sector/dienst2│    │ Sector/dienst 3  │
│Decentrale    │    │Decentrale    │    │ Inkoopcoördinatie│
│Inkoop        │    │Inkoop        │    │ Productie        │
│Productie     │    │Productie     │    │ Verkoop          │
│Verkoop       │    │Verkoop       │    │                  │
└──────────────┘    └──────────────┘    └──────────────────┘
```

Figuur 11.4 Gecoördineerde inkooporganisatie

Inkoopcoördinatie
De afdeling inkoopcoördinatie betrekt medewerkers uit diverse afdelingen bij bijvoorbeeld het ontwikkelen van inkoopbeleid. Uiteraard ligt de besluitvorming uiteindelijk bij het algemeen management. Bij de operationele inkoop speelt de afdeling inkoopcoördinatie slechts een ondersteunende rol: de interne klanten kunnen (binnen hun bevoegdheid) zelf hun bestellingen bij leveranciers plaatsen.

De tactische inkoop laat men niet door één vaste afdeling uitvoeren, maar door diverse tijdelijke inkoopteams. De afdeling inkoopcoördinatie zorgt voor een goede samenstelling van deze inkoopteams met een juiste balans in deskundigheid. Voor elk inkoopsegment dat men tactisch inkoopt, stelt de organisatie een tijdelijk multidisciplinair inkoopteam samen, bestaande uit medewerkers van betrokken afdelingen plus ondersteuning van een afdeling juridische zaken en afdeling automatisering. De organisatie bundelt inkoopvolume, kennis en ervaring en creëert tegelijkertijd draagvlak bij de medewerkers.

Multidisciplinaire inkoopteams
Een multidisciplinair inkoopteam voert de inkoop uit op een doelgerichte en projectmatige wijze. Een projectleider, de zogenoemde *lead buyer*, leidt het inkoopteam. Als het contract is afgesloten, ontbind je het inkoopteam. De lead buyer houdt na afsluiting van het contract een controlerende en coördinerende functie. Het belangrijkste voordeel van multidisciplinaire inkoopteams is dat het de onderlinge samenwerking tussen afdelingen bevordert. Bij de operationele inkoop spelen multidisciplinaire inkoopteams geen rol.

De taken van een multidisciplinair inkoopteam zijn:
- specificeren van de behoeften;
- opdoen van kennis over de inkoopmarkt;
- uitvoeren van offerteprocedures.

Een inkoopteam kan besluiten een beroep te doen op expertise die elders – binnen of buiten de organisatie – aanwezig is. Denk bijvoorbeeld aan een deskundige van een bepaalde inkoopmarkt (energie) of een productexpert bij het specificeren van in te kopen diensten (schoonmaak). Voor veel organisaties en voor veel inkoopsegmenten is het te kostbaar dergelijke kennis en ervaring zelf op te bouwen en op peil te houden. Als de organisatie zulke kennis of ervaring nodig heeft, kan men een beroep doen op een gespecialiseerde derde.

Gezamenlijke bepalen van inkoopprioriteiten
Om te bepalen voor welke inkoopsegmenten de organisatie inkoopteams samenstelt, overlegt de inkoopafdeling regelmatig met de inkoopverantwoordelijken van de diverse afdelingen. Tijdens dit overleg bespreekt men de verbetermogelijkheden per inkoopsegment, de inkoopsegmenten waarvan de contracten aflopen of waar andere ontwikkelingen spelen zoals een naderend faillissement van een belangrijke leverancier of een acute schaarste aan grondstoffen. Op grond van deze gesprekken bepaalt de organisatie welke inkoopteams welke acties wanneer gaan uitvoeren.

11.4 Functieprofielen inkoop

Functieprofielen zijn er in alle soorten en maten en dat is bij de inkoopfunctie niet anders. Daarom hebben we in dit hoofdstuk de meest voorkomende profielen op een rij gezet en voor elk profiel een korte karakteristiek beschreven. Wat opvalt is dat voor veel vacatures in Intermediair of op Monsterboard.nl deze functiebenamingen vervangen zijn door Engelstalige termen als corporate procurement officer of supply chain manager. De inhoud van de functie is echter vaak hetzelfde als bij de traditionele functienamen.

Directeur inkoop
Een directeur inkoop werkt vooral bij grotere of internationaal georiënteerde bedrijven. Hij zorgt voor aansturing van een aantal managers inkoop en rapporteert rechtstreeks aan het hoogste management, vaak de Raad van Bestuur of hij maakt daar deel van uit. In hoofdlijnen vervult een directeur inkoop dezelfde strategische taken als een manager inkoop van een kleinere organisatie.

Manager inkoop
Een manager inkoop ontwikkelt inkoopbeleid voor interne klanten, leveranciers en medewerkers inkoop. Hij formuleert (eventueel in samenwerking met de directie) concrete doelstellingen voor de inkooporganisatie en maakt de

inkooporganisatie duidelijk wat deze doelstellingen zijn. Ook een manager inkoop legt verantwoording af aan de directie of is zelf lid van de directie.

Naast het opstellen van beleid en het formuleren van doelstellingen, stuurt een manager inkoop de medewerkers van de inkooporganisatie aan en zorgt hij voor goede arbeidsomstandigheden, waardoor deze medewerkers zich kunnen ontwikkelen.

Een voorbeeld van een functieprofiel van een inkoopmanager bij het VU Medisch Centrum geeft een beeld van de taken van een inkoopmanager.

INKOOPMANAGER
Afdeling/dienst: Facilitair Bedrijf/Inkoop en Logistiek
Werktijd: 36 uur per week

Algemeen:
De werkzaamheden rond inkoop en logistiek (post, goederenontvangst, voorraadbeheer) zijn binnen het facilitair bedrijf samengebracht in een nieuwe sectie, die bestaat uit drie inkoopteams, drie logistieke teams en een team beheer (circa 40 fte).
De sectie moet de ambities van het VUmc op het gebied van kwaliteitsreputatie, financieel gezond en koploper in patiëntenlogistiek helpen realiseren.

Functie-inhoud:
De manager zorgt, samen met de teams, voor:
- regie over de inkooplogistieke functie op strategisch, tactisch en operationeel niveau;
- bedrijfsmatige aansturing van de inkoop (logistieke) keten van leverancier tot en met de decentrale klant, met inkoopplanning, leveranciersmanagement en contractbeheer;
- verbetering van de kwaliteit en effectiviteit van het inkooplogistieke proces en verdere ontwikkeling van het geïmplementeerde ERP-systeem;
- aantoonbare inkoopresultaten op een inkoopvolume van circa € 180 miljoen en aansluitend operationele besparingen;
- eigentijds humanresourcesmanagement.

De inkoopmanager vertaalt de inkoopvisie naar uitvoerbaar beleid, inspireert daarmee klanten en medewerkers en stuurt op resultaat.

Hij speelt in op interne en externe belangen en overbrugt tegenstellingen met tact en diplomatie. De inkoopmanager werkt vanuit dienend leiderschap.

Functie-eisen:
U hebt een bedrijfskundige achtergrond en een relevante opleiding op academisch niveau, ervaring als leidinggevende in grotere organisaties en heeft aantoonbare affiniteit met inkoop en logistiek. Ervaring met een ERP-systeem zien wij als een pre.

Bron: VU medisch centrum, maart 2008.

Purchasing engineer
Een purchasing engineer komt, anders dan veel inkopers, niet uit de commerciële hoek, maar heeft een technische achtergrond. HTS-ers bedrijfskunde vervullen deze functies meestal, omdat een purchasing engineer de contacten onderhoudt met de afdeling R&D. Alleen iemand met een technische achtergrond kan een volwaardig gesprekspartner zijn voor een dergelijke afdeling.

Senior/medior/junior inkoper
Een inkoper is verantwoordelijk voor de inkoop van een bepaalde groep producten, leveranciers of organisatieonderdelen. Ze zijn senior, medior of junior, afhankelijk van hun ervaring. Het is niet ongewoon dat een senior inkoper de medior en junior inkopers aanstuurt. Soms levert een senior inkoper een bijdrage aan het ontwikkelen van inkoopbeleid. Een inkoper legt verantwoording af aan een manager inkoop en/of een senior inkoper.
Een inkoper analyseert voor zijn verantwoordelijkheidsgebied binnen de organisatie wat de behoefte is. Hij geeft advies over inkooptrajecten aan budgethouders en maakt vaak deel uit van multidisciplinaire inkoopteams, waar hij de expertise over de inkoop inbrengt.
Voor een inkoper is de belangrijkste doelstelling vroegtijdig ingeschakeld te worden bij projecten voor nieuwe producten of processen zodat hij op tijd inkoopkennis kan inbrengen. Daarnaast adviseert hij de inkoopmanager bij problemen in het operationele inkooptraject en geeft hij aan waar effectiever of efficiënter kan worden gewerkt.

Corporate inkoper
Een corporate inkoper is een zeer zware senior inkoper, die concernbrede inkooptrajecten uitvoert en daarvoor concernbrede contracten afsluit. Een corporate inkoper vinden we vooral bij multinationals of zeer grote bedrijven. Een corporate inkoper heeft dezelfde capaciteiten als een senior inkoper, maar heeft vaak meer ervaring.

Projectinkoper
Een projectinkoper is een ervaren seniorinkoper en houdt zich alleen maar bezig met het inkopen voor projecten, met name van investeringsgoederen. In de offshore-industrie tref je veel projectinkopers aan. Bijvoorbeeld als Shell investeert in de ontwikkeling van een booreiland, zullen projectinkopers zorgen voor de inkoop van het bouwen, installeren en onderhouden van een booreiland.

Handelsinkoper
Een handelsinkoper zit van alle inkopers het dichtst op het verkopende deel van de organisatie. Zijn taak is om via aansprekende productpresentaties verkopers binnen zijn organisatie ervan te overtuigen dat het in te kopen product goed zal gaan verkopen. Daarnaast heeft een handelsinkoper veel te maken met

reclameacties en is zijn organisatie veelal vertegenwoordiger van merken. Een specifieke vereiste voor een handelsinkoper is dat hij vooruit moet kunnen lopen op trends. In retailorganisaties wordt deze functie soms category manager genoemd. Dan is de inkoper niet alleen verantwoordelijk voor de inkoop, maar ook voor de marge op producten en het succesvol introduceren van nieuwe producten.

Inkoopassistent
De inkoopassistent is verantwoordelijk voor het plaatsen van de bestelorders bij de leveranciers, het opvolgen en bewaken van deze bestellingen en het corrigeren van fouten bij aflevering of facturering. De inkoopassistent wordt ook wel operationeel inkoper of besteller genoemt.

Inkoop- en/of aanbestedingsjurist
Vooral bij grote of internationale bedrijven en overheidsorganisaties maakt een inkoop- en/of aanbestedingsjurist deel uit van de organisatie. Dit is geen overbodige luxe, gezien de belangen die opdrachtgevers en leveranciers tegenwoordig hebben, zowel financieel als juridisch. Voor kleinere organisaties die geen financiële ruimte hebben voor het in dienst nemen van een gespecialiseerde inkoopjurist, rest niets anders dan een jurist inhuren als het nodig is.

Inkoopcontroller
Het periodiek herhalen van een inkoopdiagnose valt onder de verantwoordelijkheid van de inkoopcontroller. Hij vormt de basis voor het continu verbeteren van de inkoopfunctie en door zijn aanwezigheid kan de manager inkoop ook echt managen. Het woord controller komt van het Engelse begrip *control*, dat beheersen of besturen betekent en het gaat dus nadrukkelijk niet om het Nederlandse woord 'controleren', dat meer te maken heeft met inspecteren of goedkeuren.

Echt grip op de inkoopfunctie wordt verkregen met het periodiek uitvoeren van activiteiten uit de standaard plannings- en controlcyclus. Een periodiek uitgevoerde spend-analyse is daar een onderdeel van. Onder inkoopcontrol wordt verstaan: het uitvoeren van de spend-analyses, de organisatorische inbedding daarvan en de werkwijze rondom het omgaan met analyses en opvolging van acties. Inkoopcontrol kan een bijdrage leveren aan de professionalisering van de inkoopfunctie. Inkoopcontrol levert naast informatie voor de inkoopafdeling (zoals welke contracten worden wel/niet gebruikt, met welke leveranciers moet de facturering besproken worden en in welke inkoopsegmenten kan tot consolidatie worden overgegaan), ook tot informatie voor de concernleiding en het management van afdelingen (zoals wie de belangrijkste leveranciers zijn, voor welke segmenten gebruiken mijn mensen andere leveranciers dan de rest van de organisatie). Deze informatie verschaffen aan alle betrokkenen is een pijler onder de inkoopcontrolfunctie.

> Een belangrijk voordeel van inkoopcontrol ten opzichte van een eenmalige spend-analyse is de mogelijkheid om contractcompliance in te voeren. Contractcompliance duidt op het gebruikmaken van concernbrede raamcontracten, die systematisch gevolgd en geanalyseerd worden. Het niet volgen van de concerncontracten (non-compliance) kan een incident zijn. Als het jaar na jaar voorkomt, is de kans daarop aanzienlijk geringer en de noodzaak voor analyse en mogelijk correctie groter.
>
> Bron: Inkoop voorbij 2004 (NEVI, 2004), hoofdstuk 'Inkoopcontrol, compliance en de box' door Jan Telgen.

11.5 Inkoopprocedures en -methoden

Als de inkooporganisatie is bepaald, dan moeten de inkoopprocedures worden vastgelegd. Bij het inkoopproces zijn meerdere afdelingen en medewerkers betrokken. Organisaties zijn namelijk 'verplicht' inkooptaken verspreid in de organisatie neer te leggen in het kader van functiescheiding. Bestellen, ontvangen, registreren en betalen van ingekochte producten en diensten moet in vier verschillende handen liggen. Functiescheiding voorkomt fraude.

Daar waar verschillende afdelingen en medewerkers betrokken zijn bij de uitvoering van de verschillende inkoopactiviteiten is een goede overdracht essentieel. Hoe weet een magazijn wat de keuken besteld heeft? Hoe weet een administratie of de factuur correct is? Hoe weten een aanvrager en een inkoopassistent wat een inkoper heeft afgesproken met een leverancier? Overdracht vraagt om afspraken en coördinatie. Met voorschriften en procedures wordt duidelijk wat men van elkaar kan en mag verwachten.

11.5.1 Verschil tussen inkoopprocedures en -methoden

De voorschriften zijn onder te verdelen in inkoopprocedures en inkoopmethoden.

Procedures geven stapsgewijs en zo gedetailleerd mogelijk aan wie welke handelingen uitvoert. Voorbeelden zijn een bestelprocedure en een procedure voor factuurafhandeling.

Methoden geven aan hoe men een bepaalde handeling uitvoert en welke instrumenten men daarbij gebruikt of kan gebruiken. Voorbeelden van deze instrumenten zijn algemene inkoopvoorwaarden, modelcontracten, leverancierscriteria, beoordelingsformulieren, bestelformulieren en checklists.

In het inkoopbeleid staan de uitgangspunten voor het opstellen van procedures en methoden. De beschrijving van de inkooporganisatie vormt hiervoor de leidraad. De procedures en methoden beschrijven op grond hiervan het inkoopproces. De beschrijving van het inkoopproces volgt uit de beschrijving van de inkooporganisatie, waarin je op hoofdlijnen de taken, bevoegdheden en verantwoordelijkheden van de betrokken medewerkers vastlegt.

Inkoopprocessen lopen per definitie door afdelingen heen. Een inkoopprocedure raakt dan ook meer dan één afdeling. Om aansluiting te krijgen bij de werkwijze van de betrokken afdelingen, is het nodig die afdelingen te betrekken bij de uitwerking van de inkoopprocedures. Zo stel je inkoopprocedures op voor iedereen en is er alle reden volgens de afgesproken inkoopprocedure te werken. Na bekendmaking van de procedures begint het eigenlijke werk pas: het bewaken van de navolging van de procedures.

Het is aan te raden de inkoopprocedures, net zoals alle andere procedures, schematisch vast te leggen (zie figuur 11.5 voor een voorbeeld). Dat voorkomt lange beschrijvingen die moeilijk toegankelijk zijn en waar dus nooit meer iemand naar kijkt. Een stroomschema met een korte instructie is eenvoudig te lezen en men kan dingen gemakkelijk terugzoeken. Stroomschema's maken ook snel duidelijk hoe het inkoopproces verloopt, wat handig is voor nieuwe en tijdelijke medewerkers.

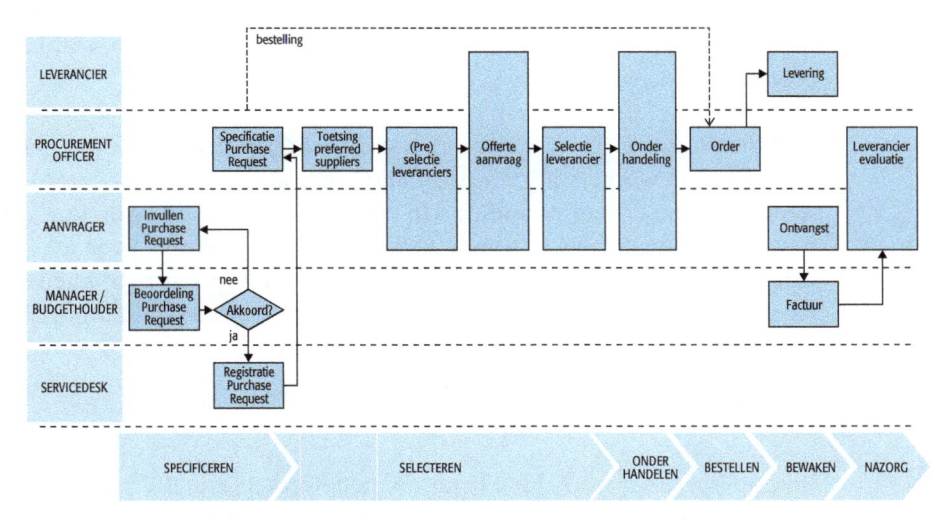

Figuur 11.5   Processchema inhuur externen AXA Verzekeringen, maart 2007

11.5.2 Uitwerking inkoopactiviteiten in inkoophandboek
Voorbeelden van activiteiten die organisaties in procedures kunnen opnemen zijn:
- opstellen van programma van eisen;
- aanvragen van offertes;
- beoordelen van offertes;
- contracteren van leveranciers;
- uitvoeren van contractbeheer;
- beoordelen van prestaties;
- uitvoeren van relatiebeheer;

- bestellen van producten en diensten;
- afhandelen van facturen.

De procedures verwijzen naar de methoden en instrumenten die bij de uitvoering van het inkoopproces gehanteerd moeten worden. Het totaal van procedures en methoden voor inkoop kan worden opgenomen in een inkoophandboek.

Op welk detailniveau methoden moeten worden uitgewerkt, is afhankelijk van de grootte en complexiteit van de organisatie. Voor een organisatie met een inkoopvolume van vier miljoen euro en een grotendeels centrale inkooporganisatie, is het bijvoorbeeld niet noodzakelijk een modelprogramma van eisen op te stellen. De inspanningen wegen dan niet op tegen de voordelen. Voor een organisatie met een inkoopvolume van zeventig miljoen euro ligt dit wel voor de hand. Daar waar verschillende medewerkers inkoopbevoegdheden hebben, zijn – ongeacht de grootte van een organisatie – inkooptools als een modelprogramma van eisen en een modelofferteaanvraag handige instrumenten om het inkoopproces zo veel mogelijk te uniformeren en medewerkers bij het inkoopproces te ondersteunen.

Het meest essentiële van procedures en methoden is dat het management deze naar de medewerkers in de organisatie communiceert. Procedures veranderen steeds. Indien er iets verandert aan de werkwijze of de structuur van één of meer afdelingen, kan het noodzakelijk zijn de procedures voor inkoop ook te veranderen. Veranderingen moeten in afstemming tussen betrokken afdelingen tot stand komen en de inkoopafdeling moet deze goed communiceren naar alle betrokkenen.

11.6 Inkoop en HRM

Inkoop is mensenwerk. Hoe beter de medewerkers zijn die beslissingen nemen, hoe beter de inkoopprestaties. Humanresourcesmanagement (HRM) is de visie waarin het menselijk kapitaal als belangrijke bron wordt gezien voor het verwezenlijken van organisatiedoelstellingen en waarbij de inzet en het management hiervan een integraal onderdeel vormen van de organisatiestrategie. HRM omvat activiteiten die nodig zijn om de organisatie van voldoende personeel te voorzien en om de prestaties tot een hoog niveau op te voeren. Op de arbeidsmarkt is in inkoopfuncties geen balans tussen de vraag naar en het aanbod van gekwalificeerde inkoopmedewerkers. Dat geldt zowel voor het (middel)management als voor staffuncties in inkoop-ict, projectmanagement en businessdevelopment. De competenties die de inkopers nodig hebben vormen het startpunt voor HRM.

11.6.1 Competentie van inkopers

Iedere inkoper dient te beschikken over bepaalde eigenschappen die passen bij het niveau waarop hij moet functioneren; een bepaalde combinatie van kennis, vaardigheden en houdingen, die aansluit bij de eisen die je aan de functie van inkoper stelt. De beroepsvereniging van inkopers (NEVI) gaat uit van 29 mogelijke competenties voor een inkoper.

De functie van inkoper is een veelzijdige functie. De inkoper fungeert als de spreekwoordelijke duizendpoot binnen de organisatie en die duizend pootjes hebben allemaal hun functie. Wat zijn nu de belangrijkste competenties?

Integraal denken
De inkoper is in staat alle aspecten van en gevolgen voor de gehele organisatie te betrekken bij acties en beslissingen. Een inkoper moet zich bij het doorlopen van een inkoopproces continu realiseren wat de gevolgen kunnen zijn voor de organisatie. Een verandering van leverancier kan betekenen dat de logistiek anders wordt, dat mensen op een andere manier gaan bestellen en dat betaling van facturen ook anders gaat verlopen. Zaken waarmee de inkoper allemaal rekening moet houden bij het inkopen zelf, maar nog meer bij het implementeren van de nieuwe contractafspraken. De inkoper moet goed kunnen generaliseren. Dit wordt ook wel de helikopterview genoemd.

Communiceren
De inkoper kan relevante informatie in heldere en correcte taal overbrengen, zowel mondeling als schriftelijk, zodanig dat de essentie bij anderen overkomt en wordt begrepen. Goed communiceren is essentieel voor de inkoper. Het volstaat niet meer om alleen een goed verhaal te hebben. De inkoper moet het ook over kunnen brengen, kunnen verdedigen en op een juiste manier presenteren.

Klantgerichtheid
De inkoper kan de wensen en behoeften van de interne klant vaststellen en hierop inspelen of vooruitlopen. Niet achter het bureau blijven zitten, maar actief handelen richting klant. Goed luisteren en meedenken over wat de klant wil, zijn belangrijke vaardigheden.

Van procesuitvoerder naar procesmanager

Bij de traditionele manier van inkopen, en die tref je zeker nog aan, is het zo dat de inkoper zich concentreert op de uitvoering van zijn inkoopproces. We zeggen bewust 'zijn' inkoopproces, want de traditionele inkoper is intern gericht en reageert pas als de interne klant bij hem aanklopt. Consciëntieus als de inkoper is, stort hij zich dan vol overgave op de activiteiten die bij iedere inkoopprocesfase horen. Als je 'pech' hebt, schrijft de inkoper voor de interne klant zelfs het programma van eisen, dienstverlenend als hij is.

En dat is nu juist niet de bedoeling. De inkoper nieuwe stijl is in opkomst en zijn karakter kenmerkt zich door een proactieve houding en inlevingsvermogen voor wat de interne klant bezighoudt. Hij gedraagt zich als de verkondiger van de inkoopboodschap en zorgt ervoor dat de interne klant begrijpt hoe het inkoopproces in elkaar zit en waar hij op moet letten bij het formuleren van zijn eisen. Van procesuitvoerder zal de inkoper zich ontwikkelen tot procesmanager en zo kan hij van nog meer toegevoegde waarde zijn voor zijn interne klant.

De procesmanager draagt zorg voor de adequate uitvoering van de huidige processtappen. De procesmanager analyseert, verbetert en innoveert de bedrijfsprocessen binnen de organisatie. Hij is verantwoordelijk voor zowel het beheer van de processen als voor de procesverbetering, -vernieuwing en -innovatie.

De procesmanager rapporteert aan een proceseigenaar (lid van het MT), die zorg draagt voor de besluitvorming (concrete procesdoelen en prioriteiten in verbeterprojecten) en het ter beschikking stellen van de vereiste middelen. Het MT besluit gemeenschappelijk over verbetervoorstellen die over meerdere processen en afdelingen heen reiken. De functioneel leidinggevenden dragen uiteindelijk de verantwoordelijkheid voor de invoering van verbetervoorstellen.

De inkoper als procesmanager:
- verbetert resultaatgericht de efficiency en effectiviteit van de inkoopprocessen binnen de organisatie. Concrete doelstellingen staan in procesdashboards;
- ontwerpt nieuwe inkoopprocessen en ondersteunt functioneel leidinggevenden bij de implementatie van die (nieuwe) inkoopprocessen;
- is eindverantwoordelijk voor de integriteit van het gehele gedefinieerde inkoopproces en voor de borging daarvan. Dat betekent dat er niets in het inkoopproces kan worden gewijzigd zonder instemming van de procesmanager (en besluitvorming door de proceseigenaar);
- introduceert inkoopprocesgericht denken bij de interne medewerkers. De procesmanager draagt nieuwe kennis en vaardigheden over aan collega's binnen de organisatie;
- bewaakt het zo veel mogelijk generiek maken en houden van de inkoopprocessen;
- bepaalt de mogelijkheden en onmogelijkheden van ict en internet als ondersteunende middelen voor de inkoopprocessen. De procesmanager stemt de prioriteiten in de afhandeling van ict-vragen (calls en RFC's) direct af met de betrokken ict-afdelingen;
- is bij veranderingen in de organisatie, producten en processen (via projecten, kleine wijzigingen en dergelijke) van het begin tot het einde betrokken en in de lead op het inkoopprocesontwerp en inrichting;
- vertaalt toekomstige businesswensen, opdrachten en projecten in voorstellen voor nieuwe en gewijzigde inkoopprocesinrichting.

Planning- en organisatietalent
De inkoper is in staat op effectieve wijze doelen en prioriteiten te bepalen en de benodigde acties, tijd en middelen aan te geven om bepaalde doelen te kunnen bereiken. Dit geldt voor het dagelijkse werk van de inkoper en voor de projecten die de inkoper voor of namens de interne klanten uitvoert.

Samenwerken
De inkoper kan actief bijdragen aan het realiseren van gemeenschappelijke organisatorische doelen met anderen binnen en buiten de eigen organisatie. Naast communiceren is samenwerken belangrijk voor de inkoper. Alleen redt een inkoper het niet en de interne klant evenmin. Natuurlijk kan een goede inkoper in zijn eentje een programma van eisen uitwerken, maar dan weet hij nog niet of dat ook is wat de interne klant wil. Het gevolg is dat de inkoper iets voordelig inkoopt wat de interne klant niet kan gebruiken. Omgekeerd kan de interne klant zijn eisen en wensen op papier zetten, maar de kans is groot dat hij dingen over het hoofd ziet of verkeerd verwoordt. Het gevolg is dat de klant krijgt wat hij wil maar met te veel inspanningen en tegen te hoge kosten. Binnen een samenwerkingsproces komt de adviesrol van de inkoper meer en meer naar voren: heb je gedacht aan het onderhoud, hoelang wil je onderhoud, welk serviceniveau heb je nodig? Allemaal vragen waarmee de inkoper in staat is zich te profileren als adviseur bij de uitvoering van het inkoopproces.

Sensitiviteit
De inkoper kan in het contact met anderen laten merken dat hij de gevoelens, houding en motivatie van de anderen onderkent. Hij kan de eigen invloed op anderen inschatten en hier rekening mee houden. De inkoper moet doelmatig blijven handelen en zich aanpassen aan veranderende omgevingen, omstandigheden, taken, verantwoordelijkheden of mensen.

Probleemoplossend vermogen
Een inkoper kan een probleem ontleden in delen, de herkomst en de interne samenhang ervan beschrijven met als doel het probleem effectief op te lossen. De inkoper wordt continu met problemen (of uitdagingen) geconfronteerd: van operationele problemen als een ontbrekend inkoopordernummer bij de aflevering tot een strategisch probleem als een bepaalde interne klant zich niet houdt aan het inkoopbeleid en buiten de inkoopafdeling overgaat tot grote investeringen.

Overtuigingskracht
De inkoper kan ideeën, standpunten en plannen op een aannemelijke manier aan anderen duidelijk maken zodat zij, ook na aanvankelijke twijfels, hiermee instemmen. De traditionele inkoop van reactief reageren en concentreren op het eigen inkoopproces is niet meer van deze tijd. De inkoper nieuwe stijl is proactief en gaat voor samenwerking en resultaten. Daar is durf voor nodig,

zeker in organisaties waar het woord inkoop in vroegere tijden synoniem stond voor administratief werk en ellenlange procedures. Als de inkoper vervolgens het beleid mag invoeren, komt een fikse portie daadkracht voor het implementeren ook van pas. Niets is zo dodelijk voor een inkoopafdeling als plannen maken die niet of maar half worden uitgevoerd.

Onderhandelen
De inkoper kan vanuit eigen standpunten en argumenten door middel van effectief communiceren gemeenschappelijke doelen bereiken die geaccepteerd worden door iedereen in de organisatie. Een inkoper onderhandelt niet alleen met leveranciers, maar ook binnen zijn eigen organisatie is hij een aanzienlijk deel van zijn tijd kwijt aan onderhandelingen: onderhandelingen met zijn interne klant over onder andere programma's van eisen, planningen van projecten en beoordelingsresultaten. Ook onderhandelingen met zijn leidinggevende over strategische of tactische inkoopkeuzes vragen tijd. In feite zit de inkoper vaak tussen twee vuren in: enerzijds de belangen van zijn interne klant en anderzijds de belangen van de leveranciers. Het laveren tussen deze twee vraagt ervaring. Dit doe je niet zomaar als je net afgestudeerd bent. Wat helpt, is mee kijken met een ervaren inkoper, waardoor je de eerste beginselen kunt leren.
Andere competenties die hierbij van pas komen zijn integriteit, creativiteit en resultaatgerichtheid. Integriteit is belangrijk omdat een leverancier het onderste uit de kan zal willen halen om de opdracht binnen te slepen. Dan moet je als inkoper af en toe sterk in je schoenen staan. Creativiteit is een andere competentie. Het is handig als je origineel bent en je bij het bedenken van creatieve oplossingen niet laat hinderen door bestaande grenzen of beperkingen. Ten slotte moet je wel resultaatgericht zijn, waarbij het gaat om besparingen én kwalitatieve verbeteringen die (in)direct geld opleveren.

Juridisch inzicht
De inkoper beschikt over voldoende juridisch inzicht over met name contracten, zodat deze kennis in probleemsituaties kan worden ingezet.

11.7 Inkoop en ethiek

Geld besparen door integer zaken te doen. Kan dat? Jazeker! Het komt steeds vaker voor dat er integer, ethisch of duurzaam ingekocht wordt. Bovendien helpt de actualiteit ook mee. De kranten staan vol over kinderarbeid in China of de effecten van groene stroom op het kappen van regenwouden. Het gaat dus niet alleen om geschenken, etentjes, studiereizen of steekpenningen.

Integer zakendoen gaat verder. Weet de organisatie precies waar de ingekochte producten en diensten vandaan komen? Worden ze gemaakt door bedrijven waar de arbeidsvoorwaarden slecht zijn? Of koopt de organisatie in bij leveranciers die dictatoriale regimes financieel steunen? Globalisering en internet leiden er toe dat inkopers achter hun eigen bureau zakendoen met partijen over de hele wereld zonder ze daadwerkelijk te ontmoeten. Onherroepelijk komt het een keer aan het licht als de organisatie nog koopt bij een ethisch onverantwoorde leverancier. Naomi Klein schreef de bestseller *No Logo* over dit onderwerp. De parlementaire enquête over de bouwfraude heeft onverbloemd duidelijk gemaakt hoe inkopers beïnvloed kunnen worden door hun leveranciers. De gevolgen van niet-integer zakendoen zijn aantasting van het imago en financiële schade, vaak vele malen groter dan de financiële voordelen die behaald zijn bij de inkoopdeal. Ethisch handelen is nodig.

De NEVI heeft een gedragscode ontwikkeld. Uitgangspunt van deze beroepscode is dat het management van een organisatie ethisch gedrag dient aan te moedigen. Voor een verantwoorde uitoefening van de inkoopfunctie zijn de volgende uitgangspunten onmisbaar:
- Loyaal zijn ten opzichte van de organisatie. De medewerker dient het ondernemingsbelang (in plaats van persoonlijke belangen of gevoelens) als uitgangspunt te nemen bij de uitoefening van zijn functie. Daarmee dient hij tevens het belang van de afnemers van producten en diensten van de organisatie.
- Leveranciers en klanten rechtvaardig behandelen. De inkoper dient een positieve relatie met leveranciers en de klanten te onderhouden, waarbij ook de belangen van de leverancier en de klant in het oog moeten worden gehouden.
- Eerlijke concurrentie ondersteunen. Relevante leveranciers moet een gelijke mogelijkheid worden geboden om mee te dingen naar opdrachten.
- Reputatie van het beroep hoog houden. Een reputatie van betrouwbaarheid is noodzakelijk voor het goed functioneren van de inkoopmedewerkers.

Zoals alle burgers dienen ook de medewerkers binnen de inkoop zich te houden aan de nationaal en internationaal geldende wetten. Aan zakendoen in het buitenland kunnen andere eisen worden gesteld. De wetgeving van en handelsgebruiken in bepaalde landen kunnen afwijkend zijn van die in Nederland of België. Wanneer het desbetreffende land lagere eisen stelt, dient een medewerker zich te gedragen naar de plaatselijk geldende wetten. Als individueel persoon blijf je dus altijd aanspreekbaar op je gedrag. Maar ongewenste praktijken kunnen niet worden tegengegaan door alleen een gedragscode op te stellen. Hiervoor is een cultuurverandering nodig die tijd kost.

11.8 Samenvatting

Inkoopactiviteiten worden onderscheiden naar strategische, tactische en operationele activiteiten. Zonder structuur in deze activiteiten functioneert de inkooporganisatie niet.

Er zijn drie hoofdvormen te onderscheiden, die aan de basis liggen van elke inkooporganisatie, namelijk de centrale inkooporganisatie, de decentrale inkooporganisatie en de gecoördineerde inkooporganisatie. De organisatie kan procedures op verschillende detailniveaus beschrijven in een inkoophandboek. Naarmate een organisatie groter is, de aansturing van medewerkers minder direct of de doorstroom van personeel groter is, wordt het belangrijk procedures gedetailleerder te beschrijven.

Inkoop is mensenwerk. Betere inkoopprestaties vereisen dat inkopers werken aan hun competenties als onderdeel van humanresourcesmanagement.

De gevolgen van niet-integer zakendoen zijn aantasting van het imago en financiële schade en kunnen vele malen groter zijn dan het financiële voordeel dat gerealiseerd is bij de inkoopdeal. Ethisch handelen is nodig, ook bij inkoop.

Toetsvragen

1. Noem ten minste drie taken van de inkoopfunctie op achtereenvolgens strategisch, tactisch en operationeel niveau.
2. Welke organisatievormen worden onderscheiden voor de inkoopfunctie?
3. Wat zijn de voor- en nadelen van achtereenvolgens de centrale en de decentrale inkooporganisatie?
4. Geef in eigen woorden een beschrijving van de gecoördineerde inkooporganisatie.
5. Geef een functieprofiel voor een manager inkoop.
6. Geef een functieprofiel van een purchasing engineer.
7. Waarom is humanresourcesmanagement ook belangrijk voor inkoop?
8. Wat is het verschil tussen inkoopprocedures en inkoopmethoden?
9. Waarom is ethisch inkopen belangrijk?
10. Welke richtlijnen geeft NEVI voor ethisch inkopen?

Eindcase

TopShoe Retailgroep zoekt inkoper

TopShoe Retailgroep, is een toonaangevende en dynamische winkelketen op het gebied van schoenen, vrijetijdskleding en sportartikelen met vijf succesvolle winkelformules in de Benelux.

Het familiebedrijf, dat in 1935 werd opgericht, exploiteert ruim 500 vestigingen in de Benelux en er zijn 4000 mensen werkzaam. Het hoofdkantoor is gevestigd in Brussel. Vanuit hier vindt de centrale ondersteuning plaats op het gebied van inkoop, merchandising, finance, ict, Human Resource Management, marketing en logistiek.

De formules van de TopShoe Retailgroep kenmerken zich door klantgericht handelen en veranderbereidheid. De komende jaren zal de organisatie zich voornamelijk richten op het succesvol verder uitrollen van haar vernieuwde winkelconcept en verdere professionalisering.

In Nederland worden de formules aangestuurd vanuit het hoofdkantoor in Amsterdam. TopShoe is met 130 vestigingen bekend als de grootste en vooral leukste schoendiscounter van Nederland. TopShoe is veelal gevestigd aan de rand van de binnenstad en biedt de meest actuele dames-, heren- en kindercollecties in kleding en schoenen tegen scherpe prijzen. Het afgelopen jaar zijn 30 vestigingen totaal vernieuwd. De komende jaren zullen alle filialen in versneld tempo een verbouwing ondergaan volgens dit nieuwe concept.

In België is SchoenDiscount de tegenhanger van TopShoe met 180 vestigingen. De organisatie kent een platte structuur en veel dynamiek. De cultuur kan het best omschreven worden als dynamisch, no-nonsense, open en hands-on. Ondernemerschap, teamwork, betrokkenheid en flexibiliteit worden erg gewaardeerd.

TopShoe Retailgroep is op zoek naar een gedreven en ervaren Inkoper Damesmode.

Functieomschrijving inkoper damesmode
Als inkoper damesmode bent u verantwoordelijk voor het gehele proces van ontwikkeling en inkoop tot aan verkoop in de winkels en een optimale beheersing van voorraden en beschikbaarheid van de verschillende eigen merken die TopShoe Retailgroep in zijn winkels voert.

Kenmerkend voor deze merken is het dynamische aspect, veroorzaakt door het snel wisselen van trends. Als inkoper weet u hier goed op in te spelen. U bent eindverantwoordelijk voor omzet en marge van uw artikelgroep. In deze functie werkt u nauw samen met uw collega-inkopers, styling en de productcoördinatoren. U wordt ondersteund door inkoopassistenten, logistieke assistenten en merchandisers.
Het frequent analyseren van de verkoopresultaten en voorraden behoort tot uw taken en u stuurt indien nodig bij. U draagt zorg voor een optimale samenstelling van het assortiment en een tijdige beschikbaarheid van de artikelen in de filialen.

Uiteraard stelt u samen met de businessunitmanager en productcoördinator het inkoopplan op en u benut commerciële kansen. Om gevoel te krijgen bij nieuwe ontwikkelingen en ideeën op te doen voor artikelen, hebt u intensief contact met fabrikanten in Europa en het verre oosten en bent u goed op de hoogte van de ontwikkelingen bij concurrenten en in de markt. Daarnaast bezoekt u toonaangevende beurzen en steden en weet u nieuwe trends te vertalen naar uw doelgroep en producten.

U werkt nauw samen met bestaande leveranciers, brengt artikelen bij hen onder en onderhandelt over prijzen. Vervolgens draagt u zorg voor de follow-up, waarbij u monsters kwalitatief keurt. Ook acties op de winkelvloer worden op regelmatige basis door u bedacht en tot uitvoer gebracht. U rapporteert aan de productcoördinator.

Functie-eisen inkoper
U beschikt over hbo werk- en denkniveau en heeft ruime ervaring als inkoper in de retail, bij voorkeur in (dames)mode. Goede kennis van primair de Nederlandse en Belgische markt op damesmodegebied is onontbeerlijk. Uiteraard hebt u passie voor en gevoel bij de vooral jongere doelgroep van TopShoe Retailgroep, voelt u marktontwikkelingen feilloos aan en weet u deze te vertalen naar een optimale en modieuze collectie. Gezien het trendy karakter van de merken, kunt u snel schakelen en hebt u een echte handelsgeest. U beschikt over sterke commerciële, analytische en organisatorische vaardigheden en bent cijfermatig goed onderlegd. Uw manier van werken is planmatig, gestructureerd en zorgvuldig. Als persoon staat u stevig in uw schoenen, u neemt initiatief en bent resultaatgericht. Daarnaast hebt u de nodige creativiteit. U denkt in oplossingen en neemt uw verantwoordelijkheden. In een dynamische omgeving, waar stressbestendigheid en flexibiliteit belangrijk zijn, voelt u zich thuis.

Uiteraard bent u communicatief sterk en bezit u goede onderhandelingsvaardigheden. Een no-nonsense mentaliteit en een praktische instelling kenmerken u. Zowel in een team als zelfstandig functioneren is voor u geen probleem. U bent bereid meerdere malen per jaar te reizen en beschikt over goede kennis van de Engelse taal. Kennis van het automatiseringssysteem SAP is een pre.

TopShoe Retailgroep biedt een uitdagende, veelomvattende spilfunctie op managementniveau in een dynamische, gezonde en toonaangevende retailonderneming met goede primaire en secundaire arbeidsvoorwaarden.

Vragen

1. Noem ten minste drie taken van de inkoopfunctie op achtereenvolgens strategisch, tactisch en operationeel niveau bij de TopShoe Retailgroep.
2. De TopShoe Retailgroep heeft de inkoop voor alle winkelformules in de Benelux gecentraliseerd. Bespreek de voor- en nadelen van de drie hoofdvormen van de inkooporganisatie van de TopShoe Retailgroep.
3. Geef een onderbouwd oordeel over het functieprofiel dat de TopShoe Retailgroep heeft gegeven voor de inkoper damesmode.
4. Wat kan humanresourcesmanagement betekenen voor de inkoper damesmode?
5. Hoe kan de inkoper damesmode concreet invulling geven aan ethisch inkopen?

Hoofdstuk 12

Uitbesteden, offshoring, samenwerken en duurzaam inkopen: andere vormen van inkopen

Leerdoelen
- Het onderkennen van de strategische mogelijkheden van outsourcing.
- Het kunnen aangeven van de voor- en nadelen van outsourcing.
- Het kennen van de overwegingen voor het uitbesteden van de inkoopfunctie.
- Het onderkennen van de aspecten van globalisering bij de inkoop.
- Het kunnen opzetten van een inkoopsamenwerking.
- Het kunnen aangeven van de argumenten voor en tegen inkoopsamenwerking.
- Het kennen van de succesvoorwaarden voor inkoopsamenwerking.
- Het begrijpen van de aspecten van duurzaam inkopen.

12.1 Inleiding

Het inkoopvak is in ontwikkeling. Denk bijvoorbeeld aan elektronisch inkopen, het wegvallen van grenzen voor het inkopen van producten of diensten, investeringen die meer risico's met zich meebrengen en aan klanten die steeds meer op maat bediend willen worden en hogere eisen stellen aan de producten en dienstverlening. Probeer dat als organisatie maar eens zelfstandig bij te benen. Het is een uitdaging om daar effectieve en efficiënte oplossingen voor te vinden, zoals het uitbesteden van niet-kernactiviteiten, het delen van kennis, technologie en ervaringen en een intensievere samenwerking op het gebied van productie, innovatie en inkoop. Slimme antwoorden op de steeds dynamischer en veeleisender omgeving van organisaties.

Het gaat hierbij om ingrijpende oplossingen, die verregaande consequenties hebben. Het gevolg hiervan is bijvoorbeeld dat de afhankelijkheid van andere organisaties op strategisch gebied en voor een langere periode toeneemt. Dit noodzaakt de inkoper tot het stellen van duidelijke voorwaarden voor de samenwerking, zodat die een duurzaam karakter krijgt.

Nu de inkoop zich ontwikkelt tot een volwaardige bedrijfsfunctie, krijgt de inkoper steeds meer te maken met vraagstukken op directieniveau. Een van de meest gestelde vragen op directieniveau is: voeren we de activiteiten zelf uit of gaan we ze uitbesteden? Paragraaf 12.2 gaat over het uitbesteden van bedrijfsprocessen: outsourcing. Van recentere tijd is het uitbesteden van de inkoop. Niet alleen worden processen uitbesteed, ook worden leveranciers en dienstverleners steeds verder weg gevonden. In paragraaf 12.3 staan we stil bij de globalisering van de inkoop. Inkoopsamenwerking is van alle tijden. De samenwerkende handelaren van de VOC, maar ook vandaag nog de vele inkoopcombinaties, waarbij zelfstandige organisaties hun inkoop bundelen. Paragraaf 12.4 gaat dan ook over de samenwerking tussen organisaties bij de inkoop. Ten slotte besteden we in paragraaf 12.5 aandacht aan duurzaam inkopen.

12.2 Outsourcing

Uitbesteden is de strategische keuze van een organisatie om een of meer van haar ondersteunende bedrijfsactiviteiten uit te besteden aan een dienstverlener. Men spreekt ook wel van Business Process Outsourcing (BPO) of kortweg outsourcing. Outsourcing is een populaire strategie bij organisaties die zich willen concentreren op die activiteiten, die zijzelf als kernactiviteiten (de core business) beschouwen. Voor hun niet-kernactiviteiten maken zij gebruik van externe partijen.

BPO is het in zijn geheel outsourcen van een proces aan derden. Het grote verschil met het 'standaard' outsourcen is dat BPO zich richt op het outsourcen van gehele processen. BPO vindt de laatste jaren op steeds grotere schaal plaats. Veel organisaties doen ervaringen op, waarbij nog steeds een groot aantal projecten faalt. Er wordt dan ook veel gediscussieerd over de eventuele succesfactoren en struikelblokken bij BPO. Verbeterde ict en mondialisering van de arbeidsmarkten hebben bijgedragen aan de groei van BPO. Het selecteren van een goede leverancier is cruciaal voor het succes. Het blijft echter ook van belang dat het uitbestede proces goed aansluit op de rest van de zaken van de uitbesteder. Communicatie en samenwerking tussen de uitbesteder en de leverancier zijn ontzettend belangrijk. Wederzijds respect en begrip, onder meer van elkaars cultuur, dragen bij aan de kwaliteit en de lengte van de samenwerking. Is dit niet het geval, dan kan dit leiden tot verlies van controle en flexibiliteit over het proces.

Wagenparkbeheer uitbesteden

Een telecombedrijf besluit dat haar veertig monteurs over degelijke, betrouwbare en representatieve vervoermiddelen dienen te beschikken. Met de huidige bestelbusjes is de verantwoordelijke medewerker twee dagen per week aan het werk; om alle administratieve zaken af te handelen, het reguliere onderhoud of eventueel tussentijdse reparaties in overleg met de garage te plannen, om ervoor te zorgen dat er passend vervangend vervoer beschikbaar is om het personeel op tijd bij de klant te laten arriveren. Na uitbesteding aan een autoleasemaatschappij ontvangt het telecombedrijf in het vervolg slechts eenmaal per maand een factuur, is vervangend vervoer bij reparatie of ongeval gegarandeerd, en is er een vaste contactpersoon bij de leasemaatschappij die alle organisatorische problemen oplost. De directe voordelen zijn dat de verantwoordelijke medewerker twee dagen per week tijd over heeft voor ander werk, de productiviteitsverliezen door gemiste werkuren wegens ontbreken van vervangend vervoer zijn geëlimineerd, het risico op onvoorziene kostenposten is verdwenen, het geïnvesteerde vermogen in de eigen busjes beschikbaar komt voor andere doeleinden en er geen deel van de winst gereserveerd hoeft te worden voor vervanging. Als alle interne kosten bij elkaar opgeteld zouden worden, is de kans groot dat dit op jaarbasis meer kost dan de uitbesteding van het wagenparkbeheer aan de leasemaatschappij.

12.2.1 Uitbesteder en inbesteder

Van outsourcing is sprake zodra een organisatie beslist dat de inzet van een deel van de eigen medewerkers, organisatiemiddelen en/of geïnvesteerd vermogen voor de uitvoering van ondersteunende bedrijfsprocessen niet (langer) noodzakelijk of gewenst is om de bedrijfsdoelstellingen na te streven. De uitbestedende organisatie zal de uit te besteden dienstverlening specificeren en een externe dienstverlener of toeleverancier selecteren en contracteren om de betreffende taken voortaan uit te voeren. In een uitbestedingsrelatie zijn twee partijen te onderscheiden: een uitbestedende organisatie (de uitbesteder) en een externe leverancier (de inbesteder). Spreekt men bij de uitbestedende organisatie over outsourcing (uitbesteding), dan spreekt men bij de externe leverancier over insourcing (inbesteding).

Er ontstaat een nieuwe zakelijke relatie tussen twee organisaties: de outsourcende, uitbestedende partij en haar toeleverancier, dienstverlener, serviceprovider, insourcingspartner.

Diensten die een organisatie onder andere kan uitbesteden, zijn: de salarisadministratie, het onderhoud aan gebouwen of machinepark, het ict-beheer, de opslag en distributie van grondstoffen, halffabricaten en goederen (logistiek), de aftersales dienstverlening, de callcenteractiviteiten, het wagenparkbeheer, de beveiliging, de productie en de catering.

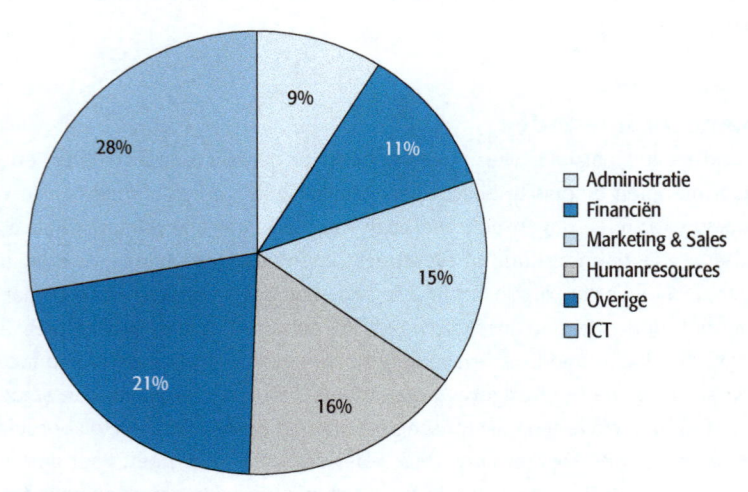

Figuur 12.1 Uitbestede bedrijfsfuncties
Bron: The Outsourcing Institute, 2000.

12.2.2 Voor- en nadelen van outsourcing

De voordelen van outsourcing zijn:
- De organisatie kan de kwaliteit op een hoger niveau brengen door een externe dienstverlener in te schakelen. Men kan de vereiste kwaliteit van de dienstverlener 'gewoon' inkopen.
- De verantwoordelijkheid voor het beschikbaar zijn van voldoende gekwalificeerd personeel ligt bij een externe dienstverlener.
- De eigen organisatie wordt flexibeler. Men ontslaat eigen personeel niet altijd gemakkelijk, terwijl men het contract met een dienstverlener aan het einde van de contractperiode zonder problemen kan beëindigen.
- Er is een verschuiving van vaste kosten naar variabele kosten.
- De levering van diensten geschiedt tegen lagere tarieven, omdat de dienstverlener door zijn specialisatie en focus op de aangeboden dienstverlening (het is zijn kernactiviteit) de beschikking heeft over meer schaalvoordelen, nieuwe technologie, betere processen en bredere en meer diepgaande expertise.

- Het vrijkomen van werkkapitaal, omdat men bedrijfsmiddelen (machines, gebouwen, transportmiddelen en dergelijke) kan afstoten.
- Een goedkopere of betere uitvoering van bepaalde taken door een gespecialiseerde dienstverlener. Vergeet echter niet dat die dienstverlener ook winst moet maken, waardoor de uiteindelijke kosten soms hoger zijn.

Voor overheidsorganisaties die activiteiten uitbesteden, komt daar nog eens bij dat zij de btw niet terug kunnen vorderen, zoals een commercieel bedrijf dat wel kan. Dat overheidsorganisaties ondanks deze additionele kostenpost toch voor uitbesteding kiezen heeft twee redenen. Ze verwachten enorme besparingen of ze kunnen kwalitatieve voordelen realiseren. Soms speelt ook het politieke argument mee dat het aantal ambtenaren vermindert door uitbesteding.

Er zijn nadelen en risico's verbonden aan outsourcing. Wat doet de organisatie als de leverancier systematisch onderpresteert, zijn vertrouwenspositie beschaamt door oplossingen eveneens voor andere klanten te gebruiken of plotseling de financiële condities van het contract wil veranderen omdat de opdrachtgever na verloop van tijd steeds meer afhankelijk is geworden van de dienstverlener? Voor het creëren van wederzijds vertrouwen is het opbouwen en onderhouden van een goede relatie een vereiste, juist bij langdurige outsourcingscontracten. Sommige managers zijn bang voor het verlies van controle of flexibiliteit. Bij outsourcing is sprake van langjarige contracten en tijdens die contractduur kunnen de eigen dienstverlening aan klanten, de concurrentieverhoudingen en de stand van de techniek ingrijpend wijzigen. Het overstappen naar een andere dienstverlener of dezelfde activiteiten weer insourcen, maken de beëindiging van het contract juridisch wel, maar praktisch gezien niet gemakkelijk.

Uitbesteding kan gevoelens van onbehagen opwekken bij werknemers in organisaties die worden overgenomen, omdat ze zich in het verleden hebben geïdentificeerd met hun organisatie. Medewerkers die achterblijven kunnen zich ook onprettig voelen omdat ze bang zijn dat hun functie in de toekomst wordt uitbesteed. Ook als activiteiten zijn geoutsourced vragen ze nog steeds aandacht van het management. Gezien de financiële belangen moet de uitbestedende partij een outsourcingscontract natuurlijk wel zorgvuldig managen en dat kost extra tijd en geld.

Voordat tot outsourcing wordt besloten moet de topdirectie alle aspecten meenemen bij een goed onderbouwde make-or-buy-analyse. Een 'make or buy'- of koop-maak beslissing is een bedrijfsbeslissing die de kosten en de voordelen van het zelf maken tegen het inkopen van een product of dienst afweegt. Dat klinkt vanzelfsprekend. Een kostenvergelijking van zelf afhandelen of uitbesteden blijkt in de praktijk echter bemoeilijkt te worden door onduidelijkheden binnen en buiten de organisatie. Het nauwkeurig registreren van de echte kosten blijkt in veel organisaties nog in de kinderschoenen te staan. Dit is het gevolg van het hanteren van verouderde rekeningenschema's en onoverzichtelijke toewijzingen van kostensoorten. Bovendien blijkt dat de tariefopbouw van een aantal dienstverleners ook het nodige te wensen over laat. Vanwege concurrentieverhoudingen wil men niet het achterste van de tong laten zien. Toch is de keuze tussen zelf afhandelen en uitbesteden niet alleen een kostenkwestie. Voor de uitbesteder is het echter wél zaak om van een dienstverlener een offerte te vragen die vergeleken kan worden met interne berekeningen. Bij uitbesteding wordt te vaak een niet-efficiënte huidige situatie vergeleken met een efficiënte aanbieding van een externe dienstverlener. Voor een juiste vergelijking moet de organisatie eerst onderzoeken of het door een betere opzet van de eigen activiteiten niet zelf een kostenvoordeel of een competitief voordeel kan bereiken.

12.2.3 Personele gevolgen van outsourcing

Bij uitbesteding gaan werknemers vaak werken voor de dienstverlener (bijvoorbeeld wagenparkbeheer, beveiliging, receptie, catering, automatisering). Dat kan voor werknemers grote gevolgen hebben, zowel in positieve als in negatieve zin, omdat de arbeidsvoorwaarden niet altijd hetzelfde blijven. De beloningsstructuren kunnen verschillend zijn en dat kan voor iedere medewerker persoonlijk positief of negatief uitpakken. De carrièreperspectieven zijn anders, er kan sprake zijn van meer specialisatie of van een grotere organisatie met perspectief op een leidinggevende functie. Positief is dat er kansen zijn om voor meerdere klanten te werken. Harmonisatie van arbeidsvoorwaarden en uitvoering van pensioenreparaties zijn vaak moeizame trajecten die soms meerdere jaren kunnen duren.

12.2.4 Modellen voor outsourcing

Voor outsourcen kan de inkoper terugvallen op vier hoofdmodellen, afhankelijk van de situatie en de doelstellingen van outsourcing: traditionele outsourcing, *outtasking*, *cost plus outsourcing* en *joint venture*.

Traditionele outsourcing

Bij traditionele outsourcing wordt de leverancier volledig verantwoordelijk voor de uitbestede dienstverlening. Hiervoor sluit de inkoper een contract af voor een langere periode tegen vaste prijzen. De inkoper maakt prijsafspraken voor de situatie dat volumes van de dienstverlening wijzigen.

Het beëindigen van een traditioneel outsourcingscontract kost veel moeite en geld. Ten eerste omdat de leverancier veel investeert om de dienstverlening over te kunnen nemen door het aanbieden van lagere tarieven in de beginjaren met de hoop in de latere contractjaren hogere marges te kunnen maken. Ten tweede omdat met outsourcen de kennis is overgegaan naar de leverancier. Beëindiging van een outsourcingcontract gaat veelal gepaard met grote afkoopsommen, voornamelijk om de investeringen te beschermen die zijn gedaan door de leverancier.

Robeco draait uitbesteding aan Ordina terug

Robeco maakt een voortijdig einde aan zijn business process outsourcing bij Ordina. Aanleiding voor de beëindiging zou een verschil van inzicht zijn over het nieuwe platform waarop Ordina de administratie van Robeco Direct's sparen en beleggen zou uitvoeren. De BPO-overeenkomst tussen Ordina en Robeco werd begin vorig jaar gesloten en had een looptijd van tien jaar. Uitgaande van een toen gemelde totale contractwaarde van 85 miljoen euro, loopt Ordina door het terugdraaien van de uitbesteding naar schatting zo'n 65 à 70 miljoen euro aan omzet mis in het als strategisch aangemerkte werkgebied.

Ordina betreurt het besluit van Robeco Direct ten zeerste. De partijen zijn op dit moment in overleg over de consequenties en verdere afwikkeling van dit besluit, waaronder vaststelling van het moment waarop Robeco Direct de werkzaamheden weer zelf ter hand neemt. Bij de uitbesteding gingen 39 medewerkers van Robeco over naar Ordina. Robeco heeft al aangegeven de mensen die nu op hun activiteiten werken graag weer met het werk te 'insourcen'. Ordina zegt deze wens van z'n klant te ondersteunen, 'maar de wens van de betrokken werknemers staat voorop', zo laat een woordvoerder van het bedrijf weten.

Bron: Automatiseringsgids, 18 juni 2008.

Wanneer maakt men gebruik van traditionele outsourcing? Met name als beide partijen de dienstverlening goed begrijpen en er sprake is van voldoende concurrentie. Voorbeelden hiervan zijn callcenters, salarisadministraties en administratieve transacties. Outsourcing is vooral interessant bij stabiele bedrijfsfuncties over een langere periode, waardoor men weinig onverwachte gebeurtenissen zal tegenkomen.

Outtasking

Bij outsourcing besteedt de inkoper een gehele bedrijfsfunctie uit, bij outtasking, of selectieve outsourcing, verdeelt de inkoper die bedrijfsfunctie in kleinere onderdelen en sluit per onderdeel een contract af. Daarvoor gebruikt hij dezelfde juridische voorwaarden als bij outsourcing. Het grote verschil met traditionele outsourcing is dat er meer contracten zijn, ieder met een eigen, kleinere scope.

De voordelen van outtasking zijn een grotere flexibiliteit en een snellere kans op succes. Het maakt ook een geleidelijke overgang naar outsourcing mogelijk, omdat de organisatie alles eerst op kleine en dus overzichtelijke schaal kan uitproberen. Verder kan het een geschikt alternatief zijn als volledige outsourcing te risicovol is. De nadelen liggen vooral in het ontbreken van de schaalvoordelen en in de hogere managementkosten, omdat men de aandacht over meer en kleinere contracten moet verdelen. Outtasking heeft pas zin als de organisatie de bedrijfsfuncties op kan splitsen.

Cost plus outsourcing
Bij cost plus outsourcing ontvangt de leverancier de kostprijs van de werkzaamheden plus een overeengekomen bonus als hij boven niveau presteert. Het voordeel van deze methode is dat de bonus goed aansluit bij de doelstellingen van de opdrachtgever. Het nadeel is dat er weinig motivatie voor de dienstverlener is om kosten te reduceren; hoe hoger de kosten, hoe hoger de omzet van de dienstverlener. De uitbestedende partij profiteert wel direct mee van eventuele lagere kosten door meer efficiënt werk. Cost plus outsourcing is geschikt als de uit te besteden functie nog niet duidelijk is of snel kan veranderen.

Joint venture
Bij een joint venture zijn zowel de opdrachtgever als de leverancier eigenaar van de organisatie die de uit te besteden dienstverlening gaat uitvoeren. De opdrachtgever brengt zijn bestaande organisatie en bezittingen in, de leverancier de ervaren medewerkers en zijn intellectuele eigendom. De leverancier gebruikt de joint venture als subcontractor en heeft een contract met de opdrachtgever.
Door het gecombineerde aandelenbezit zullen opdrachtgever en leverancier vaker gezamenlijk optrekken, omdat ze een gemeenschappelijk belang hebben. Het nadeel is weer dat een joint venture gecompliceerder is dan een gewoon outsourcingscontract en daarom meer keuzes voorlegt en daarnaast meer beslissingen en meer aandacht voor de gezamenlijke relatie vraagt.
De opdrachtgever past een joint venture toe als hij bijvoorbeeld beschikt over superieure kennis en vaardigheden, waar hij via de joint venture controle over wil houden. Of de opdrachtgever past dit toe als men een bedrijfsfunctie via outsourcing wil reorganiseren of transformeren. Na de reorganisatie of transformatie neemt men de dienstverlening weer terug of men ontwikkelt deze verder als een zelfstandig bedrijf.

12.2.5 Kritische succesfactoren outsourcing
Succesvol outsourcen vereist vooraf een heldere strategische besluitvorming over alle aspecten die een rol spelen en pas daarna de selectie van een partner. Managers maken zich terecht zorgen wanneer zij gaan uitbesteden. Weet de partner wel voldoende over mijn bedrijfstak, zijn hun informatiesystemen wel goed, loop ik geen risico's door alles op één paard te zetten, zullen het management en onze medewerkers de nieuwe partner accepteren en wat gebeurt er als de partner slecht presteert? De uitbesteding terugdraaien is niet eenvoudig. Daarom gaan organisaties bij het selecteren van uitbestedingspartners zorgvuldig te werk. Een zogenoemde Request For Proposal (RFP) kan hierbij helpen.

Voordat een RFP (en aansluitend een RFQ) wordt opgesteld en de selectie van een partner kan plaatsvinden, moet eerst duidelijk zijn welke activiteiten, serviceniveaus enzovoorts worden verwacht van de te kiezen uitbestedingspartner. De scope of reikwijdte van een outsourcingsproject geeft aan wat men wel en wat men niet gaat doen. Fouten in de beschrijving van de scope kunnen verregaande consequenties hebben en uiteindelijk resulteren in het mislukken van de outsourcing.

Op basis van een RFP is het mogelijk vast te leggen wat van de uitbestedingspartner wordt verwacht. Bij het opstellen van de RFP wordt er vaak van uitgegaan dat een organisatie in een stabiele situatie werkt. Wanneer dit niet het geval is, dan is het vooraf neerleggen van gedetailleerde eisen geen goed uitgangspunt. Dit geldt bijvoorbeeld wanneer de karakteristieken van de uit te besteden activiteiten (producten, ordervolume, orderregels per order enzovoorts) sterk kunnen fluctueren, het volume van de toekomstige goederenstromen sterk kan afnemen of toenemen of het klantenbestand verandert. Dan kan de keuze voor een uitbestedingspartner optimaal zijn op basis van huidige uitgangspunten, maar niet optimaal voor de toekomst. Op dat moment is er behoefte aan een uitbestedingspartner die in staat is om op dergelijke veranderingen (al dan niet in overleg met de uitbesteder) in te gaan. Een selectie is dan meer gericht op kwalitatieve overwegingen (op basis van een profielschets van de partner), een vergelijking op basis van een aantal kwantitatieve scenario's en daaraan gekoppelde tariefstructuren of zelfs een prijsvraag waarbij partners hun visie op de relatie mogen presenteren.

De invoering moet gefaseerd en zorgvuldig gebeuren. Duidelijke communicatie binnen de organisatie en met de uitbestedingpartner is nodig. Het projectteam moet qua kennis en ervaring een afspiegeling zijn van de organisatieonderdelen die belang hebben bij het outsourcingsproject: inhoudelijk deskundigen, financiën, fiscale zaken, inkoop, administratie, risicomanagement, humanresourcesmanagement en juridische zaken.

Zonder een goede financiële basis (de businesscase) heeft het geen enkel nut processen uit te besteden. De businesscase waarin de inkoper de interne en externe kosten van de dienstverlening vergelijkt, is essentieel voor de beslissing van het hoger management om het outsourcingsproject door te laten gaan of niet. Daarvoor moet de organisatie eerst de interne kosten in kaart brengen en vervolgens de totale kosten van de dienstverlening over de gehele beoogde contractduur inclusief mogelijke prijs-, technologische en andere ontwikkelingen analyseren (Total Cost of Ownership).

Performance based logistics

Wie betaalt er nu voor iets dat niet werkt? Niemand toch? Toch doen we het nog te vaak. Als de auto bij de garage staat betalen we stevig voor elk onderdeeltje en voor elk minuutje dat de monteur aan de auto sleutelt. Vreemd eigenlijk. Zou je niet veel liever betalen voor elke kilometer die de auto je van huis naar werk brengt? Betalen voor prestaties, voor iets wat werkt. Of in Engelse termen: Performance Based Logistics.

Greenwheels heeft dat prima begrepen. Heb je af en toe een auto nodig? Dan biedt een abonnement op Greenwheels hetzelfde gemak als een eigen auto, maar je betaalt alleen wanneer je hem gebruikt. Greenwheels auto's staan op meerdere uitgiftepunten in de stad, zodat iedereen dicht bij huis een auto kan pakken. Bij een autoverhuurbedrijf kun je op zaterdagavond niet even bellen en om tien uur 's avonds een auto ophalen en deze 's nachts om vijf uur terugzetten en daarbij nog eens per uur afrekenen. Want je betaalt bij autoverhuurbedrijven meestal een heel weekend ook al heb je de auto niet het hele weekend nodig. Greenwheels biedt daarmee een hoop vrijheid en gemak, iets wat een consument van een autoverhuurbedrijf niet kan verwachten.

Producten worden steeds meer een dienst. We kopen geen auto, maar mobiliteit. We kopen geen kopieermachine, maar ongestoorde documentstromen. Het leger koopt geen Joint Strike Fighter, maar power-by-the-hour. Het gezin koopt geen televisie, maar home-entertainment. We betalen per gekeken programma of film.
Performance based logistics stelt managers voor grote logistieke uitdagingen. De 'verdienstelijking' vraagt afstemming van vele processen en een perfecte kwaliteit van de interne organisatie: orderverwerking, installatie, training, facturatie, after sales en retourenlogistiek. Logistiek is zodoende meer dan alleen het slepen van dozen van A naar B. Uitdagingen die een organisatie niet op eigen kracht moet willen oppakken. Daarvoor zijn de klanteneisen te uiteenlopend en individueel en ontbreekt de schaalgrootte om het zelf professioneel te kunnen doen.
Performance based logistics biedt stof tot nadenken voor bedrijven die nu nog 'verdienen' aan hun service-uren en serviceonderdelen. Denk je eens in dat die winstmakers vanaf morgen hun eigen kosten worden, omdat de klant alleen nog wil betalen voor iets wat werkt. Dan ga je de processen toch echt anders organiseren.

Het selecteren van de geschiktste leverancier is de belangrijkste factor voor een succesvol outsourcingstraject, maar zeker zo belangrijk is de verdere ontwikkeling van de relatie met de leveranciers (zie hoofdstuk 9).

Risicomanagement
De inkoper moet er altijd rekening mee houden dat de samenwerking kan mislukken en dat zijn organisatie op plan B terug moet kunnen vallen. Dit plan B omvat afspraken die het mogelijk maken dat men over kan stappen naar een andere leverancier tegen redelijke kosten en risico's als de samenwerking tegenvalt.

12.2.6 De juridische aspecten van outsourcing
Ook bij outsourcing is een goed contract van belang (zie hoofdstuk 6), maar niet doorslaggevend. Het gaat bij de juridische aspecten van outsourcing om het regelen van de:
- beschrijving van de dienstverlening in de vorm van beschikbaarheid van middelen of in een beschrijving van taken of projecten. Daarnaast geeft de inkoper aan op welke locaties de activiteiten moeten plaatsvinden;

- beschrijving van de service levels die de kwantitatieve beoordeling van de leveranciersprestaties vormen;
- prijsafspraken en de aanpassingsmogelijkheden voor de prijzen, bijvoorbeeld op basis van prijsindexcijfers;
- afspraken over medewerkers die worden ontslagen, medewerkers die overgaan naar de leverancier en medewerkers die bij de opdrachtgever blijven werken;
- overdracht en gebruik van middelen van de opdrachtgever en de leverancier;
- complete en gedetailleerde overzichten van de intellectuele eigendommen;
- overzichten van de informatie die vertrouwelijk moet worden behandeld en nadere afspraken over hoe men hier mee moet omgaan als de overeenkomst wordt beëindigd;
- looptijd en beëindiging. Een looptijd die afhankelijk is van de aard van de outsourcing. Hoe groter de investeringen, hoe langer de looptijd. Daarnaast dient de inkoper de afspraken bij een voortijdige beëindiging op te nemen.

Na de ondertekening van het outsourcingscontract begint de fase van het managen van de relatie. Deze fase wordt nog wel eens onderschat; het kost tijd en inspanning, maar dat betaalt zich later zeker terug. Dat bespraken we al in hoofdstuk 9. De menselijke factor is een cruciale factor in een samenwerkingsverband als outsourcing. Ook al heb je een goed contract opgesteld, als de mensen niet met elkaar overweg kunnen heb je een groot probleem. Goed relatiemanagement vormt daarbij de sleutel die de deur naar succes opent.
Permanente toetsing op marktconformiteit is een vereiste. De inkoper zorgt ervoor dat hij in het contract de mogelijkheid inbouwt, dat hij jaarlijks de prestaties kan evalueren en de prijzen en tarieven kan benchmarken.

12.2.7 Outsourcing van inkoop

Ook outsourcing van het inkoopproces is aan de orde. Bij het zogenoemde procurement outsourcing worden inkoopmiddelen, inkoopmedewerkers en inkoopactiviteiten door middel van een contract structureel overgedragen aan een externe dienstverlener. Deze dienstverlener ontvangt hiervoor een financiële vergoeding gedurende een vooraf overeengekomen periode. Doelstellingen zijn doorgaans betere service, hogere kwaliteit en lagere integrale inkoopkosten.

Een belangrijke vraag bij outsourcing van inkoop is de scope van de uitbesteding: wat besteden we uit? Zijn dat bepaalde artikelgroepen of is dat een bepaalde fase in het inkoopproces?
In het eerste geval, verticale uitbesteding op basis van de indeling van producten en diensten, draait het vooral om het verlagen van de inkoopkosten.

Met name het uitbesteden van de inkoop van goederen of diensten met een min of meer standaardkarakter aan een gespecialiseerde derde partij kan veel besparingen opleveren. Denk daarbij aan kantoorartikelen, catering, beveiliging en het inhuren van uitzendkrachten. Dat is een gevolg van de schaalvoordelen die de dienstverlener weet te behalen door voor meerdere partijen in te kopen. Deze inkoopkracht resulteert in lagere prijzen en betere inkoopvoorwaarden. Bovendien wordt de uitbesteder zo een deel van het operationele en tactische inkoopproces uit handen genomen, waardoor de inkoper zich kan focussen op meer strategische vraagstukken. Snelle toegang tot specialistische kennis en het kunnen beschikken over voldoende capaciteit zijn de belangrijkste voordelen bij horizontaal uitbesteden op basis van de indeling van de drie fasen in het inkoopproces. Hierbij valt te denken aan kennis over bijvoorbeeld e-procurement.

Aangezien uitbesteden op zich al een inkoopproces is, is er in feite sprake van 'inkoop van de inkoop'. Uitbesteding van het tactische inkoopproces betekent dat organisaties er vaker voor kiezen om voor bepaalde inkoopsegmenten een gespecialiseerde derde in te schakelen, die ervoor zorgt dat voor zo'n inkoopsegment een optimale *supply base* wordt gecreëerd en onderhouden (contractmanagement). Dit geldt voor facilitaire inkoopsegmenten, maar ook voor diverse primaire inkoopsegmenten besteden organisaties het tactische inkoopproces uit. Het resultaat dat een gespecialiseerde externe dienstverlener oplevert (in de zin van geselecteerde leveranciers, afgesloten contracten, vastgesteld assortiment, bedongen prijzen enzovoort) zal met gebruikmaking van internettechnologie worden ontsloten voor medewerkers van de inkopende organisatie.

Ook het operationele inkoopproces, of een deel daarvan, kan door organisaties worden geoutsourced. Het operationele inkoopproces wordt altijd getriggerd door een operationele behoefte. Die behoefte is afkomstig uit een bepaalde structurele behoefteplanning (voor primaire producten en diensten) of het is een ad-hocbehoefte van een medewerker (voor facilitaire producten en diensten). Naast uitbesteding van het operationele inkoopproces kan ook betekenen dat organisaties de crediteurenadministratie uitbesteden. Dan zorgt een gespecialiseerde externe dienstverlener ervoor dat, op basis van bestellingen en ontvangsten van de organisatie, de bijbehorende facturen worden afgewikkeld. Dit kan er tevens toe leiden dat ook de bijbehorende ict-systemen van een gespecialiseerde dienstverlener worden gebruikt. Dit kan ERP-software van deze dienstverlener zijn (ERP-service), maar de dienstverlener kan ook het gebruik van een ordering catalog system aan de organisatie aanbieden (ordering catalog service). Op die wijze kunnen bestelaanvragen door de organisatie worden afgewikkeld en heeft de dienstverlener alle informatie die hij nodig heeft om facturen af te wikkelen. Net als bij elk inkoopproces moet ook bij outsourcing van het inkoopproces de juiste partner gezocht worden.

12.3 Globalisering van de inkoop

De wereldeconomie van vandaag is zo goed als grenzeloos. Informatie, kapitaal, mensen en innovaties stromen op topsnelheid over de hele wereld, dankzij technologie en aangewakkerd door het verlangen van consumenten naar de beste en goedkoopste producten. Dit heeft een groot aantal organisaties wakker geschud.

Het streven naar grote organisaties die gebaseerd zijn op schaalgrootte wordt vervangen door een voorkeur voor gestroomlijnde, flexibele organisaties, gericht op kernactiviteiten, die in steeds wisselende netwerken samenwerken met partners over de gehele wereld.

12.3.1 Globaal inkopen van producten

De goederenstroom, en dan vooral de vestigingsplaats van fabrieken, bepaalt in grote mate de kostprijs van een product. De kosten van een product bestaan in hoofdlijnen uit de grondstofkosten (inkoopwaarde), de productiekosten en de logistieke kosten. De keuze van de vestigingsplaats van fabrieken en distributiecentra heeft direct invloed op deze kosten. Steeds meer bedrijven brengen een deel van hun productie over naar landen met lage lonen om kosten te verlagen. Dat noemen we ook wel offshoring, in tegenstelling tot onshoring, waarbij organisaties de activiteiten dicht bij huis houden.

Dell verplaatst productie naar Polen

Het verplaatsen van de productie van Dell-computers van een assemblagepartner in Ierland naar Polen in 2010 kost 1900 banen. De maatregel maakt deel uit van een kostenbesparingsprogramma, waarmee de computerfabrikant 3 miljard dollar wil besparen. Dit programma werd in 2008 aangekondigd.

Het gaat om de productie van computers voor klanten in Europa, het Midden-Oosten en Afrika. Deze computers worden al 18 jaar gemaakt in het Ierse Limerick. De fabricage van de computers gaat plaatsvinden in Łódź in Polen. De productie wordt ook in Polen volledig uitbesteed aan een externe dienstverlener.

Dell zegt dat weggaan uit Ierland geen gemakkelijk besluit is. 'Maar het is de juiste keuze voor Dell om concurrerend te kunnen zijn en meer waarde te kunnen leveren aan klanten in de regio', aldus Dell.

De Ierse vestiging wordt niet helemaal gesloten. Activiteiten die niet verbonden zijn aan de productie blijven in Limerick plaatsvinden. Dell heeft nog een vestiging in Ierland. De afdelingen verkoop, naverkoop en marketing blijven in Dublin gevestigd.

Bron: Computable, januari 2009.

Bedrijven kunnen zich tegenwoordig eenvoudig vestigen op de beste vestigingsplaats. Er zijn nauwelijks meer belemmerende handelsfactoren. Maar hoe bepaalt het management die beste vestigingsplaats voor fabrieken en distributiecentra? Bij het bepalen van de beste plaats om te produceren zijn naast transportkosten, loonkosten, grondstof-, materiaal- en energiekosten en overige factoren (waaronder de te betalen belastingen en invoerrechten) van belang.

Grondstof-, materiaal- en energiekosten
Afhankelijk van de industrie lopen de grondstof-, materiaal- en energiekosten uiteen. Voor de petrochemische industrie of de staalindustrie is het nodig om de vestigingsplaats van de fabrieken af te stemmen op de aanwezigheid van grondstof- en energiebronnen en de mogelijkheden van de aanwezige infrastructuur zoals import- en overslaglocaties en lucht- en zeehavens. Voor Corus in IJmuiden en BASF in Antwerpen is de ligging aan zee van groot belang.

Loonkosten
Loonkosten in West-Europa zijn hoger dan in de Verenigde Staten, Oost-Europa en Azië. Ook binnen Europa bestaan grote verschillen. Naast de kosten van arbeid is de kwaliteit van arbeid en de productiviteit belangrijk. Als het productieproces arbeidsintensief is, zijn lagere loonkosten op een andere vestigingsplaats (bijvoorbeeld Oost-Europa) het overwegen waard, zolang de extra transport- en voorraadkosten maar opwegen tegen de daling van de productiekosten. Productie van elektronica is ruim 30 procent goedkoper in China. Of maken we een denkfout? Vergeten we dan niet de extra kosten voor transport en voorraden?

Logistiek: transport- en voorraadkosten
Bepaalde nadelen van de beste vestigingsplaats van fabrieken moeten wel worden overbrugd. Bij productie in China verplaatsen we de productie verder bij de klanten vandaan. Wat zijn de gevolgen? Ten eerste de hogere transportkosten door langere transportroutes. Ten tweede de hogere voorraadkosten omdat er meerdere distributiecentra in de logistieke keten nodig zijn om de klant tijdig te kunnen leveren. Dit lukt niet vanuit die fabrieken in China. Die extra kosten mogen dus niet meer zijn dan de besparingen op de productiekosten, anders heeft het geen zin de productie te verplaatsen Daarnaast spelen ook nog de eventuele invoerrechten die je moet betalen voor producten die buiten de Europese Unie zijn geproduceerd een rol.

Andere overwegingen
Behalve met kosten moet je natuurlijk ook rekening houden met de risico's van produceren in landen met lage lonen. Die risico's zijn er op het gebied van valutaschommelingen, verstoringen in de logistieke keten, namaken van je producten, politieke instabiliteit en veranderende regelgeving. Uiteraard speelt ook de kennis en het vakmanschap die in een regio voorhanden zijn een belangrijke rol. Innovatieve bedrijven zitten bij voorkeur dicht bij R&D-centra.
Daarnaast moet de inkoper rekening houden met extra kosten voor het plannen en besturen van de activiteiten, het zoeken naar en contracteren van leveran-

ciers en het koppelen van informatiesystemen. Steeds meer organisaties hebben goede ervaringen met het verplaatsen van hun activiteiten naar bijvoorbeeld Roemenië of China. Bij het verplaatsen van activiteiten moet ook rekening worden gehouden met de extra logistieke kosten en risico's. Alleen kijken naar lagere loonkosten is niet juist.

12.3.2 Risico's bij offshoring

Een afweging op basis van een kosten- en batenanalyse kan de illusie geven dat offshoring een aantrekkelijk en voor de hand liggende oplossing is: de extra transportkosten worden ruimschoots gecompenseerd door de lagere loonkosten. Maar hoe ziet de businesscase eruit als de productiviteit van de medewerkers in die landen ook vijftig procent lager is? Verdwijnen alle kosten in Nederland als de activiteiten verplaatst worden of moet men toch een deel van de activiteiten in eigen land houden? En hoe productief is de organisatie dan nog in eigen land?

Naast de kosten zijn er de risico's van offshoring. Hoe robuust is de businesscase als in drie jaar tijd de prijzen van containervervoer met 40 procent stijgen? Wat gebeurt er met de loonkosten als alle bedrijven in China jacht maken op dezelfde hooggekwalificeerde medewerkers? Maar ook dicht bij huis zijn er risico's. Hogere voorraden in de supply chain leiden tot hogere kosten en brengen eveneens risico's van overtolligheid met zich mee. Organisaties hebben mooie oplossingen bedacht om optimaal te profiteren van het kostenvoordeel van offshoring en toch voldoende flexibel te blijven richting de markt. Risicomanagement vereist een brede strategie die aandacht schenkt aan onder andere juridisch eigendom in het offshore land, de dagelijkse communicatie, een bescherming van intellectueel eigendom, de aanwezigheid ter plaatse maar ook hoe om te gaan met de cultuur in de eigen organisatie. Omdat de goederen vanuit Azië lang onderweg zijn, blijft een van de belangrijkste risico's de reactiesnelheid op veranderende omstandigheden in eigen land.

Kwaliteit heikel punt bij offshoring

De kwaliteit van ict-projecten die worden uitbesteed naar lagelonenlanden laat vaak te wensen over. Een op de drie bedrijven in Nederland is ontevreden over de offshore ict-activiteiten, blijkt uit de ict Barometer van Ernst & Young.

Culturele verschillen en communicatieproblemen vormen de grootste belemmering voor het slagen van offshore outsourcing. Jan Baan, CEO van Cordys, is niet verbaasd over de uitkomsten van het onderzoek: 'In mijn werk voor diverse IT-organisaties heb ik zaken gedaan over de gehele wereld. Uit eigen ervaring weet ik daarom dat cultuur een barrière kan vormen voor een succesvolle zakenrelatie. Accepteren dat er verschillen zijn en investeren in kennis van elkaars cultuur zijn de sleutels om deze kloof te dichten.'

Bron: www.automatiseringsgids.nl, 27 november 2008.

Wereldwijd hebben verstoringen in de logistieke keten geleid tot grote schade. Zo besloot de Amerikaanse regering na 11 september 2001 het luchtruim en de landsgrenzen af te sluiten. De impact op logistieke ketens was onmiddellijk zichtbaar. Ford Motor Company moest een aantal assemblagelijnen stilzetten, omdat inkomend transport vanuit Canada en Mexico vertraagd was. Daardoor daalde de totale productie in het vierde kwartaal met 13 procent ten opzichte van de planning. Ook Toyota's productiefabriek in Indiana, beroemd om haar 'just in time'-leveringen, kwam enkele uren na deze beslissing tot stilstand. Blokkades van de havens aan de Amerikaanse westkust leidden in 2002 tot soortgelijke problemen.

12.4 Inkoopsamenwerking

Inkoopsamenwerking is het samen bundelen en/of delen van informatie en expertise, hulpmiddelen en/of volume op het gebied van inkoop, met als doel het behalen van voordeel voor alle deelnemende organisaties (Veeke, 2002). Het begrip inkoopsamenwerking wordt vaak geassocieerd met bundeling van inkoopvolumes. Inkoopsamenwerking heeft echter een veel bredere context.

Van de Fortune 500-organisaties neemt 20 procent actief deel aan een of andere vorm van inkoopsamenwerking. De manier waarop dat gebeurt, kan variëren van het delen van kennis en ervaringen tot het aangaan van partnerships of het opzetten van inkoopcoöperaties. Buiten de grote en middelgrote inkoopsamenwerkingsverbanden zie je ook kleine verbanden tot stand komen in het midden- en kleinbedrijf, bij bedrijvenparken en via bedrijvenverenigingen (landbouwbedrijven, bakkerijen, en dergelijke).
Veel overheidsorganisaties kennen inkoopsamenwerking. Dat is niet zo vreemd, want de barrières om samen te gaan werken spelen voor bijvoorbeeld gemeenten minder hard dan voor commerciële bedrijven, die eerst denken aan hun concurrentiepositie en bescherming van kennis en ervaring.

Succesvolle voorbeelden van overheidsinkoopsamenwerking zijn onder meer de Stichting Inkoopbureau West-Brabant, de samenwerking tussen de gemeente Groningen en gemeenten uit de noordelijke provincies, Netwerkstad Twente, Bureau Inkoop en Aanbestedingen Zuidoost-Brabant, gezamenlijke Europese aanbestedingen overheidstelefonie OT 2000 en OT 2006. De organisatievorm en mate van intensiteit in de samenwerking verschillen per organisatie en per project. Naast de samenwerkingsverbanden die de overheid zelf initieert, zijn er ook commerciële samenwerkingsverbanden die zich richten op de overheid, zoals het Nederlands Inkoop Centrum (NIC).

12.4.1 Argumenten voor inkoopsamenwerking

Er zijn verschillende doelstellingen die organisaties met inkoopsamenwerking willen bereiken. Een deel van deze doelstellingen is kwantificeerbaar en goed te meten. Er zijn ook minder goed te meten kwalitatieve doelstellingen.

Inkoopvolumes bundelen
De meest voorkomende doelstelling van inkoopsamenwerking is het bundelen van inkoopvolumes. Volumes bundelen levert meer korting op en betere inkoopvoorwaarden. Hierbij geldt de nadrukkelijke voorwaarde dat de in te kopen producten en diensten min of meer vergelijkbaar zijn. Als dat niet zo is, levert het nauwelijks schaalvoordeel op voor de leverancier en zal hij minder korting kunnen geven.

Vermindering transactiekosten en risico's
Door samenwerken is men in staat de transactiekosten omlaag te brengen. Onder transactiekosten verstaan we alle kosten die je maakt voor het tot stand komen van een overeenkomst of inkooporder. Als men bepaalde transacties aan één van de samenwerkende partijen kan overlaten, dan scheelt dat tijd en geld. Bovendien worden de risico's kleiner omdat men als grotere partij belangrijker is voor een leverancier en de leverancier meer inspanning zal leveren om zijn verplichtingen na te komen.

Delen informatie en specialisatiemogelijkheden
Vertrouwen vormt de basis van het delen van informatie over kennis en ervaring. Het gaat daarbij om kennis en ervaring over onder andere productie, markten, techniek en toekomstige ontwikkelingen. Daarvoor maak je een matrix waarin je op de horizontale as de samenwerkende partijen benoemt en op de verticale as de kennis en ervaringsgebieden. Verder biedt een inkoopsamenwerking op termijn de mogelijkheid je binnen het samenwerkingsverband te specialiseren. Heeft de ene partner meer kennis van een bepaald vakgebied, dan kan men deze deskundigheid delen.

Delen inkooptools
Bij het delen van inkooptools is het aan- of afwezig zijn van vertrouwen minder essentieel. Het biedt voordelen als men bepaalde inkooptools (nog) niet heeft en de andere partij deze ter beschikking stelt.

Een tegenwicht voor geconsolideerde markt
Binnen een aantal verkoopmarkten heeft een consolidatieslag plaats gevonden. Het aantal aanbieders verminderde door fusies, overnames en faillissementen. Daardoor worden de keuzes voor opdrachtgevers kleiner en loopt de invloed van klanten terug. Voorbeelden van geconsolideerde markten zijn die van kantoorbehoeften, kopieerapparatuur en softwareapplicaties en dat zijn nu net de markten die je terug kunt vinden aan de linkerkant van de Kraljic-matrix (zie

figuur 12.2). Als tegenreactie bundelen partijen aan de inkoopzijde juist in deze kwadranten hun volume om zo een deel van de invloed die verloren is gegaan terug te winnen.

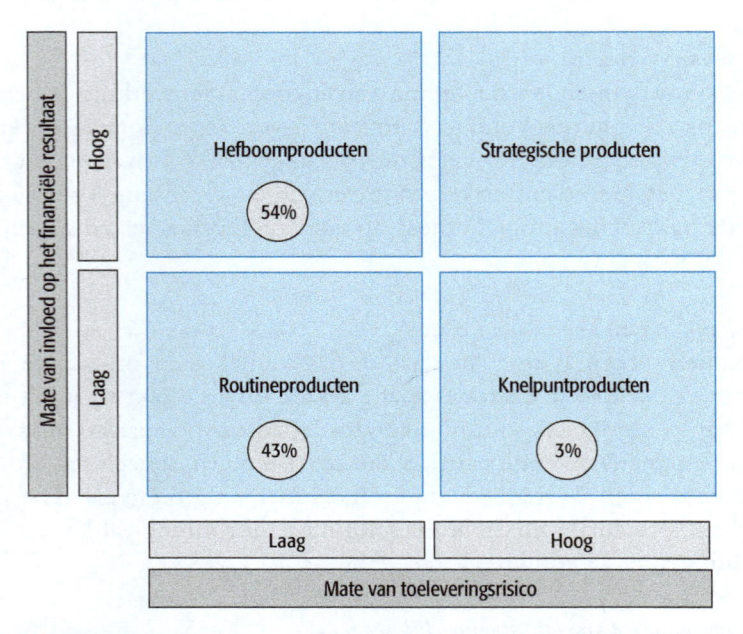

		Laag	Hoog
Mate van invloed op het financiële resultaat	Hoog	Hefboomproducten 54%	Strategische producten
	Laag	Routineproducten 43%	Knelpuntproducten 3%
		Laag	Hoog
		Mate van toeleveringsrisico	

Figuur 12.2 Aantal gezamenlijke aanbestedingen in Kraljic-matrix (Schotanus, 2004)

Specificatie- en selectiefase beter doorlopen
Meerdere partijen in een samenwerkingsverband dwingen de betrokken partijen nog zorgvuldiger om te gaan met het programma van eisen en het vaststellen van de beoordelingscriteria.

Oplossing voor personeelstekort
Als er bij een van de partijen binnen een inkoopsamenwerking (tijdelijk) een tekort is aan personeel, dan biedt het samenwerkingsverband de mogelijkheid deze tekorten op te heffen, bijvoorbeeld door de werkzaamheden over te nemen of een medewerker te detacheren. Daarnaast biedt een samenwerking voor het personeel meer groeikansen, mogelijkheden voor jobrotation en een meer uitdagende invulling van de inkoopfuncties.

12.4.2 Modellen voor inkoopsamenwerking

Er zijn verschillende modellen voor inkoopsamenwerking die via de snelwegmatrix worden ingedeeld (Schotanus, 2004, zie figuur 12.3). In deze 3x3-matrix kan men op basis van de twee dimensies intensiviteit en het aantal gezamenlijke activiteiten vijf inkoopsamenwerkingsverbanden positioneren: meeliften, busrit, carpoolen, konvooi en F1-team. Voor elke categorie kan men vervolgens de voor- en nadelen, de geschikte producten en diensten, de kritische succesfactoren en een aantal andere kenmerken bepalen.

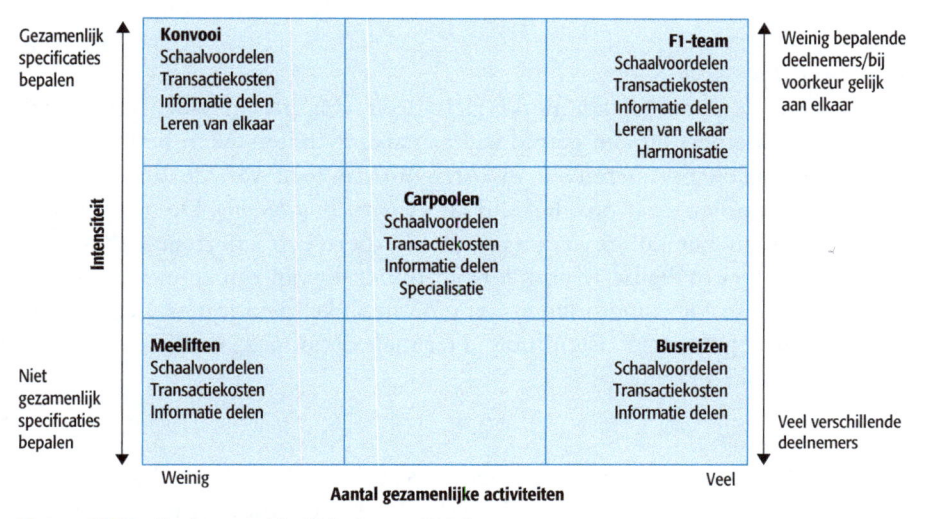

Figuur 12.3 Snelwegmatrix (Schotanus, 2004)

Matrix met assen "Intensiteit" (verticaal: Niet gezamenlijk specificaties bepalen tot Gezamenlijk specificaties bepalen) en "Aantal gezamenlijke activiteiten" (horizontaal: Weinig tot Veel). Rechts: Weinig bepalende deelnemers/bij voorkeur gelijk aan elkaar / Veel verschillende deelnemers.

- **Konvooi**: Schaalvoordelen, Transactiekosten, Informatie delen, Leren van elkaar
- **F1-team**: Schaalvoordelen, Transactiekosten, Informatie delen, Leren van elkaar, Harmonisatie
- **Carpoolen**: Schaalvoordelen, Transactiekosten, Informatie delen, Specialisatie
- **Meeliften**: Schaalvoordelen, Transactiekosten, Informatie delen
- **Busreizen**: Schaalvoordelen, Transactiekosten, Informatie delen

Meeliften

Bij meeliften is de intensiteit voor deelnemers laag en ook het aantal verschillende activiteiten is laag. Meestal gaat het om één organisatie die één of meer contracten afsluit op basis van de eigen specificaties. Deze organisatie houdt vaak al rekening met andere partijen die zich bij het contract willen aansluiten.

De andere partijen kunnen de specificaties en de leverancierskeuze niet beïnvloeden. Deze vorm van inkoopsamenwerking is daarom slechts beperkt bruikbaar. Meeliften heeft als voordeel dat de kosten laag zijn en de opbrengsten hoog. Als de contracteigenaar geen nadere afspraken heeft gemaakt met zijn leveranciers, kan het zijn dat leveranciers bezwaar maken tegen partijen die zich willen aansluiten.

Voor kleine organisaties kan meeliften interessant zijn vanwege het geringe inkoopvolume en hun gebrek aan specifieke inkoopexpertise. Zonder veel moeite en kosten kunnen zij aansluiting zoeken bij de inkoopsamenwerking. Voor grote organisaties zit er over het algemeen geen extra beloning in deze methodiek.

Busrit

Bij de 'busrit' is de intensiviteit voor de deelnemers laag en het aantal verschillende activiteiten hoog. Bij de busrit gaat het meestal om meeliften op contracten (voor algemene producten en diensten) die door een derde partij met specifieke inkoopexpertise zijn afgesloten. De deelnemers betalen vaak abon-

nementsgeld. Men baseert de offerteprocedures op een verwacht gezamenlijk inkoopvolume.
Er zijn voorbeelden bij de overheid. Bijvoorbeeld het Nederlands Inkoop Centrum, met haar 'Best Buy'-overeenkomsten en Intrakoop.

Carpoolen
Het 'carpoolen' kenmerkt zich door een gemiddelde intensiviteit voor de deelnemers en een gemiddeld aantal activiteiten. Men besteedt de inkoop van bepaalde producten en diensten uit aan een van de deelnemende partners. Carpoolen staat ook bekend als *external lead buying*. De geschiktste deelnemer binnen het samenwerkingsverband voert een offerteprocedure uit voor een product of dienst, waarbij hij gebruikmaakt van zijn kennis, bronnen of inkoopvolume. Deze methode maakt gezamenlijke specificaties mogelijk en dat vereist een regelmatige afstemming. Het maken van gezamenlijke specificaties creëert afhankelijkheid.

Konvooi
Het 'konvooi' kent een hoge intensiviteit voor de deelnemers en het aantal verschillende activiteiten is laag. Het betreft meestal een gedeeld incidenteel project, met veel schaalvoordelen en mogelijkheid tot kostenbesparingen. Deelnemers delen kennis en risico, zodat ze beter om kunnen gaan met onzekerheden.
In de konvooivorm zijn alle organisaties min of meer betrokken bij het tactische inkoopproces. Meer nog dan bij het carpoolen kan men de eigen specificaties meenemen in het gezamenlijke proces. Deze wijze van samenwerken maakt het mogelijk van elkaar te leren. Het nadeel is dat men meer tijd nodig heeft voor overleg en afstemming.

F1-team
Bij de hoogste (en snelste) vorm van samenwerken, het Formule 1-team (F1-team), is de intensiviteit voor de deelnemers en van de activiteiten hoog. Alle organisaties spelen een actieve rol in deze vorm en ze vergaderen regelmatig voor het uitvoeren van nieuwe en bestaande gezamenlijke offertrajecten. Bij de offertetrajecten die men gezamenlijk oppakt, kan men als deelnemers van elkaar leren.
In F1-teams legt men de resultaten van individuele inkoopanalyses naast elkaar. Deze vormen een structurele basis voor samenwerking. Over het algemeen functioneert een samenwerking beter als de betrokken organisaties weten wat ze uitgeven en hier ook controle over hebben. Een praktijkvoorbeeld van een F1-team vormt de inkoop van Netwerkstad Twente.
Als grotere organisaties gezamenlijk aanbesteden, gebeurt dit over het algemeen in de vorm van een konvooi of een F1-team. In zulke intensieve vormen kan men namelijk voldoende invloed uitoefenen op de specificaties.

De uitvoering
De invulling van de inkoopsamenwerkingsvormen uit de snelwegmatrix kan op verschillende manieren; werkt men met een stuurgroep, projectgroep en managementteam in een organisatiestructuur en zijn de taken, bevoegdheden en verantwoordelijkheden van alle deelnemers goed vastgelegd?

Inkoopsamenwerking tussen gemeenten

In het verleden hadden de meeste Nederlandse gemeenten geen professionele inkoopfunctie. De verschillende afdelingen bestelden hun producten en diensten zelf decentraal. Vaak op basis van de laagste prijs zonder onderhandelingen over bijvoorbeeld kwaliteit, condities enzovoort.

Enige jaren geleden nam de gemeentesecretaris van de gemeente Eersel het initiatief om regionaal samen in te kopen. De kring van gemeentesecretarissen Zuidoost-Brabant initieerde het regionale traject. Er vond een aantal malen overleg plaats en dit leidde tot een gezamenlijke intentieovereenkomst om over te gaan tot regionale, professionele inkoop. Hiermee bedoelen de initiatiefnemers dat de inkoopfunctie bij de deelnemende gemeenten wordt uitgevoerd door inkoopspecialisten die hier dagelijks mee bezig zijn en die hiervoor een opleiding hebben genoten. Het tekenen van de intentieovereenkomst betekent, dat de gemeenten niet meer vrijblijvend kunnen deelnemen aan inkooptrajecten. Ze hebben getekend voor een bepaalde afname van uren en diensten in een bepaalde periode met als uitgangspunt: geen inkoopvrienden maar inkooppartners. De Stichting Bureau Inkoop en Aanbestedingen Zuidoost-Brabant is op 1 november 2003 opgericht; de stichting is door Gedeputeerde Staten van Noord-Brabant goedgekeurd. Er is gekozen voor de stichtingsvorm omdat deze onafhankelijk functioneert met bestuurlijke controle door de deelnemende gemeenten.

Bron: www.bizob.nl, 24 januari 2007.

Formalisatiegraad
Bij inkoopsamenwerking speelt een aantal organisatievragen. Is de inkoopsamenwerking formeel geregeld in een stichting, met een bv of in een andere organisatievorm? Overlegt men regelmatig met agenda, verslagen en nieuwsbrieven? Zijn er vastgelegde afspraken, regels en procedures? Zijn er veel rechten en plichten en kunnen andere organisaties gemakkelijk aanhaken?

Als duidelijk is wat de gewenste intensiviteit en het aantal gezamenlijke activiteiten zijn, kan men de organisatie van de samenwerking verder invullen. De mogelijke organisatievormen variëren van samenwerking op ad-hocbasis tot samenwerking die is vastgelegd in een rechtspersoon, waarbij we voor de uitwerking naar de literatuur verwijzen:
- virtuele samenwerking;
- (in)formeel verband inkopers;
- (in)formeel verband organisaties;

- stichting van organisaties;
- besloten vennootschap (bv) van organisaties.

Energie	Kopieerapparatuur
Uitzendkrachten	Leerlingenvervoer
Kantoorbehoeften	Afvalstoffeninzameling
Papier	Schoonmaak
Telefonie	Abonnementen
Beveiliging	Cursussen en opleidingen
Hardware / software / internet	Gereedschappen
Voeding	Drukwerk
Vervoersbewijzen	Bezorgdiensten
Openbare verlichting	Wet Maatschappelijke
Dienstauto's	Ondersteuning (WMO)

Figuur 12.4 Veelvoorkomende gezamenlijke aanbestedingen (Schotanus, 2004)

Bij inkoopsamenwerking zijn partijen verplicht met alle betrokken deelnemers duidelijke afspraken te maken over het doel, de noodzakelijke stappen, de voorwaarden en de mogelijke resultaten. Des te intensiever men samenwerkt, des te minder vrijblijvend deelt men informatie, hulpmiddelen, expertise en inkoopvolume. Als organisaties met inkoopsamenwerking beginnen, leggen zij de overeengekomen doelstellingen en voorwaarden vast in een startnotitie.

12.4.3 Voorwaarden voor inkoopsamenwerking

Als er al samenwerking op andere deelgebieden plaatsvindt, bijvoorbeeld bij productie of marketing, is het bijna een logisch gevolg dat men ook bij inkoop gaat samenwerken. Inkoopsamenwerking is op haar beurt weer een goede basis voor samenwerking op andere deelgebieden, zoals marketing en logistiek. Met de inkoopanalyse die voorafgaat aan de samenwerking, kan men zien welke afdelingen met welke leveranciers zakendoen en welke mogelijkheden er zijn.

De weerstanden tegen inkoopsamenwerking uiten zich vaak in defensieve en voor een deel ook subjectieve argumenten zoals onvoldoende kennis of tijd of het beschermen van de huidige leveranciers.

Er zijn ook redenen waarom men juist niet zou samenwerken. Aan de verkoopzijde bemoeit de Nederlandse Mededingingsautoriteit (NMa) zich met fusies die de mogelijke concurrentie bemoeilijken. Ook beoordeelt de NMa inkoopsamenwerkingsverbanden. Als deze samenwerkingsverbanden te veel macht krijgen, verbiedt de NMa deze constructies.

Een onevenredige verdeling van kosten en baten vormt een faalfactor bij inkoopsamenwerkingsverbanden. Vooraf goede afspraken maken over de verdeling van kosten en baten voorkomt in een latere fase veel onduidelijkheid en meningsverschillen.

Bij een minder intensieve vorm van samenwerken, waarbij je slechts één enkele gezamenlijke activiteit oppakt, zijn er minder voordelen en ook minder nadelen. Het besparingspotentieel is vooral groot bij de meer intensieve vormen van inkoopsamenwerking. Het realiseren van 'harde' besparingen in euro's is vaak de belangrijkste reden voor inkoopsamenwerking. Hoe verdeelt men nu de besparingen die men realiseert door gezamenlijke inkoop? Dat doet men door alle partijen eenzelfde prijs te laten betalen aan de gezamenlijke leverancier. Uitzonderingen daargelaten is dit de meest toegepaste regel.

Bij de verdeling van inzet en kosten voor de inkoopsamenwerking ligt dit anders. De inzet voor het uitvoeren van een bepaalde procedure is voor rekening van iedere deelnemende partij. Dit wordt gemakkelijker als de partijen voor de begeleiding van de uitvoering een externe partij inhuren. Daarbij kan men de kosten in gelijke delen toerekenen aan de partners of proportioneel toerekenen op basis van bijvoorbeeld inkoopvolumes. Met deze vorm van toerekening krijgt de partner met het meeste volume ook de meeste inspanningen en kosten voor zijn rekening.

Het principe dat elke partner dezelfde prijs betaalt, is niet altijd eerlijk. De toegevoegde waarde van een inkoopsamenwerking bestaat uit drie delen: besparing door en voor de eigen organisatie, besparing door anderen voor de eigen organisatie en besparing door de eigen organisatie voor anderen. Het laatste komt voor als kleinere organisaties meeliften op het volume van de grotere deelnemers of alleen de krenten uit de pap halen.

In de laatste besparing zit het probleem. De besparing voor anderen laat men bij het concept gelijke prijs namelijk buiten beschouwing. Dit kan betekenen dat (Schotanus, 2004):
- het kan voorkomen dat een partner met een kleiner inkoopvolume meer besparingen krijgt dan een partner met een groter inkoopvolume;
- voor sommige partners de individuele besparing daalt als het gezamenlijk inkoopvolume stijgt (door nieuwe of bestaande spelers), ondanks een stijging van de totale besparing;
- de partners die meer dan 38 procent inkopen van het totale inkoopvolume altijd worden benadeeld bij besparingen. Zij ontvangen minder besparingen als zij hun inkoopvolume vergroten (Schotanus, 2004);
- het vanaf 25 procent van het totale inkoopvolume voor partners minder aantrekkelijk wordt het volume te vergroten (Schotanus, 2004).

Stel: iedereen betaalt dezelfde prijs aan gezamenlijke leverancier				
Organisatie	Afname	Prijs	Totaal	Besparing
1	20	2.447	48.940	0
2	40	2.316	92.640	0
3	50	2.283	114.150	0
1 en 2	60	2.258	135.480	6.100
1 en 3	70	2.239	156.730	6.360
2 en 3	90	2.211	198.990	7.800
1, 2 en 3	110	2.191	241.010	14.720

- Organisatie 1 besparing: 20 * (2.447 -2.191) = 5.120
- Organisatie 2 besparing: 40 * (2.316 -2.191) = 5.000
- Organisatie 3 besparing: 50 * (2.283 -2.191) = 4.600

Figuur 12.5 Voorbeeld inkoopbesparing bij gelijke prijs (Heijboer, 2003)

De oneerlijke effecten van een 'gelijke prijs' nemen toe als de partners meer verschillen in inkoopvolume. De oneerlijke effecten nemen af als er meer partners meedoen aan de inkoopsamenwerking. Eerlijke verdeling van gezamenlijke besparingen krijgt men door het:
- selecteren van gelijksoortige partners, met als het even kan ook nog een ongeveer gelijkwaardig inkoopvolume;
- kiezen van een andere verdelingsmethode met de kanttekening dat deze methode bewerkelijker is dan dezelfde prijs betalen;
- compenseren van kosten of inzet met name van de grotere partners. Het proportioneel verdelen van kosten daarentegen versterkt het effect van dezelfde prijs betalen voor de grotere partners;
- kiezen voor het betalen van dezelfde prijs en het erover eens zijn dat dit voor de grotere partners nadeliger is. Dit voorkomt allerlei inspanningen om de besparingen op een andere manier te verdelen.

12.5 Duurzaam inkopen

Wie eens om zich heen kijkt, weet dat er veel klimaatproblemen zijn. Er is dan ook steeds meer aandacht voor de gevolgen van inkoopbeslissingen voor risicomanagement, maatschappelijk verantwoord en ethisch handelen (Corporate Social Responsibility). Bij de ontwikkeling van just-in-time-leveringen, e-procurement en inkopen in het Verre Oosten lijken de inkoopprofessionals voorbij te gaan aan de gevolgen voor de maatschappij op lange termijn. De kranten staan vol over de problemen rond congestie, fijn stof, milieuvervuiling, de tweede Maasvlakte en de IJzeren Rijn. Maar ook de inzet van kinderarbeid en loodhoudende verf op Chinees kinderspeelgoed halen de voorpagina's.

Met meer internationale goederenstromen spelen veiligheid en risicomanagement een grotere rol. Iedereen heeft de aanslag op de New Yorkse Twin Towers nog op het netvlies staan. Ook verhalen over mensensmokkel in containers en gestolen vrachtwagens en gekaapte vrachtschepen staan regelmatig in de krant. De inkoop moet dus ook veilig en robuust zijn. Er worden steeds meer maatregelen genomen in de inkoop om te voorkomen dat terroristen inkoopoperaties kunnen gebruiken om op mee te liften. Dit heeft geleid tot eisen op het gebied van security, zoals de International Ship and Port Facility Security Code (ISPS-code), voor het beveiligen van havens om terrorisme te voorkomen.

Inkoopmanagers moeten steeds meer rekening houden met de maatschappelijke consequenties van hun inkoopbeslissingen. Effectiviteit en efficiëntie zijn niet meer voldoende om een keuze te beargumenteren. Ook de zorg voor de wereld van morgen vraagt aandacht. Een duurzame inkoop betekent het voorkomen van niet-ethisch handelen (bijvoorbeeld kinderarbeid of negeren van milieuregels), van onnodig vervoer (minder vrachtwagens en kilometers), minder gebruik van fossiele brandstoffen (CO_2) en meer veiligheid (geen diefstal of mensensmokkel).

Er is ook meer aandacht voor duurzaamheid bij het retour nemen en hergebruiken van producten, onderdelen en verpakkingen. Dit is merkbaar in de opkomst van retourlogistiek (reverse logistics) en levenscyclusconcepten (cradle-to-cradle). Hierbij is er veel aandacht voor retoursystemen en het hergebruik van materialen, producten en verpakkingen. Dit kan gaan om producten die na reparatie weer worden verkocht, maar ook om stromen goederen die om milieutechnische redenen teruggaan naar de bron. Overheden stellen meer eisen aan productverantwoordelijkheid en milieubeheersing. Ten slotte wil de onderneming toch niet geassocieerd worden met kinderarbeid bij uitbesteding aan landen met lage lonen.

12.5.1 Voorkomen is beter dan genezen
Het duurzaamheidsbeleid van een organisatie kan zich richten op vier hoofdlijnen (zie figuur 12.6): toepassen van nieuwe milieutechnologie, het voorkomen van milieuvervuiling, product stewardship en, het meest vergaand, een integrale duurzaamheidsvisie.

Een duurzaamheidsvisie houdt in dat een organisatie al bij het ontwikkelen van producten en processen rekening houdt met de gevolgen tijdens de totale levensloop van het product. Vroeger keken bedrijven naar het invoeren van milieuzorgsystemen en het toepassen van schone productietechnieken. Gelukkig kijken steeds meer bedrijven vandaag naar milieugerichte productontwikkeling, gedwongen door wetgeving of economische motieven. Hulpmiddelen daarbij zijn LevensCyclusAnalyse (LCA) en Design for Environment (DFE). Bij een LCA van een product wordt een schatting gemaakt van de milieubelasting tijdens de hele levenscyclus. Dit houdt in dat de mogelijke belastingen voor het milieu (als afval, materiaal- en energiegebruik en emissies) voor alle fasen

Nieuwe milieutechnologie	Duurzaamheidsvisie
Wordt de mate waarin onze producten milieuvriendelijk zijn, beperkt door de huidige technologie? Is het mogelijk verregaande verbeteringen te realiseren met nieuwe technologie	Leidt onze bedrijfsvisie ons naar een oplossing voor sociale en milieuproblematiek? Leidt onze visie tot de ontwikkeling van nieuwe technologieën, producten en processen?
Milieuvervuiling voorkomen	**Product stewardship**
Waar zitten in onze huidige productieprocessen de belangrijkste uitstoot- en afvalstromen? Kunnen we risico's en kosten verlagen door afval direct te vernietigen of door het elders te gebruiken als grondstof?	Wat zijn de gevolgen voor productontwerp en ontwikkeling als we de verantwoordelijkheid voor de volledige levenscyclus van een product op ons nemen? Kunnen we waarde toevoegen of kosten verlagen en tegelijkertijd de schadelijke invloed van onze producten op het milieu terugbrengen?

Figuur 12.6 Hoofdlijnen beleid bij duurzame inkoopketens

van de levenscyclus in kaart worden gebracht. In inkoop zie je daarom steeds vaker de term closed loop supply chains.

Na de LCA worden verbeteracties voorgesteld. Helaas blijkt kwantificering en weging van effecten in de praktijk lastig. DFE kijkt al in de ontwerpfase naar mogelijke verbeteringen van de grondstoffen en onderdelen die worden gebruikt, de productie en distributie van het product en de verwerking van het product aan het einde van de levensduur. Hoe eerder in het ontwerpproces DFE wordt ingezet, hoe hoger de milieuwinst.

Bij milieugerichte productontwikkeling kunnen vier niveaus worden onderscheiden, die tot een steeds grotere innovatie leiden.

Productverbetering
Bestaande producten worden aangepast en verbeterd met het oog op afvalpreventie en milieuzorg. Hierbij kun je denken aan andere grondstoffen, koelmiddelen of het toevoegen van een katalysator.

Productherontwerp
Hierbij blijft het product gelijk, maar sommige onderdelen worden verder ontwikkeld of vervangen door andere. Een voorbeeld hiervan is het verminderen van giftige grondstoffen, het bevorderen van het hergebruik van onderdelen en grondstoffen of het verminderen van het energiegebruik tijdens de levensduur.

Functie-innovatie
Hierbij wordt bekeken of de functie van het product op een minder belastende manier kan worden vervuld. Je kunt hierbij denken aan het vervangen van papieren rapporten door pdf-bestanden of een auto voor privégebruik vervangen door een systeem van auto's op afroep (bijvoorbeeld via Greenwheels).

Systeeminnovatie
Hierbij wordt nagedacht over geheel nieuwe producten en diensten die ook grote veranderingen in de processen van het bedrijf met zich meebrengen. Denk aan de iTunes Store van Apple.

12.6 Samenvatting

Tijdens de laatste decennia is duidelijk geworden dat vergaande specialisatie en focus op kernactiviteiten vereist is om als organisatie blijvend toegevoegde waarde te kunnen leveren. Redenen hiervoor zijn een toenemende drang om kosten te reduceren, te flexibiliseren en/of snel te kunnen reageren op veranderende omstandigheden. Daarbij komt dat organisaties, onder andere via internet, leveranciers, concurrenten, 'plaatsvervangers' en klanten sneller en beter kunnen overzien. De transparantie van de markt neemt toe, maar daarmee ook de kwetsbaarheid van individuele organisaties in die markt. Meer dan voorheen komt bij organisaties de vraag naar boven waar men werkelijk zo goed in is dat zij zich daarmee blijvend kunnen onderscheiden van de concurrenten. Alle overige processen, of deze nu ondersteunend of primair zijn, kunnen in feite worden uitbesteed, omdat er klaarblijkelijk andere organisaties zijn die het beter (goedkoper, sneller) kunnen.

De businesscase waarin de inkoper de interne en externe kosten van de dienstverlening vergelijkt, is essentieel voor de beslissing van het hoger management om het outsourcingsproject door te laten gaan of niet. De ontwikkelingen in de wereld en de technologie hebben landen als China en India steeds dichterbij gebracht. Naast de grote bedrijven verkennen ook de middelgrote en kleine bedrijven de mogelijkheden die deze landen bieden. Bedrijven die een deel van de bedrijfsactiviteiten naar lagelonenlanden als China of India overbrengen, vragen zich af of de verwachte besparingen wel opwegen tegen de toegenomen risico's en onverwachte en verborgen kosten. Het niet goed afwegen van dit vraagstuk kan leiden tot onaangename verrassingen.

Inkoopsamenwerking is het samen bundelen en/of delen van informatie en expertise, hulpmiddelen en/of volume op het gebied van inkoop, met als doel het behalen van voordeel voor alle deelnemende organisaties. Er zijn vijf modellen voor inkoopsamenwerking op basis van de twee dimensies intensiviteit en het aantal gezamenlijke activiteiten. Die modellen zijn: meeliften, busrit, carpoolen, konvooi en F1-teams. Een onevenredige verdeling van kosten en baten is een faalfactor bij samenwerkingsverbanden. Vooraf goede afspraken maken over de verdeling van kosten en baten voorkomt in een latere fase veel onduidelijkheid en meningsverschillen.

Inkoop is mede verantwoordelijk voor onze welvaart, door producten vanuit de hele wereld tegen lage kosten binnen ons bereik te brengen. Maar de manier waarop inkoop is geregeld kan nadelige maatschappelijke gevolgen hebben. Als een winkelketen minder voorraad in zijn winkels wil hebben, dan vraagt het de leveranciers om vaker te leveren. Dat betekent wel dat er steeds meer vrachtwagens in de binnenstad komen, er meer fijnstof in de lucht komt en er meer kans is op dodelijke ongevallen met fietsers. Of neem de keuze voor productie in China: al die containers die de hele wereld over gesleept worden vanuit een regio waar ze het met de milieunormen niet zo nauw nemen.

Toetsvragen

1. Wat is outsourcing?
2. Waarin verschilt outsourcing van het traditioneel inkopen van producten en diensten?
3. Noem ten minste drie voor- en nadelen van outsourcing.
4. Welke outsourcingsmodellen worden onderscheiden?
5. Wat zijn risico's bij offshoring?
6. Wat is inkoopsamenwerking?
7. Noem ten minste drie redenen voor inkoopsamenwerking.
8. Welke vormen van inkoopsamenwerking worden onderscheiden?
9. Hoe krijgt men een eerlijke verdeling van gezamenlijke inkoopbesparingen?
10. Welke vier hoofdlijnen kent duurzaamheidsbeleid?

Eindcase

Outsourcen van inkoop bij Sandd

Sandd B.V. (Sandd) is het op één na grootste postbedrijf van Nederland met meer dan 1000 medewerkers en meer dan 12.000 bezorgers. Sandd richt zich op het bezorgen van geadresseerd drukwerk, zoals direct mail en abonneebladen. Sandd distribueert op vaste bezorgdagen via een eigen landelijk netwerk.

Sandd en Procurement Services werken sinds 2005 samen in inkooptrajecten waarbij Procurement Services steeds meer onderdeel van de Sandd-organisatie is geworden en fungeert als de inkoopfunctie voor Sandd. In samenwerking met de afdeling finance bij Sandd worden jaarlijks alle crediteuren, als onderdeel van een spend-analyse, geanalyseerd en worden nieuwe aanbestedingen of heronderhandelingen van twee tot drie jaar oude contracten vastgesteld. Inkooptrajecten vinden altijd gezamenlijk met Sandd-medewerkers plaats.

De inkooptrajecten worden op verschillende wijzen aangepakt. Opdrachtgever Sandd bepaalt hierin de richting. Als eerste optie kan Sandd gebruikmaken van Procurement Services-raamcontracten, zoals voor kantoorartikelen of afvalverwerking. Een tweede mogelijkheid is het benchmarken en heronderhandelen van de bestaande leveranciers, zoals in het geval van callcenterdienstverlening of voor kantoorapparatuur. En tenslotte kan men besluiten om een volledige RFP op te starten, zoals voor drukwerk heeft plaatsgevonden. Bij Sandd gaan de inkooptrajecten niet alleen over indirecte inkoop, maar zijn er ook inkooptrajecten in het primaire proces afgerond. Voorbeelden hiervan zijn de inkoop van transport, het contracteren van het Sandd ERP-systeem en het onderhandelen over de SLA voor de sorteermachines van Sandd. Het gaat dus om de inkoop van een breed scala aan producten en diensten van transport en koeriers, uitzendkrachten en autohuur tot facilitaire producten, humanresources en ict.

Sandd vindt het van groot belang dat alle contracten up-to-date en toegankelijk zijn. Tevens is het belangrijk dat de contracten goed beheerd en onderhouden worden. Zo worden alle inkooptrajecten afgerond met een getekende overeenkomst. Procurement Services zorgt er vervolgens voor dat deze worden opgenomen in het contractmanagementsysteem. Daarnaast worden alle andere contracten zoals huurcontracten en verzekeringen door Procurement Services verwerkt in het contractmanagementsysteem.

Naast een gemiddelde besparingen van meer dan vijftien procent ligt met name de focus op kwalitatieve inkooptrajecten met een duidelijke businesscase en afgeronde contracten. Hierbij is het doel op passende, langere termijn leveranciers te contracteren die goed passen bij de Sandd organisatie.

Gert Reuvekamp, Manager bij Sandd, zegt over de samenwerking met Procurement Services: 'De ideale partner om onze strategische belangen door te vertalen in het vinden van de juiste leveranciers voor Sandd. Hierbij zijn zij in staat zijn om de hoge kwaliteitseisen van Sandd als uitgangspunt te nemen en nog steeds een overduidelijke rendementsverbetering kunnen realiseren. Procurement Services voelt onze organisatie zeer goed aan, zijn slagvaardig en hebben kennis van zaken betreffende de inkoopmarkt. Ze hebben de ambitie om te groeien wat zeer goed aansluit bij de ambitie van Sandd.'

Bron: www.procurementservices.nl, december 2008.

Vragen

1. Noem ten minste drie voor- en nadelen van outsourcing van inkoop voor Sandd.
2. Wat zijn de mogelijke gevolgen van outsourcing voor het personeel van Sandd?
3. Welk outsourcingsmodel heeft Sandd gekozen?
4. Verplaats je even in de rol van adviseur van het management van Sandd. Hoe zal Sandd de outsourcing van de inkoop hebben geregeld? Wat waren de stappen in het besluitvormingsproces, wat waren de selectie- en gunnings-criteria en hoe zal Sandd de invoering hebben geregeld?
5. Wat moet Sandd allemaal regelen in het contract met Procurement Services? Spelen hierbij ook aspecten van duurzaamheid en ethiek?

Lijst met afkortingen

ABC	Activity Based Costing
ABM	Activity Based Management
BPO	Business Process Outsourcing
CAD	Computer Aided Design
CEO	Chief Executive Officer
CFR	Cost and Freight
CIF	Cost, Insurance and Freight
CIO	Chief Information Officer
CIP	Carriage and Insurance Paid To
CMO	Chief Marketing Officer
COO	Chief Operating Officer
CPO	Chief Procurement Officer, Chief Production Officer, Chief Project Officer, Chief Purchasing Officer
CPT	Carriage Paid To
CRM	Customer Relationship Management
CSR	Corporate Social Responsibility
DAF	Delivered At Frontier
DDP	Delivered Duty Paid
DDU	Delivered Duty Unpaid
DES	Delivered Ex Ship
DEQ	Delivered Ex Quay
DFE	Design for Environment
DMU	Decision Making Unit
EAN	Electronic Article Numbering
EDI	Electronic Data Interchange
EFT	Electronic Fund Transfer
EFT	Electronic Funds Transfer
ERP	Enterprise Resource Planning
EXW	Ex Works
FAS	Free Alongside Ship
FCA	Free Carrier
FOB	Free on Board
HRM	Humanresourcesmanagement
ICT	Informatie- en Communicatietechnologie
ISPS	International Ship & Port Facility Security Code
JIT	Just in Time
KPI	Key Performance Indicator
LCA	Levens Cyclus Analyse
MES	Manufacturing Execution Systems
MRO	Maintenance, Repair and Operating supplies
MSU	Michigan State University

MVI	Maantschappelijk Verantwoord Inkopen
MVO	Maatschappelijk Verantwoord Ondernemen
NEVI	Nederlandse Vereniging voor Inkoopmanagement
NPR	Non Product Related
OBI	Open Buying on the Internet
P&O	Personeel & Organisatie
PDCA	Plan, Do, Check & Act
PDM	Product Data Management
PI	Procesoptimalisatie & Innovatie
PMI	Purchasing Managers Index
R&D	Research & Development
RFI	Request for Information
RFP	Request for Proposal
RFQ	Request for Quotation
SCM	Supply Chain Management
SCOR	Supply Chain Operations Reference
SLA	Service Level Agreement
SMART	Specifiek, Meetbaar, Acceptabel, Realistisch, Tijdgenoten
SPC	Statische Procesbeheersing
SRM	Supply Relationship Management
SWOT	Strengths, Weaknesses, Opportunities & Threats
TCO	Total Cost of Ownership
TQM	Total Quality Management
USP	Unique Selling Point/Proposition
VMI	Vendor Managed Inventories
VSM	Value Stream Mapping

Literatuur

Aljian, G.W. (1958), *Purchasing Handbook,* New York: McGraw-Hill
Ansoff, H.I. (1968), *Corporate Strategy*, Harmondsworth: Penguin Books
Batterink, M, Hoyer, P., Omta, 0. (2004), *Tools voor samenwerking in ketens en netwerken*, Amsterdam: Reed Business Information
Braungart, M., McDonough, W. (2007), *Cradle to cradle*, Schiedam: Scriptum
Burg, G. van der (1999), *Met de hakken in het zand*, Alphen a/d Rijn: Kluwer
Chaffey, D. (2004), *E-business en E-commerce*, Amsterdam: Pearson Prentice Hall
Chopra, S. (2007), *Supply chain management*, Amsterdam: Pearson Prentice Hall
Christopher, M. (2005), *Logistics and supply chain management*, London: Financial Times
Coebergh, H.P.Th., Kempeners, M.A., Maarleveld, J.H. (2001), *Supply chain management en e-business*, Amsterdam: Reed Business Information
Collins, J. (2004), *Good to Great*, Amsterdam: Business Contact
Cygi, C., DeCarlo, N., Covey, S. (2007), *Six Sigma for dummies*, Amsterdam: Pearson Prentice Hall
Doorne, P. van, Verheijen, A. (2000), *eProcurement, inkooprevolutie in drie stappen*, Houten: Infopulse
Durlinger, P. (1999), *Effectief voorraadbeheer*, Enschede: Kluwer
Eekhout, B.J. van (2002), *Internationaal traffic management*, Den Haag: SDU/Ten Hagen Stam
Emmerik, R. (2007), *Kwaliteitsmanagement*, Amsterdam: Pearson Prentice Hall
Engelen, E.S. van Engelen (2005), *Outsourcing*, Amsterdam: Pearson Prentice Hall
Essers, M. (2005), *Aanbestedingsrecht voor overheden*: Den Haag: Elsevier
Fisher, M.L. (1997), What is the right supply chain for your product?, *Harvard Business Review*, maart-april 1997, HBR
Fisher, R., Ury, W., Patton. B. (1994), *Excellent onderhandelen*, Amsterdam: Business contact
Gelderman, K. (2004), *De Inkoopportfolio*, Enschede: Kluwer
Gelderman, K., Albronda, B.J. (2007), *Professioneel inkopen*, Groningen: Stenfert Kroese
Gomez-Mejia, L.R., Balkin, D., Cardy, R. (2007), *Personeelsmanagement*, Amsterdam: Pearson Prentice Hall
Goor, A.R. van, Ploos van Amstel, M.J., Ploos van Amstel, W. (2005), *Werken met distributielogistiek*, Groningen: Noordhoff
Goor, A.R. van, Visser, H.M. (2004), *Werken met logistiek*, Groningen: Noordhoff
Hall, C. (2007), *Green circles: A Sustainable Journey from the Cradle to the Grave*, London: Bootlocker
Harink, J.H.A. (2004), *E-procurement, de kinderschoenen ontgroeid*, Nieuwegein: Arko uitgeverij
Heijden, G. van der, Goedhart. E, Bos, R. (2006), *Het inkoopmodellenboek*, Utrecht: Berenschot
Jansen, Vicky (2003) *Ethics in Purchasing; more than just a Code of Conduct*, Proefschrift.

Kaplan, R.S., Norton, D. (1997), *Op kop met de Balanced Scorecard*, Amsterdam: Business Contact

Kerkhoff, G. (2005), *The Bermuda Triangle of Business Procurement*, Weinheim: John Wiley

Klein, N. (2004), *No Logo*, Rotterdam: Uitgeverij Lemniscaat

Kotler, P., Armstrong, G., Oordt, M. van (2005), *Principes van marketing*, Amsterdam: Prentice Hall

Kraljic, P. (1983), Purchasing must become supply management, *Harvard Business Review*, nr. 5, pp. 109-117

Lammers, B., Eijkelenbergh, P., Ploos van Amstel, W. (2009), *Risicomanagement en logistiek*, Amsterdam: Pearson

Laudon, K. (2006), *Bedrijfsinformatiesystemen*, Amsterdam: Pearson Prentice Hall

Leeman, J. (2007), *Supply chain management*, Amsterdam: Pearson

Lynch, C.F. (2000), *Logistics outsourcing, a management guide*, Oak Brook: CLM

Maas, G., Pleunis, J.W. (2006), *Facility Management*, Enschede: Kluwer

Man, A.P. de (2004), *The Network Economy*, London: Edward Elgar Publishing

Mintzberg, H. (1993), *Structures in five: designing effective organization*, New York: Prentice Hall

Ploos van Amstel, W. (2008), *Logistiek*, Amsterdam: Pearson

Ploos van Amstel, W., A.R. van Goor (2006), *Werken met supply chain management*, Groningen: Noordhoff

Porter, M. (1985), *Competitive Advantage*, New York: Free Press

Porter, M. (1992), *Concurrentiestrategie*, Amsterdam: Business Contact

Santema, S. (2004), *Inkoop voorbij 2004*, Zoetermeer: NEVI

Schotanus, F., Lans, M. van der, Telgen, J. (2004), *Inkoopsamenwerking, van theorie naar praktijk*, Zoetermeer, NEVI

Sheffi, Y. (2005), *The Resilient Enterprise: Overcoming Vulnerability for Competitive Advantage*, Cambridge: The MIT Press

Simchi-Levi D., Kaminsky, P., Simchi-Levi, E. (2004), *Managing the Supply Chain –the definitive guide for the business professional*, New York: McGraw-Hill

Streefkerk, P. (1999), *Inkoopmanagement in gemeenten*, Alphen a/d Rijn: Kluwer

Streefkerk, P. (2000), Inkoopactieplan in de praktijk, *Handboek Inkoop en Aanbesteding in de Publieke Sector*, Alphen a/d Rijn: Kluwer

Streefkerk, P. (2001), Vendor Management, *Handboek Inkoop en Aanbesteding in de Publieke Sector*, Alphen a/d Rijn: Kluwer

Streefkerk, P. (2001) E-Procurement in de publieke sector: kans of bedreiging, *Handboek Inkoop en Aanbesteding in de Publieke Sector*, Alphen a/d Rijn: Kluwer

Streefkerk, P. (2003), *Aankopen en openbare besturen*, Alphen a/d Rijn: Kluwer

Streefkerk, P. (2008), *Inkopen voor dummies*, Amsterdam: Pearson

Summer, M. (2005), *Enterprise Resource Planning*, Amsterdam: Pearson

Triebert, E. (2005), *Onderhandelen en het contract*, Zutphen: ThiemeMeulenhoff

Weele, A. van, Brocke, Y., Stals, T. (1992), *Inkoopbegrippenlijst*, Enschede: Kluwer

Weele, A. van (2005), *Inkoop in strategisch perspectief*, Enschede: Kluwer

Weele, A. van (2007), *Grondslagen van inkoopmanagement*; Enschede: Kluwer

Index

Symbolen
2a en 2b diensten 167

A
aanbestedende diensten 166
aanbestedingadvies 177
aanbestedingsrecht 164
aankopen op spot-basis 80
ABC 237
ABC-analyse 15
acceptatietest 198
accountmanagement 90
accountplan 95
accountplanning 90
accountportfolio 69
accountstrategie 91
activity-based costing 249
Activity Based Costing (ABC) 237
Activity Based Management (ABM) 237
afdeling inkoopcoördinatie 275
afroeporders 196

B
backdoor selling 221
backorder 196
Balanced Scorecard 222
BAO Besluit Aanbestedingsregels voor Overheidsopdrachten 165
benchmarking 225, 301
beoordelingsformulier 121
beoordelingsmethodiek 121
beoordelingsprocedure 110, 124
beoordelingsproces 110
beroepsmogelijkheden 177
beste alternatief zonder overeenkomst 130
bestelaanvraag 190
bestelfrequentie 191
bestelgrootte 191
bestelinterval 191
bestelkosten 192
bestellen 189
bestelpunt 191
besteltijdstip 191
beste prijs-kwaliteitverhouding 121
best in class 18
best-in-class-leveranciers XII
besturingsdeel 254
boardroom alignment XIX
Bogey-tactiek 125
buffervoorraden 8
businesscase 299
Business Intelligence XX
Business Intelligence Tools 222
Business Process Outsourcing (BPO) 292

C
Canon-arrest 179
carpoolen 310
catalog systems 253
category management 238
centrale inkooporganisatie 271
CFR (Cost and Freight) 148
chasseren 197
Chief Purchasing Officer (CPO) 21
Chinese crunch-tactiek 125
CIF (Cost, Insurance and Freight) 148
CIP (Carriage and Insurance Paid To) 148
closed loop supply chains 316
cluster 14
Collaborative Planning Forecasting and Replenishment 81
co-makership 241
commerciële oriëntatie 56
commodities 260
commodityanalyse 25, 66
commoditymarkt 77
commodityplan 57
Common Procurement Vocabulary (CPV) 168
competentie XVIII, 283
componenten 10
Computer Aided Design (CAD-)systemen 249
connectivity management 255
consensusmethode 76
considerans 144
consignatie 157
content management 255
contract 138
contractbeheer 218
contractproces 214
Corporate Social Responsibility 314
cost plus outsourcing 298
CPFR 81
cradle-to-cradle 315
cross-docking 236

D
DAF (Delivered At Frontier) 148
DDP (Delivered Duty Paid) 149
DDU (Delivered Duty Unpaid) 149
decentrale inkooporganisatie 273
Decision Making Unit (DMU) 93
Dell-computers 303
DEQ (Delivered Ex Quay) 149
Design for Environment (DFE) 315
diensten 11
DuPont-analyse 8
DuPont-chart 7
duurzaamheid 315
duurzaamheidsvisie 315

E
EasyJet 43
e-auction 257
e-auctioning 255
e-business 252
e-commerce 252
economische of optimale bestelhoeveelheid 191
economische uitgangspunten 46

e-contractmanagement 255, 259
EDI 82
EDIFACT 252
een-op-eenmethode 76
EFT 82
e-informing 258
e-informing 255
Electronic Article Numbering (EAN) 237
Electronic Data Interchange (EDI) 237, 251
Electronic funds transfer (EFT) 237
electronic procurement 252
Electronic Procurement Platform Nederland (EP-NL) 263
elektronische inkoop 252
elektronische veiling 174
elektronisch inkopen 38
e-marketplace 259
e-marketplaces 253, 255
Engineering en Product Data Management 249
English Auction 257
Enterprise Resource Planning (ERP-)software 247
e-ordering 255
e-procurement 252
e-procurement service provider 259
e-reverse auction 257
e-reverse auctioning 253
ERP-service 302
ERP-systemen 222
Escalating authority 125
'sell-side'-modellen 260
e-sourcing 253, 255, 256
e-tendering 253
e-tender system 256
ethische en ideële uitgangspunten 48
ethisch gedrag 287

F
facility management XX
Factory Gate Pricing 237
FAS (Free Alongside Ship) 147
FCA (Free Carrier) 147
Fearon 98
Fisher 127

Flow 229
focusstrategie 43
formalisatiegraad 311
Formule 1-team 310
functie-innovatie 317

G
geautomatiseerde elektronische berichtenuitwisseling 251
gecoördineerde inkoop 56
gecoördineerde inkooporganisatie 274
gedragscode 287
Gelderman 74
Gemeenschappelijke Woordenlijst Overheidsopdrachten 168
Gemeentelijke Inkooptoolkit (GIT) 30
gentlemen's agreement 142
gewijzigde aankoop 98
good guy bad guy-tactiek 126

H
haalbonnen 196
halffabricaten 10
handelsinkoper 278
horizontals 259
hulpstoffen 10
humanresourcesmanagement 282

I
ict XIII
ideële fase 51
IKEA XII
inbesteder 293
inbesteding 293
Incoterms 2000 146
informatie en communicatietechnologie (ICT) 246
infrastructuur organisatie 6
initiële inkoop XVI
inkomende logistiek 5
inkoop XII, 6
inkoopaandeel 17
inkoopaccountplan 91
inkoopactieplan 20, 39
inkoopactiviteiten 268
inkoopassistent 279
inkoopbeleid XXIII, 1, 39

inkoopbesparingen 131
inkoopcontrol 274
inkoopcontroller 279
inkoop - definitie XIV
inkoopdoelstellingen XX, 37
inkoop- en/of aanbestedingsjurist 279
inkoopethiek 39
inkoopfunctie XVII
inkoopgebonden kosten 10
inkoophandboek 281
inkoopjaarplan 39
Inkoopmanagementproces XXIII, 1, 37
inkoopmarktonderzoek 37
inkoopmarktonderzoek 98
inkoopmeerjarenplan 39
inkoopmethoden 280
inkoopmissie 40, 45
inkoop-omzetratio XII
inkoopontwikkelingsmodel 54
inkooporder 190
inkooporganisatie 268
inkoopperformance 25
inkoopplan van aanpak 39
inkoopportfolio 64
inkoopprocedures 280
inkoopproces XVII
Inkoopproces XVII
inkoopprocesinrichting 284
inkoopprocesontwerp 284
inkoopsamenwerking 233, 306, 312
inkoopsamenwerking - modellen 308
inkoopsoftware 269
inkoopstrategie 37
Inkoopstrategie XIX
inkoopteam 275
inkooptools 282, 307
inkoopvisie 40, 45
inkoopvoorwaarden 153
inkoper XVIII
inlichtingenbijeenkomst 121
insourcing 293
international Ship and Port Facility Security Code (ISPS-code) 315
invoerrechten 304

J

joint venture 298
juridische uitgangspunten 48
juridisering 177
just in time 248, 306, 314
 afroepen 82

K

Kanban 230
ketenoriëntatie 57
Key Performance Indicators
 (KPI's) 220
kinderarbeid 49, 315
klantgerichtheid XIII
klantmanagement 90
klantperspectief 223
knelpuntproducten of -diensten
 65
knock-outcriteria 122
konvooi 310
koop-maak beslissing 295
kosten-batenanalyse 8
kostenreductie 48

L

laagste prijs 121
landen met lage lonen 49, 315
langetermijncontracten XIII
lastpaksegment 71
lead buyer 275
Lean Enterprise 229
letter of intent 141
Levens Cyclus Analyse (LCA)
 315
leverancier-assessment 204
leveranciersaudit 205
leveranciersmanagement 219
levering diensten 156
leveringen 167
logistieke kosten 303
loonkosten 304

M

Maatschappelijk Verantwoord
 Inkopen XX
macht van de consument
 XII
Maintenance, Repair and
 Operating supplies
 (MRO) 11
make or buy 101, 269, 295
manager inkoop 276

marginale leveranciers 68
marketing 238
marketing en verkoop 5
Market-Side software 253
materiaalplanningssystemen
 190
mate van invloed op het
 financieel resultaat 65
mate van toeleveringsrisico 65
maverick buying 273
mediation 151
meeliften 309
meer- of minderwerk 201
milieuzorgsystemen 315
minimumeisen 122
minimum- of knock-out-eisen
 104
Monkeytest 199
MSU-inkoopmodel 18

N

Nederlandse
 Mededingingsautoriteit
 (NMA) 312
Nederlandse Vereniging voor
 Inkoopmanagement (NEVI)
 30
netwerk 230
NEVI (Nederlandse Vereniging
 voor Inkoopmanagement)
 18
new task 98
niet-openbare procedure 171
nieuw product of dienst 98
non disclosure agreement 141

O

OBI-standaard (Open Buying
 on the Internet) 263
ODETTE 252
offshoring 303
omgevingstrends 25
onderhandelen 125
onderhandelingsprocedure 172
 met bekendmaking 172
 zonder bekendmaking 172
onderhoud exploitatie- of
 investeringsgoederen 156
one-stop-shopping 261
onherroepelijk bindende
 aanbod 143
ontwikkelsegment 71

onvolledige aanbod 143
oogststrategie 72
openbare
 aanbestedingsprocedure 171
operationeel management 5
operationele inkoop XV
operationele inkoopfunctie
 186
orderbewaking 197
ordering catalog service 302
ordering catalog system 302
outsourcing 292
 traditionele 296
 van inkoop 301
 voor- en nadelen 294
outtasking 297

P

Pareto-curve 15
PDCA 230
penalty/rewardsysteem 109
performance based logistics
 300
PIANOdesk 30
planning en controlcyclus 279
portal 247
portfolio-analyse 25
portfolio strategische
 producten 72
positioneel onderhandelen 127
precontractuele fase 138
pre-picking 236
prestatiegericht contract 80
prestatie-indicatoren 224
prijsovereenkomst 80
prijsvraag 174, 299
primaire inkoop XV
principieel onderhandelen 126
procesdashboards 284
procesmanager 284
procesoriëntatie 57
procurement XVII
 outsourcing 301
Product Data Management
 (PDM) 249
product-herontwerp 316
productiekosten 303
productontwikkeling 316
product stewardship 315
productverantwoordelijkheid
 49, 315
productverbetering 316

professioneel inkopen en
   aanbesteden (PIA) 29
profit impact 64
programma van eisen 102

Q

Quality Assurance
   System-niveau 204

R

raam-, mantel- of
   parapluovereenkomst 155
raamovereenkomst 174
reële fase 51
rendement 7
repeatorder 196
replenishment 81
Request for Information
   (RFI) 106, 256
Request for Proposal
   (RFP) 106, 256, 298
Request for Quotation
   (RFQ) 106
requisitie management 255
retourlogistiek 49
reversed invoicing 82
reverse logistics 49, 315
risicomanagement 300, 305,
   315
RN\EG Richtlijn
   Nutssectoren 165

S

samenwerkingsvaardigheid
   232
schappenplanning 238
SCOR 235, 226
secundaire inkoop XV
selectiecriteria 103, 122
self billing 82, 200

Sell-Side software 253
senior/medior/junior inkoper
   278
service 6
Service Level Agreement 80,
   200, 301
single sourcing 79
Six Sigma 228
SMART 27, 78
snelwegmatrix 308
source-to-pay proces 250
sourcing
   catalog provider 256
   catalog service 256
   catalog system 256
sterkte-zwakteanalyse 25
straattest 199
strategische producten of
   -diensten 65
supply base 302
systeeminnovatie 317

T

tactische inkoop XV
tactische inkoopfunctie 186
take it or leave it-tactiek 126
technische product- en
   dienstenspecificaties 102
Tenders Electronic Daily
   (TED) 175
toeleverings- of
   ontwikkelingspartner 83
Total Cost of Ownership 299
Total Quality Management
   (TQM) 228
traceability 249, 263
traditionele outsourcing zie
   outsourcing
transactiedeel 254
transactie management 255
transportkosten 304

U

uitbesteden 292, 298
uitgaande logistiek 5
uitnodiging voor
   onderhandeling 143
Unix-arrest 179
Ury 127

V

Value Stream Mapping 229
Van Weele 37
Veeke 306
Vendor Managed Inventories
   82
vendor rating 204
verbintenis 139
verborgen kosten 188
verkoopwaarden 153
verspillingen 229
verticale uitbesteding 301
verticals 259
vestigingsplaats 303
Vickrey Auction 257
vijfkrachtenmodel 70
volumetest 199

W

waardeanalyse onderzoek
   68
waardeketen 4
waardeketenoriëntatie 57
wagenparkbeheer 293
Wal-Mart 43
webbased ERP-ordering
   256

Y

Yankee Auction 257

Z

zelfstandige overeenkomst 155